KB265521

차 례

4부 蕉雨 論著目錄 및 年譜

도판 목록

일러두기

1. 이 全集은 蕉雨 黃壽永 선생이 1947년이래 현재까지 발표했던 논문·단행
본 및 미수록 강연원고와, 전집에 처음으로 공개되는 「인도 일기」·「미국
일기」를 합하여 전6권으로 편집되었다. 각 권의 소제목은 다음과 같다.
   - 제1권 : 한국의 불상(상)
   - 제2권 : 한국의 불상(하)
   - 제3권 : 한국의 불교 공예·탑파
   - 제4권 : 금석유문
   - 제5권 : 한국의 불교미술
   - 제6권 : 인도 일기

2. 간행 순서는 편집의 편의상 제5권 『한국의 불교미술』을 먼저 발행하였고,
이후는 제1권부터 권수대로 차례로 발행한다.

3. 본문의 교정·교열은 다음과 같이 하였다.
   1) 문체는 「한글맞춤법통일안」(1989. 3)을 기본으로 해서 발표 당시의 원문
   을 그대로 따르는 것을 원칙으로 하였다.
   2) 약어·약자는 원문에 따라 혼용하였다. 예) 大王巖·大王岩
   3) 원문에서의 誤字·脫字는 바로잡았다.

4. 도면·도판은 발표 당시의 논문에 따랐으나, 원문에 실린 것이 좋지 않은
경우 삭제하거나 새로운 도판을 추가하기도 했다.

5. 전집 제6권 『인도일기』는 다음과 같이 편집하였다.
   1) 편집 체재는 제1부~제4부로 나누어 다음과 같이 분류하였다.
   제1부 印度日記 : 著者가 1962년 12월 22일~1963년 5월 11일까지 印度
   및 파키스탄·실론·네팔 등 동남아를 기행하며 기록했던 日記를
   옮겨 적었다. 또 인도 석굴에 관련된 著者의 논문을 모두 모았다.

제2부 美國紀行 : 著者가 1972년 5월 2일~6월 9일까지의 미국 주요 박물관 탐방 당시 기록했던 日記를 옮겨 적었다.

제3부 民族文化와 佛敎美術

제4부 論著目錄 및 年譜

2) 인도·미국 등의 외국 지명은 외래어표기법에 따라 표기했다.

3) 전집 끝에는 색인을 달았다. 인명 색인은 역사적 인물(金大城·忠談 등) 및 불교미술에 관련되어 현재 활동중인 인사도 넣었다.

4) 각 논문에 실린 탁본과 도판의 목록은 찾아보기 쉽도록 권두에 수록하였다.

[신대현]

1부 印度日記

印度紀行
인도통신
인도 석굴사원 조사 略記
印度의 佛蹟

印度紀行

1962. 12. 22⁽토⁾

서울~東京

8시 30분 金聲近・李弘稙 씨 부처가 내방, 작별 인사했다.

9시 30분~10시. 반도호텔에서 金載元・李萬甲・金庠基・金聲近・李謙魯・柳海宗・崔淳雨・李永樂・金正基・李蘭暎, 박물관의 미스 金・李 관리계장・金 관리계장, 金東鉉(N. M)・申榮勳・秦弘燮・孟仁在・金和英・鄭明鎬・金復永 씨 등을 만났다. 10시에 김포공항으로 출발했다.

11시 40분에 김포 출발. 송영대에 처・裕子・豪鍾・김복영・진홍섭・최순우・유해종・큰외삼촌댁이 왔다. 호종이가 흔드는 작은 손이 그칠 줄을 몰랐다.

13시 20분에 羽田 공항에 도착. 金大鉉 군이 출영했다. 高輪 프린스 호텔에 숙박했다(137호실).

오후 3시 30분에 松坂 디파트의 小松 스토어에서 쇼핑했다. 약을 구입하고, 와싱턴에서 洋靴(김군 贈)를 샀다. 銀座의 뮌헨에서 김군과 맥주를 마셨는데, 이 곳서 裵洙東 씨와 이화여대 교수를 우연히 만났다.

7시에 숙소로 돌아왔다. 印翊煥 씨가 내방하여 같이 저녁을 들고 환담했다. 델리의 미스터 韓에게 타전했고, 입욕 후 취침했다.

전화 : 張錫・李天祥

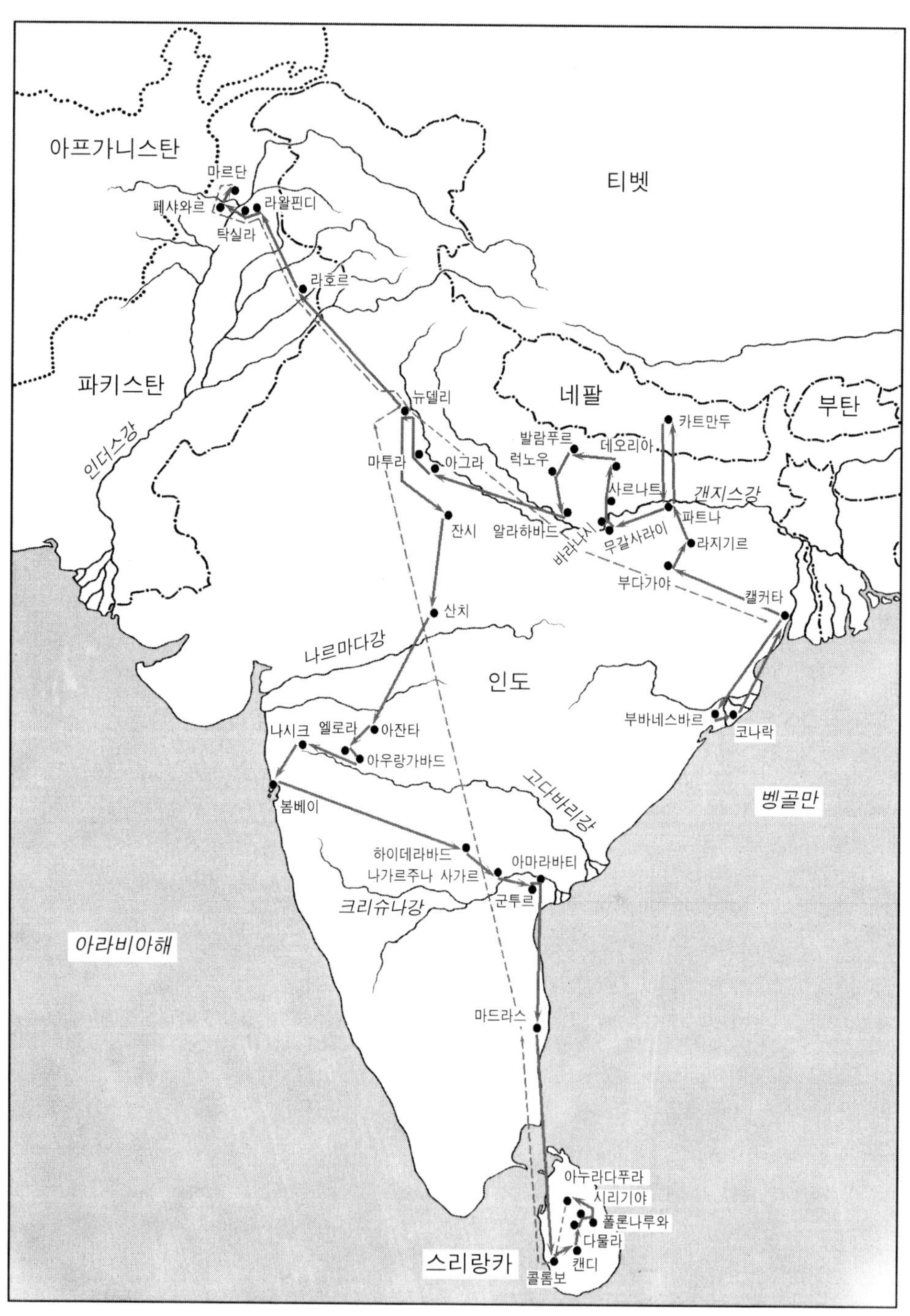

도판 1. 인도에서의 조사 여정

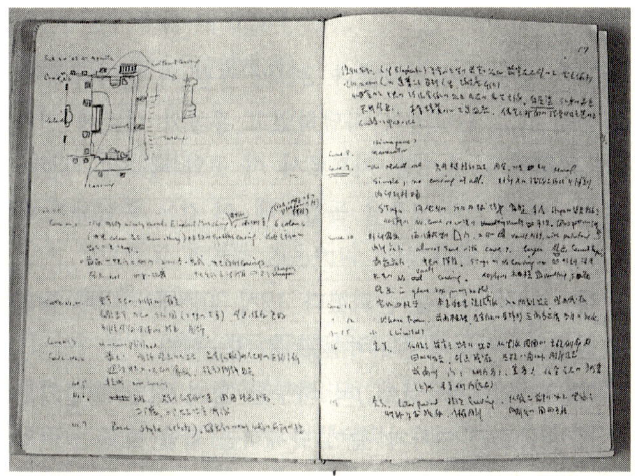

도판 2. 인도 석굴사원 조사 일기

1962. 12. 23(일)

東京~랭군

8시 30분에 출발, 10시에 BOAC Jet Comet로 일본을 떠났다. 날씨는 온화 쾌청하다.

14시 30분에 홍콩 도착. 월남·캄보디아·태국을 경유하여 산악지대로 남하했는데, 하천과 하구의 평야가 보인다. 석양은 황금색이다. 기내에서 『湖巖史話集』의 「慧超傳」·「大覺國師傳」을 읽었다.

교체되는 영국·일본·인도인 스튜어디스는 미모에 친절하다. 랭군 비행장은 적막했고 통관은 용이했다. 여름 기후라 무덥다.

셀박(Scher Becher) 씨가 보내준 차로 6시 30분에 그의 공관에 들렀는데, 7시에 그가 귀가하여 반가이 만났다. 랭군 대학 선생 6명이 초대해 주었다. 셀박 씨와 버마의 문화·정치·인종을 말하고, 동시에 고국 소식을 나누었다. 그에게 인형과 이겸노 씨의 『月印釋譜』를 주었다. 東京에서 인도가 불과 1일 내로 교통이 발달되었다. 이 곳서 여름옷으로 갈아입었다.

다. 앞으로의 여행을 위하여 몸의 휴양이 긴요하다.

1963. 1. 4(금)

뉴델리

오전중 숙사에 있으면서 「인도통신(Ⅰ)」을 마련하여 발송하다. 그
뒤 국립박물관에 가서 인더스강 유역인 모헨조다로와 하라파 출토의
유품을 자세히 보았다. 그리고 조각으로서는 마우리아기 두상들이 주
목되었다.

도판 8. 모헨조다로 출토 頭像

윗층에서는 인도화를 보았고, 벽화 화학처리의 전시품을 보았다(RAVG MAHAL, CHAMBA, HIMACHAL PRADESH 출토 벽화). 이 방법은 국내에서도 습득되어야 할 것이다. 19세기의 작품을 소중히 함을 볼 때 우리의 전라남도 강진 無爲寺 벽화가 수년 간 방치되어 있는 것은 한탄할 일이다.

이 곳 식당서 숙사에서 가져온 점심을 먹고, 오후 2시 고고국의 셔먼 씨를 만나 여행표를 받았다. 동시에 각 지방 사무실에 보내는 소개 및 원조문 사본도 받았다.

3시 30분에 공관에 갔더니 파우치날이라고 바빴다. 그리하여 약 1시간 동안 로디 로드(Lodhi Road)의 모슬렘(Moslem) 무덤(수상의 무덤?)을 가 보았는데 정원이 아름다웠다. 델리의 모스리우 건물은 자세히 볼 만하다.

밤에는 미스터 한의 초대로 아소카 호텔에서 저녁을 먹었고 늦도록 이야기했다. 특히 경기도 楊平의 上院寺鍾 이야기를 하였더니 한 번 써 볼 만하다고 말하였다.

1963. 1. 5(토)

뉴델리

10시에 아메리칸 익스프레스사에 가서 1,500루피를 받았다. 또 여행용구 몇 가지를 샀다. 상점에서는 단지 외인이라는 이유로 친절하지 못하다.

11시에 고고국에 가서 차표도 받았고, 데바 씨를 만나 인사도 하면서 인형 두 개를 주었다. 또 이 곳 부속도서관에 가서 司書官에게 여행인사를 하였더니 都宥浩의 『조선원시고고학』을 내보이면서 그 제목을 번역하여 달라고 하였다. 그리하여 한국 것이 또 있느냐 하였더니 "Nhil(全無)!"이라 하며, 자기 출판물도 있는데 그렇다는 것이다. 나는 앞으로 유의하겠다고 말하였다. 문교부에 연락하여 국보도록이라도 보내와야 할 것이다.

이 곳서 공관에 직행하여 1시간이나 기다렸다가 간단히 인사하고 미스터 한과 같이 아소카 호텔에 와서 다시 점심을 대접받고 6시까지 우리 고적조사 이야기를 하였다. 미스터 한의 호의는 감사하기만 하다. 돌아와 짐을 싸고 곧 취침했다.

1963. 1. 6(일)

델리~캘커타(기차). 맑음. 冷寒

발신 : 印翊煥(필름). 아시아재단

전 인도를 도는 여행의 첫 날. 이번 장기여행의 무사와 성공을 기원했다. 단신으로 온 것이 고독도 하다. 숙비도 사무원 집을 찾아 청산하였다. 9시 10분에 韓 부처가 와서 가방도 맡기고 작별했다.

뉴델리에서 10시 20분발 하우라(Howrah)행 투판 급행(Toofan Express) 일등석에 오르다. 처음에는 차비도 없고 망설였다. 실내에는 3인.

아그라 사원의 원경은 볼 만하였다. 그 밖의 경치는 평범한 대륙과 농촌의 풍경이다. 아그라에서 대학생 2명이 동석하여 카우푸르(Kawpur)까지 여러 가지 이야기를 하였다. 역마다 외인이 진기한 듯 들여다 보았고, "중국인"이라는 소리도 들린다. 同室의 한 채식주의자 노인은 온후한 신사로서 상인인 듯 친절히 하여 주었다. 특히 밤에 그가 빌려준 두 장의 모포가 고맙기 한이 없다. 아그라에서 역원에게 부탁한 침구는 카우푸르에서 입수가 아니 되었기 때문이다. 나는 그에게 그가 나의 여행을 즐겁게 하여 주었다고 말하였다. 카우푸르에서 학생들이 내리고 국회의원이 탔는데 서로 잠깐 이야기하였다. '기'씨라고 하였는데 그는 인도에 와서 수상도 만나고 국회에서 연설도 하였다고 말했다. 코리아라고 하면 대강 알고는 있었다.

9시 10분 취침하다. 인도에 온 느낌이 간절하다.

＊삭제나(Saxena), 망글릭(Manglick)이라고 하는 학생 두 명 중 삭제나 군은 똑똑한 청년으로 호감이 갔다. 그에게 아리랑 담배 한 갑을 주었다.

1963. 1. 7(월)

델리~캘커타(기차)

어젯밤도 추웠고 매연이 심하다. 7시에 깨어 창밖을 내다보았다. 농촌 풍경인데 겨울 모습이다. 멀리 또는 가까이 수목이 보인다. 망고·치타라·아소카·종려나무 등이다. 농가들은 일찍부터 움직이고 있었다.

파트나에서 조반. 이 곳을 지나니 산도 보이기 시작하였는데 호랑이가 산다고 하였다. 수렵이 없으니 심산이 아니라도 있을 법도 하다. 라그라트(R. Nagrath)라고 하는 노인은 아산솔(Asansol)에서 가족의 출영을 받고 하차하였다. 방은 나 혼자 차지가 되었다. 스위퍼에게 소제를 시키고 문을 닫고 누웠다.

혜초의 여행기를 읽었다. 풍경은 그 때나 크게 다름이 없다. 白牛가 많다고 한 것, 貧多富小라든지 屠肉이 없다는 것은 오늘도 그러하다. 이번 여행이 북인도→南印度→파키스탄의 순으로 그의 여정과 같은 것은 우연의 일치가 되었다.

오후 7시 20분 하우라에 내렸는데 수천 리 길에 1시간 미만의 연착이니 잘 온 셈이다. 역에서 10일의 푸리(Puri)행 급행표를 예약하고, 러셀 호텔에 입실하였더니 싱글이 없어 더블룸을 내주었다.

저녁식사 후 입욕. 곧 취침하다. 먼 길, 33시간의 길이었다. 무사히 이 곳까지 온 것이 다행이다(노인과 카스트, 결혼 풍습을 묻다).

1963. 1. 8(화)

캘커타

발신 : 朴敬源·朴民秀

도판 9. 바르후트 출토 난간석. 캘커타 인도박물관

피로가 풀리는 듯 어젯밤은 잘 쉬었다. 뉴델리의 숙사와는 비교가 아니 되는 넓은 방과 좋은 시설이었다.

7시에 일어나 홍차를 마셨다. 일기·노트 정리를 하였다.

10시 인도 박물관(Indian Museum)으로 카르(Kar : 고고국 감독관) 씨를 찾았더니 내방을 알고 있었던지 남녀 각 1인을 불러 안내토록 하였다. 미스 모세(Mose)가 조각실을 약 2시간 동안 안내하여 주었는데, 바르후트(Bharhut) 실에 들어서는 그 장관에 놀라지 않을 수 없었다. 조각실이 모두 이동된 진열품으로 충만되어 있었고, 간다라 실에서는 목수들이 상자 만들기에 바빴다. 카르 씨의 말대로 '비상시국'이었다. 이것은 중공 침입으로 인한 사변이었으며, 시국이 안정될 때까지 안전책을 취한다고 하였다. 바르후트 난간의 인물상·本生譚·佛傳·토라나·부다가야의 포시(Posi) 등 수많은 슝가 기 작품들이 있다. 산치가 완전하다니 그 장관이 기대할 만도 하다. 간다라 실은 인도 제일의 수집이라 하였는데 주로 탁실라 부근 것이라 한다. 그 가운데는 소탑이 있는데 사진에서 눈익은 것이었다. 마투라·굽타 기 것은 현지 역사박물관과 국립박물관, 델리를 보아서 그런지 혼란되어서 그런지 큰 감격이 없었다.

미스 모세는 잠시도 쉬지 않고 설명하여 주었다. 다 보고 나오니 오늘의 수확은 이로써 만족함을 느꼈다. 당국의 호의에 감사하는 바이었다.

숙사에서 점심. 잠시 쉰 후 3시에 다시 박물관에 가서 사진실을 찾아 전 진열품이 앨범에 들어 있음을 보았다. 그 뒤 정원 주변의 석조품을 돌아보고 4시 30분에 퇴관하여 서점에 들렀다가 숙사에 돌아왔다.

밤에는 박물관에서 입수한 안내책 두 권을 읽고 9시 30분에 취침하였다. 목 뒤에 종기가 나서 다소 괴롭기도 하여 약방에서 페니실린을 달라고 하였더니, 피부병에 사용하는 것이 적합하지 않다며 팔지를 않으므로 고약을 바르기만 하였다.

여 주었다. 여직원의 안내로 간다라 실을 다시 보았고 그 중 반가상을 보았다. 이것은 하나의 자료가 될 것이다. 그 밖에 「러브레터를 쓰는 여인」, 「아이를 안은 여자」, 「거울 보는 여자」도 보여주었는데 그 앞에 캐비닛이 있는 것을 여럿이 치워 주어 간신히 보았다. 그 뒤 티벳·네팔 배너(Banner) 십여 점을 보았는데 모두 佳品은 아니다.

이 곳서 다시 미술 부문을 가서(이 곳은 닫혀 있다) '페르시아·인도 회화'와 '티벳 배너'를 보았는데, 優品은 모두 이 곳에 있었으며 남자관원이 안내하여 주었다.

내가 금속품을 보여 달라고 하였더니 그는 아래층에 내려가서 금속실을 보여주었다. 이 곳에는 네팔과 티벳의 금동상, 인도의 木상감·금은상감품이 다수 있었고, 그 밖의 미술품도 있어서 참고가 되었다. 우리 나라 고려시대 입사향로의 기원을 찾아야겠는데, 그와 동일한 Standing Cup Form은 향로로서는 찾을 수가 없었다. 안내서를 2.25루피에 구하였는데 이 곳을 본 것은 다행이었다.

1시에 돌아와 오후를 호텔에서 쉬었다. 긴 여행에 쉬는 시간이 있어야 할 것이다. 저녁에 이 곳 호텔값 99루피를 청산하고 800루피를 맡겨 놓았다. 짐도 하나 맡겨놓고 8시 40분에 부바네스바르 행을 위하여 호락(Hawrak) 역에 나갔다.

16일의 가야(Gaya) 행 야간열차 일등석도 예약되었고 침대칸도 BBS 왕복이 입수되었다. 호텔 안내인이 인도하여 주었는데 침대칸을 위하여 역원에게 2루피가 들었다.

1963. 1. 11(금)

부바네스바르 맑음

밤에 여러 번 깼다. 침구가 있어 다행이나 차 안은 괴롭다. 아침 7시에 일어나서 창밖을 보았다. 동남해안을 따라 논이 많았고 하천도 여럿 있었는데 모두 다리가 건설되고 있었다. 국민의 생활향상보다 토목공사가 성행되고 있었다. 이것은 BBS에서도 느낀 바인데, 박물관은 집만 크고 내용이 정비되지 못하였다. 조각과 종려잎 經典이 주목되었다. 역에서는 15일밤 호락 행을 예약하였다. 인력거꾼이 마침 영어를 알아서 가이드를 겸하였다. 여행자 방갈로에 들었는데 값도 싸고 그저 지낼 만하다.

10시에 이 곳 고고국을 찾았는데, 고세(Ghose) 씨는 라트나기리(Ratnagiri) 현장에 있다하고 사무원 1인이 있는데 영어가 아니 통한다. 인력거 주인이 통역이 되었다. 듣자니 라트나기리는 아침 때나 저녁에 도착하는 불편한 길이라 한다. 이 곳도 건물이나 정원은 갖추었으나 내용이 없다.

귀로에 탑 셋을 보았는데, 규모는 작으나 그 건축과 섬세한 조각품은 볼 만하였다. 전당 내의 리브가(Livga)는 생식기 숭배와 유관한 듯하다. 묵테스바라(Muktesvara)의 토라나와 내부 조각, 라자라니(Rajarani) 탑의 조각은 특히 주목되었다. 박물관은 간단히 한 바퀴 돌았다. 별로 인상이 없다.

점심 후 2시에 떠나 우다야기리·칸다기리 석굴은 인력거를 타고 갔다. 마침 경비원 2명이 있어 안내와 설명을 받았는데, 수리한 곳이 먼저 눈에 띄었으나 이만큼 보존된 것도 다행이었다. 중앙 직속의 경비를 둔 제도는 좋은 점이다. 중앙에 길을 놓고 동서 구릉 석산에 수십 개의 方室이 뚫렸는데, 列柱가 있고 입구의 조각이 볼 만하였다. 자이나교의 동굴이라고 하는바 연대로 보아 기원전 1~2세기 것이라고 한다. 석실 내에는 조각이 적었고 그 방형 석굴은 혹은 2층을 이루고 있었다. 모두 細刻이며 巨像 2구와, 각 하나의 불교굴이라는 것은 주목되었다. 특히 보리수 신앙이 표시되어 있었으며 종 모양 석주(Bell Shaped Capital)는 古式이었다. 이 석굴의 點地는 넓은 평야를 바라보는 경승의 땅이다. 브라만이 돈을 달라고 졸랐다.

이 곳에는 수목이 있었는데 십 수년 전까지 호랑이·사자가 출몰하

1963. 1. 13(일)

부바네스바르 ~ 코나락. 쾌청

발신 : 裕子

버스역에서 젊은 부처와 동행이 되어서 9시 20분발 캘커타 – 코나락 간 버스를 탔다. 이 부처는 11개월 전에 집을 떠나 세계일주중으로 파키스탄·네팔 등지를 경유하였다 하며, 네팔에서는 여러 가지 볼 것이 있다고 하였다. 나를 넣어 3인의 외국인이 몹시 주목을 끌었다. 버스는 3시간 넘게 걸려서 4마일을 달려 현장까지 실어다 주었다.

12시 30분~3시 10분까지 짧은 기간에 사진 찍기에 바빴다. 규모의 웅대, 조각의 과다, 건축의 구조 등에 경탄하였으며 바다가 멀리 보이는 이 곳이 13세기 중엽에 주목이 되어 이 같은 장엄을 위하여 국력이 경주되었음은 그들의 역사적 신앙적 배경이 있어야 하였다.

왕복의 길은 열대지방을 가는 것이다. 주민들은 오리(Oria) 족이라 하며, 남자는 두건이 없었고 여자는 코걸이가 있었고 몸의 장식도 많았다. 가옥은 草屋이고 민도는 낮았다. 黑塔을 중심으로 舞踊殿이 배치되었는데 거대한 車輪과 人馬 등은 많이 파괴되었고 내부는 1903년 보존을 위하여 充塞되어 있었다. 외벽에는 BBS에서 보는 작은 석조 사원보다 큰 석상들이 있었으나 그 인물들과 장식 수법이 많이 닮아 보였다. 사방에 큰 감실이 있어 각 1상이 봉안되었고 그 외벽에 인물상·동물상, 그 가운데서도 성교를 표시한 각양 각색의 조각도 주목되었다. 또 상층에 이르러 처마에 배치된 주악상은 인도 미술의 걸작에 속할 것이다. 이만큼 보존된 것이 다행이라 할 것이다. 일대 사원이 일찍이 그 完美의 모습을 갖추었을 때 지상에서 천상으로 날으는 大車輪의 모습은 웅장하였을 것이다. 이것이 비단 종교적인 이유뿐 아니라 이것들이 속한 왕조의 전승탑이라 함이 마땅할 것이다.

가이드의 괴로움은 이 곳도 동일하며, 塔上에서 나도 모르게 흥겨워 나온 콧노래는 한 무리의 젊은이들이 지니고 온 트랜지스터 소리에 깨지고 말았다. 나무그늘에 앉아 코코넛을 처음 마시고 바쁜 걸음으로 버스를 탔다. 시골 버스의 만원상은 우리 나라와 같다. 도중 장날인지 中馬를 탄 많은 인도인이 모여들었고 서커스 場도 보였다.

6시 20분에 도착하여 역에서 하루를 앞당겨 14일 코나락 행을 결정하였다.

이 곳 인도음식은 먹기 힘들고 물도 상수도라고 하나 황색이며 구린내가 난다. 집에서 가져온 고추장을 밥에 비벼서 계란으로 저녁을 먹었다. 오늘은 피곤해서 자리에 곧 누웠다.

1963. 1. 14(월)

부바네스바르 – 코나락. 맑음

매일 좋은 날씨가 계속된다. 아침에 잠깐 구름이 끼었다가 곧 갰다. 9시부터 12시 30분까지 古寺院 순회를 하였다. 「부바네스바르」(안내서)에 기록된 주요 사원을 보았다. 인력거는 이 곳에 도착한 이래의 동일 차였다.

먼저 동방에 떨어진 三院을 보았는데, 그 가운데 바스카레스바라(Bhaskaresvara) 기단의 四門과 사원 내의 거대 운가(Unga)가 주목되었다. 브람메스바라(Brammesvara)의 동일 구내의 五院 구성은 마치 五塔寺를 연상시킴이 있다.

이 곳서 묵테스바라 群에서 전일 보지 못하였던 가우리(Gauri)와 케다레스바라(Kedaresvara)를 보았는데 신도가 다수 헌화 예배하고 있었다. 이 곳에서는 맑은 연못이 있다 하여 탱크에서 목욕하는 남녀는 옛과 다름이 없다. 사원에 탱크가 부속된 것이 이 곳 풍토에서 주목할 만하다. 링가(Linga)에서 나오는 聖水를 마시는 것이 의식이라고 한다. 링가는 남녀 생식기의 표시 이외에는 아니 보인다.

이 곳을 떠나 멀지 않은 파라수라메스바라(Parasuramesvra)를 찾았는데, 이것은 가장 오래되어 7세기 것으로 추정된다고 한다. 건물 조각이 간단하였고 前室은 平屋이어서 다른 것들과는 다르다. 외부의 조각도 古式을 지녔다.

이 곳서 연못 북방을 돌아서 비탈(Vital)과 그 옆의 시스레스바라(Sisresvara)를 찾았는데, 전자는 그 피니얼(꼭대기 장식)이 특색이며 조각도 우수하였다. 작은 토라나도 있었으나 졸작이다.

다시 이 곳서 넓은 연못을 돌아 아난타 바스데바(Ananta-Vasdeva)를 갔는데, 신도들의 식사로 대혼란을 이루고 있다. 카레를 손으로 들고 있었다. 이 곳은 일부에 彫飾이 있으나 형식화가 현저하다.

다시 이 곳서 라메스바라(Ramesvara)와 그와 상대하는 破院 三處를 통과하여 주립박물관에 갔으나 오늘은 오리사 주의 축일이어서 휴관이었다.

점심을 먹고 숙소에서 낮잠을 잔 후 짐을 쌌다. 그리고 이 지방 여행 기록의 정리도 하였다. 이 곳은 사원 건축의 한 중심이 될 것이며 시대에 따르는 고찰도 가능할 것인데, 그 대표로서 카바락(Kavarak)을 들 수 있을 것이다. 카바락에서는 시간은 적어서 허둥지둥 사진 찍기에 끝난 셈이 되었는데, 그 굉장한 규모와 구조, 그 동적인 모티프는 북을 울리며 춤을 추는 일대 盛典 그대로였다.

이 지역에 아소카 칙령이 있음은 오랜 두 석굴, 우다야기리(Udayagiri) · 카우다기리(Khaudagiri)와 더불어 그 역사가 오램을 말한다. 넓은 땅에 흥망이 몇 번이나 있었을 것이며 그 자취가 돌 위에 남아 있다. 고대 기념물과 신 수도의 건설은 대조적이며 인상적이었다. 경찰의 제지가 있었으나 힌두교의 건축과 조각의 이해를 위하여 도움이 되었을 것이다.

밤 8시 20분 부바네스바르 출발. 야행차의 일등침대를 얻었는데 2인뿐이었다.

1963. 1. 15(화)

캘커타. 맑음

8시가 넘어 호락에 도착하여 16일 밤차 침대칸을 예약하고 러셀 호텔에 들었다. 아침 먹고 목욕, 옷을 갈아입고 이발하였으며, 빅토리아 기념관을 보았다. 영국 통치시대의 것인데 아그라의 타지마할을 모방하였다. 독립 후 이 건물이 그대로 사용되어 역대의 제왕·총독의 초상이 진열된 것을 보니 우리와 비하여 기이한 느낌이다. 많은 인도인들이 시찰하고 있는 그 심정도 이해가 곧 되지 않는다. 영국 통치책의 노련함이라 할까. 그들이 물러간 후에 모든 시설이 남았고 그것을 계승하고 있으니, 이것은 고문화의 보존조사 영역에서도 동일하다. 캘커타만 하더라도 간디 동상이 추가된 것일까.

점심 후 고고국 사무실을 찾아 다스(Das) 씨를 만나 라트나기리 발굴 사진을 보았고, 그 곳의 소개로 길 건너의 주립박물관(5개월 전 개관)을 찾았다. 이 곳 관장인 다스 굽타(P. E. Das Gupta, M. A) 씨는 환영하면서 벵갈 지역의 특수성, 특히 네팔·티벳 및 해로를 통한 동남아 및 중국 이동지역과의 관계를 강조하고 있었다. 과거에 탁실라와 간다라 루트만 주목되었던 폐단을 말하였으며, 서북인도와 이 지역의 여러 가지 차이점을 말하기도 하였다. 이 같은 그의 견해는 초기 순례자의 상륙지점인 타믈룩(Tamluk : Tamralipta)의 그의 조사담과 더불어 흥미가 있었다. 아마도 중세에 있어서 동부권의 활동이 네팔·티벳에 미친 것은 틀림없을 것이며, 그 이전에 있어서도 해로에 의한 (동양과의) 문물교류는 많았을 것이다.

귀로에 인도항공에 들러 네팔 행의 수속을 묻고, 보행으로 숙사에 돌아왔다. 저녁에 식당에서 상대한 사람이 마침 네팔 인이어서 여러 가지 조언을 얻었다.

9시에 취침하였으나 모기가 있어 잠을 깼다.

1963. 1. 16(수)

캘커타. 흐리다 갬

발신 : 미스터 韓, 裕子, 秦, 閔泳珪

어젯밤은 모기 때문에 괴로웠다.

오전중에 서뱅갈의 여권국을 찾아 네팔에서의 재입국 비자를 부탁하였으나 나의 등록이 뉴델리여서 시간이 걸린다고 하여 불응의 태도이며, 여행증명서를 내놓으라고 하였다. 어디나 이 같은 기관은 친절하지 못한데 특히 시국 관계도 있을 것이다. 파트나에서 애써 보기로 하였다. 그 뒤 여행자관리사무소에 가서 여러 가지를 문의한 후 귀로에 베이징 중국식당에서 점심을 먹었다.

오후는 3시 40분부터 시내에서 영화 'Light in Pizza'(USA)를 보았다. 그 전에는 인도 박물관에 들러서 식물·고고학박물관(Botany and Archropological Gallery)을 보았다.

이 곳 캘커타의 체류는 그다지 유쾌한 것은 아니었다. 그러나 오늘로서 끝났다.

밤 7시까지 러셀 호텔에서 시간을 보내다가 8시 20분 차로 떠났다. 캘커타의 혼잡은 하루의 휴식도 얻지 못하게 하였다. 오늘은 힌두의 축제일로서 갠지스 강에서 목욕하고 사원에서 수소와 숫염소의 희생의례가 있다고 하면서 한 인도인(대구에 있었다고 한다)이 같이 갈 것을 노상에서 권했으나 사양하였다.

1963. 1. 17(목)

부다가야. 맑음. 冷溫

아침 6시 가야 도착. 驛上 식당에서 조반 후 릭샤(Rickshaw)로 부다가야(Bodh-Gaya)로 가다가 버스를 만났다. 이 곳 기온은 캘커타보다 추워서 내의와 코트를 입었다. 버스는 사원 바로 옆에 내려주었는데, 그 곳에서 여행자용 방갈로는 멀지 않았다. 싱글룸이며 깨끗하고 조용

도판 11·12. 부다가야의 난순 기둥

한 곳이어서 비로소 안심이 되었다.

박물관의 큐레이터가 곧 찾아와서 인사하였던바 오늘이 휴일이라 하였다(힌두 성자의 탄생 100주년).

9시 30분 박물관을 한 바퀴 돌았는데, 欄楯 기둥(Railing Pillar) 3개만이 기원전 1세기 것이라 하였다. 그리하여 사원을 방문하여 약 2시간 돌아다니며 石製 난간과 金剛座를 보았으며, 東面에서 내부로도 들어갈 수 있었다. 마침 티벳 난민이 예배중이었는데, 처음 보는 광경이었다. 그들의 사원도 근방에 있었는데 불행한 현상이었다. 이 사원은 수차의 개수로 현상이 어느 정도 古態를 간직하는 것인지 곧 알 수는 없었다. 환경도 도로와 부락 가까이에 위치하여 성지로서의 모습을 찾기 어려웠다. 그러나 이 곳이 불교 4대 성지의 하나이며 釋尊正覺의 땅임에 감개가 깊었다.

그러나 나에게는 신앙적인 면에서보다는 고대 유물의 존재가 또한 관심사였다. 이 곳 난간의 조각은 주목할 만하여서 여러 세부 사진도 찍었다. 실물을 통한 미술사 공부에서 사진이 도움이 되기는 하나 不如一見이 또한 진리일 것이다. 바르후트와 이 곳 그리고 앞으로의 산치, 또한 이미 본 바 있는 마투라 등을 종합하면 인도 고대 조각의 단초나마 잡을 수가 있을 것이다. 주요 작품에 대한 조심스러운 관찰이 있어야 할 것이다.

점심 후 다시 박물관과 탑을 찾았고, 그 뒤 미국과 프랑스 청년을 만나 같이 티벳 피난민촌도 찾았고 그들의 차도 마셨으며, 또 나의 숙사에서 함께 차를 나누기도 하였다. 젊은 청년들이 수차에 걸쳐 고생을 사서 하며 세계를 다니는 모습은 부럽기도 하였다.

아침에 이 곳 숙사에 오니 미스터 한의 배려로 3통의 편지가 와 있어 무엇보다 반가웠는데 1통은 韓, 2통은 여행중인 鄭·申·孟·文 4인의 합작이어서 고맙기도 하고 반가웠다. 그들이 힘을 다하여 우리의 것을 찾고 이 방면의 공부에 애쓰고 있음에 새삼스러이 즐거움을 느꼈다. 그에 대하여 아무것도 도움됨이 없는 사실이 부끄럽기도 하다.

이 곳 와서 매일 느끼는 것은 누구 한 사람 동행이 되었다면 하는 것이다. 이 같은 기회를 나눌 수 있다면 개인뿐 아니라 우리 나라를 위하여서도 다행일 것이다.

멀리 해남의 발신 도장이 찍힌 것을 보면서 1월 3일 발송된 것이 1월 9일 뉴델리에 도착되었으니 빠르다면 그렇게 말할 수도 있을 것이다. 다만 기대하였던 집소식을 들을 수 없으니 그것이 섭섭하였다.

오늘 하루는 마음도 편하고 몸도 편하였다.

1963. 1. 18(금)
부다가야. 바라바르 석굴. 맑음
발신 : 鄭永鎬

아침 부다가야 박물관장과 약 1시간 바라바르(Barabar) 석굴 행을 상의한바, 그는 길이 불편하니 중지를 권하였다. 마차나 인력거를 타고 가겠다 하니 불가하다며 택시만이 갈 수 있을 것이라 한다. 그는 가야의 여행자 사무소에 전화하여 30루피로 결정하였다.

10시 20분 출발, 11시 20분 가야 도착. 택시로 12시 20분에 출발하였는데, 여행자 관리사무소의 주선으로 그 곳 직원 1명이 동반했으며, 그 곳에 와 있던 부다가야의 같은 사무실 직원 1명이 동행케 되었다. 차는 벨라(Bela)를 경유해서 서북으로 약 5마일 들어갔다. 높이 약 150~200m의 바위산이 보이며, 그 가운데 한 봉우리는 기묘하게 특출되었다.

1시 30분 구(Block) 사무실에 당도하니 많은 사람들이 문 밖에 모여서 회의중인 듯하다. 다행히 이 곳까지 차로 잘 왔다. 길은 좋은 편이다. 곧 일행이 산을 조금 오르니 연못(Tank)이 있고 그 남쪽에 거대한 암석이 橫臥되었고, 그 중앙에 門戶가 있다. 이것이 카르나 카우파르 굴(Karna Kaupar Cave)로서 내부는 全磨되었고 장방형인데 유리와

도판 13. 바라바르의 로마스 리시 석굴

같이 반사되었으며 음향도 반향되었다. 이 곳서 서쪽 모서리를 돌아서
니 양지인 남면에 또 하나의 巨點丘가 있어 두 곳에 출입문이 있다.
이 곳서 약 1시간 동안 촬영·기록하였다. 토굴이 모두 중요한데, 그
중 로마스 리시 굴은 입구의 양식과 조각이 주목되며 유명한 것이다.
그러나 그 내부는 未磨여서 완성된 내부 모습은 수다마(Sudama) 굴에
서 볼 수 있었다. 전·후실의 구분과 그 원형·장방형의 연결체가 후
대의 차이티아(탑원굴)를 연상케 하며 그 곳까지 연맥됨은 틀림없는
일이다. 이것은 동시에 천 년 된 우리 석굴암과도 연계됨을 볼 수 있었
다. 이 석굴이 특히 주목됨은 이 곳 북부지방, 특히 佛蹟으로 유명한
이 곳 부다가야와 라지기르에 많은 우리 신라의 수도승들이 다녀간 것
만은 틀림없을 것이다. 따라서 중인도 석굴의 장엄보다도 이 곳 석굴
이 주목되어야 할 것이다.

　　이 곳을 끝내고 이어서 나가르주니(Nagarjuni)도 보았는데, 규모는

작으나 남쪽에 1실이 있고 그 북방인 산중에 2실이 있어 각각 특이한 설계를 보여주었다. 이 때 뒤따르던 동행인이 뛰어와서 위험하고 강도가 있으니 북방 굴은 가지 말라는 것이다. 나는 고집하고 그 조사를 마치었는데 그 사이 촌민 3~4명이 근접하였었다. 그 후 택시 앞에 십여 명이 모여 있었고(그 가운데 한 명은 총을 들고 있었다), 사무소에서도 증명서 제시 요구가 있었으나 모두 무사하였다. 석양을 바라보며 오늘의 조사 완료를 다행으로 여겼다.

8시에 부다가야로 돌아왔다.

1963. 1. 19(토)

부다가야. 바라바르 굴. 맑음

피로함인지 아침에 일어나기가 괴로웠다. 차를 들고 나니 좀 풀리는 듯하다. 조반 후 사원을 찾았더니 약 20명 가량의 인도인 신도들이 白衣를 입고 금강좌 앞에서 기원을 올리고 있었다. 西藏人의 예배와 순회는 오늘도 계속되고 있었다.

여행자 사무소에 들어가 약 1시간 동안 이야기하고 나서 남쪽 연못가를 돌았다. 周垣이 돌렸고 方池에는 紅蓮이 피어 있었다.

11시 숙사로 큐레이터 나율(B. S. Nayul) 씨가 찾아와 어제의 바라바르 행이 성공적이었다고 환담하였다. 낮에 나율 씨를 박물관으로 찾아 2책을 빌어 오후는 그것을 보았다. 나의 인도 예술과 건축에 관한 공부 부족을 새삼스레 느끼겠다.

어젯밤 찾은 바라바르와 나가르주니 굴에 대한 브라운(Brown)의 설명을 읽고 요점을 알 수 있었으며, 인도 건축이 그 초기에 있어 재래의 목조건축과 관계됨을 알 수 있었다.

4시 20분에 보디(Bodi) 사원을 다시 일순하고 사진 약간을 찍었다. 한 백인 여성이 금강좌 옆에 황색 법의를 입고 묵념하고 있음이 인상적이었다. 석존이 일주일 동안 보리수를 바라보며 묵념하였다는 유적

간단히 먹고 오랜간만에 신선한 과일을 사가지고 날란다로 돌아오니 오후 1시 30분 쯤이었다.

오후에는 객사에서 쉬었다가 박물관과 마하비하라(Mahavihara) 址를 돌고 5시 30분에 객사로 돌아왔다. 센 씨는 시타마리(Sitamarhi) 석굴의 소재지를 알아냈다고 하면서 몰랐다고 한 것을 미안하다고 했다. 그것을 미리 알았더라면 오늘 라지기르에서 찾았을 것이다.

1963. 1. 24(목)

날란다~파트나. 맑음

조반 후 날란다 제3사원지를 비롯하여 입구 주위의 승원을 보았는데, 이 때는 이 곳 책임자라는 젊은 친구가 설명하여 주었다. 특히 제3사원지의 제5~7건물의 遺壁 및 제4사원의 모퉁이 탑(작은 것)을 본 것은 다행이었으며, 제4사원의 굽타 시대라는 최하층을 본 것은 유익하였다.

그 뒤 박물관을 일순하고 센 씨에게 작별인사를 하였다. 버스편은 있었으나 11시 40분에 날란다 역에서 출발하여 오후 1시 10분에 바크티야푸르(Bakhtiyapur)에 도착했다. 이 곳 역내에서 2시간을 기다려 3시에 여객열차로 5시 20분에 파트나에 도착하였다. 일등석을 타고 독방에 혼자 앉았으니 불안하기도 했다. 농촌은 지금까지 본 것과 달리 토지가 비옥하고 작물이 많아 보였다. 파트나는 현재 건설중에 있는 듯하다.

역에서 멀지 않은 그랜드 호텔에 들었다. 도회지에 오니 마음이 놓이는 것 같다. 몸이 몹시 피로하다.

1963. 1. 25(금)

파트나. 맑음. 추운 날씨

발신 : 金載元 · 韓麒鳳 · 유자

수신 : K. 데배(고고국에서)

10시에 고고국을 방문하여 미스터 칸(Khan)을 만나 약 1시간 동안 스케줄을 논의하였다. 그는 노인으로서 귀가 멀어 곤란하였으나 매우 친절하였고 바이샬리(Vaishali)에 직원 1명을 동행키로 하였다.

네팔 행을 항공회사에 문의하니 카트만두의 인도 대사관에서 재입국 허가를 얻으라는 것이므로 27일(일요일)에 떠나 3일간 체류하고 돌아와 바이샬리 행(1일 숙박)을 결정하였다.

그 뒤 파트나 박물관에 갔다. 입구에서 디다르간지 약시(Didarganji Yakshi)를 보고는 명품임에 놀랐으며, 그 솜씨가 또한 어느 것보다 세련됨을 느낄 수 있었다. 그리스의 영향이 있다는 말도 수긍되었으며, 기타 석주, 자이나 상 등 마우리아 기의 작품을 볼 수 있었다.

관원 1명이 조각실을 친절히 설명하여 주었는데 상당량의 소장이었다. 관원의 인도로 같은 건물 내의 자야스왈 연구소(K. P. Jayaswal Research Institute)를 찾아 바이샬리 발굴의 로이(Roy) 씨를 만나 약 1시간 동안 이야기하였으며, 알테카(Alteka) 박사의 논문도 한 권(5루피) 살 수 있었다.

점심 후 2시 30분에 다시 박물관을 찾아 청동상과 소조상 실을 돌고 3시에 연구소에 갔으나 소장이 아직 출근치 않아 기다렸다. 조금 있다가 아스카리(S. H. Askari) 교수가 나와 인사하고 한국 이야기 등을 하였다. 그는 통일을 희망하면서 비극이라고 하였다.

바이샬리 탑지 출토의 사리구를 보고자 재방한 것인데 그는 열쇠를 아니 갖고 와서 사람을 집으로 보냈다. 4시 30분이 되어서 열쇠가 도착하여 사리구를 볼 수 있었는데, 의외로 작은 원형 용기(Soap Stone Kasket)이며 그 내부에 있었다는 骨灰는 유리병에 따로 담겨 있고, 또한 작은 貝類, 金片, 綠珠, 方形 銅貨 각 하나는 따로 싸여 있었다. 그 장엄이 매우 간단함에 놀랐다. 이것이 늦어도 아소카 왕 대에 오르는 것은 틀림없으며 釋尊 유골임에 틀림없다고 소장은 말하였다. 그러나

도판 15. 파트나 고고박물관의 디다르간지 약시상

이같이 소홀한 보관을 보니 인도도 불교국이 아님을 느꼈다. 이 때 우리의 혜초 이야기가 나왔고 그 기행기 이야기를 하였더니 처음 듣는 얘기라며 놀라워했다. 사실 모르는 모양이다. 한문 원본과 독일어 번역본이 있다 하였더니 영어 번역본이 필요하고 그것은 이 곳 연구소의 간행으로 출판할 수 있다는 것이다. 그는 나에게 그 대요라도 영어로 알려 달라고 하였으며, 원본의 사진 복사를 희망하였다.

인도가 아직 자기 문화 이외를 모르는 일레인가 한다. 도처의 佛蹟 설명에 法顯·玄奘 등 중국 순례자의 인용이 있음은 당연하며 연대로도 오래다. 그러나 그 이후 우리 신라승의 기록이 있음을 알고 있을 만도 하다. 이 같은 의문에서 나아가 그들의 自尊과도 관계가 있을 것이다.

5시 넘어 작별하고 숙사로 돌아왔으며, 6시 30분에 비나(Veena) 극장에서 'Dr. Vidya'를 보았다. 로맨스 스타일인데 춤과 노래는 인도 영화의 필수적인 요소인 듯하다.

9시 20분에 돌아와 저녁식사 후 취침하다. 오늘은 몸 컨디션도 좋고 기분도 상쾌하였다.

1963. 1. 26(토)
파트나. 맑음
洪思俊·鄭永鎬
인도 독립기념일. 澗松 1주기

10시에 쿠무르샤르 지(Kumurshar Site : 파탈리푸트라, 파트나 동쪽으로 4마일)를 인력거로 찾아서 그 곳 관리인의 안내로 회의장(Assembly Hall) 址를 보았다. 석주는 1本만이 현지에 남았고 나머지는 기초뿐이었는데, 一列 一本으로 8열이었다. 석주 1본은 지상에 보존되어 있는데 砂巖으로서 磨硏되어 있었으며, 그 底面에 문자와 ○형 마크를 새겼다. 현 지면보다 약 7.8m 낮은 곳이어서 물이 고였으며 급

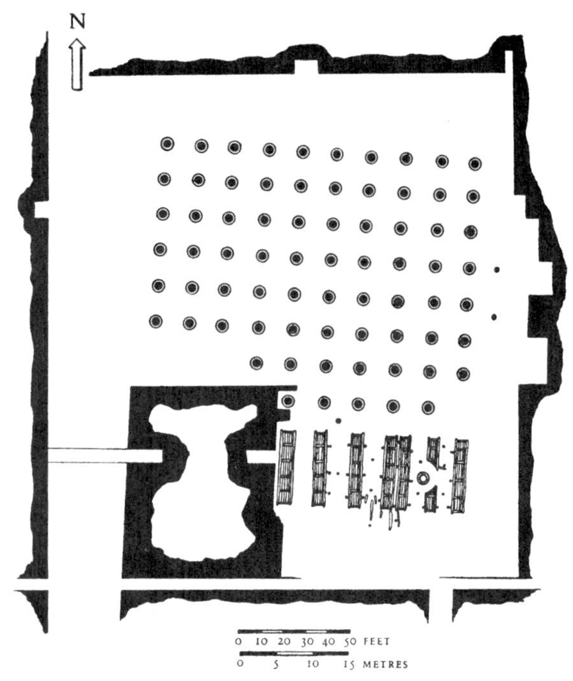

도판 16. 파탈리푸트라의 마우리아 왕조 궁전터

수중이었다.

그 외에 아소카 왕의 典醫였다는 다넨타리(Dhanentary)의 주거지도
보았는데 작은 벽돌방으로 구분되었다. 이 곳도 잘 관리되어서 날란다
와 같이 정원을 이루었으며, 중앙정부의 관할이라고 한다. 이 같은 시
책은 우리도 배워야 할 것이다. 경주 일대의 고적도 이같이 보존되어
야 할 것이다.

그 뒤 박물관에 갔으나 휴관이어서 점심 후 종일 방에서 엽서와 편
지를 썼다.

오늘 인도항공에서 네팔 행의 표를 구입하였다. 간송 1주기여서 멀
리 섚은 생각이 간절하였다.

파트나 박물관의 가이드를 보니 중요한 몇 가지가 아니 보이고 있어
재방을 기하여야겠다.

1963. 1. 27(일)

네팔·카트만두. 맑음

張衡植·鄭永鎬(통신 2)

10시에 파트나 박물관에 가서 간다라 반가상(관음이라 표시)과 쿠루
라하르(Kururahar) 출토의 부다가야 장식판과 塑造를 자세히 보았다.
장식판은 아소카 석주도 있었다.

11시 40분 넘어 인도항공 편으로 떠나 12시에 공항에 도착하다. 간
단한 여권 검사와 짐 조사가 있었고 예정보다 늦게 1시 15분에 출발했
다. 동승객은 7~8명. 출발 직후 강가(Ganga) 강을 건넜는데 수량이 적
어 보였으며, 그 유역은 어느 곳보다 비옥하여 보였다. 약 10분 후 동
북방에 흰 모양이 보이더니 山稜이 보이기 시작하였다. 이것이 雪山
[히말라야산]의 동쪽 연봉임이 틀림없다. 보랏빛 구름 위에 약간 분홍
색을 띤 백색의 산릉이 동으로 뻗어 있었다. 機上에서 흥분하여 카트
만두에 다 올 때까지 바라보았는데, 나중에는 구름에 들어가 보이지를
않았다. 설산 밑에 펼쳐진 인도 대륙, 그 문화와 종교와 역사와의 관계,
네팔·인도의 관계 등을 생각하였다.

2시 10분에 착륙하였는데 산악으로 에워싸인 분지였다. 공항 수속도
간단하였고, 지프로 콜로네이션(Colonation) 호텔에 들었다.

4시부터 약 1시간 반 동안 시내를 구경하였는데 인도의 옛모습을 지
니고 있었다. 힌두와 불교 사원이 혼재했다. 인도의 북방으로 왔다는
느낌이 있었다.

1963. 1. 28(월)

네팔 카트만두

어젯밤은 잘 잤으나 새벽에 추웠다. 고도 4,000피트 이상의 해발이라 한다. 일찍 아침을 먹고 인력거로 출발하여 서쪽 1.5마일이라는 스와얌부나트(Swoyambhunath) 스투파를 보러 갔다. 이 카트만두 시는 평탄하지 못하며 구릉이 많은데, 서쪽 작은 구릉 위에 이 사원이 있어 원경이 볼 만하다.

절 입구와 경내에 원숭이가 많아서 야생하고 있었다. 스투파는 원형으로서 금동 상륜이 있고 사방에 龕이 있으며 周垣에도 장엄이 있었다. 이 곳도 西藏人으로 가득하였다. 그들의 유랑생활이 동정되는바, 모두 웃는 얼굴로 고난을 겪고 있었다. 혹시 내가 중국인인가 생각할지도 모르는데, 조금도 적대의 느낌이 없었다.

이 스투파는 2000년의 역사가 있다 하나 곧 믿기 어렵고, 버마의 스웨다가르 파고다(Swedagar Pagoda)보다 소규모라고 할 것이다. 그러나 상륜이 그와 다르고, 그보다 비중이 크다. 주위에는 보티브(Votive) 스투파가 가득하였는데 모두 석조로서 부다가야 것과 同式이다. 이 곳에서 느낀 것은 옥상의 寶珠인데, 서역 회화 또는 玉蟲廚子의 것과 유사함은 古式을 전하는 것이라 하겠다.

10시 30분에 박물관을 보았는데 武具, 왕의 초상, 민속품 등이 혼재되어 있었다. 그러나 東館은 금동상과 불화 등이 있다. 모두 금동 또는 眞鍮製로서 크게 주목될 것은 없다. 이 곳 정상에 올랐더니 작은 방에 금속제 리브가(Livga)가 중앙에 있었다. 네팔도 힌두교 나라다. 다층탑도 힌두교 사원에 많은데 이것은 사원 양식의 네팔식 전통인 듯하다. 이와 같은 것이 어찌하여 네팔에서 유행하고 남았느냐 하는 것은 주목할 만하며, 목재 坐臺 사용 이전, 즉 高樓 殿宇의 一殘留로 볼 수는 없을까 한다. 古屋窓戶의 목각 세공은 주목할 만한데, 이것도 인도의 영향일 것이다. 박물관 금동상에는 기괴한 歡喜像도 있는데 이것도 중세 인도의 영향이며, 그 네팔적 표현일 것이다. 네팔과 티벳이 서로 닮은 것도 상호교류를 말하며, 이 곳에 오늘날 다수의 티벳인이 있음도 일

도판 17. 카트만두의 보드나트 스투파

리가 있다.

2시에는 시 동방으로 보드나트(Bodhnath) 스투파를 또한 인력거로 보러 갔다. 평지에 있으며 석회를 발라 古態가 없고 주위의 장엄도 스와얌부나트를 따르지 못하지만, 상륜 양식이 방형 다층인 것이 특이하다(3곳의 기단이 있어 ✛形을 보이며, 각 모서리에 작은 스투파가 있다. 이 같은 양식은 스투파나 부다가야형 사원이나 동일하다).

이 곳도 西藏人이 집결되어 있으며 각색의 幀을 만들어 장식하고 있었다.

오후의 교외를 나오니 여러 부족을 만날 수 있었다. 귀의 형태를 따라 가느다란 귀고리를 무수히 단 여자, 목걸이가 있는 남자, 칼을 차고 하의를 벗고 치마만 입은 남자…… 그들은 바구니에 짐을 담아 끈을 이마에 걸고 다닌다. 귀로의 길 옆에 이와 같은 형태가 보인다.

그러나 그보다는 작은 스투파의 폐탑을 보았는데, 이것이 훨씬 주목여행자 방갈로에 들었다가 곧 파리 니르바(Pari-Nirva) 신전을 찾았는데, 바로 길건너였다. 塔內는 공원이 되었고 발굴지에 周回된 高臺上의 塔殿은 새로운 건물이었다. 예배당에 들어가 열반불에 참배하고 주위의 가람지를 일순했다.

귀로에 이 곳 고고국 분소의 시나(Shina) 씨와 파트나 사무실의 직원 1명을 만나 숙사에서 환담했다.

7시에 저녁을 들고 곧 취침하다.

오랜 숙원의 땅을 찾으니 마음의 즐거움을 느끼겠다. 이 곳까지의 여정도 걱정하던 것과는 달라서 쉽게 볼 수 있었으며, 좋은 시설의 숙사에서 別無不便이었다. 佛蹟이 모두 근세에 개발되었고 정부의 시책으로 고고학적 발굴을 받아 역사적 기념물로서의 보존과 새로운 의의를 지니고 있었다. 인접한 불교 각국 승려의 순례가 본토보다 더욱 주목되기도 한다.

1963. 2. 5(화)

쿠시나가라~ 발람푸르. 맑음

발신 : 유자 · 崔淳雨

아침 8시에 이 곳 고고국 분소에 가서 시나 씨를 만나 같이 유적지 경내를 일순했다. 실론 순례단 일행 남녀 약 30명이 아침 예배를 끝내고 있었다. 娑羅樹가 경내에 숨어 있었고 탑전 前面에 두 그루가 서 있다. 慈藏의 佛塔偈를 암송하면서 경내를 돌았다. 그 뒤 서쪽 小殿에 있는 석가좌상도 보았는데, 그 곳에도 옛 승원지가 발굴되어 있었다.

다시 이 곳에서 인력거로 석가다비처인 塼造 스투파를 찾았는데, 원형의 대탑으로서 남쪽에 예배당지가 발굴되어 있었다. 이 곳도 정비되어 공원이 되고 있다.

9시 40분에 숙사에 돌아와 보니 방이 옮겨지고 경찰이 가득 찼다. 들으니 지사가 온다는 것인데, 이 곳에서 '인텔리전스'라고 칭해지는 사복형사 2명으로부터 여권 조사를 당했다. 몇 번 당해도 무방하나 그 스스로 존대하는 무례한 태도는 불쾌하다. 한국인이라고 하여도 중국인이냐고 반문한다. 부다가야에서도 출발일에 지사가 온다고 精舍를 포위하고 쳐들어오더니 이 곳 또한 동일하다.

10시에 버스를 타고 떠나 11시 30분에 고락푸르(Gorakpur)에 도착했는데, 이 곳도 신흥도시로서 활기를 띠고 있었다. 기차가 오후 3시 40분에 있다기에 거리에 나가 담요 한 장과 포장구를 샀으며, 점심 후 이발도 했다. 인력거가 인도한 이발소는 시장 내의 작은 집이었다. 불결하기 짝이 없고 분가루는 왜 그리 자주 바르는지, 또한 물을 발라 면도하는 데는 진땀이 줄줄 흘렀다.

3시 40분에 떠나 7시 무렵 노고르프(Nogorph)에 이르자마자 형사 1명이 여권을 보자는 것이다. 짐이나 놓고 보이겠다고 하여 역장실에 들어갔다. 그는 여권을 보고는 룸비니에 가려면 단신이면 地區(고락푸르, 간다) 관할 사무실(Magistrate Office)의 재입국 비자가 있어야 하니 갈 수 없다는 것이다. 이 말에 화가 났다. 그리하여 여권을 달라고 하면서 떠나는 차에 다시 올랐다. 나는 흥분하고 불쾌했다. 이 곳 노고르프에 이르기 몇 정거장 앞에서 누군가가 출발 직후 닫은 문을 두드리기에 열어 주었더니, 이 자가 역 부근의 정보관계자라고 자칭하면서 여러 가지를 물었다. 외국인은 손님이니 숙사도 알선하고 정보관에도 좋게 이야기하여 주고, 카필라라투(Kapilaratu)에도 동행할 수 있다는 것이다. 그러면서 나의 라이터를 신기하게 여기며 팔라는 것이다. 나는 이것이 친구의 선물이니 아니 되겠다고 거절했더니 그의 반감이 노골적이었다. 기차가 노고르프에 이르자 곧 내려서는 역에 나와 있던 정보 형사와 몇 마디 하더니 이 꼴이 되었다. 차 안에서 불쾌했고, 계획이 좌절되어 불안하기도 하였다.

10시 넘어 발람푸르(Balrampur)에 내리니 연장 구간을 설명없이 탔으니 일등의 운임을 더 내라는 것이다. 그리하여 17루피를 주었다. 모의 모습이 타지마할에 비할 것인가.

8시 30분에 떠나 우리 일행은 임페리얼 호텔에 가서 저녁을 들었다. 이 곳은 나에게 별세계와도 같다. 부유한 사람들의 세계는 따로 있는가 보다. 이 곳서 중국요리를 맛있게 들었고, 또한 이국인의 춤도 볼 수 있었다. 그러나 나에게는 별세계의 일만 같다. 동부인한 손님도 많았다. 인도 외무장관도 늦게 찾아왔고 인도네시아의 외교관도 찾아와 춤들이 벌어졌다. 오늘의 후대는 고마운 일이었고 몇 명 아니 되는 공관의 존재가 든든하기도 하다. 문교부 직원은 이 곳 인도, 그것도 뉴델리가 지옥 같다고 말했다. 도대체 그의 발언을 알 수가 없다. 또 내일이 소련 교육에 대한 강의가 있다고 하면서 그것을 보이코트 할 듯이 말하기도 했다. 방 공사, 미스터 한은 모두 반대 의견을 말하였다. 그들은 그 같은 공산주의의 것은 듣는 것조차 불법인 듯 말하였다. 그러나 그 같은 것을 들을 수 있는 것도 이 곳이기 때문이다. 유네스코의 기획에 의한 코스인데 그같이 좁은 생각이 아니라 넓은 관점에서 대함이 어떠할까. 우리의 국시가 엄연한데 그것을 듣는 그 자체에 귀를 막을 필요가 있을까. 뉴델리가 지옥이라면 내가 지나온 40일의 농촌과 지방은 무엇에 비할 것인가.

1963. 2. 14(목)

뉴델리. 맑음

발신 : 裕子・鄭永鎬

오전중 방에서 짐을 정리하고 편지를 썼다. 12시 15분에 총영사관을 찾아 여비 1,400루피를 찾았다. 그 뒤 한 형과 같이 파키스탄 대사관을 찾아 나의 비자를 요청하였고, 점심은 아소카 호텔에서 한 형과 함께 들었다.

그 뒤 3시에 실론 대사관을 찾아서 나의 비자를 요청하였다. 전자에서는 한국이 남북으로 분립되었으니 어느 쪽을 승인한다는 것은 통일을 늦추는 것이며, 또한 어느 쪽 한 곳만 해 줄 수 없다는 것이 자기들의 방침이라 하였다. 불교는 간다라에서 중국·한국·일본에 전달되었다고 하는데, 이것은 최근에 이 곳을 방문한 일본대사관 서기관의 말이라 한다.

두 곳에서 약간의 간행물을 얻었는데 모두 본국에 보내어 승인을 얻어 보겠다는 것이다. 국가의 체면을 보아 가면서 비자 신청도 하여야겠다. 작은 후진국들이 큰나라 사이에 끼어 신경을 쓰는 모습이라 할까. 그렇지 않으면 지나친 규제 때문일까. 과거에 일본인에 대하여 우리 나라가 여권 발부를 아니한 것도 이 같은 케이스의 하나일까.

6시 가까이 YMCA에 갔다와서 저녁식사 후 독서, 9시 30분에 취침하다. 뉴델리의 일기는 청명하다. 기온으로 보아 우리의 여름인데 더운 줄을 모르겠다. 환경에 따르는 변화인가.

1963. 2. 15(금)

뉴델리

발신 : 崔淳雨 · 崔明鎭 · 李弘稙 · 秦弘燮

아침에 목욕하다. 10시에 지급은행(Express Bank)에 가서 미화 100불의 여행자수표를 부탁했으나 이러저러한 이유로 얻지 못했다. 그 뒤 아시아재단으로 미스터 박을 찾았으나 부재중이었으므로, 국립박물관에 가서 관장인 그레이스 몰리(Grace Morley) 박사를 찾았다. 미국 여인이라는바 곧 친절히 맞아 주었고, 미국에서의 우리 나라 고미술전을 세 곳에서 보았다고 한다. 그는 가이드북을 한 권 주면서 나가르주나콘다를 한 번 가 보라 한다. 나는 이 곳 박물관을 잘 보았다고 하면서, 벽화 보존작업의 전시는 주목되었으며 우리 나라에도 같은 문제가 있다고 하였더니, 보존연구실의 책임자를 전화로 불러 소개하여 주었다.

11시부터 약 1시간 동안 가이롤라(T. R. Gairola) 씨의 설명으로 보존연구실의 작업 상황을 고루 볼 수 있었다. 이것은 많은 참고가 되었는데, 그는 이탈리아의 보존과학연구소와 관련을 갖고 연구소도 다녀왔다는 것이다. 벽화뿐 아니라 회화·儀物·금속·木土 등의 작품도 모두 처리하고 있다는 것이다. 그는 중앙아시아관(Central Asia Galleries)으로 안내하여 絹畵가 모두 단편이었던 것을 이같이 보수하였다고 설명하여 주었다. 그 뒤 그의 방에서 차를 들고 고문화학부의 주소 등을 가르쳐 주었다. 그러면서 이 방면 유학생으로서는 화학도가 와야 하며 박물관에서의 훈련은 관장에게 공문을 내면 된다고 말하였다. 이 곳을 떠나 조각실을 일순하고 YMCA에 돌아와 오후를 쉬었다.

저녁식사 후 Constitution House로 문교부 장학관 姜氏 외 1인을 찾아 환담하였다. 인도 풍토에 사귀지 못하는 듯, 3월 20일 무렵에 3개월의 강습이 끝나면 즉시 귀국할 것이라 한다. 인도 체류자가 공관 이외에 오직 3인이라고 하면서 웃는다.

1963. 2. 16(토)

뉴델리. 비

발신 : 호종·李龜烈(카드)·馬海松

수신 : 鄭永鎬·金和英·金正基

아침에 내려다보니 비가 내리고 있다. 이 곳 와서 두번째의 降雨인데, 제법 쏟아져내리며 땅을 적셨다.

9시 40분에 아소카 호텔로 미스터 한을 찾아가 같이 공관에 나갔다. 파키스탄 비자신청 공문을 미스터 한이 마련하여 주었다.

귀로에 실론 대사관에 들러 전날 만났던 3등서기관을 만나 비자신청서를 제출하고, 3월 20일 무렵 마드라스(Madras)에서 이 점을 알려 달라고 하였다.

오후는 3~5시까지 국립박물관에 있었는데 처음에는 가이드와 같이 선사실과 조각실을 돌았고, 그 뒤 도서관에서 『인도 초기 조각사』를 보았다.

7시 30분에 김 서기관을 찾아서 저녁을 들었다. 김치와 상추가 맛있었다.

9시 30분에 YMCA에 돌아오니 마투쉬(Mathusch)의 명함이 있어 그가 도착했음을 알고 곧 숙사에 전화했다. 이 곳서 만나자는 약속이 있어 기다렸던 것이다. 밤에도 가랑비가 내리고 있었다.

1963. 2. 17(일)

뉴델리. 맑음

발신 : 웅종

10시에 국립박물관에 갔다.

11시에 마투쉬 씨 부부를 그 곳 도서관에서 만나 반가웠다. 그들은 1월 22일 캘커타에 도착한 뒤 네팔과 뉴델리 부근을 여행하였다고 한다. 같이 고고실과 조각실을 돌아보고 12시 40분에 작별했다.

YMCA에서 점심한 뒤 다시 국립박물관에 가서 5시까지 도서실과 강당에 있었다. 인도 미술에 관한 몇 가지 출판물―부다가야와 오라드나스(Oradnas) 박물관의 아와라바티(Awarabati) 스투파에 관한―을 보았다.

7시에 마리나 호텔로 마투쉬 씨 부부를 찾아가 저녁을 같이하고 10시 넘어까지 환담하였다. 감기가 들었는지 기침이 나지만 열은 없는 것 같다. 기후의 변화로 말미암은 듯하다.

1963. 2. 18(월)

뉴델리. 맑음

발신 : 鄭永鎬・李弘稙(필름)・金載元

9시 30분에 하일레이 로드(Hailey Road)의 아시아재단으로 책임자인 미스터 박을 찾아가 여러 가지 여정 이야기를 하였고, 실론・파키스탄 방문과 귀국 도상의 각국 방문에 따르는 여비 문제도 논의하였다. 그리하여 인도체류 1개월분 200달러의 항공료 전용과 추가 300달러의 합의를 보아 서울에 연락하기로 하였다. 그는 별 문제 없을 것이라고 하였다. 그의 호의로 직원 1명과 같이 외인등록소에 가서 실론에서의 인도 입국에 'No Objection' 증명을 받았다. 서류도 많았는데, 책임자실에 동반되어 "Thank You!"도 하였다. 대체로 인도 관청은 서류가 많고 시간이 걸리며 친절하지 못함을 느꼈다.

이 곳서 12시 넘어 나와서 파키스탄 대사관에 들어가 비자신청서 공문을 전하고 우리 공관에 들러 작별인사를 하였다. 그 뒤 고고국의 데바(K. Deva) 씨를 만난 후 국립박물관에 갔으나 휴관이었다. 그러나 도서실은 열려 있어 이 곳서 2시 40분까지 있으면서 마투쉬 부인을 만나 같이 중앙아시아관의 벽화를 보았다. 몸이 피로하므로 마투쉬 씨 부부의 시내관광 제의를 사절하고 YMCA에 돌아왔다.

밤 7시 30분에 미스터 한이 모처럼 찾아와 같이 아소카 호텔에 갔다. 미스터 한은 감기로 자리에 누워 있다. 이 곳서 저녁을 먹고 10시에 돌아왔다. 이것으로 뉴델리의 체류가 끝나고 다시 긴 여행에 오르게 된 것이다. 잘 쉬었다고는 할 수 없으나, 뉴델리의 환경은 새로운 청신미를 주었다.

1963. 2. 19(화)

뉴델리. 맑음

7시 30분발 차(Punjab Mail)로 떠났다. 일등차에서 아그라까지 독방이었다. 괄리오르(Gwalior) 역을 지나니 구릉이 보이고 작은 암산이 나타나기 시작하였다. 그러나 광활한 벌판의 연속. 그 중에 움직이는 것은 소떼와 남녀상뿐이다. 이 곳 경치도 큰 차이 없는바, 다만 벽돌 공장에서 원추형으로 쌓아올리는 벽돌의 모습이 주목되었다. 괄리오르에서 2명이 승차하여 同室이 되어 이야기도 나누었다. 타르시(Tharsi)를 지나고 비나(Bina)를 지나니 좀 더워지는 느낌이다. 벌판은 계속되

도판 22. 괄리오르의 사스 바후(Great Sas Bahu) 대사원

고 멀리 구릉산에 城址가 보이는 것은 탈바후트(Talbahut)였던가 한
다.

　이 급행차는 나를 위하여 7시 30분에 산치 역에 정거했다. 역장도
친절하다.

　기비(Givi) 여행자 방갈로에 들었다. 부다가야에서와 같은 집으로서
시설도 좋아 보였다. 몸이 피로하여 곧 취침했다. 드디어 보고 싶던 땅
에 왔구나 하는 느낌이었다. 又玄 선생 생각도 간절하였다. 이 곳 산치
는 오랫동안 그렸던 곳이며 사진에서 눈익은 곳이기도 하다. 탑 연구
에 있어 한 번 와야 될 곳에 당도하니 만족한 느낌이다. 어두운 밤길을
역에서부터 걸어가 숙사에 이르렀는데 寒村인 듯했다.

1963. 2. 20(수)

산치. 맑음

아침 9시 15분에 丘山의 산치탑에 이르다. 평소에 점재하는 줄로만

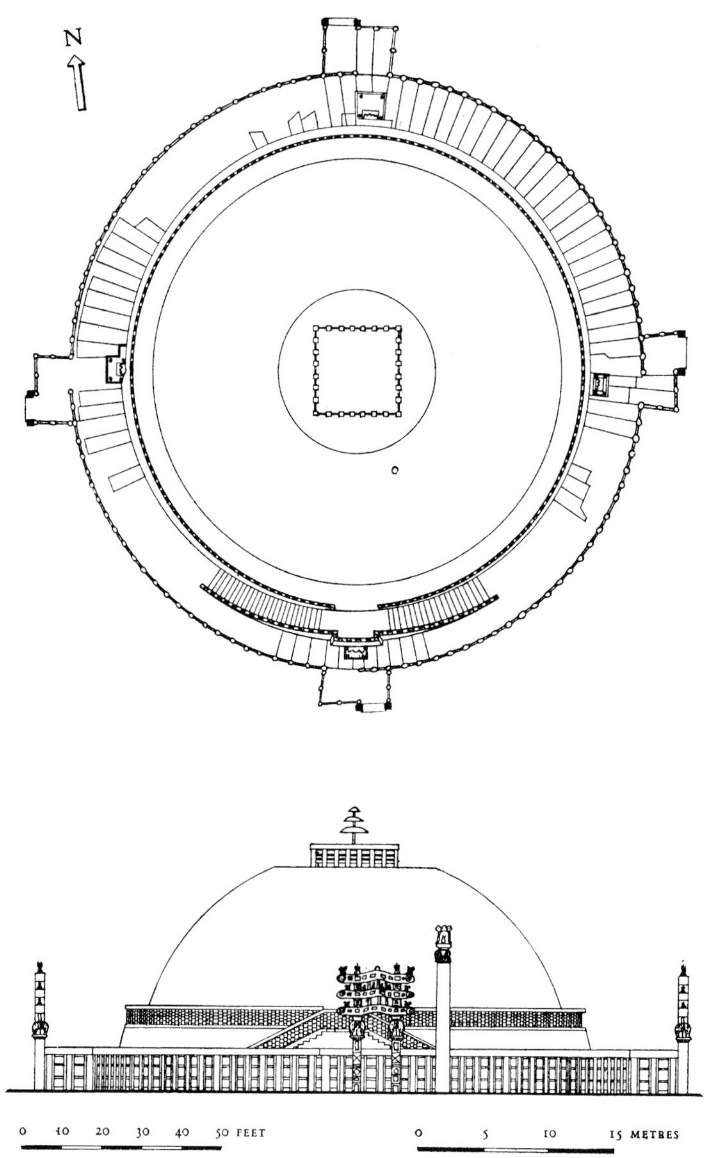

도판 23. 산치 대탑 평면도·정면도

생각하였던 것인데, 지금처럼 산상에서 보니 나의 인식의 不足이었다. 點定이 또한 아름다워 小丘 嚴山의 連峰이 넓은 땅에 풍경이 따르기도 한다. 오리사(Orissa)의 우다야기리 석굴이 또한 그러하였는데, 평원 중의 高臺는 일찍부터 주목된 것이 틀림없다. 암석에 깔린 작은 구릉 위에 대지를 마련하여 殿塔이 배치되었으며 그 중심은 어디까지나 대탑에 있다. 이 곳도 1세기에 걸친 발견―탐색―조사―보존의 과정을 밟아 왔는데, 오늘날은 잘 보존되어 있다. 古態를 잃어 새로워 보이기는 하나 이만큼 보존된 것은 비단 인도만의 다행이 아닐 것이다. 첫 인상이 생각보다 작아 보이기도 했으나 차차 그 장엄과 조각의 아름다움에 주목케 되었다. 대탑 각 문의 조각은 그 구조와 더불어 가장 놀라운 작품이다.

오전중 약 3시간 동안 대탑을 중심으로 촬영도 하였고 세부의 수법을 살피기도 하였다. 주위의 사원지, 특히 圓室을 보이는 塔南의 遺址는 차이티아를 연상케 했다. 이 곳서 느낀 것은 비록 건조 당시의 스투파가 塼築이라 하더라도, 그 뒤 얼마 아니 되어 再築된 재료가 석재여서 오늘날 석탑의 모습을 지니고 있음은 곧 우리 경주의 분황사 모전석탑을 연상케 하였다. 그것을 塼生處의 조건으로 塼形의 석재를 힘써 만들었다고 생각하는 것은 재고되어야 할 것이다. 漢代 이래의 북방 전축고분의 존재는 신라인에게 전축술을 전했을 것이다. 그러나 塼이 아니요 塼形石材를 상용한 것은 석재의 견고성에 의하였으며, 인도의 이 같은 塼에 관한 지견이 전래하였기 때문이라고 봄이 순리일 것이다. 그러므로 우리의 모전석탑에 관한 종래의 고안점은 검토를 받아야 하겠다.

다음에 圓基 스투파 이외에 방형 塔基가 주목되었다. 이것은 코잠비의 사원지(탑지)에서도 느낀 바인데, 방형 탑기는 우리 나라의 특색이니 그와의 관련도 추구하여 볼 만하다.

이 곳 塔門의 조각은 승가 기로서는 最高의 작품이다. 그 중후함과

도판 24. 北東面에서 바라본 산치 대탑

세련된 점은 하나의 진보를 보이는 듯하다. 바르후트의 조각이 아직도 평면성과 고졸스러운 점을 지니고 있었는데, 이 곳에 와서는 그로부터의 탈피와 부드러운 숙련이 가해진 듯하다. 슝가 기의 조각은 외래적 요소를 지니면서도 인도 조각으로서의 특화를 보인다. 평면적 부조이지만 세부에 이르기까지 작가의 고심 경영이 보이는 듯하며, 本生譚이나 佛傳 표현에서도 매우 의미 있다.

점심시간에 이 곳 숙사로 고고국 분소의 관리인이 찾아왔고, 그 뒤 3시에 그 곳 직원 2명이 찾아와서 숙사 편의를 주선하여 주었다.

4시부터 6시까지 다시 탑에 이르러 Junior Keeper의 설명도 들었고, 박물관과 사원지도 다시 보았다. 마침 주정부의 장관 1명이 와서 만나기도 하였다.

석양에 제2탑을 찾아 그 곳서 잠시 쉬기도 하였다. 오늘도 석양은 평원 끝으로 자취를 감추었으며 牛羊의 무리는 귀로를 더듬고 있었다.

도판 25. 산치 대탑 東門(정면)

산치의 첫날이 저물어 감에 멀리 고국 생각이 떠올랐다.

7시 30분 저녁을 들고 몸이 피로함에 곧 자리에 들었다. 이 곳 숙사는 설비도 좋고 불편이 없다. 인도의 특색은 고대 유지에 설치된 이 같은 근대식 숙사라 할 것인데, 이 곳서도 박물관이 건립중이었고 丘山에 이르는 수도가 마련되고 있다 한다. 이 부분에 대한 노력을 주목하여야 될 것이다.

1963. 2. 21(목)

산치(우다야기리). 맑음

발신 : 雄鍾 · 朴春榮(우편엽서)

몸이 몹시 피로한 듯 安眠을 이루지 못하였다. 오늘로써 집을 떠난 지 만 2개월이 된다.

아침을 들고 9시 30분에 비디샤(Bidisha)에 갔다. 10시에 도착하여 마차로 바꿔타고 우다야기리를 찾아갔다. 약 4마일의 거리였다. 이 곳은 산치의 동북방 약 3마일(직선 거리) 지점으로서 대소 2丘가 남북으로 연하였고, 大丘 아래 巖面에 대소 석굴이 경영되어 있는바, 모두 힌두 신상 또는 링가(Linga)가 봉안되어 있었고 산상 2굴은 자이나 교에 속했다.

제5굴의 보아르(Boar) 형 비슈누는 좋은 巨品이었고, 제6굴의 링가에는 시바의 얼굴이 새겨 있었다. 제7굴은 위에 둥근 암반이 얹어 있어 특이했는데, 석굴 자체는 명문이 있을 뿐이었다. 굴 입구에 神像과 彫飾이 있으나 마손되었다. 이상 여러 굴은 記銘에 의하여 5세기 초의 작품임이 거의 틀림없다고 한다.

태양은 북인도보다 뜨거웠고 땀을 많이 흘렸다. 그러나 짧은 시간에 山 상하의 석굴을 거의 보았고, 비디샤에 돌아와 1시 버스로 산치로 돌아올 수 있었다. 힌두 석굴로서는 가장 오랜 것 중의 하나라고 하지만 그 규모는 작다고 할 수밖에 없다.

도판 26. 산치 대탑 東門 조각

도판 27. 산치 대탑 西門 조각

혼합임과 대조적이다. 세번째 인상은 석굴이 크며 양분되어 비하라(승원굴)와 차이티아(탑원굴)로 나누어진다는 것과 그 변천 과정을 알 수 있음과 동시에 우리 나라 석상이나 석굴과의 異同을 여러 곳에서 곧 짐작할 수 있다는 것이다.

오늘은 1시~4시 30분까지 제1굴부터 끝까지 돌아보았을 뿐이다. 15년 계획으로 진행중인 벽화는 상상외로 각 굴에 잔류하고 있었다.

4시 30분에 버스로 숙사로 돌아왔다. 이 곳에서도 남녀 관객이 나를 가리켜 '중국인'이라고 수근거린다. 그러나 괘념치 않게 된 것은 그것에도 익숙해진 탓인가. 몸의 피로가 심한 듯 저녁을 들고 곧 자리에 누웠다. 숙사에도 미국인 부부가 아이들과 같이 들어서 적적함은 없었다. 무사히 이 곳까지 와서 있게 된 것이 또한 다행이라 하겠다. 날이 더워지는 듯한데, 남행함에 따라서 염려가 되기도 한다.

1963. 2. 24(일)

아잔타. 맑음

어젯밤에는 처음으로 무더위로 잠을 깼다. 한기도 꺼지고 몸은 피곤

도판 30. 아잔타 제5굴 本生譚 벽화 실측도

도판 31·32. 아잔타 제19굴
내부 및 외부

했다.

8시 30분 버스로 아잔타에 가서 오후 1시 버스로 숙사에 돌아왔다. 오늘은 사진 촬영을 일부 했으며, 주로 차이티아만을 자세히 보았다. 제9·10·19·26굴이었는데, 연대의 차이와 동시에 내부 彫飾의 다과 또는 불교벽화의 유무에서 판별되었다. 특히 제19·26굴은 굽타 기의 작품으로서 스투파에 불상이 안치되었을 뿐아니라 벽화(제19굴)와 周壁의 조각(제26굴의 正覺像·涅槃像·說法像) 등은 가장 우수한 것으로 보인다. 이것이 大小乘派의 차이도 있다 하니 시대에 따르는 신앙의 변천이 조형예술에서도 뚜렷이 표현되어 있었다.

굴 前面에 베란다·현관·前庭 등을 배치하는 수법도 주목되었으며, 우리의 석굴암 중수를 자주 연상케 하였다. 우리 석굴암 석굴이 원형을 갖고 있는 것도 이 같은 차이티아에서 연유되었음은 틀림없을 것이다. 前室과 奧室이 구별되는 비하라에 있어서도 守門神의 배치, 본존 周面의 수법 등, 비록 그 계획이 방형이지만 서로 일맥상통함이 있다.

또 하나 이 석굴의 자연적 조건을 주시하였으며 보존 시설, 그 중에서도 관광을 위하여 상하 왕복의 도로, 특히 귀로를 河面에 접하여 자연적인 小路를 林間에 마련함은 주목되었다.

오후에는 2시 30분 넘어 점심 후 엽서를 쓰고 앞으로의 여행계획을 짜보았다. 오늘이 일요일이니 숙사에서 쉬었다. 날은 여전히 무덥고 한발이 계속된다. 미국 학생 일행 10여 명이 여러 대의 자동차로 석굴을 다녀간다. 언제나 우리 나라 학생은 이 곳까지 이 같은 여행을 가져볼 것인가.

이 곳서도 내가 중국인으로 보이는지, 불쾌한 일이 많다. 아침에 숙사에서 나와 버스를 타려니 젊은 학생 같은 자가 뛰어내려 어디서 왔느냐고 묻는다. 나는 중국 이외에 많은 나라가 있는 줄 모르느냐고 반문하고는 재차의 물음에 대답을 거절한 일도 있었다.

1963. 2. 25(월)

아잔타. 맑음

발신 : K. 韓(우편엽서)·웅종·金元龍·金載元·崔泳喜

아침 8시 30분에 버스로 아잔타를 향했다. 오늘은 제1굴에서부터 비하라를 중심으로 건축양식과 彫飾을 자세히 보았다. 제1굴은 가장 우수한데, 연대는 후기에 속한다. 제2굴에도 상당한 벽화가 남아 있다. 제9굴부터 몇 개 굴은 연대가 오랜 것으로서 그것은 차이티아 및 비하라(불상 없는) 등에서 구별할 수도 있었다. 이 같은 석굴 개착의 因緣이 이 곳에서 여러 세기를 두고 계속되기 위하여서는 정치적·경제적·종교적 이유가 있어야 하겠다. 벽화만 하더라도 천장의 세부 패턴에 이르기까지 그 모사는 큰 일이었을 것이며, 이것도 세계의 聖寶임에 틀림없을 것이다. 석굴에 따르는 세부 양식의 변화가 있으나 크게 보아 전후기로 나눌 수 있으며, 그 건축 목적에서 차이티아와 비하라로 크게 양분된다. 비하라에 불전이 첨가되어 가는 점, 차이티아에 있어서도 불상이 주인공으로 되어 가는 과정은 동시에 우리 나라에 있어서의 과정과도 상응함이 있다. 비하라에서 불전을 중앙 奧處에 두는 것은 우리 나라 통일신라시대 가람에서 대웅전을 중심으로 좌우에 승방 등을 길게 경영하는 것과 그 意思가 통하며, 그보다 앞서서 불전과 탑을 회랑으로 周回함은 이 곳 차이티아에서의 아이디어와도 공통됨은 흥미있는 점이다. 다만 중국 以東에 있어서는 다른 건축미가 지배적이어서 그에 따르는 변모가 있기는 하지만, 서로 닮은 점이 지적됨은 당연하기도 하다. 불교미술도 이 같은 높은 관점에서 파악하여야겠다. 우리 나라는 석조 사원이 아니라 목조가 주류가 되고 있으나, 그 세부 彫飾이나 채색, 像設 등은 서로 다름이 없다.

1시 20분에 버스로 숙사에 돌아와서 오후는 쉬었다. 처음으로 천둥소리가 요란했지만 소나기는 없었다. 아잔타도 3일로써 만족하여야겠다.

도판 *33.* 아잔타 제1굴 벽화 보살도

도판 34. 아잔타 제17굴 현관 벽화 비슈반타라 본생담(Visvantara Jataka)

1963. 2. 26(화)

엘로라. 맑음

어젯밤에는 다시 강풍이 일고 천둥이 요란하더니 소나기가 되어 침대에까지 빗방울이 흩어졌다. 인도에서는 자연의 맹위가 지배적이라고 어디선가 읽은 기억이 난다. 조용하던 평원에 갑자기 이 같은 무서운 변화를 일으키는 자연은 외경의 대상이 될 것이다.

오늘은 숙사에 나 혼자뿐이라는 데 문득 무서운 생각이 들기도 하였다. 바람에 흔들리는 문소리를 비롯하여 기묘한 소리가 들리기도 한다. 번개와 천둥이 오래 계속되었는데 차차 멀어지는 듯하여 겨우 잠이 들었다.

5시 30분에 일어나 이 곳 종업원의 친절로 아침을 들고 6시 20분 버스로 떠났다. 길도 좋고 아침의 경치도 평화스러웠다. 어젯밤의 공포는 흔적도 없다.

고원의 길인데, 높지 않은 언덕을 오르내렸다. 9시 30분에 아우랑가바드(Aurangabad)에 도착했는데, 10시 45분에 떠난다는 버스가 1시가 다 되어서야 출발했다. 오늘이 축일(모하메드 생일)이어서 운전수가 없다는 것이다. 승객이 많은데 모두 나를 쳐다보며 기묘한 눈초리를 보낸다. 한 명이 다가와서, "중국?"이라고 하기에 나도 대들어 보았다. 그러나 신경의 소모뿐이다. 남하하면 좀 나을까 하였더니 여전하다. 참으로 기묘한 일이다. 중공 침입에 따르는 민심도 짐작하지만 무지한 대중을 한 곳으로 喧傳하니 내가 피해자가 된 듯하다. 신경을 이 곳에 쓰기에 이것이 피로의 큰 원인인 듯하다. 참고자 하고 무관심하려 하나 그들의 집요한 추적이 괴롭기도 하다. 오늘같이 버스를 타게 되고 오래 정거장에서 기다리게 되니 이 같은 결과가 된 것이다. 그러나 그 중에도 영어를 아는 친절한 사람이 있어 여러 가지 편의를 보아주었다.

2시에 쿠르다바드(Khurdabad)에 이르렀는데, 이 곳은 古城址로서 모슬렘의 능묘가 군집했다. 옛날의 중심지임을 느끼게 한다.

숙사에 이르니 증명서가 있느냐고 한다. 이 곳 고고국 사무실에서는 아예 연락도 아니한 듯하다. 짐을 두고 간단히 점심을 들고 나서 보행으로 석굴에 이르렀다. 숙사는 석굴 丘上에 있어서 광대한 평원이 조망된다. 석굴 중 불교 관계 12굴을 보고 이 곳 안내인을 만나 같이 숙사에 이르러 차를 들었다. 저녁은 스위스 청년과 같이하였다.

1963. 2. 27(수)

엘로라. 맑음

이 곳 숙사 별관에 혼자 들게 되어 호젓한 느낌이 있었는지 밤에 자주 깼다. 이 곳이 고원 정상(석굴이 그 서쪽 아래에 있어서 약 10분의 보행이다)에 있고 부근에는 모슬렘 능묘가 모여 있으나 경치는 좋다.

아침을 들고 10시까지 「인도통신」을 썼다. 10시 30분~12시 30분에 석굴에 내려가서 고고국의 안내인인 프라타프(Pratap) 군과 불교미술

(특히 아잔타와 엘로라) 이야기를 하였다. 내가 혜초가 언급한 3층석굴(三層樓)이 이 곳이 틀림없을 것이라 하였고 그 크기가 300여 보라 하였더니, 같이 가자고 한다. 제12굴에 이르러 그는 僧步로써 계산하니 정확하다고 한다(그는 步는 승려식 보행으로 보아야 하며 그들은 모두 천천히 걷는다고 한다. 그러나 이 步는 우리의 단위로 보아야 할 것이다). 혜초가 기록한 사원이 곧 이 곳을 가리키는 것으로 가정할 수 있을 것 같다('旅彼山中 有一大寺 是龍樹菩薩使夜叉神造 非人所作 竝鑿山爲柱 三重作樓 四面方圓三百餘步').

오후는 4시~6시 30분까지 주로 불교굴을 돌았으며 촬영도 하였다. 석양의 경치는 숙사에서보다 아름답다. 서늘한 바람이 부는 마당에 앉아 고향 생각에 잠겼다. 고지대여서 한층 시원한 듯하다. 3일이 되었으나 아직 석굴의 반도 못 보았다. 그러나 불교굴에 주력하여야 하겠다.

1963. 2. 28(목)

엘로라. 맑음. 강풍

8시 30분에 굴에서 내려와 북편의 석굴을 순회하였다. 힌두 굴은 다수이나(제13~30굴) 그 중 제29굴이 가장 컸으며 조각도 웅대하였다. 조각이나 구조상에서 제17·21굴도 주목되었다. 사당에는 거의 링가가 봉안되었는데, 불교굴에서와 같이 奧壁에 개착되지 않고 후방에 방형으로 독립되며 周回케 된 것이 특이하다. 房室도 간혹 있으나 거의 감실을 만들어 群像彫刻이 周回하고 있었다.

자이나 굴은 최북방에 독립되어 있는데, 그 가운데 제32·33굴은 구조·조각·벽화 등에서 지목되었다. 그들의 神像이 裸身의 直立像이나 모두 우수하였고, 건물구조도 前面에 障壁을 만들고 추녀 끝을 목조식으로 한 것은 柱頭의 華飾과 더불어 볼 만하였다. 이같이 같은 장소에 3교가 병존하니 상호의 유사점이 주목됨은 당연하다. 각각의 신상 배치 등에서 독자의 표현을 볼 수 있는 것은 흥미롭다고 하겠다.

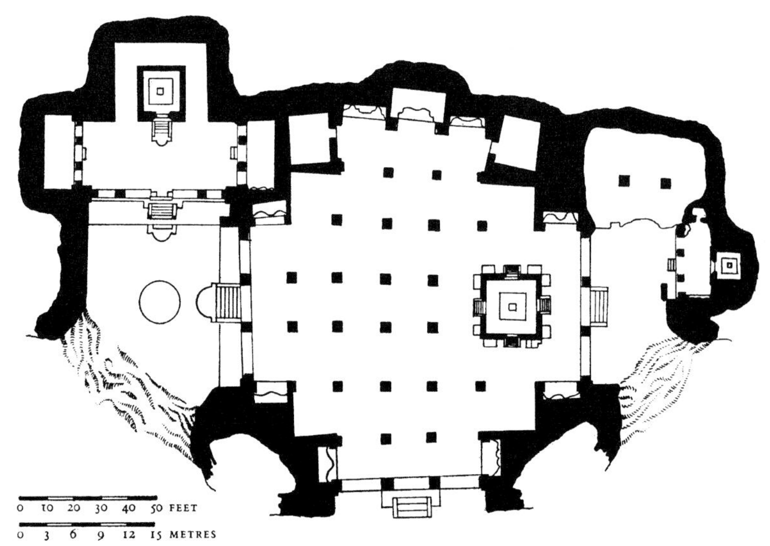

도판 36. 엘레판타의 시바(Siva) 사원

과 같이 숙사로 찾아와 같이 9시에 인도 게이트웨이를 떠나 엘레판타 석굴을 향했다. 정기편도 1인당 10루피니 3인분 30루피면 전용선을 탈 수 있다기에 비싼 느낌이 있었으나 그의 의견을 따랐다. 이 곳에서 6리 거리로서, 1시간이 넘게 걸렸다. 봄베이 탑을 북상했는데, 외국선박도 다수이며 정유소·원자력 공장 등을 바라볼 수 있었다.

　석굴은 북쪽으로 문을 열었는데 본래는 동향하였다고 한다. 불교뿐 아니라 힌두교도 모두 동향함은 주목할 만하며, 우리 나라 사원의 방위도 초기의 남향에서 신라통일 직후부터 다수의 동향 사찰을 보게 됨과 대응할 것이다. 이 석굴은 엘로라 석굴 제29굴의 힌두 석굴과 더불어 여러 점이 닮았는데, 그보다도 조각은 한층 우수하여 아마도 힌두 조각의 最優作이 될 것이다. 힘있고 세련된 작풍은 그 규모의 크기에 어울리고 있으며, 발견 당시 포르투갈 인에게 파괴를 당했다고 하나 아직도 그 모습을 간직하고 있었다. 이 곳에서 그 點定 위치와 보수 상

도판 37. 엘레판타 조각. 시바와 파르바티(Parvati)의 결혼식

황에서 우리의 석굴암이 연상되었으며, 이 점을 K씨와도 논의하였다. 그러나 내부가 광활하여 통풍이 잘 되고 있으니 해안에 접근하고는 있으나 우리의 것보다 호조건이라 하겠다. 동쪽으로 돌아서도 3굴이 있는데 미완성 또는 파괴되어 있었다.

1시 넘어 숙사에 돌아와서 오후는 쉬었다. 날이 더워짐에 따라 몸의 무리가 있으면 아니 되겠다. 뉴델리의 한 총영사에게 김 박사의 인도 방문 의사를 연락하였다.

1963. 3. 6(수)

봄베이(칸헤리). 맑음

아침 8시 출발이 늦어져서 9시가 되었다. 1시간 늦게 고고국 출장소 직원 1명이 수위를 데리고 찾아왔다. 처치게이트(Church Gate) 역에서 지방선으로 10시 20분 보리블리(Borivli)에 하차해 마차로 10시 30분 석굴에 도착하였다.

서면한 일대 巖丘 북단을 단층으로 대소 100여 석굴을 파놓았는데, 巖質이 취약하여 많이 붕괴되었고 조각도 풍화된 것이 많았다. 제2~4굴까지, 그 중에서 제3굴은 매우 큰 차이티아로서 주목되었으며 입구에 후대(굽타 기)의 石彫가 있었으나 입구 좌우의 남녀 공양상은 아름다운 조각이다. 列柱의 주두(象), 동물 및 인물상이나 외부의 障壁·石柱 등 모두 古代의 모습을 보이고 있었다. 제3굴 좌우의 제2·4굴에도 圓室에 스투파가 봉안되어 있으며, 특히 제4굴은 소규모이지만 차이티아라 할 것이다.

그 곳서 북쪽으로 돌아 차차 올라가면서 비하라가 중첩되어 있는바 그 가운데 한 굴은 벽면에 조각이 滿鏤되어 있어 주목되었다. 제41굴의 입구 석벽에 십일면관음이 새겨져 있는 것은 처음 보는 遺例로서 주목되었으며, 제36굴도 小圓窟로서 스투파가 봉안되었는데 그 옆에 방 하나를 개착한 것이 특이하였다. 제11굴은 공회당(Assembly)이라 하는바 정비되어 있었다. 이 곳 석굴에서 또 하나 주목됨은 각 굴의 前庭 좌우 또는 段階 옆에 마련된 벤치(Bench) 형이었다.

오후 3시 30분에 떠나 5시 넘어서 봄베이에 도착했다. 곧 V. T. 역에 가서 9일 하이데라바드(Hyderabad) 행 기차표 예약을 하고 숙사로 돌아왔다. 항공편을 이용할까 하였으나 경비 절약을 위해 기차편으로 결정하였다. 오늘의 석굴 방문은 하나의 수확이었다.

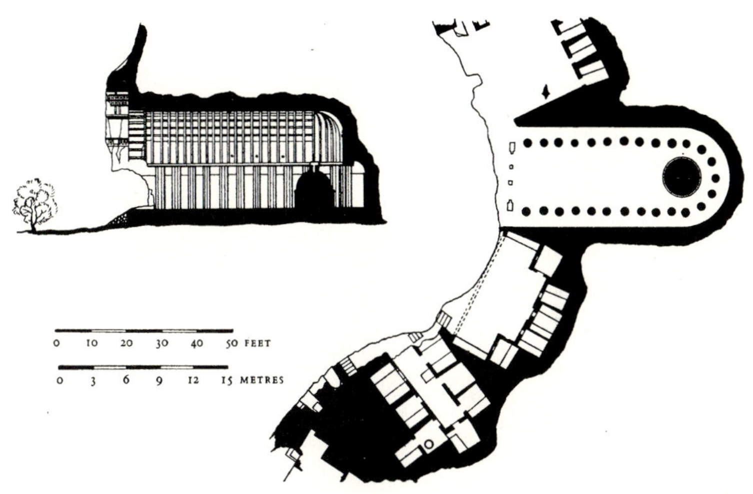

도판 *38.* 바자의 차이티아 및 비하라 굴 평면도

1963. 3. 7(목)

봄베이(칼리 · 바자). 맑음. 더운 날씨

아침 7시 10분에 봄베이 V. T. 역을 출발했다. 쿨카르니 씨와 함께 로나블라(Lonavla) 역에 19시 넘어 도착, 곧 택시로 바자(Bhaja)를 보았다. 약 10분 정도 올라간 곳에 거의 일렬로 차이티아와 비하라 굴이 있었는데 연대는 기원전 2세기 무렵이라 한다. 그 가운데 차이티아와 제19굴이 중요하였는데, 제일 높은 곳에 있는 차이티아 천장에는 티크 나무의 木部가 남아 있어 진기하였고, 스투파도 단순하여 원형 기단 위에 塔身이 있고 그 위에 覆鉢·露盤이 중첩되었을 뿐이다. 前面은 완전 개방되어 다른 곳과 같이 장벽을 만들지 않은 것은 목부 건물임을 추정케 한다. 柱는 팔각일 뿐 장식이 없는바 외면 상부에 馬蹄形 창이 중첩되어 있다. 규모는 그다지 크지 못하나 정비된 양식이었다.

비하라 굴은 방은 작고 침대는 거의 하나이며, 입구 상면에 擬窓이 있다. 제19굴은 보수되었으나 내부의 彫飾, 특히 向左의 인물상, 입구

도판 *39.* 바자의 차이티아 정면

좌우와 向右壁의 彫飾 등이 모두 주목할 만하며, 기원전의 작품으로
보인다.

이 곳에서 특히 주목된 것은 스투파 14기를 계속적으로 만들어 浮彫
群을 이루고 있는 곳인데, 양식도 연차를 따라 小異하나 규모는 작아
지고 있었다. 새로 발견되었다는 미완성 비하라 1굴과 小圓塔窟을 보
고 이 곳을 떠나 칼리(Karli)에 닿았다.

이 곳은 아직까지 찾은 석굴 중 가장 높은 곳에 있어 100m가 넘는
듯하였다. 巨巖 북쪽에 차이티아가 열려 있는바 그 규모의 거대함, 彫
飾의 아름다움, 列柱의 장관 등 과연 소문에 듣던 바와 같이 인도 석
굴의 제일위에 두어야겠다. 연대는 기원후 2세기이다. 목부가 천장에
남아 있고 스투파의 傘蓋가 그대로 있는 것도 기적에 가깝다. 前壁과
그 좌우 間壁의 인물남녀입상은 最高이며 중첩된 擬窓, 列柱上의 인

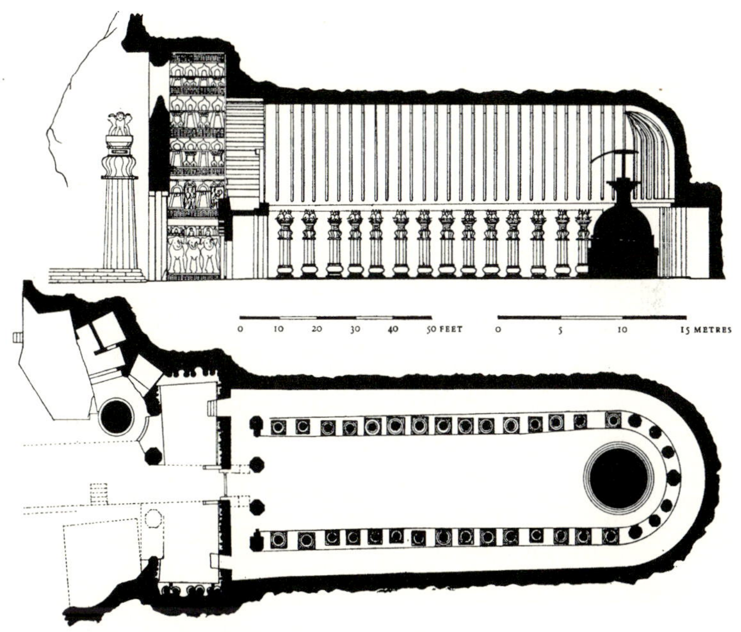

도판 40. 칼리의 차이티아 평면도

물상·동물상, 스투파의 이중 난순 등 이 곳 銘文에 있다는 것과 함께 인도 제일임에 틀림없을 것이다. 그러나 前面柱는 일부 파괴되었고 사자 석주도 鈍厚하여 힌두 사원은 확실히 이 중요 작품의 가치를 저하시키고 있었다. 이 곳에도 비하라 굴이 있고 그 가운데 3층굴은 엘로라 이외에서 처음 보는바, 규모는 작았다. 혜초가 기록한 3층석굴은 엘로라임이 틀림없다.

이상 양 굴은 약 10여 리 떨어져 있었고 모두 서향이었는데, 봄베이의 푸나(Poona) 도로에서 각각 멀지 않았다. 칼리에는 寺塔 관리소가 있어 입장료도 받고 있으나 아직 정비가 이루어지지 못한 느낌이었다.

낮에 기온은 높아지면서 심신의 피로를 느꼈다. 4시에 역에 이르러 차표를 사다가 증명서를 보이라 하기에 역무원에게 반박했는바 처음

대하는 일로서 불쾌하기 짝이 없다. 중국인이면 아니 태울 모양인데 숙사에 증명서류를 두고 왔는바 K씨가 이름을 적어 놓았다.

봄베이 역에 내리니 개찰구에서 또 형사 같은 자가 여권을 보이라면서 "치니(Chini)?"라고 묻기에, 나도 "무엇이 치니냐?"고 대들었더니 웃으며 물러섰다. 인도가 당면한 곤란을 알고 있기에 참고 왔으나 때로는 불쾌하다. 일찍 여행을 끝내야겠다는 생각이 날이 더워짐과 더불어 간절하다. 오늘은 중요한 석굴 두 곳을 보아 만족스럽다. 봄베이에서의 용건도 끝났다.

1963. 3. 8(금)

봄베이. 맑음

10시에 여행자 사무소를 찾아 하이데라바드에서의 버스 사정을 물었으나 자세하지 못하였다. 로나블라 역에서의 증명서 제출 요구에 관하여 문의하였더니 그 같은 규칙은 없으나 비상사태로 인함이라 한다.

이 곳서 뱅크 38번가의 마리(Mary) 출판사를 찾아 마투라 특집호 1책을 입수하였고, 그 곳서 서인도 프린스 오브 웨일스 박물관에 가서 굽타(Gupta) 씨를 만나 문화재부과의 조각에 관하여 문의하였다. 그 곳서 인쇄물 2종을 구입하고 조각실을 돌아 나왔다.

굽타 씨의 교시에 의하여 멀지 않은 왕립 아시아학회(Royal Asiatic Society) 도서관을 찾아 소파라(Sopara) 탑지 발견의 사리구와 그에 관한 논문을 읽었다. 대형의 석제 圓函과 銅製佛 7, 보살 1, 좌상 등은 진열장에 넣어져 2층에 진열되어 있으나, 사리용기(동·은·석·수정·금)는 금고에 있어 보지를 못했다. 7重의 용기(博塔을 포함하여)이며 금제 花形·구슬, 기타 장엄구도 같이 출토되었다 하였는데, 금제 小盆 내에는 토기편(佛鉢)이 들어 있었다고 한다. 불상 중 한 보살상이 주존이어서 서향했는데, 衣鉢相傳에 따라 이 將來佛인 미륵만이 크게 조형된 듯하다. 이것은 중요한 자료로서 우리 나라의 석·동·

은·금 등 七寶莊嚴과 비교하여 흥미있는 일이다.

영국인이 설립한 이 건물이 그 후 계속 이용되고 있음을 보았으며, 이 곳의 도서실에는 많은 사람이 있었다.

3시에 숙사에 돌아와 독서하였고, 저녁은 해안 가까이 있는 중국요리집에서 들었다. 오늘은 나 이외에 미국인이 2, 3명 더 있었다.

식후에 해안을 산보했는데 오늘이 만월인 듯, 봄베이 항의 경치는 입항한 다수의 선박과 더불어 아름다웠다.

1963. 3. 9(토)

봄베이. 맑음

발신 : 金元龍·金庠基·웅종(양 김씨에게 석굴암 보수의 의견 - 작년 말 보존회 계승의 중요성을 강조했다)

아침을 들고 짐을 쌌다. 10시에 인도항공을 찾아서 실론 행을 문의하였더니 준비은행(Reserve Bank)에서의 印度貨 환금의 증명이 필요하다는 것이다. 여자가 앉아 대답했는데 불친절했다. 그들은 습관이 되어 있는지 모르겠으나 이 같은 느낌은 캘커타, 파트나 모두 동일하다. 인도항공의 이용을 그만두어야 하겠다. 이 같은 새로운 조건을 문의하기 위하여 준비은행을 찾았더니 이 곳 또한 승객 혼잡으로 30분이나 허비했다. 결국 필요하다는 것이며, 혹시 미화 현금인 경우 다른 은행에서 바꿔 증명서를 얻으라고도 한다. 이 곳서 숙사로 돌아와 역으로 향했는데, 하이데라바드 급행의 1등 예약이 2인용실인데 나만 있어서 독방을 차지한 셈이 되었다. 따라서 독실인 경우 불필요한 신경은 아니 쓰게 되었다.

건조기에다 기온까지 높아 달리는 기차에 砂塵이 들어온다. 푸나(Poona)까지는 서인도의 고원 巖山이 연속되더니, 그 이후 구릉은 멀어지고 다시 평원이 계속된다. 작물은 잘 아는 것이 없고 인가도 드물다. 석양은 다시 평원으로 넘어가는데 차 안에 혼자 앉아 고향 생각에 잠기기도 하였고, 정영호 선생에게 편지를 쓰기도 하였다. 그 편지에 우리의 고대미술이 결코 어느 것의 아류가 아니며 우리의 대표작품-범종·석탑·석굴암 석불·미륵반가상(국보 제83호)-은 모두 이 곳 불교와 그 미술의 본거지에서도 찾을 수 없다고 하였다. 또한 여행도 고비를 넘었다고도 썼다. 그리고 이번 여행의 성과가 있다면 그 단초와 환경을 엿보았을 뿐이라고 하겠다.

자주 생각나는 것은 1, 2월부터의 긴 여행을 이 곳까지 무사히 계속하고 있다는 점이다. 밤 10시 무렵에 자리에 누워 잠을 이루었다. 오늘 아침 9시 넘어 아시아재단 인도부의 미스터 박으로부터 실론·파키스탄 여행비용 추가 인정(서울)의 소식을 받으니 반가웠다.

1963. 3. 10(일)

하이데라바드 맑음

발신 : K. 韓·鄭永鎬

차중에서 6, 7시간 동안 잠을 이루었다. 피로한 탓인 듯하다. 하이데라바드에 6시가 조금 넘어서 도착했는데, 이 곳서 하루 묵어 심신을 쉬어 가기로 했으며 박물관도 찾아보기로 하였다. 릿츠(Ritz) 호텔에 택시로 닿아 싱글룸을 얻을 수 있었고, 곧 목욕을 하고 나니 기분도 상쾌하다.

8시에 아침을 들고 9시에 여행자 사무소를 찾았으나 別無 도움이어서, 버스역으로 가서 내일 아침 7시에 출발하는 나가르주나 콘다(Nagarjuna Konda) 행 고급버스의 자리를 예약할 수 있었다. 그 뒤 인력거로 살라르 중 박물관(Salar Jung Museum)을 찾았다.

10시 30분에 개관했는데 1.5루피라는 비싼 입장료였다. 진열품은 이 곳에 노력을 들였던 나와브 살라르 중(Nawab Salar Jung : 회교영주)의 수집품으로서 동서양의 잡동사니를 모아 놓았고, 그의 권세와 사치를 보이는 귀금속·보석류·무구류도 있었다. 개인 소장은 그 사람의 높은 식견과 미의식을 보이는 것인데, 이 곳에서는 그 같은 느낌이 없었다. 서양화가 있는가 하면 중국·일본·영국의 도자기와 목공품이 진열되어 있고, 한편에는 인도의 세밀화가 여러 방에 진열되어 있다(이것은 귀중한 것으로 보인다). 총을 든 수위가 문에 서 있는 것도 기이한데, 보석이 있기 때문인 듯하며 50Np는 따로 보석실 입장료인 듯하다.

이 곳에서 나와 16세기에 건립된 차르 미나르(Char Minar)를 인력거에 앉아서 보았고, 공원에 가서 아잔타 박물관을 보았는데, 수리중이어서 모사 작품이 쌓여 있었다. 이 곳의 한 방에는 중국의 근세 도자기가 있었는데 별로 흥미를 일으키지 못했다. 같은 공원 내의 주립박물관은 오후에는 2시 개관이라 하기에 숙사에 돌아와 점심을 들고 자리에 누웠다.

4시 30분부터 다시 주립박물관을 찾아 짧은 시간에 관내를 일순하였는데, 주목된 것으로서는 콘다푸르(Kondapur) 발굴에서 수습된 작은 부조 남녀인물상 등이었다. 이들은 사타우아하나(Satauahana) 기(기원전 230~기원후 225)의 작품이라 하였는데, 안드라 기의 석굴 조각(바자, 칼리), 특히 그 남녀인물상과 얼굴·頭飾 등이 서로 닮았다. 조각으로서는 자이나교 小石像과 그 植物葉形 주두 등 단편이 있는데, 이들이 팔라(Pala) 기의 石彫(대부분 Votive 스투파의 파편)과 같이 혼잡되어 있음은 졸렬한 진열 방법으로 생각되었다. 2층은 회화와 經文이 있었으며, 정문 좌우 廊廡에는 石彫品이 있는데 向右에는 아마라바티 스투파의 단편과 立佛像 수구가 있어서 주목되었고, 向左에는 힌두·자이나 조각품이 진열되어 있었다. 박물관 건물은 회교사원 양식인데, 새로 도장하여 깨끗해 보였다.

하이데라바드는 안드라프라데시 주의 州都로서 근세의 회교도시인데, 럭노우에 비할 만큼 깨끗하고 아름다워 보였다. 박물관에는 일요일이라 사무원도 없었고 인쇄물도 얻어볼 수 없었다. 이 곳서도 이르는 곳마다 중국인으로 보아서 불쾌하기도 하고, 신경을 쓰지 않을 수 없었다.

오늘은 힌두교의 祭日인지 다수의 시민이 얼굴과 옷에 붉고 푸른 물감을 칠하고 4, 5명씩 작당하여 거리를 활보하고 있었다. 그 광경은 참으로 기이한 일이었다. 20세기 근대 도시 한복판에서 고대의 의식을 그대로 보는 느낌이었다.

1963. 3. 11(월)

나가르주나 콘다. 맑음. 더운 날씨

아침 6시 30분에 호텔을 떠나 7시에 버스역에서 고급버스를 탔다. 좌석이 예약되었고 중간 정거가 적을 뿐 다른 시설은 없었다. 남쪽으로 감에 따라 논이 보인다. 벼는 4, 5촌 가량의 크기인데 그것도 물이 이용되는 작은 면적뿐이었다. 혜초의 기록이 곧 연상되었는데, 인도에서 처음 보는 일이다. 巖山이 계속되고 있으며 약 2시간 지난 중간 네거리에서는 십여 봉우리가 경치를 돕고 있었다.

11시가 가까워 나가르주나 사가르(Nagarjuna Sagar)가 접근됨에 따라 방대한 댐 공사가 진행중임을 볼 수 있었다. 크리슈나 강을 막아 거대한 저수지를 마련함으로써 토지 이용의 일대 변혁을 가져올 것인데, 이 계획은 인도정부의 주요 프로젝트의 하나임에 틀림없다. 댐 공사도 상당히 진행되고 있으나 예정보다 늦어지는 듯하였다. 나가르주나 콘다가 아직 수몰되지 않았음은 다행이지만 수년 후면 그 유적 전부가 水下로 들 것이다.

나가르주나 사가르에 이르니 11시 30분이었는데, 10분 전에 버스가 떠나 오후 3시에야 버스가 있다는 것이다. 6마일을 남기고 3시간을 정거장에서 허비했는데, 오늘은 아침도 점심도 못들고 홍차 한 잔과 비스킷으로 공복을 채웠다. 날은 몹시 덥다.

오후 3시 40분에 나가르주나 콘다 박물관 앞에 이르렀다. 방기된 空

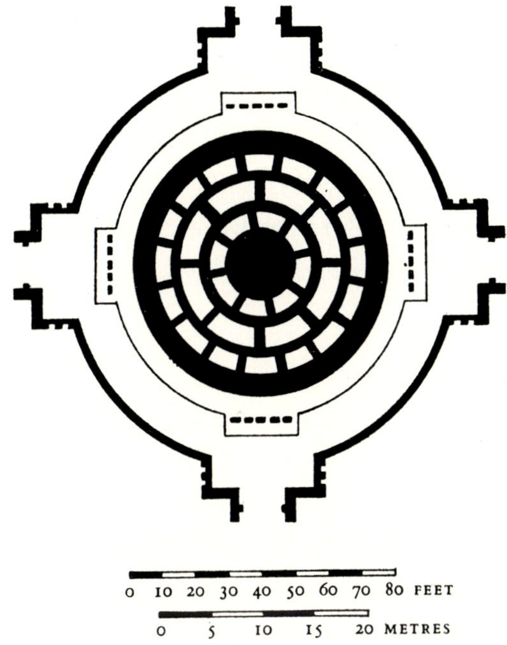

도판 41. 나가르주나 콘다의 스투파 평면도

都의 폐허였고, 마치 우리 나라 산중 古邑을 넘어가는 듯한 느낌이었다. 높은 산이 周回하고, 한편으로 크리슈나 강이 흐르는 넓은 면적의 일대 분지였다.

박물관을 한 바퀴 돌았는데, 예상 이상으로 다수의 특색 있는 녹색 석회석 석판들이었다. 이 곳서 다시 Junior Keeper인 미쉬바(Mishva) 씨 댁으로 돌아와 그를 만나서 숙소로서 그의 집 옆방을 얻었고, 요리사 1명도 와서 安定했다. 밤 늦게 마당에서 마련된 음식을 들 수 있었다.

방은 더워 물양동이를 놓고 물수건을 머리에 둘렀다. 凉風이 불더니 이것이 심야에는 旋風이 되었다. 몸에 감기 기운이 있어 서늘한 바람이 그다지 반갑지는 않았다. 어찌하여 이 구석진 곳까지 찾아왔나 생각되었다. 그러나 이 곳이 중요한 곳임에 틀림없다. 남방에 있어 대승 불교의 일대 중심지이며 또한 敎學의 연원이었다. 127에 달하는 사원 지 등이 평원과 山峽에 산재한다 하니 우리의 경주를 곧 연상케 함이 있다. 강에 임하여 해외교통의 편리도 얻었을 것이며, 王者의 비호를 받아 융성하였음은 그 銘文이 명시한다고 한다. 무사히 이 곳까지 온 것이 다행이다. 황량한 고도로서 조용하기만 하다.

1963. 3. 12(화)

나가르주나 콘다. 맑음. 더운 날씨

밤에 잠을 이루기는 하였으나 괴로웠다. 봄베이 이래의 감기 기운도 낫지를 않는다. 아침부터 더운 기운이 몸에 오는 듯하다.

9시 넘어 미쉬바 씨와 같이 박물관에 나가 그의 설명으로 진열품을 돌아 보았다. 조각은 모두 스투파 護石으로서 연대의 차와 종별이 있으며, 동일 스투파에 있어서도 그 위치에 따라 다르다고 하였다. 특색은 사방에 식물형 大形石이 장식되어 있고 그 위에 코핑(Coping)이 있으며, 다시 그 위에 다섯 개의 팔각주가 선다고 한다. 最下塔周에는 차이티아를 조각한 長方石이 서 있고 그 위에 또한 장방형의 자타카(Jataka) 또는 佛傳을 조각한 板石이 2중 3중으로 탑의 크기에 따라 세워졌으며, 정상에 코핑으로서 花瓶·三寶·花冠을 쓴 下人 등의 조각석이 돌려 있다. 그 이상의 無曲部는 단순히 彫飾되었으며, 정상에 覆鉢(석제)이 놓인다고 하였다. 그 외의 조각으로서 입상, 그 가운데서도 지상에 顚倒된 거대 입싱이 주목되었으며, 보살상으로서는 파드와 푸르리오르 파주라파리(Padwapurrior Pajurapari)만이 1像 侍立이라 한다. 또한 불상 身周에서 光焰이 발하는 예가 있으며, 立柱 주변에도 화염을 새긴 것이 있어 중국 고대 동상의 火焰光 또는 일반 광배의 광염도 이 곳까지 연결되는지 생각해 볼 만하다. 조각은 고대일수록 평

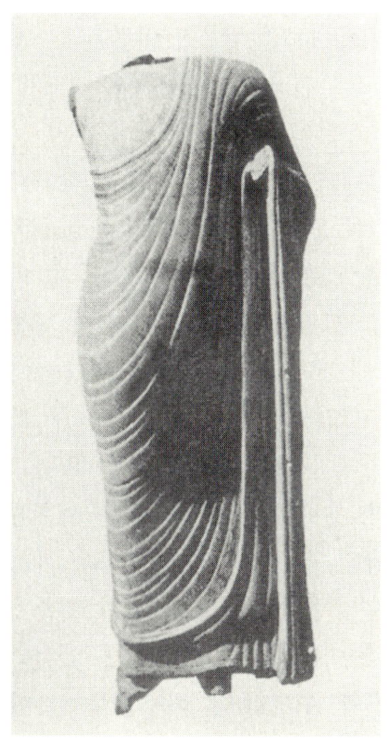

도판 42. 나가르주나 콘다 출토 불입상

면적이고 간소했으나 일반적으로 지방 工匠에 의한 듯했다. 그러나 표현이나 刻法에 있어 우아하며 사실적이어서 산치에 비교되지는 못할지라도 수준 낮은 지방작만은 결코 아니다.

이 곳에서 나와 大塔址도 가보았는데 비하라, 차이티아(Apse), 스투파 지가 모두 황폐하여 발굴 후 아무런 대책이 없었다. 그 곳서 박물관 사무실이 있는 小丘上의 탑지(소형 석탑), 승원지, 차이티아 지도 보았고 실론과 유관한 사원지도 보았다(이곳은 方基上에 전탑이라 함. 기단이 하층은 塼, 상층은 石築으로 되었다). 그런데 얼마 아니하여 수중에 든다 하니 아까운 일이다. 동양의 일대 불교중심지와 고대 首府의 하나가 주위의 山頂만을 남기고 수몰될 날도 멀지 않을 것이다. 인도

정부는 이에 대하여 계획도 세웠고, 언덕 위로의 박물관 이전은 2, 3개월 후라고 한다. 인도정부가 만든다는 보고서가 기대되는 바이기도 하다.

점심 후 2시에 온다는 트럭이 3시가 넘어서 도착했다. 먼저 사가르(Sagar) 쪽으로 고개 위에 위치한 고고국 분국의 로이(Roy : Antiquity Assistant) 씨를 찾았다. 그는 젊은 사람으로서 大學址의 차이티아, 비하라, 스타디움 등을 이 곳 高地에 약 1년 걸려 移置했다고 하며 현장을 보여주었다. 스투파가 2기 있었는데 모두 식물형이 있고 중심에 6~8의 바퀴살이 있어 車輪形을 이루고 있었다. 동서로 상대한 두 차이티아에는 각각 탑과 불상이 안치되었다 한다. 비하라의 기단 외면은 석회석으로 장식하고 撐柱도 보였으며, 주로 靑石과 석회석을 사용했다. 또 그는 사무실에서 발굴중에 수습된 귀중품인 로마 금화와 사리함(금제, 원형, 뚜껑 있음. 약 1cm. 내부에 骨片이 있었다 하며, 진주 3개가 남아 있었다)과 금꽃(4瓣 또는 8瓣. 소형. 이들은 銀盒에 있었다 한다. 발견처는 8A 구역), 기타 금은小雙, 귀고리, 縷金이 있는 큰 귀고리 1쌍, 금은圓盒 등이었다.

이 곳 서쪽에는 남북으로 긴 단층 건물이 있어 발굴품이 주로 진열되어 있었다. 특히 석기류·테라코타·구슬이 주목되었다.

이 곳서 트럭으로 다시 나가르주나 콘다라는 작은 언덕에 올랐는데, 이 곳에 犧牲壇, 목욕탕(이상 힌두교), 마하(Maha) 차이티아, 실론 사원, 거석 유적 등이 移置되어 있었음은 놀라운 일이었다. 각 유적을 모형화한 一廓도 있었다. 마하 차이티아의 아메카의 5本 立石은 5요소를 표시한 것이라 하며, 그들이 독립되어 있음은 예상 이상이었다. 실론 사원에서 작은 차이티아가 동서로 상대하여 동에는 스투파(석판 外護. 가장 적은 석회석의 연꽃 형태이며, 중간에 벨트 형 3段이 있고 마지막은 결실됨), 서에는 동향한 巨大立佛이 있었다. 이 불상은 박물관 뜰의 거석과 더불어 주목되었는데, 이 시대를 대표하는 작품이 될 것이다.

이상에서 댐 건설에 따라 자취를 감추게 된 고대 遺址(불교와 힌두교, 선사)를 힘껏 보존하려는 의욕과 그 실천을 볼 수 있었다. 박물관 後庭과 연속되는 가트(Ghat)의 규모는 큰 것이었고, 보존도 양호하였다.

이 곳서 아주 어두워져서 촬영을 할 수 없었다. 보안경찰에게 간단한 신문을 받았는데, 내일 사이프러스의 고관이 오기 때문이라고 한다. 귀로에 박물관과 게스트 하우스의 신 건물을 보았는데 산치보다 크고 훌륭해 보였다. 이르는 곳마다 이 같은 시설에 주력하고 있음을 볼 수 있었다.

숙사로 돌아와 보니 8시가 되었다. 종일 몹시 더워 몇 병의 물을 마셨다. 체력의 소모가 심한 듯 저녁에는 식욕이 전무했다. 오늘은 지나치게 무리하여 몸이 불편한데 박물관측에서 차편을 내어 주었기에 그나마도 이같이 끝낼 수 있었다.

1963. 3. 13(수)

나가르주나 콘다~군투르~아마라바티. 맑음

5시에 깼다. 어젯밤도 몹시 괴로웠다. 일기도 더운데다 방은 좁고 통풍도 아니 되었다.

일찍 우유와 차를 들고 7시 30분에 버스로 수위 1명과 함께 떠났다. 다음 목적지까지의 동행을 미쉬바 씨에게 요청했으나 불응이었다. 몸이 괴로우니 동행이 있으면 했다. 나가르주나 사가르에서 약 30분 기다려 군투르(Guntur) 행 버스를 탔다. 수위는 고맙게 하여 주었는데 마첼라(Machela)에서 하차했다. 버스는 잘 달려서 오후 2시가 넘어 군투르에 이르렀다. 하차 후 1시간 넘어 숙사 때문에 시간을 허비했다. 게스트 하우스가 있다기에 인력거더러 가자 했더니 장소를 안다고 한다. 그러나 虛言이었다. 도중에서 차로 바꿔탔는데 이 자도 모르는 모양이다. 겨우 이곳저곳에 물어보아 여행자 방갈로에 이르니 징세관의 승인이 필요하다고 한다. 멀지는 않았으나 경찰서 내의 사무실을 찾았더니 만원이라고 거절당했다. 이 곳 구내에서는 중국인이 왔다고 수군대고 흘겨보고 비웃는다. 불쾌한 일이다. 할 수 없이 택시로 아마라바티로 가기로 했다. 이 곳서 피곤을 풀고 내일 여행이 다시 변경된다. 택시는 往路에 15루피를 받는데 합승하여 손님 둘을 태웠다.

5시가 넘어 도착하여 곧바로 박물관 사무실을 찾아 숙사도 정했다. 숙사는 방갈로 형인데 오랫동안 비워 두었는지 갑자기 소제를 한다. 침대도 없다. 변소에서는 냄새가 난다. 모기도 들끓었다. 창고방과 같았다. 그러나 몸이 피로하기에 우선 묵었다.

7시 넘어 이곳 큐레이터인 힌 여사가 남자직원 1명과 함께 찾아와서 약 1시간 30분 동안 이야기를 하였다. 그의 첫마디가 한국이 독립국이냐는 것이다. 인도인의 對韓觀이 보인다. 이 곳까지 찾아와 식사도 염려해 주었다. 저녁을 들고 나니 10시가 다 되었다. 목판 위에 담요를 펴고 잠들었는데, 모기가 많아 불은 켜 놓고 선풍기도 돌려보았다. 그것이 모기 구제책이라고 박물관 여사와 이야기하면서 웃었다.

1963. 3. 14(목)

아마라바티. 맑음

어젯밤은 선풍기 덕택에 잠을 이룰 수 있었다. 6시에 기상하여 문 밖에 나가 앉았다. 숙사 앞에 공동우물이 있어 남녀가 물 긷기에 한창이다. 조용한 아침의 시골 풍경이다. 아침 차도 가져왔다.

8시에 대탑지에 가보았다. 塔基와 周回된 石欄柱 기둥이 남아 있을 뿐이나 동측에는 아메카의 일부도 남아 있다. 석회석의 병풍석이 撐柱形의 有翼獅子 주두를 갖고 있어 주목되었다. 塔周에는 塼이 깔리고 그 위에 靑石을 깔았던 흔적이 있다. 남서측에도 아메카의 흔적이 남았으나 석주는 없었다. 남열에 長大石이 있고 그 옆에 방형 2석이 있

도판 43. 아마라바티 출토 佛頭. 파리 기메
박물관

는데 전자에 셋, 후자에 각 하나씩의 圓孔(방형 石蓋孔과 같이)이 있
어 사리함이 발견된 곳이라 하며, 아마도 승려의 것으로 추정된다고
했다. 初建 후 개수와 石欄의 後補가 있었는데 창건 석주는 거대한 화
강암으로서 無紋이었다 한다. 그 뒤 그보다 작은 석난이 설치되었다고
도 하나 몹시 파손되어 있어 원형을 짐작할 수는 없었다. 이 곳서 곧
생각된 것은 이 같은 石壇 周回의 방법이 우리 경주의 왕릉 護石과도
같아 서로 관련을 지을 수도 있지 않을까 하는 점이며, 塔基에 面石을
돌려 撑柱를 刻하였음이 우리 신라탑의 수법과 상통함이 있다.

  9시에 큐레이터가 찾아와 약 1시간 동안 함께 다시 탑지와 박물관을
보았는데, 그는 남측을 정면이라 하였다. 깊이 매몰되어 있었으며 塼築
건물지도 노출되고 있었다. 박물관에는 모두 단편들이나 상당수가 있
었으며 입불상도 대소 수구가 있었다. 塔基의 석판도 나가르주나 콘다

의 것과 서로 유사하지만 이 곳 조각이 더욱 깊이 있고 사실적이어서 산치의 수법을 연상케 함도 있었다. 화병의 꽃 조각도 아름답고 활달하였으며, 원형 蓮花石도 각양각색이었다. 또한 남녀 조각도 각 하나씩 있는데, 그 가운데 여자상은 바르후트의 약시를 연상케 했다. 마당 정면에는 方柱가 있어 祇園精舍의 金貨敷地의 모습이 새겨 있어 주목되었다. 기타 相輪片도 있고 石柱片도 있는데, 모두 대탑지에서 수습된 것이라 하여 그 장엄이 연상되었다.

10시 30분에 이 곳에서 진행중인 城址 발굴 현장을 보았는데 그 깊이가 대단했고, 맨 밑바닥 가까이에 주거지가 노출되고 있다고 한다. 고고국 분국의 주관으로 약 3개월 예정으로 진행중인데, 고대 도성의 성격을 밝힐 수 있을 것이라 한다. 날이 더워 현장작업의 노고가 컸다.

12시 30분에 버스로 출발, 2시에 군투르 역에 도착하여 4시 기차로 떠나서 5시 30분에 비자야와다(Vijayawada)에 도착했다. 8시 넘어 하우라-마드라스 행 일등칸 침대에 탔다. 同室客이 한 명인데 창문을 개방하여 강풍에 괴로웠다. 감기가 낫지 않은 듯 아침부터 찬바람이 좋지 않다. 거기에 과로가 덧붙여져 회복이 아니 되는 것 같다. 하이데라바드 이래의 강행이 심신에 무리인 듯하다.

1963. 3. 15(금)

마드라스 맑음

수신 : 趙明基 · 金載元 · 웅종 · 인도 아시아재단

6시 10분에 마드라스 중심가에 도착, YMCA로 갔으나 방이 없다기에 에기모 역에 가까운 빅토리아 호텔에 들었는데 설비가 중급이다. 이 곳에 와서 아침식사를 방에서 들고 나니 여행이 끝난 듯 감개무량하였다. 심신의 피로도 이 곳서 회복할 수 있을 것이다. 체온계를 사서 신열을 재 보았으나 평상과 다름없다.

오후 2시 넘어 이 곳 실론 대사관에 가서 비자에 관한 신청을 하였던바, 뉴델리에서 문서를 받기는 하였으나 곧 찾을 수 없으니 내일 아침 10시에 전화해 달라는 것이다. 30분이나 문서를 찾느라고 애를 썼다.

그 곳서 성 조지 요새(Fort St. George)로 가서 고고국을 찾아 수브라후라니얀(Subrahuranyan) 박사를 만나 환담했다. 그는 매우 반가워하면서 내일 출장을 가기에 오늘 만날 수 있었음을 다행이라 하면서 시내의 주정부 박물관을 본 뒤 남쪽의 칸치푸람과 마하발리푸람을 보라 하면서 여직원 1명을 불러 동행을 부탁하기도 했다. 그리하여 17일 일찍 떠나 당일로 마드라스에 돌아오기로 하였다. 수브라후라니얀 박사와는 혜초의 남인도 기행에 보이는 3층석굴에 관하여 의견을 교환하였다. 그는 이미 나가르주나 콘다, 아마라바티 등의 발굴보고서를 중앙에 제출했다고 한다.

그와 작별하고 잠시 요새 박물관을 보았는데 캘커타의 빅토리아 기념관에도 있는 소규모의 것으로서 동인도회사의 자료도 있었다.

8시에 저녁을 들고 곧 취침하였다. 오랜 피로가 쌓인 듯하다. 델리에서 회송된 4통의 소식을 이 곳서 받아 반길 수 있었다.

1963. 3. 16(토)

마드라스 맑음

발신 : K. 韓 · 웅종 · 鄭永鎬

어젯밤은 잠을 잘 이룰 수 있었는데도 아침에 피곤함을 느꼈다. 9시 넘어 주정부 박물관에 가서 문화재과의 아마라바티 실을 찾았는데 장관이었다. 이 박물관은 상상 밖으로 역사가 오래 되었고 수장품도 볼 만하였다. 아마라바티의 석조품은 수백에 달하였으며 그 중 탑형 석판 또는 圓圈內의 佛傳 등의 조각은 우수하였다. 이 곳서 아마라바티 보고서를 구입할 수 있었다.

10시 30분에 실론 대사관에 가서 약 30분 만에 비자를 입수하였다.

도판 44. 大塔이 표현된 아마라바티 출토 石板 표면. 마드라스 주립박물관

뉴델리 근방에도 있어 쉽게 얻을 수 있었으며 친절히 하여 주었다. 여행자 소개서(Tourist Introduction Card)도 만들어 주었다. 자국 방문의 외인에게 호의를 베푼다는 것은 중요한 일이라 느껴졌다.

　이 곳서 다시 박물관에 돌아와 약 1시간 동안 아마라바티 실에 머물렀으며, 그 사이 관장실을 찾아가 촬영허가를 얻어 두었다.

　오후에는 인도항공을 찾은 뒤 다시 박물관에 이르러 청동실을 보았는데, 아마라바티 출토의 동상 主佛 3구는 석불과 같은 양식을 보이고 있어 오랜 유품으로서 주목되었다. 아마라바티 실에서 몇 점 사진을 찍은 뒤 숙사에 돌아왔다.

1963. 3. 17(일)

마드라스(칸치푸람·마하발리푸람). 맑음

　아침 7시에 고고국 차로 데바쿤자리(D. Devakunjari) 여사와 함께 숙사를 출발하여 평탄한 길을 200리 달려 9시 전에 칸치푸람(Kancheepuram)에 이르렀다. 이 곳서 8세기부터 16세기까지의 힌두 사원 4곳을 보았는데 고층의 고푸람(Gopuram) 양식과 多柱講堂 양식, 특히 그 곳에서의 柱樓式(獅子柱)이 주목되었다. 당간 양식도 우리의 鐵幢과 흡사했고 'Flag Pillar'라는 이름과 용도를 지니고 있다.

　칸치푸람은 남인도의 수도였으며 동시에 불교·힌두교의 중심이었

도판 45. 칸치푸람의 카일사나트 사원

다. 보디다르마(Bhodidharma)도 이 곳 출신이라 한다. 오늘도 사원에서의 예배가 계속되고 있으며 인도교의 성지로서 바나라시(Vanarasi) 다음 가는 곳이라 한다.

12시에 이 곳을 떠나 42마일 동쪽으로 가서 1시 30분에 마하발리푸람(Mahabalipuram)에 이르렀다. 이곳 고고국 출장소에서 점심을 들고 5개 사원석굴, 마애조각, 해변 사원 등을 방문했는데 칸치푸람보다도 약 1세기 가까이 앞서는 작품이라 하며, 조각은 혼잡한 彫法과 세련된 사실적 수법을 보이고 있어 남인도의 대표작이 될 만하다. 단일암을 깎아 작으나마 사원을 이루어 놓은 것은 엘로라의 카일라사나트(Kailasanath) 사원의 다양함과 특징과 함께 착안되어야겠다.

5시에 이 곳을 떠나 6시 30분에 데바쿤자리 여사 댁에 들어가 그의 부친에게 인사하고 숙사에 돌아오니 7시가 되었다.

이것으로써 전 인도 여행의 일정이 전부 끝났다. 석양에 해안 가까운 일직선 도로를 북상하면서 긴 여행이 회상되었다. 무사히 끝났으며, 오늘은 차편과 안내를 얻어 하루로써 두 곳을 간략하나마 완료할 수 있었음도 다행이었다.

숙사에 돌아와 雄鍾과 쿠인(Kuin) 박사에게 서신을 썼다. 내일의 콜롬보 행은 아직 항공 예약이 확정되지 않았으나 가능성이 많다는 전화 회답이었다.

1963. 3. 18(월)

콜롬보 · 실론. 맑음

발신 : 웅종 · 金載元(마드라스에서)

7시에 마드라스 박물관에 가서 약 1시간 동안 조각실을 돌아보았다. 콜롬보 행 항공표가 확정이 아니되었으나 대기번호 제일번이라 한다.

10시에 떠나 다시 박물관에 들러 출판물 수종을 구하고 항공버스로 10시 45분에 떠났다. 비행장에서 출발시간이 임박하여 최종 승객으로 자리가 났다 하여 급히 서둘러 수속을 마쳤다. 무슨 특권이나 주는 듯 하는 인도항공의 처사는 이 곳서도 불쾌하다. 준비은행의 증명서가 있어야 된다고 하면서 안경쓴 형사 같은 자(인도항공 직원)가 전화로 어디론가 문의하더니, 다시 곧 인도에 돌아온다니 특별히 출국된다고 말한다. 직업을 묻는 태도 등 존대하기 짝이 없다.

세관 조사는 간단히 끝나고 맨 앞 열에 자리 하나를 얻어 12시 45분에 이륙하니 마치 해방된 듯 시원한 느낌이었다. 풍토와 인정이 거친 나라임을 느꼈다.

조용한 해상을 지나 한 시간 만에 실론의 해안과 내륙의 무성한 숲이 보인다. 풍성한 땅이라는 느낌이었고, 콜롬보는 마치 공원도시 같다. 상륙의 인상도 마드라스보다 시원하였고 인도와 풍속이 크게 다르지 않으나 좀더 안정되었고 사람도 순박해 보인다.

버스로 시내 중심부에 들어와 YMCA에서 3.50루피짜리 방(37호실)을 얻었다. 경비 절약도 될 것이고 다시 내륙으로 떠나니 이것으로 만족한다. 짐을 두고 해안에 나가 석간을 보았다. 서울의 내각 개조를 보도하고 있다. 중국집에서 저녁을 들고 잠시 산보하였는바 도처에서 환전·보석, 심지어 여자도 권고한다. 이 나라 외환 사정을 곧 느끼게 한다. 공항에서 50달러를 달러당 4.65루피로 바꿨는데 숙사에 오니 가이드가 와서 7루피로 주겠다고 한다.

1963. 3. 19(화)

콜롬보. 맑음

발신 : 웅종·鄭明鎬·金載元·한기봉

어젯밤은 모기 때문에 여러 차례 잠을 깼으나 장시간의 수면이었다. 이 곳 식당에서 아침을 들고 9시 30분에 박물관을 찾아 부관장을 만나 실론의 불교문화에 대하여 이야기를 하였다. 그는 환영하여 주었고 직원을 시켜 관내를 보여주었다.

쳤을 것이다. 우리의 현장법사가 이른 곳 또한 이 곳이 될 것이다.

끝으로 루완웰리(Ruwanweli)에 이르렀는데, 이 탑은 승려의 발원으로 개수되었고 불당도 신축되었으며 거대 입상도 발견되었다. 사방의 築壇도 보존되었으며 立碑, 왕·왕비의 입상 등도 있다. 塔殿에는 거대한 열반상이 있음도 이 곳 실론에서 볼 수 있는 점이다. 다만 미힌탈레(Mihintale)를 찾지 못한 것이 유감이었다.

5시에 숙사에 돌아왔다. 부슬비가 밤늦게 내리고 있었다.

1963. 3. 24(일)

아누라다푸라~콜롬보. 맑다가 흐림

발신 : 웅종 · 洪思俊 · 孟仁在

9시 25분발 급행의 콜롬보 행은 일요일 운휴로 인해서 변경되었다. 8시 30분까지 온다던 운전수가 오지 않기에 궁금했는데 이 같은 결과가 되었다.

박물관의 K씨와 연락하여 택시로 미힌탈레를 찾았다. 이 곳은 실론 불교의 初轉地로서 그 지세가 흡사 인도의 산치와도 같았는데, 구릉의 배치와 아름다움은 산치의 단조로움보다 변화가 있고 더욱 아름다웠다. 이 곳을 찾기를 다행이라 느꼈다. 구릉에 이르는 2000築段의 돌계단은 먼저 주목되었는데, 각 단마다 넓고 얕게 마련한 것은 승강의 편리를 위한 것으로 고대 石工의 배려일 것이다. 첫 계단 중도에서 오른쪽으로 꺾어 좀 급한 石段을 오르니 그 위에 칸타카 치티야(Kantaka Chitiya)가 있어 사방의 축단과 더불어 古式을 보이고 있으며, 그 彫飾에서 아마라바티와의 系脈을 짐작케 하였다. 더 올라가서는 산치와의 유사성도 보였으나 조각은 연대가 그보다 뒤지고 그만 못했다. 그러나 사방 석축의 방식은 이 곳에서 옛모습을 뚜렷이 보여주었다.

이 곳에서의 조망은 멀리 아누라다푸라의 고탑과 평원이 보여 장관이었다. 이 탑의 下三重基壇이 석축이며 그 위의 塔身이 塼築, 그 위에 途灰한 것이 주목할 만하다.

이 곳서 남쪽 계단을 내려가 작은 평지에 사원지가 있고 1구의 사자 입상을 장식한 貯水函이 주목되었으며, 또한 석축 수법에 있어서 長石 사이에 주먹돌을 개재시킨 것이 주목되었다.

이 곳서 다시 돌계단을 따라 정상에 이르니 작은 사원이 있어 중앙에 다고바가 있고 석주가 보인다. 이 곳서 남서 언덕 위에는 보수중인 전탑이 있는바, 나선형 계단이 특이하였으며 이 上臺地 북방 언덕 위에도 소탑이 보였다.

이 곳서 돌계단을 따라 한참 내려가면 중복에 寺址가 있어 거대한 석축 위에 사원지가 있고 二大板石의 비문이 주목되었다. 이것은 근년의 발견으로서 중요자료라 한다.

이 곳에는 어제 아누라다푸라에서 본 것과 같은 장대한 舟形石이 있다. 石段 맨 아래 평지에도 아담한 사원지가 있어 현재 기단만 남겼는데, 중앙 段址 이외에 寺域 네 모퉁이에 작은 방형 段址가 배치됨이 특이했다. 이것은 아누라다푸라에서도 同例를 본 바와 같다. 역대를 통한 중건의 사실을 볼 수 있는바 금일도 사슴을 기르고 망고를 심고 있음은 옛 고사를 따르는 것이다. 이 곳 입구의 소위 병원지에는 주위에 다수의 小室이 배치되었다.

11시 넘어 이 곳을 떠나 다시 박물관에 이르러 약 1시간 동안 목록을 따라 중요 유물을 보았다. 그리하여 1시 30분에 열차를 타려 했으나 비싼 택시비와 버스의 지연으로 이것을 단념하고 다시 박물관에 돌아왔다. K씨의 호의로 점심을 먹고 한참 이야기했다.

5시에 역에 나와 6시 급행으로 10시에 콜롬보에 닿았다. 급행은 순조롭게 달렸다. YMCA에 이르니 독방 하나를 마련해 주는데 밤새도록 모기의 襲來에 잠을 이루지 못했다. 값이 싸면 싼값을 하나 보다. 날도 무덥고 바람 한 점 없었다.

1963. 3. 25(월)

콜롬보 ~ 뉴델리. 맑음

9시 30분 버스로 인도 공관을 찾아 재입국 비자를 얻었다. 그 길로 인도항공에 들러 항공표(마드라스 - 뉴델리)를 샀다. 점심은 중국집에서 들고 공항버스로 출발, 3시 20분에 콜롬보 공항을 떠났다.

날은 청명하였고 해안의 곡선이 아름다웠다. 인도 대륙에 접근해서는 흐린 날씨가 되었고 구름 속을 비행했으나 5시에 무사히 마드라스에 도착하였다. 이 곳서 입국수속을 끝내고 다시 6시발 비행기를 바꿔 탔다. 좌석이 아직 예정되지 않았다 하여 콜롬보에서부터 걱정했으나 좌석은 몇 곳에 비어 있었다. 하이데라바드의 야경이 보일 무렵 뇌성이 요란하고 동요가 심했다.

7시 40분에 착륙, 약 40분 쉬었다가 다시 출발했다. 기내는 냉방이 되어 추울 정도였고 장시간의 탑승에 두통이 났다.

11시 20분 뉴델리에 안착하여 공항까지 마중 나온 공관차로 YMCA 숙사에 들었다. 방은 36호실. 심신의 피곤함을 느꼈다. 콜롬보에서 인도 대륙을 북상하여 무사히 이 곳에 돌아왔음을 다행으로 생각하였다.

1963. 3. 26(화)

뉴델리. 맑음

발신 : 유자

아침은 서늘했다. 10시에 아시아재단에 들렀더니 미스터 박은 본국 출장이라 한다. 파키스탄에서 4월 12일 ~ 14일까지 13차 박물관회의가 있어 참가 요청의 서신이 콜롬보로 보내진 것을 이 곳서 알았다.

이 곳서 고고국에 들러 데바(K. Deva) 씨에게 여행 완료의 인사를 했다. 그 뒤 우리 공관에 들러 인사하였다. 많은 편지와 『考古美術』 1 · 2 · 3월호가 와있어 方 공사가 편지는 모두 내 앞의 것이라 하여 웃었다.

몸이 피로하여 다시 숙사로 돌아와 오후는 자리에 누워 우편물을 보았다. 궁금하던 소식도 들을 수 있었는데 문화재관리국과 박물관에도 변동이 있다. 洪思俊 선생의 부여박물관 轉任은 어찌된 일인지 이해가 아니 간다. 秦弘燮 형도 소원대로 이화여대로 결정되었다고 한다. 석굴암 설계도 일부 변경이 되었다 한다. 새로운 자료가 발견되었다고 秦·鄭永鎬 씨 편지가 전해주었다. 정영호·孟仁在·申榮勳 씨가 保存室 제1분과 전문위원이 된 것은 반가운 소식이었으며, 『고고미술』은 속간되고 있다. 2매의 합동 서신이 다정스럽기도 하다.

저녁을 들고 9시~11시 30분까지 아소카 호텔로 韓형 부처를 찾아 환담하였다. 여행의 피곤이 풀리는 듯 따뜻한 환영에 시간 감을 잊었다.

家信에서 동봉된 호종이 사진은 生長 모습을 보이며 裕子의 사진은 아름다웠다.

1963. 3. 27(수)

뉴델리. 맑음
발신 : 鄭永鎬·金載元·秦弘燮

10시 30분에 공관에 나가 파키스탄 행 비자 서류를 마련하여 12시에 韓 총영사와 같이 파키스탄 대사관에 갔다. 그 곳서 서기관의 후의로 즉석에서 비자를 얻을 수 있었다. 걱정하던 파키스탄 행도 우리 공관의 진력으로써 실현케 된 것은 즐거운 일이다.

오후는 숙사에 돌아와 쉬었고, 보내온 『考古美術』 2책을 통독하였다. 작은 책자이나마 32호를 냈고, 작은 논문과 자료나마 수습할 수 있었던 것은 즐거운 일이다. 이것도 아니 했다면 이만한 것도 남지 못하였을 것이다. 이 책자를 중심으로 하는 작은 동인의 모임도 얻을 수 없었을 것이다. 이 책자는 동인의 共有이며 우리 고문화의 落穗 餘滴을 수습하자는 것뿐이다. 그것이 크게 발전하고 못하고는 아무도 예측할

수 없는 일이나 작은 노력이나마 힘껏 하려고 애썼다는 작은 표시는
될 것이다. 큰 나무도 雙葉에서 비롯하니 키워 나감이 긴요할 것이다.
정영호 간사의 노고와 열성이 동력이 되어 있음은 고마운 일이다. 작
은 동인 모임의 노트장으로서의 역할은 충분히 기하여야겠다.

저녁 9시에 韓 부처가 숙사에 찾아와 같이 미카도(Mikado)에 가서
중국음식을 들었다. 거듭된 후의에 감사할 뿐이다.

1963. 3. 28(목)

뉴델리. 맑음

발신 : 유자 · 洪思俊

10시 넘어 아시아재단을 찾아 그 곳 직원과 같이 외인등록소에 가서
파키스탄에서의 재입국 ‘No Objection’을 신청했더니 2주일 이내의 여
행이면 비자를 발급한다고 하여 출발 당일 수속하기로 하였다.

이 곳에서 국립박물관에 갔더니 마침 도서실에 관장 몰리(Morley)
박사가 있어 잠시 여행이야기를 하였다. 그 뒤 도서실에서 실론 탑에
관한 그 곳 고고국 발행의 책자를 보았다.

오후는 숙사에 돌아와 쉬었다. 저녁 6시 40분~8시 30분에 리갈 극
장에서 ‘Tiger Bay’라는 흑백영화를 보았다.

이번의 파키스탄 방문의 코스를 변경하여 카라치(Karachi)로 선행
하지 않고 라호르(Lahore)로 가서 북부지역에 한정시키기로 하고, 혹
필요에 따라 남하하기로 하였다. 이것은 카라치에 국립박물관 하나가
있을 뿐인데 비용과 시간을 염려하여서이며, 북부 간다라 지방 답사의
충실을 기하려는 데 있다. 카라치는 국제공항이 있으므로 혹시 다음
기회에 잠시 들를 수도 있을 것이라고 생각하기도 했다. 4월 18일에 뉴
델리 출발을 예정하고 있으므로 4월 11일까지 뉴델리로 돌아와 1주일
의 준비 기간을 갖고자 한다.

이 곳 일기는 조석으로 서늘하여 더위를 모르겠다. 이번 인도여행은

좋은 시기를 얻었다고 느껴진다.

1963. 3. 29(금)

뉴델리. 맑음

발신 : 金元龍·趙明基·朴俊夏

오전에 공관에 들러 파키스탄 행 항공표를 얻고자 여직원과 같이 여행사에 갔다. 그 뒤 韓 형과 같이 아소카 호텔에서 점심을 들었다. 오후 3시 한 형과 함께 아시아재단을 방문하여 그린(Green) 씨를 만나서 추가여비의 수속을 했다.

6시 30분부터 자유교회(Free Church)에서 열린 델리 성가대(Delhi Choral Society)의 '메시아'를 들으러 갔다. 이 멤버에는 한 형 부처가 들어 있는바 약 30명의 전원이 힘을 다하여 합창했다. 이것이 끝난 뒤 나의 제의로 시내에서 중국요리를 같이하였고, 그 후 리갈 극장에서 영화를 보았다. 12시가 되어 숙사에 돌아왔다.

1963. 3. 30(토)

뉴델리. 맑은 후 흐림

발신 : 웅종·李弘稙

오전중에 여행사, 등록사무소, 은행을 돌아 재입국 비자와 여비를 마련하였고 고고국에 들러 부재중인 K. 데바 씨에게 전언을 부탁하기도 하였다. YMCA에서는 회원이 되었으니 앞으로는 언제든지 숙사를 주겠다고 한다.

2시 45분에 시내의 비행장을 떠났다. 인도 통화는 반출 금지로서 세관에 맡겨 두었다. 북인도의 평야는 넓다. 大小麥이 보이며 관개용 운하가 동서로 보인다. 농촌은 平頭의 土屋으로서 진흙을 옥상에 발랐다. 1시간 50분 만에 라호르 교외에 안착하였고, 간단한 수속이 끝났다. 공항 택시로 시내에 들어갔는데 운전기사는 아무 안내도 없고 불친절하다. 그의 소개로 파크 호텔에 들었는데 방세만 25루피라 한다.
물가가 인도보다 비싼 듯하였고 시내에는 사치품이 많아 보였다. 도시
는 정비되어 있었고 수목도 많다. 오랫동안 찾고 싶었던 이 곳 박물관
을 볼 수 있다고 생각하니 즐거웠다. 그것이 유일의 목적이기 때문이
다. 시내에서 저녁을 들었는데 쇠고기를 먹을 수 있는 곳도 이 곳인가
한다. 거리에 소가 아니 보임도 國情의 차별일 것이다.

1963. 3. 31(일)

뉴델리. 맑음

오전중은 이 곳 박물관에서 보냈다. 기대하던 간다라 실은 진열품의
다수에 놀라기도 하였으나 그 배열이 좋지 못하여 혼돈스런 느낌을 주
었으며, 설명이나 출판물은 없다는 데는 실망하기도 하였다. 그러나 시
크리(Sikri)의 탑은 소형이나 조각은 볼 만하였고, 이 같은 조형은 곧
남인도 나가르주나 콘다에서의 반원(Apse) 형 차이티아에서 본 소석
탑(外護石板)을 연상케 함이 있다. 아마라바티의 대탑과 규모의 차가
있으나 그 造形 意思가 상통함이 있을 것이다. 거대한 보살상도 이 곳
아니면 볼 수 없을 것이며, 세밀화 조각품 중에서 스라바스티의 기적
의 일대 석판은 優品이었다. 刻法의 우수함, 인물배치의 妙, 구도의 奇
등에서 대표적 작품이 될 만하다.

간다라 불두 중에 나발이 數例 있음은 아직까지 마투라나 굽타에
그 기원을 잡았던 점이 재고되어야 할 것이다. 이같이 그리스·로마
양식 조각의 일 중심을 이루었으나 그 비정은 과거에 있어서와 같이
과대시하여서는 아니 되겠다는 느낌이었다. 인도 불교미술의 質量과
그 지역은 넓고 크다. 유럽 학자의 간다라 연구의 성과가 이 곳을 중시
하게 하였고 또한 주목할 만함은 물론이나, 전체에서 보아 한 지방적
중심으로 한정되어야겠다는 느낌이다.

특히 이 곳에는 기원전의 조각은 찾을 수 없다. 불상을 처음 만들었

다는 사실은 불교조각의 시작은 아니기 때문이다. 이에 앞서서 인도의 塔石欄 조각이 있고, 아소카 기의 조각이 있다.

이 곳 큐레이터를 찾아 약 30분 동안 간다라 미술과 나의 스케줄에 관하여 이야기하였다. 박물관은 수리중에 있으며 일요일이어서 혼잡되어 있다. 再訪을 기하고 이 곳을 떠나 관청에 들러 등록을 하였다. 미국인 여자들도 와 있다. 나만에 대한 차별인가 하였더니 그렇지는 않은 듯하다.

이 곳서 나와 시내에서 점심을 들고 숙사에 돌아와서 쉬었다. 두통이 다소 있고 피로를 느낀다. 오랜 여행의 심신의 피로가 풀리지 못하고 있다. 건강에 가장 유의하여야 될 것이다.

숙사에서 톰슨(Thompson) 씨에게 전화하여 내일 9시 차로 탁실라(Taxila) 행을 전하고 아울러 12일부터의 박물관회의에 참가하지 못함을 말하였더니 카라치에 전화로 전달하겠다고 한다. 라호르 구경은 귀로에 다시 하기로 하고 숙사에서 쉬었다.

1963. 4. 1(월)

라호르~라왈핀디. 맑음

9시에 급행으로 탁실라로 남행하려 했으나 오늘부터 차시간이 변경되었다고 하여, 11시 10분에 라호르 역을 떠나는 라왈핀디 행 급행을 탔다. 10시 조금 넘어 이 곳 아시아재단을 찾아 잠시 톰슨 씨를 만날 수 있었다.

기차는 6시간 만인 오후 5시 10분에 라왈핀디(Rawalpindi)에 도착했는데, 이 곳은 파키스탄의 새로운 수도로서 건설중이라 한다. 沿線의 풍경은 북인도와 크게 다르지 않으나 북상함에 따라 암산이 보이며 멀리 산악이 전개되었고, 大小麥의 재배가 주목되었다. 인도에 비하여 소는 작으며 양과 말이 많다. 의복은 인도와 달라서 남녀가 모두 바지를 입었다. 이것이 혜초가 말한 '衫袴'일 것이다. 남녀의 구별이 심하여 기차도 차칸이 다르다. 차 안에서 2명의 승객이 번갈아 꿇어앉아 서쪽을 향하여 예배를 올림은 처음 보는 광경으로서 회교도의 종교심을 짐작하겠다. 이 곳의 민가는 거의 단층으로서 벽돌로 만들고 진흙을 바른 것이 많다. 여자는 모두 흑백의 겉옷을 입고 얼굴을 가리고 있다. 인도와 같은 점도 보이나 종교의 차이는 확연하다. 사람들은 스스로 존대함이 적고 친절하였다. 교통은 발달되었으며 사회의 질서도 안정되어 보인다. 라왈핀디는 고원이며 주위에 산이 둘러 있어 라호르보다 순박하다.

역전의 메트로폴(Metropole) 호텔에 들었는데 시설이 불편하다. 오늘의 서파키스탄에는 불교는 거의 없다고 한다. 라왈핀디 가까이에서 일대 탑이 북쪽으로 바라보였다.

1963. 4. 2(화)

탁실라. 흐리다가 비

발신 : 鄭永鎬(인도통신 4)

아침 9시에 버스로 탁실라 행, 10시 15분에 박물관에 도착했다. 이 박물관은 주로 탁실라 발굴에서 수습된 유품을 중심으로 하여 존 마샬(John Marshall)을 기념한 것인데, 건물이나 진열품, 정원 등 최상의 아담한 박물관이었다. 입구에는 스투코 소탑(Cast)이 있고, 兩翼을 가진 건물에는 간다라 조각을 비롯하여 연대가 오랜 고고학적 유물이 정연히 진열되어 있어 어느 진열장이나 경탄할 만하였다. 모두가 學的 수습이며 정성이 깃들여 있어 지역박물관으로는 훌륭했다. 이 곳에서 존 마샬의 *Guide to Taxila*를 구하였다. 날이 흐려 비가 오락가락하였으므로 더위를 느끼지 않았다. 도리어 서늘하다.

박물관을 본 뒤에 가까운 비르(Bhir) 고분을 일순했는데, 이것은 제일의 도시로서 기원전 6~2세기 것이라고 한다. 담이나 기둥은 모두 작은 돌로 쌓아올린 것이 주목되었으며, 통로는 불규칙적이다.

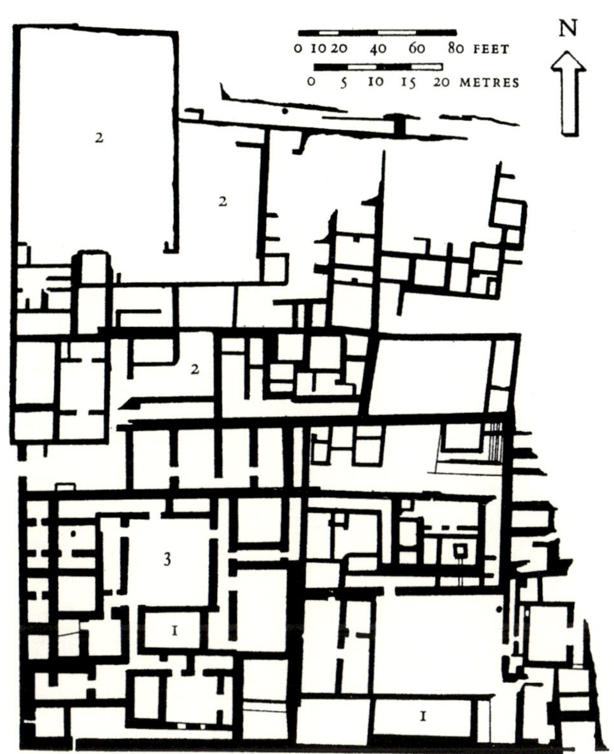

도판 52. 탁실라의 시르캅 궁전 평면도

　이 곳서 다시 밭 사이로 난 작은 길을 더듬어 북방 언덕 위에 있는
쿠말(Kumal) 탑에 이르렀다. 이 곳은 시르캅(Sirkap) 도시의 아크로폴
리스적 위치로서 시르캅을 향한 대탑은 아소카 왕의 기념탑이라 한다.
이 곳서는 간다라 탑의 石築方壇을 처음 보았는데 塼을 사용하지 않
고 대소 石塊를 聚積하였으며, 그 표면에 塗灰했다. 이 곳 사원도 모
두 석축이었으며 웅장했다. 이어서 성벽을 따라 언덕을 내려가니 시르
캅의 발굴지인데, 그 넓은 규모에 놀랐다. 宮殿址·市街址(상점·주
택)와 그 사이에 끼여 중앙로를 향한 小寺院의 탑지 또는 규모가 큰

압시달(Apsidal : 前方後圓形) 사원, 또는 北門 丘傍의 城壘, 층위를 보이는 발굴지 등이 정연히 보존되었으며 수위가 안내해 주었다.

이 곳서 보행으로 다시 박물관으로 돌아와 한 번 돌아보고 나서 4시 45분에 떠나 버스를 기대했으나 6시 30분에야 막차를 타고 라왈펀디에 돌아왔다. 소나기가 내리고 한랭했다.

박물관 앞의 파출소 순경이 매우 친절하였다. 이 곳 파키스탄은 모두 외인에 대하여 호의를 표시하였고 친절했다. 인도에 비하여 마음이 편안하다. 존대함이 없고 의복도 긴 저고리와 바지를 남녀가 착용했으며 모두 신을 신고 있다. 인도인과 같이 향료를 씹는 것을 볼 수 없다.

숙사에 돌아와 저녁식사 후 곧 취침했다. 수확을 느끼는 날이었으며 탁실라 박물관은 더욱 충실함이 반가웠다.

1963. 4. 3(수)

탁실라. 맑음. 소나기(驟雨)

아침 6시 30분에 기상, 7시 30분 버스로 탁실라행. 8시 30분에 도착하였다. 오전중은 진열실과 도서실에서 각 유적의 발굴 사진첩을 보았으며 그 곳 큐레이터와 혜초여행기에 보이는 지명 등을 논의했다. 그 뒤 11시에 떠나 다르마라지카 탑지를 보행으로 찾았는데, 대탑을 중심으로 한 공양탑·사원지·小祠堂 등 규모도 컸으며 모두 발굴되어 옛 장관을 짐작할 만했다. 특히 대탑에 있어서 사방에 계단이 있고 그 위에 石壇과 龕形 像設이 있음은 남인도 또는 실론에서 본 탑지와의 관련을 느끼게 했다. 제17·18사원지의 塑佛 兩足은 그 큰 규모를 연상케 하였으며 팔각형 입시달(진빙후원형) 사원도 주목되었다. 사원지에서 인골이 발굴된 장소가 표시되어 있어 훈족(White Funs)의 침입을 가리킨다고 한다. 이 대탑의 始建은 아소카 왕에 있다고 하며, 북동의 石基塔은 기원후 5세기의 것이라 하는바 산치나 사르나트에 못지 않은 규모였다. 이 곳에서는 塔殿이 모두 역대를 통하여 독특한 石築에

*도판 53. 자울리안 출토 소형 스투파. 탁실라 고
고박물관*

의해 지어졌다.

　이 곳서 다시 박물관에 돌아와 귀로의 茶店에서 점심을 들고 2시 30
분 넘어 마차를 얻어 유적 순회에 나섰다. 가장 먼 곳에 있는 자울리안
(Jaulian)을 찾았는데, 山中 巖山 위에 點定한 탑과 승원으로서 이름높
은 곳이다. 탑지는 목조건물로서 보호되어 있으며 대소탑의 塑佛 등은
모두 경이할 만하였다. 부락도 작은 언덕 위에 자리잡고 있는바 寺院
點地도 동일하다. 승원도 규모가 컸으며 알현실, 부엌, 창고 등 정비된
규모를 보인다.

이 곳서 내려와 피팔라 사원지의 탑지, 小室內의 소조 小圓塔 등을
보고 모라모라두(Mohra-Moradu)에 이르렀는데, 이 곳 대탑은 方壇
위에 원형 塔身을 보이고 있어 原形을 짐작케 함은 다행이었다. 이 곳
승원 一室에는 유명한 塑塔이 완전한 형태로 보존되어 있어 반가웠다.
각 방 사이의 外壁 또는 小龕에도 불상이 있고 대소탑 外周에 불상이
있음은 예배대상으로서 불상의 비중을 말하는 것이며, 인도 석굴(아잔
타·엘로라의 차이티아)에 있어 석탑 外周 또는 승원 周壁에 불상조
각이 있는 것과 상통할 것이다(승원에 있어서는 前庭을 향한 현관으로
서 雨露를 면하였을 깃일까). 이 모라모라두 사원도 산중의 한적한 곳
에 자리잡고 있었다.

이 곳서 나와 시르수흐의 제3차 都城址를 찾아 東南隅의 성곽 발굴
지를 보았는데, 성내에는 과수원이 있었고 발굴도 아니 되었다고 한다.
5시가 넘었으므로 잔디알(Jandial) 사원지를 들렀는데 이 곳은 拜火教

도판 54. 탁실라 잔디알 사원의 이오니아식 柱頭 및 柱礎

의 신전이라 하며 그리스 양식의 건물이라 한다. 석주의 基石과 이오니아 양식의 柱頭가 남아 있었으며, 남향한 구조도 짐작되었다.

이 곳 노상에서는 내왕하는 2~3인이 나타나 古物(石像片과 塑造佛頭)을 사라고 졸라댄다. 우리 나라에서도 볼 수 있는 것과 같은 광경이었다.

6시 30분에 버스 승강장에 이르러 버스로 숙사에 돌아왔다. 소나기가 내리며 천둥이 요란하다. 밤에도 비가 내렸다.

1963. 4. 4(목)

탁실라~페샤와르. 맑음

9시 15분 버스로 출발하여 오후 2시 20분에 페샤와르(Peshawar)에 도착하였다. 도로는 잘 포장되었는데, 북행함에 따라 沿線의 공장 건설이 주목되었다. 탁실라 출발에 있어서 버스회사 직원이 친절하게 주선하여 승차케 하였으며, 좌석은 가장 앞 상등석을 주었는데 도중 역에서 버스운전수로부터 차 대접을 받기도 하였다.

12시에 인더스 강을 건넜으며, 일기는 화창하고 연선의 小麥도 풍작이었다. 페샤와르는 상상하던 바와 같은 산중 도시가 아니라 서북으로 멀리 높은 연봉이 돌아 있으나 큰 평야가 전개되었고 촌락과 도시로 구별되었다. 숙사인 서비스(Services) 호텔은 한적한 곳에 자리잡았고 수목도 울창하여 산장에 온 느낌이 들었다.

도착 직후 박물관을 찾아서 5시까지 진열품을 보았는데, 탁실라에 비하여 정돈되지 않았으나 巨佛立像을 비롯하여 간다라의 많은 유품을 대하니 즐거웠다. 이 곳서 잠시 여행사에 들러 수라트(Surat) 행을 문의했는데, 왕복 3일을 요한다고 하기에 단념하였다. 혜초가 찾은 이 곳의 葛諾歡寺를 찾으며 박물관을 자세히 보기로 했다.

밤에는 혜초의 기행문을 읽었는데, 그가 적어 놓은 인더스 北岸의 간다라 도성이 이 곳으로 추정될 것으로 생각되었다.

도판 55. 카니슈카왕의 舍利莊嚴具. 페샤와르 고고박물관

1963. 4. 5(금)

페샤와르. 흐리고 약간 비

발신 : K. 韓(그림엽서) · 웅종 · 申榮勳 · 孟仁在 · 朴敬源 · 金和英 · 文甲洙

10시에 휴관인 박물관을 찾아 큐레이터인 술훌(M. A. Shulhul) 씨를 만나 혜초가 기록한 犍馱羅의 수도와 그 서쪽 3일 가는 거리에 있는 葛諾歡寺에 관하여 이야기하였다. 그리하여 그 당시의 서울로서 오늘의 훈드(Hund : 7~9세기)를 비정함에 일치하였으며, 葛諾歡寺는 샤바즈가르히(Shahbazgarhi)의 차르낙데리(Charnak-Dehri)로 보아야 한다고 하였다. 이 寺塔은 과거 3년간 일본인 小野 교수의 발굴이 이루어지고 있다 한다.

오전중은 그의 후의로 조용한 진열실에서 유품을 자세히 볼 수 있었음은 다행이었다. 설명과 출처가 거의 없음이 유감이었으나 優品의 다수임에 놀랐으며, 반가상의 一例와 頭光·化佛의 보살입상 등은 주목되었다.

이 곳 박물관은 1906년에 설립되어 역대 큐레이터로서 스푸너(Spooner)·스타인 경 등 영국학자가 재임하였던 곳이다.

오후 늦게 사지 쿠 데리(Sahji-ku-Dehri)를 마차로 찾았는데, 넓은 영국 묘지로서 고분은 황폐했고 유구는 찾아볼 수 없었다. 시내의 좁은 상점가를 지나 성문을 나서서 흐린 날씨에 林間의 묘지를 들어서니 불안하기도 했다. 마부는 언어가 불통인데 이 곳을 몰라 시내를 돌기도 했으며, 박물관에 들러서야 겨우 그 장소를 찾을 수 있었다. 페샤와르 안내서에는 큰 탑지와 승원지를 볼 수 있다는 듯 기록되어 있어 기대했으나 실망했다. 시내는 번잡하고 많은 사람들이 움직이고 있었으며 정육점도 눈에 띄었다.

1963. 4. 6(토)

페샤와르~마르단~샤바즈가르히~페샤와르 흐림

이 곳 박물관의 후의로 직원 1명의 안내를 얻어 부근의 寺跡을 찾을 수 있었던 것은 큰 수확이었다.

6시에 호텔에서 아침을 들고 6시 40분에 GTS의 버스로 페샤와르를 출발, 노우세라(Nowshera)에서 오른쪽으로 돌아 2시간 만에 탁트 이 바히(Thakt-i-Bahi)에 도착했다. 그리고 다시 이 곳서 마차를 얻어 약 10리 길을 북상하여 10시에 산정 가까운 寺址에 이르렀다. 거대한 규모를 보이는 이 석조사원은 마치 城砦와도 같고, 또는 산중의 소도시

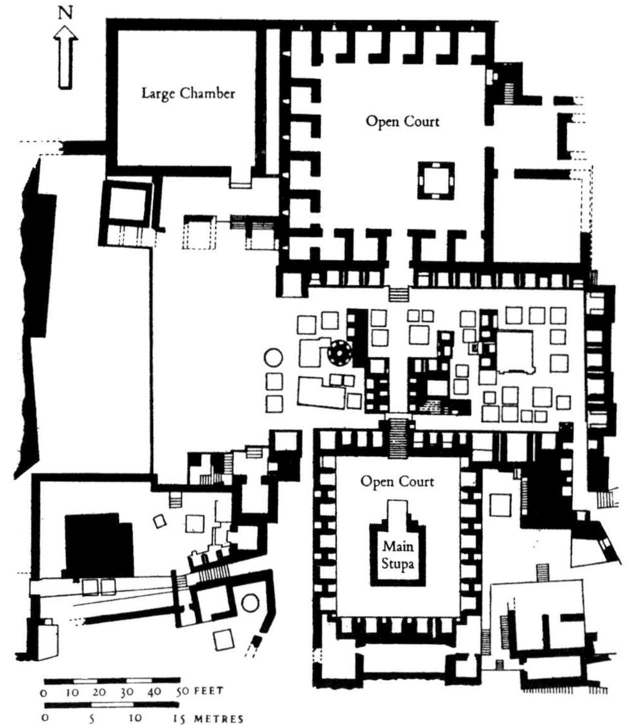

도판 56. 탁트 이 바히의 僧院 평면도

와 같은 느낌이었다. 대탑과 그 주위의 감실, 스투파, 안뜰, 지하 승방, 광장, 수도원 등 기원전 1세기~기원후 5세기에 이르는 경영이 짐작되었으며, 石佛·塑佛片도 다수 산재하고 있었다. 이 곳의 점정은 북으로 준령을 대하였으며 스와트(Swatt)가 멀리 지적된다고 한다. 산중 대찰의 옛 규모와 그 장엄이 짐작되었다(팔각형 小塔, 傘蓋 등).

이 곳서 11시 30분에 떠났고, 마르단(Mardan)에서 1시에 버스로 떠나 샤바즈가르히를 경유하여 2시에 차르낙데리에 이르렀다. 이 곳이 혜초가 찾아온 곳이라 생각하니 감개무량하였다. 절터는 평원에 있으나 주위에 巖山이 둘려 있고 북동쪽으로는 連峰이 병풍같이 둘려 있어 장관이었다. 일본인 小野 교수 일행의 발굴지를 보았는데, 석조의 승원과 소탑지 등 거의 주요부의 윤곽이 드러나 있었다. 부속 사무실을 찾아가 인사하고 차를 대접받았다. 守護人이 달려와서 발굴 이야기를 들려주었다. 석벽도 발굴되었는데 매몰부가 매우 깊어 重修의 모습도 보였다. 그러나 이 곳에 혜초가 말한 대탑이 아니 보이므로 다시 물었더니 동쪽으로 도로에 면한 암산 정상 밑에 탑지가 있어 그것도 발굴되었다고 한다.

절터의 촬영을 끝내고 이 곳을 떠나 탑이 있는 巖上에 올랐다. 높이 160m는 되겠는데, 초목이 없는 암산으로서 탑(Mekha-Sanda)은 서남쪽을 향하여 산정 가까이 자리잡고 있었다. 아마도 이것이 혜초가 기록한 '放光大塔'일 것인데, 그 규모는 그리 크지는 않지만 2열의 돌계단과 그 주위의 석벽, 방형 탑지 2기 중 전방의 것이 주탑이었으며 후방의 것은 그 위에 소탑들이 놓여 있었다. 이들 탑 주위에도 소탑이 약간 있었다.

이 발굴지 주위에는 가시덤불을 돌렸으며 塔基 주위에는 석축을 하고 다시 돗자리로 덮어서 보호하고 있었다. 이 곳서 일본인 발굴단이 수개월을 지냈다고 한다. 그들의 노고가 짐작되었으며 중요한 절터를 발굴하는 그들의 得意도 짐작되었다. 이 탑은 규모는 크지 않지만 石壇·石階 등도 아울러 주목할 만하며(불국사의 3계단은 釋迦降下의 아이디어일까?), 塔基의 塑佛이나 당초문, 필라스터 등도 남아 있었다. 이 곳의 탑은 남향하였는데 대평원을 일순에 바라보는 경승지로서 옛 사람들이 이 같은 勝地를 잡아 불탑을 경영한 의사도 짐작되었다. 대탑이 寺域址에 떨어져서 경영된 일례를 이 곳서 볼 수 있다.

시간이 없어 재촉을 받으며 하산했고, 마차도 샤바즈가르히에 이르러 아소카 칙령이 새겨진 巖山 두 곳을 보았는데 그 가운데 저지의 것은 石欄이 돌려 있으며 백발의 古老가 앉아 수호하고 있었다. 이 같은 사원의 모습은 매우 감격적이었다. 이 같은 제도는 우리 나라에서도 있어야 할 것이다. 이 곳 샤바즈가르히는 이 같은 고대 유물이 있음과 교통상 요지임에서 고대의 중요 지점인 듯하며, 葛諾歡寺의 點地도 수긍됨이 있었다. 고대 교통로, 특히 무역로가 주목되어야겠다.

이 곳 시내에 들렀더니 일본인이라고 수군거리며 고로들이 찾아와 인사를 하면서 차를 대접함에 5杯가 넘었다. 일본인 발굴단이 이 곳에 머물렀던 덕택이라 할까.

이 곳서 버스로 마르단에 나오니 버스는 없다고 한다. 그리하여 겨우 합승이 마련되어서 차르사다(Charsada)를 경유하여 9시에 숙사에 돌아왔다. 연도에는 고목이 울창하였고 사탕수수를 실은 차가 다니고 있다.

차르사다에 이르니 옛 고분이 보인다. 그 곳서 페샤와르에 이르는 사이에서 여러 번 大小 하천을 건넜다. 몸은 피로하였는데 앞자리를 주어서 편안하였다. 차 안에서 맑게 개인 밤하늘의 오리온 성좌가 인상적이었다. 동시에 우리 나라의 고적 보존이 연상되었으며, 경주 半月城址의 불도저 사용에 대한 최근의 소식이 가슴 아프게 느껴지며 그에 대한 생각이 떠나지 않았다.

하루의 조급한 여행이었으나 중요 절터, 특히 혜초의 옛 발자취를 찾았음도 이 곳을 이번 여행의 西端으로 삼음에 있어 뜻 있었다고 느껴졌다.

1963. 4. 7(일)

페샤와르 ~ 탁실라 쾌청

숙사 부근의 아침 경치는 아름다웠다. 페샤와르는 산간벽지인 줄 짐작하였더니 큰 평야 속의 新舊를 겸한 큰 도시이며, 특히 군대 병영 [Cantonment] 구역은 설계도 잘 되었고 수목도 울창하여 마치 공원 같다. 어제와 달리 날이 청명하여 봄임을 느끼겠다.

9시에 버스로 떠나 1시에 탁실라에 하차, 곧 마차로 박물관에 이르렀다. 이 곳까지 오는 도로는 직선이 많고 포장도 잘 되어 있었다. 박물관 측의 주선으로 오늘의 숙사를 이 곳 휴게소로 정했다. 이르는 곳마다 호의와 친절을 느낄 수 있었다. 가족으로 구경온 일행과 박물관 정원에서 차를 같이한 것도 고마운 일이었다. 그들에게는 스스로 존대함과 비굴함이 아니 보인다.

4시 무렵에 보행으로 시르캅에 이르러 주로 스투파와 압시달(전방후원형) 사원을 다시 보고 사진도 찍었다. 그 곳서 숙사에 이르렀더니 오늘은 나뿐이라 하는데, 이 곳의 요리사는 참 친절했다. 그의 요리로 저녁을 들고는 곧 자리에 누웠다. 어제의 피로가 쌓여서 풀리지 않은 듯 수일래 입술이 트고 그 속이 헐었다.

귀로에 이 곳 탁실라에 다시 들른 것은 박물관을 다시 한 번 보고, 또한 유적지로서 시르캅에 대한 전일의 조사가 미흡하였기 때문이다. 그러나 오늘 칼라완(Kalawan) 절터의 답사는 마차편이 없어 실현되지 못했다.

아름다운 숙사에는 귤꽃이 한창이고 薔薇가 온 집을 덮고 있어 향기가 그득하다. 외국인을 비롯하여 이 곳을 찾은 인사에게 피로를 풀어줄 만하다. 우리도 이 같은 시설을 갖고 싶었다.

1963. 4. 8(월)

탁실라~라왈핀디~라호르 맑음

7시가 넘어서 아침을 든 다음 이 곳 요리사의 아들과 같이 역에 이르러 라왈핀디에서의 오후 차편을 부탁했으나 규칙상 불가하다는 것이다. 그리하여 역전에서 마차를 대절하여 칼라완 절터로 직행했는데, 치르 토페(Chir Tope) 로드에서 남쪽으로 돌아가니 길은 포장이 아니 되었다. 부락 앞에서 마차를 내렸는데, 계곡에는 전혀 길이 없었다.

이 곳 절터는 북향한 3구릉의 중앙 臺地上에 있어 數段을 이루었는데 그 가운데 최하의 넓은 스투파의 前庭은 가장 주목되었다. 이 곳 탁실라 절터 중에서도 가장 큰 것이 나타나는바, 암산 위의 기묘한 點地와 가람의 배치는 옛날의 발달된 솜씨를 보여준다.

중앙 대로를 중심으로 배치된 塔殿, 그 가운데서도 동서쪽의 팔각형·원형 등의 예배당은 탑파 신앙의 일모를 보여주는 동시에 우리 석굴암 또는 팔각탑지(고구려) 등을 연상케 하였다. 규모가 작으나 팔각 예배당의 前室이 입구에서 좌우에 석벽을 마련한 것이 주목되었다. 全寺址를 돈 다음 最上臺地에 이르니 이 곳에도 대탑과 僧舍가 있어 보존이 잘되고 있는바, 이 곳에서의 조망도 장대하려니와 절터의 전경을 볼 수 있음은 다행이다. 이 절터를 찾은 것은 수확이었으며 노고의 보답을 느꼈다.

이 곳서 약 2시간이 지났으므로 숙사에 이르니 정오가 넘었다. 그리하여 버스편으로 12시 30분에 떠나 라왈펀디에 이르니 1시가 넘었다. 이 곳서 은행을 찾아 市의 하비브 은행(Habib Bank)까지 이르러 겨우 환금했으며, 차표도 간신히 역원의 호의로 입수되어 3시 45분발 기차를 탈 수 있었다. 차내는 입석 승객도 있어 만원을 이루었다. 역원은 下級席 차표를 얻어주려고 애를 썼는데 그 값이 약 6루피임에 대하여 상등석은 20루피이다. 그는 플랫폼까지 이르러 자리를 잡아주었는데 이것은 진심에서의 후의였다. 이 같은 대우는 아마 이 곳서 처음인데, 승객들도 주목을 하면서 무슨 친절을 베풀려 함은 비단 호기심에서만은 아니다. 차중에서 서북으로 보이는 히말라야의 연봉은 백설에 덮여 있었는바 석양에 붉게 빛나는 모습은 장관이었고 감명깊었다.

9시 30분이 넘어 라호르에 이르러 곧 파크 호텔에 이르니 마침 방이 있었다. 값이 비싸지만 몸을 위하여 들었다. 연일의 과로가 계속되고 있는바 귀국에 앞서 휴식이 있어야 함을 느꼈다. 오래간만에 입욕 후 자정 가까이 취침하였다.

도판 57. 우쉬쿠르 출토 女人像. 라호르 중앙박물관

1963. 4. 9(화)

라호르~뉴델리. 맑음

발신 : (라호르에서) 鄭永鎬·유자·李龜烈. (뉴델리에서) 유자·崔淳雨

수신 : 家信(3매)·李弘稙·鄭永鎬·鄭明鎬

몹시 피로함에도 불구하고 6시 전에 잠을 깼다. 7시에 아침 차와 함께 『파키스탄 타임즈』를 가져왔는데, 1면 톱에 작은 활자로나마 서울 통신이 있어 박정희 장군이 정치활동을 허용하고 동시에 군정 종식을 준비하겠다는 소식이었다. 이것은 반가운 뉴스로서 연일 궁금하여 신문을 찾았었는데, 이 기사로 국내의 위기가 비를 넘은 듯하여 안도할 수 있었다.

10시 30분에 아시아재단에 들렀다가 라호르 박물관에 이르러 조각실을 한 바퀴 돌고, 12시에 인도항공에 갔다. 12시 30분에 출발하여 2

것이다. 인도 수상은 중공이 고립되었다고 했으나 도리어 인도가 고립된 듯 느껴졌다.

비행 1시간 만에 방콕에 도착하니 참으로 꿈만 같다. 공항 수속도 간단히 끝나고, 비엔타이(Vientai) 호텔에 들었는데 깨끗하고 마음에 들었다. 공관에 전화했으나 아무도 없었다.

점심 후 국립박물관에 갔으나 휴일이라 하므로 부근의 시장을 둘러보고 돌아왔다. 방콕은 정비된 도시이며 시민의 생활도 안정되어 보인다. 중국계가 다수여서 모두 부지런히 생업에 힘쓰는 듯했다.

1963. 4. 21(일)

방콕. 맑음

아침 7시 30분에 메콩 강을 건너 역을 출발, 8시 20분에 보통열차로 나콘파톰(Nakorn Pathom)을 찾았다. 沿線의 풍경은 버마와 큰 차가 없어 보이지만 운하와 수목이 더욱 많아 보인다.

10시 10분에 도착해서 역전의 '프라 파톰 체디(Phra Pathom Chedi)'를 찾았는데, 이 탑은 태국 최대의 것으로서 그 역사는 기원후 150년까지 올라간다고 한다. 실론·버마와 같이 伏鉢形 대탑의 주위에 원통형이 있고 그 사방에 불전이 있는바, 이 곳에서는 공양탑이 아니라 종각이 탑 주위에 배치되어 있으며 그 외곽에 대소 공양탑이 흩어져 있다. 또한 탑 바깥 둘레의 柱間에는 아마도 발굴시 발견된 石柱片·불상편·상륜편 등이 진열되어 있는데, 그 가운데 시바 링가(Siva Linga) 臺石이 끼여 있음은 주목되었다. 巨佛도 있었던 듯 兩足臺만이 남아 있음도 보인다. 서쪽 계단에는 나가(Naga)와 코끼리 등으로 장식했으며, 佛閣 앞에 있는 당간형 석주도 주목되었다. 또한 다수의 예배자가 불상에 금박편을 붙이는 것은 처음 보는 일이다. 탑은 유약을 덮어 황갈색인데 상륜의 露盤 위에 立柱式으로 상륜을 받고 있음이 특색이다. 이 곳 나콘 파톰은 이 나라 불교의 初轉地라고 한다.

　11시 30분에 버스편으로 떠나 1시에 방콕에 도착했고, 다시 버스편으로 국립박물관을 찾았다. 各室을 돌아보았는데, 특히 불상이 주목되었으며 불두에 우수한 것이 다수 있었다. 供養土塔은 인도(날란다)의 영향을 보였으며 초기 불상은 인도 아마라바티 양식을 보이는 것이 있었다. 후기에 이르러 相好에서 태국 양식을 보이지만, 인도 굽타 양식이 주류가 되어 유지된 듯하며 불교 이외에는 비슈누가 많았다. 불상 이외에 목공품·臥具·石磚 등 다수가 20여 실에 혼재되어 있다. 이 박물관 건물은 모두 궁전이었다 한다.

　이 곳에서 나와 3시부터 약 1시간 동안 에머랄드 사원을 찾았다. 태국의 대표적인 사원으로, 塔殿이 모두 황금색을 주로 하여 여러 가지 색깔로 채색되었으며 색색의 琉璃片으로 장식되어 있어 찬란하였다. 에머랄드 佛은 小佛로서 높게 안치되어 있다. 촬영료로 5바트를 지불했다. 공예적인 장식수법이 과장되어 있어 큰 감명은 없다.

　밤 7시 10분에 姜 일등서기관이 호텔로 찾아와 劉 대사 댁에서 저녁을 같이하였다. 대사는 초면인데 군인 출신으로서 젊어 보였다. 그의 취미가 우리 나라 瓷器·書畵에 있어서 실내를 장식하고 있다. 그는 다른 직원들에게 미국대사관의 예를 들며 업무의 충실은 교육받은 사람의 국가에 대한 서비스라고 했다. 또한 우리 나라의 現狀으로서 독립정신이 강조되고 있는바, 최근의 타임즈 기사 가운데서 2,500만 달러 원조를 정치적 흥정거리로 삼은 그런 일은 우리를 식민지시하는 처사로서 항의가 마땅하다고 말한다. 경제의 발전과 자주독립이 양대 목표라고 그는 강조했다. 그의 재임 2년래로서 이 곳 태국에서의 우리 나라의 지위가 공고하게 됨이 있었다.

1963. 4. 22(월)

방콕. 맑음
발신 : 유자·洪思俊

이 곳 일기는 몹시 더워서 100°F가 넘는다고 한다. 오전중에는 BOAC, 중국대사관, USIS(맥코믹 씨)를 거쳐 우리 대사관에 들렀는데 姜 서기관이 남아 있어 잠시 인사하고 숙사에 돌아왔다. 중국대사관에서는 입국사증을 얻는 데 시간이 걸렸다.

방콕은 수도로서의 면목을 갖추고 있으며 도로와 건물 공사가 한창이다. 경제적·정치적 안정을 느낄 수 있으며 시민들의 복장도 깨끗하고 단정하다.

午睡後 4시 45분에 영화관에 가서 2차세계대전 중 괌 섬에서 일어났던 해군 병사의 모험을 내용삼은 영화를 보았는데, 凡作이다. 일본군의 만행이 보여서 일본인이 본다면 좋아하지는 않을 것이다. 거리에 보이는 일본 상사의 간판과 그 상품이 범람되고 있는 현실에서 이 같은 영화의 상영은 기묘한 대조다. 영화가 끝나고 국왕의 초상이 보이며 기립중 국가가 연주된다. 이것은 인도에서도 있었던 일이다.

밤에는 숙사에서 저녁을 들고 쉬었다. 무더운 날씨로서 실내의 선풍기만 없으면 땀이 저절로 흘러내린다.

1963. 4. 23(화)

방콕~프놈펜

예정보다 하루 일찍 출발키로 했다. 8시 40분에 숙사를 떠나 9시 15분에 비행장에 도착했고, 10시 35분에 베트남 항공으로 떠났다. 비행장에는 콜롬보 회의에 출석차 같은 시간에 떠나는 劉 대사와 직원들을 만났다. 유 대사에게는 『考古美術』을 보내기로 약속했다.

정오에 프놈펜에 도착하니 시골 비행장에 내린 느낌이었고, 세관도 짐조사가 엄격하다. 공항버스로 숙사인 스카라이 호텔에 들었는데 에어컨 시설이 되어 있는 다층건물이다.

짐을 두고 몇 곳에 전화했으나 점심시간인 듯 모두 불통이다. 보행으로 캄보디아 항공(Royal Air Cambudge)에 갔으나 폐문이어서 인력거로 박물관에 갔다. 그러나 이 곳도 폐문이어서 메콩 강의 제방을 잠시 산보했다. 大河로서 兩流가 합해지는 곳은 더욱 넓어 보인다. 千頃이 넘으리라고 짐작되는 강에 화물선이 上流하고 있다. 궁전은 태국에서 본 것과 같은 고유의 특색으로서 옥상의 첨탑이나 채색이 눈에 띄었다.

3시부터 약 40분 동안 국립박물관을 일순했는데, 석조품과 청동상과 공예품이 다수였다. 건물도 고유한 양식인데 내부 진열도 정돈되어 있었다. 동남아에서 가장 훌륭한 박물관이라는 말이 생각났다. 불상보다도 비슈누를 비롯한 힌두 상이 더욱 눈에 띄었으며 그 가운데 優品이 있다. 이 나라에 있어서의 조각 활동은 북쪽의 앙코르 와트를 중심 삼던 시대에 발달된 듯하다. 碑銘도 있어 태국에서 본 것과 유사한 문자인데 여러 점에서 태국과는 동일문화권으로 느꼈다.

이 곳서 나와 항공회사에 들렀다가 인력거로 공관을 찾았으나 주소만으로는 알 수 없어 다시 숙사에 돌아와 전화를 했다. 공관에서 현지채용 직원이 곧 숙사로 찾아와 그와 동행했다. 공관에서는 마침 총영사인 이근택 씨가 있어 반가이 맞아주었고 앙코르 와트(Ankor Vat)행을 주선해 주었다.

그 뒤 같이 華街의 음식점에서 맥주를 들고 환담했는데, 그는 주로 동남아에 오래 주재하면서 자료도 집성중이라 한다. 대령의 무관으로서 월남과 미국에도 주재한 바 있으며 중국어와 이 곳 현지어에도 능숙했다. 여태까지 만난 외교관과는 타입이 달라 보였다.

7시 30분에 다시 저녁에 초대되어서 중국음식점에 갔더니 한 캄보디아 인이 선착해 있었다. 그는 廓씨로서 이근택 씨가 주선해서 내일 그의 차로 북상하라는 것이었다. 처음에는 거절했으나 그의 주선과 廓씨의 호의를 따르기로 하였다. 곽씨는 반공의 젊은 친구라 한다.

식후에 9~11시까지 프랑스 영화를 보았는데 말을 알지 못하니 피곤하기만 하였다. 그러나 이 나라의 상류인사는 모두 불어에 통한다

하는데 그것이 영화관람에서도 짐작되었다. 프놈펜은 지금 발전중에 있으며 중립국을 표방하면서 우경의 길을 걷고 있다고 한다. 중국인이 다수 있어 그 세력을 짐작할 만하였다. 그러나 경제 상태는 불안정한 듯 외화 시세는 公定보다 배가 넘는다고 한다.

1963. 4. 24(수)

프놈펜~심 리프(Seam Reap). 맑음

아침 8시에 郭씨가 자동차를 갖고 호텔로 찾아왔다. 8시 10분에 출발하여 오후 3시 가까이에 심 리프에 도착하였다. 도로는 이 곳까지 320km가 잘 포장되어 있었고 연도에는 작은 도시가 있을 뿐 농가는 목조 草葺의 빈약한 것뿐이었다. 미개척지도 많이 있었으며 小丘가 몇 곳에 보일 뿐 넓은 평원이 펼쳐져 있다.

9시 30분에 배로 메콩 강을 건넜는데 大河임을 느꼈고 수량도 많았다. 일기는 몹시 더웠는데 숙사에 들어서 목욕한 뒤 곧 앙코르 와트를 찾았다. 오늘은 내부를 돌지 않고 넓은 외곽도로만 수십 리를 따라서 일순했다. 도중에 앙코르 와트의 벽에 있는 부조, 십자형 연못, 작은 사원 등을 잠깐 보았는데 그 규모가 크고 범위가 넓은데 먼저 놀라지 않을 수 없다.

귀로에 차 고장으로 운행 불능이었으나 官의 지프가 있어 심 리프에 들고서는 곧 모터 릭샤우(Motor Rickshaw)를 타고 밤의 앙코르 와트를 찾았다. 시장에서 산 횃불 4개를 갖고 가서 점화했으나 잘 타지를 않았다. 그러나 입구에서부터 본전 前門에 이르러 그 좌우에 전개되는 大浮刻 벽면을 보았을 때는 장관임에 놀랐으며, 입구 門柱의 조각이나 그 좌우의 여인상이 모두 우수했다. 앙코르 와트의 야경이라 함은 月夜를 가리키는 것일 텐데 칠흑의 오늘밤에는 큰 효과가 없다. 더욱이 遠路中의 피로가 심했기에 10시 가까이 다시 심 리프의 숙사로 돌아왔다. 심 리프에서 앙코르 와트까지는 6km의 거리이다.

자리에 들었는데 한 노인이 와서 마사지를 해 주었다. 무사히 이 곳까지 와서 유명한 이 곳의 장관을 보게 됨은 다행이며, 이번 여행의 일대 수확의 하나가 될 것으로 느껴졌다. 차를 갖고 온 것이 다행이었음은 말할 것도 없고, 그 때문에 수십 리를 요하는 관람 거리를 염려하지 않게 되었다.

1963. 4. 25(목)
앙코르 와트. 맑음

곽씨가 서두르는 바람에 8시에 아침을 들고 곧 모터 인력거로 앙코르 와트에 갔다. 그는 짧은 시간에 최대의 편의를 보아주려고 전력하고 있으며 비용도 많이 절약하고 있다. 자동차는 오후 5시 무렵에나 수선이 끝난다고 한다.

앙코르 와트에서 약 2시간을 보냈다. 어젯밤에 횃불로 찾은 곳은 입구에 불과했고, 본 건물은 그 내부를 들어가서 다시 급한 층계를 오르는 高壇 위에 자리잡고 있다. 거대한 석조건물이며 주건물 중앙 사면에는 감실이 있어 입불상과 그 앞에 열반상, 기타 인물상이 봉안되어 있다. 주탑과 네 모서리의 각 一塔의 배치 방법은 인도와 실론에서도 본 바인데, 이 곳 건축은 그 사원이 인도의 석조사원과 연락되고 있음은 명백하다. 다만 옥개 양식, 세부 조각, 인물상의 양식 등에 이 곳의 특색을 지니고 있다.

앙코르 와트는 궁전이었다고 하는바 좌우대칭을 지키고 있으며 호수로 周回되어 있는데, 길고 긴 석조 도로와 石欄·石獅·나가 장식 등은 우수하다. 또한 내부에 남아 있는 입상(불·인물상)의 圓刻도 주목할 만하다. 탑형 고층건물은 인도 힌두 사원을 연상케 하는바 彫飾도 우수하다. 이 주건물은 몇 겹으로 주회되어 있는데, 서향하고 있음도 주목할 만하다. 이 앙코르 와트는 조각뿐 아니라 그보다도 건축사적 입장에서 더욱 주목되어야 하겠는데, 상기한 바와 같이 인도 석조

도판 59. 앙코르 와트 궁전 평면도

도판 60. 앙코르 와트 전경.

사원에서 그 패턴을 찾을 수 있을 것이다.

이 곳을 떠나 다시 인력거로 앙코르 와트에 이르렀는데, 입구의 門 건축과 그 앞의 교량, 石欄으로의 인물좌상 등도 걸작으로 보아야 할 것이다. 앙코르 와트는 넓은 지역 내의 대소 석조물을 통칭하는바, 주건물은 바욘(Bayon)이 될 것이다. 이 바욘은 周壁과 입구가 많이 파괴되었으나 주요부는 그 原狀을 짐작할 만하였는데, 그 정상 가까이 顔面을 사방에 돌린 것은 마치 네팔의 스투파 형 대탑의 상륜부에 얼굴 모양을 그린 것(이것은 버마에서도 볼 수 있다)과 상통함이 있을 것이다. 더욱이 이 바욘은 그 구조가 복잡하였고 내부도 협소했는데, 사면의 均整을 보이는 대건조물임에 틀림없을 것이다.

앙코르 와트에서 멀지 않은 곳에 넓은 광장이 전개되는바, 그 도로 가까이에는 긴 石壇이 있어서 괴물·코끼리·인물 등을 浮刻한 것은 이 곳에서 볼 수 있는 優作의 하나가 될 것이다. 특히 입구 좌우의 동

도판 61. 앙코르 와트 전경. 위에서 내려다본 모습

물상(특히 象形)의 배치는 우수했으며, 석벽을 數段에 나누어 인물상을 배치한 것도 우수한 작품뿐이다. 이것만으로도 이 곳을 찾을 만하다. 길 건너 상대편에는 다층형 석탑이 나열되어 있는데. 이것은 인도 부바네스바르에서 본 廢壇의 유구와도 같다. 이 곳서 촬영을 끝낸 다음 다시 어젯밤에 찾았던 호수에 이르러 점심을 들었는데 날이 더위서 식욕이 없었다.

다시 이 곳을 떠나 여러 곳의 궁전지·사원지 등을 잠깐 돌아보기도 하고 혹은 도로 위에서 촬영하는 것에 그치기도 했다. 그 가운데서도 넓은 方壇 위에 층층이 築壇하고 最頂에 중앙 一塔과 네 모퉁이 각 하나의 소탑을 배치한 수법은 혹은 석조로서 혹은 전축으로서 변화를 보이기도 하였다. 규모는 작은 것도 있으나 거의 큰 것뿐으로서 놀랄 만한 유구다. 돌을 구사하던 이 민족의 문화와 종교, 힌두와 불교를 짐작하겠고 이 같은 일대 도시를 경영하던 정치와 경제적 실력을 짐작할 수도 있다.

　3시 무렵에 모두 끝났으므로 숙사에 돌아와 쉬었다. 자동차도 수선
되었으니 안심이 된다. 밤에는 어젯밤의 노인이 다시 찾아와 마사지를
했는데, 심신이 과로하다고 그가 되풀이해 주었다. 이 곳의 물가는 외
인에 대해 더욱 비싸며 외화의 시세는 공정가의 배가 넘는다고 한다.

　어젯밤은 실내의 도로를 향한 문을 전부 열어두었으나 무덥기 한이
없었다. 그 위에 모기가 많아 더욱 괴롭기도 했다.

1963. 4. 26(금)

심 리프~프놈펜. 맑음

전보 : 공관 · 사이공

　8시에 이 곳 정부 경영의 그랜드 호텔에 가서 20달러를 환금했는데
공정가가 34.58이라고 하며, 이 호텔에 숙박하는 경우에는 외인관광객
에 한하여 25Rels를 보너스로 더 준다고 한다. 반 값밖에 아니 되나 그
대로 받았는데 그 직원의 말이 세관에서 무관심이니 시중의 中國人商
에서 암시세로 바꾸라고 한다. 스스로 미안한 표시였겠지만 이 나라
외환사정을 짐작할 만하다. 그 돈으로 호텔(New Seam Reap Hotel)비
를 물고 가솔린을 보충하니 얼마 남지 않는다.

　8시 30분에 출발했는데 순조롭게 달려서 오후 1시가 조금 넘어서 프
놈펜에 돌아올 수 있었다. 곽씨의 후의에 감사할 뿐이다.

　오후에는 숙사에서 목욕하고 쉴 수 있었다. 저녁도 숙사에서 들고,
잠시 공관을 찾아 李 총영사에게 인사한 후 돌아왔다. 과로를 피하여
야 하므로 일찍부터 자리에 누웠다. 이 곳의 체재도 끝났음을 생각하
니 안심이 된다.

1963. 4. 27(토)

프놈펜~사이공. 맑음

아침 7시에 이 곳 베트남 항공(Royal Air Vietnam)으로 갔으나 7시 30분에 개점했다. 오늘 오후의 베트남 항공에 자리를 잡았으나 사이공·홍콩이 미확인이어서 비자 없이는 베트남 입국이 어렵다는 것이다. 그리하여 공관을 찾아 총영사와 의논했더니 비자를 얻을 수 있다고 하면서 서신을 준비해 주었다.

곽씨가 8시에 호텔로 찾아왔으나 나의 부재로 인해 만나지 못했는 바 9시에 다시 찾아와 같이 조반을 들 수 있었고, 그의 차로 박물관에 갔다. 그 곳에서 약 1시간 동안 석조물을 돌아보았는데, 특히 6세기 이후의 불상과 힌두 상을 자세히 볼 수 있었다. 이곳의 관장은 프랑스 여인이다. 면회를 청했더니 오늘 아침에 일본으로 떠난다고 한다. 그를 대신해 한 여직원이 관내를 안내해 주었다. 출판물은 거의 없고, 조각품 카탈로그 1책을 입수할 수 있었다.

귀로에 다시 항공사에 들렀더니 사이공에서 回電이 있어 30일에 출발하는 AVT 홍콩 행이 확인되었다 한다. 이에 따라서 베트남 비자는 필요 없게 되었다.

12시에 공관에 나가서 전 직원과 약 1시간 동안 환담하였다. 모두 젊은 분으로 만난 일이 있는 분들이다. 이 곳 공관과 앙코르 와트를 잘 소개해 달라는 부탁도 있었다.

오후 4시에 李澤根 총영사, 尹·金 두 영사가 차를 갖고 숙사에 와서 함께 비행장에 나갔다. 수속 후 잠시 시간이 있어서 인근의 도자기 공장을 보았는데 설비나 방식이 모두 전근대적이다.

5시 15분에 이륙했는데 雙發機로서 내부 설비는 前世紀의 것 같이 보인다. 지방선에 이 같은 고물이 활용되고 있는 셈인데, 문자 그대로 털털이 비행기다. 앙코르 와트에서 오는 외인이 많이 타고 있다.

6시 26분 무렵 무사히 사이공에 도착했으며, 文 참사관의 출영을 받았다. 이 같은 곳에서 오래간 만에 재회하니 반갑다. 숙사인 콘티넨탈 팰리스(Continental Palace)에 짐을 두고 文 씨댁에 이르러 저녁을 같이 했는데 오래간 만에 고향음식을 과식했다. 문씨의 자녀도 작년 말에 와서 네 가족이다. 문씨와는 한일회담 이래의 交友인데, 우리 나라의 가장 뛰어난 외교관이 될 것이다.

식후 10시 무렵에 문씨의 차로 사이공 강변에 나가 선상에서 환담했다. 도시 중심에 大河가 있어 3,000톤급의 군함·상선이 들어온다고 한다. 수도의 치안은 확보되어 있으나 수십 리 밖으로는 게릴라가 출몰하므로 교외에 나가지는 못한다고 한다. 미군이 다수 주둔하고 있다고 하지만 전시 풍경을 볼 수 없으며 도시는 프랑스인의 설계라 수목도 많고 도로도 넓다. 일기는 캄보디아보다는 약간 서늘한 듯하다.

1963. 4. 28(일)

사이공~홍콩. 맑음

발신 : 웅종

아침 8~10시 사이에 항공사에 가서 오늘 출발의 수속을 했는데 홍콩 비자가 없는 탓으로 걱정했다. 그러나 29일 오후 홍콩 발 臺北행의 좌석이 이 곳서의 電文照會로써 확인되었으므로 다행이었다.

10시에 문씨가 자녀를 데리고 와서 정오까지 약 2시간 동안 공원 내의 국립박물관과 동물원을 돌아보았다. 박물관에서는 앙코르 와트를 비롯한 크메르 미술의 石物과 중국 예술의 힌두계 석조물, 청동불입상(높이 약 1m로서 실론 양식을 보인다), 중국 청동기 등이 주목되었다. 그러나 설명 카드가 모두 현지어뿐이어서 이해하기 어려웠다. 그 밖에 일본실, 중국 도자 등도 섞여 있어 프놈펜에 비하여 감명이 적었다.

점심은 문씨댁에서 냉면을 마련하여 맛있게 들었으며, 그 뒤 3시까지 머무르면서 이야기하였다. 이 곳 월남 방문이 하루뿐이며 문씨를 찾는 것이 목적이었는데 문씨 부처의 따뜻한 환영은 고마운 일이었다.

오후 5시에 숙사를 떠나 6시 15분에 출발했는데(케세이 퍼시픽 항공), 세관에서의 검사는 혹심해서 불쾌했다. 아무것도 없는 짐 속을 샅

샅이 뒤지며 돈도 하나 하나 보여달라고 했는데 이것은 처음 당하는 일로서 후진국일수록 엄격한 듯하다.

약 1시간 육지를 통과한 후 해상을 날라 10시에 홍콩에 이르렀는데 그 야경은 아름답다. 클로버 호텔에 들어서 곧 취침했다.

1963. 4. 29(월)

홍콩~臺北. 맑음

홍콩은 번영의 길을 걷고 있는 듯 풍성하여 보였고 활기에 가득 차 보인다. 9시 30분에 우리 총영사관을 찾아서 文德周·金鎭弘·朴文範 씨 등을 만났고 박씨의 안내로 부근 상가에서 몇 가지 쇼핑을 했다. 김·박 양씨와 점심을 같이한 후 서점에 들러 작은 책자 몇 권을 구했다. 홍콩의 일은 이것으로 끝이 났고 더 머물 필요도 없다.

오후 4시 30분에 출발하는 케세이 퍼시픽 항공으로 떠나 1시간 30분만에 臺北에 도착했다. 공중에서 보는 경치는 국토의 개발이 잘 되어 있는 점일 것이다. 해안을 따라 비행장도 몇 곳 눈에 띄었는데, 중공에 대한 요새화의 시책일 것이다. 세관은 친절했으며, 이 곳까지 와서는 영어가 불필요했다. 비행장에서 호텔 안내인은 모두 일어에 능숙하다.

시내 번화가에 자리잡은 오리엔탈 호텔에 들었다. 저녁에는 시내를 걸어 보았다.

1963. 4. 30(화)

臺北. 맑음

아침 10시에 대사관에 들러 金信 대사, 全 참사관, 陳仁澤 서기관을 만났다. 한일회담에 참석했던 탓으로 도처에서 구면의 외교관을 만날 수 있었다. 김 대사는 일찍이 파키스탄의 라호르에서 2차대전중 머물렀다 하면서 반가워한다. 그 뒤 일본대사관과 케세이 퍼시픽 항공사를 거쳐서 다시 대사관에 돌아와 김 참사관 댁에 이르러 점심을 같이했다. 김 참사관 부처는 특히 이 곳으로 부임하기 직전 경주 석굴암에서 만난 일도 있었다.

오후에는 국립역사박물관을 찾아서 관람했는데 2층은 폐쇄중이었다. 진열품 중 특히 주목된 것은 崇福寺 구층탑 등 일본서 반환된 것이며, 기타 돈황벽화실이다. 일본에서 전후에 반환된 물품이 이 곳에 수장되어 있음을 처음 알았는데, 그 직후 특별전시가 있었다고 하므로 그 경위와 내용은 알아볼 만하다. 건물도 중국식으로 새로 지어진 것인데 古物 이외에 현대 서화의 진열도 있었다.

밤에는 몸이 피곤하여 일찍 취침했다.

1963. 5. 1(화)

臺中. 맑음

아침 8시에 출발, 급행으로 臺中을 향하였다. 연선의 농촌 풍경은 안정의 모습을 보이고 있으며 寸土를 아껴서 개간함을 볼 수 있다. 공장도 다수여서 일본을 여행하는 느낌도 있다. 마침 한발이어서 移秧 후 물이 없는 곳이 많았다. 그러나 동쪽으로는 수목이 울창한 준령이 연속되고 있어 水源을 보여주기도 하였다. 또한 그 계곡을 따라서 流砂 防止의 석축이 마련된 것도 농토 개간의 시책일 것이다.

10시 30분에 臺中에 도착, 택시를 대절해 故宮博物館을 찾았다. 그리하여 약 1시간 동안 관내를 돌아보았는데 가건물 내를 약 5실로 나누어 고궁 및 중앙박물관의 收品이 약간 진열되어 있었다. 그 가운데 郭熙의 산수화, 明代 郎世寧의 駿馬圖·花鳥畵 등 5軸이 주목되었으며, 또한 明代 帝王·后妃의 초상과 청동기·옥기 등도 있다. 이 박물관은 장차 臺北 陽明山下로 이전된다고 하는바 중국 본토에서 이 곳까지 소개된 것들이다.

12시 50분에 관광호로 다시 臺北에 돌아와서 일본대사관에서 여권을 찾을 수 있었다. 6시에 우리 대사관의 陳仁澤 서기관이 찾아와 같이 자택에 이르러 저녁을 들었다. 마침 政治大學 교수로서 3년여 동안 체재중인 李元植 씨가 동석이 되어서 臺北 학계의 소식을 들을 수 있었다. 약 40명의 우리 유학생이 있다고 하며, 이 곳 中央研究院에는 安陽 출토품이 전부 보관되어 있다고 한다. 밤늦게까지 환담하다가 11시에 숙사로 돌아왔다.

1963. 5. 2(목)

大阪~奈良. 맑음

아침 10시에 숙사를 출발하여 11시 10분에 출발하는 케세이 퍼시픽 항공기로 臺北을 떠났다. 중국인이 다수였으며 일본인 귀국자도 보였다. 약 1시간 30분 만에 九州가 보였으며, 그 남단과 四國 일부를 통과하여 3시에 大阪에 안착했다. 이 곳 일기는 한랭하다.

세관 수속도 간단히 끝났으며 JAL에서 6일 東京行 좌석을 예약한 후 그 회사 버스로 5시 넘어 大阪驛前에 이르렀다. 이 곳서 大阪代表部에 전화했더니 마침 張錫秉 씨가 있어 곧 찾아와 주어서 같이 上六驛까지 이르러 찻집에서 잠시 쉬었다. 그에게서 이 곳 교포 소식도 들을 수 있었다. 조총련의 공작이 심하여 고심하기도 했다 한다.

7시에 奈良에 도착하여 日吉館을 찾았으나 만원이라 하므로 다시 역전의 第一호텔에 이르러 투숙할 수 있었다. 마침 2년 전 李弘植 선생과 같이 하루를 묵었던 방이다. 매우 친절했고, 入浴後 신문 잡지를 보고 11시 무렵에 취침하였다.

奈良는 여러 번 찾아왔는데 요새는 단체객이 많다고 한다. 奈良 공원 부근의 모습은 옛과 다름이 없는 듯하나 교통이 폭주하여 古都로서의 한적함이 적다.

1963. 5. 3(금)

奈良. 맑음

9시 30분에 奈良 박물관에 이르러 刺繡佛美展을 보았다. 飛鳥의 上代로부터 근세에 이르는 작품 중 목록에서 上古의 幡과 天壽國繡帳片釋迦說法像(나라 박물관 소장) 등이 주목되었으며, 그 이후의 작품들은 역대의 불교 변천을 반영하고 있다. 이와 관련되어서 우리 나라에 남아 있는 이 같은 작품의 殆無한 현상이 짐작되었으며, 「佛國寺古今創記」에 기록된 조선 肅宗妃의 繡佛 등의 기록에서 그 전통의 계맥이 있음을 연상할 수 있었다(그러나 아직도 근대의 繡幡 같은 것을 찾을 수 있을 것이다).

이 곳서 나와 依水園에서 개최중인 「宋과 高麗의 陶瓷展」을 보았는데, 고려자기가 약 20점 진열되어 있었다. 그 가운데 小杯 2점과 圓圈雙魚紋의 靑瓷鉢은 優品이었다.

다시 이 곳을 떠나 전차로 가서 大和文華館에서 「근대회화전」을 보았다. 건물과 위치도 이상적이거니와 현대의 이름있는 화가의 대표작이 진열되어 있는 것은 장관이었다. 近鐵의 건립이라 하나 그 사장 개인의 취미와 수장이 이 같은 결실을 얻었다고 보아야겠다.

귀로에 奈良驛前에서 점심을 들고 日吉館에 이르렀다. 투숙 후 방을 옮겨서 타인과 동숙해 달라는 주인의 요구를 거절했다. 식사는 아랫방에서 전원이 같이 들게 되었다.

오후 5시 무렵에 興福寺 부근을 산책했다. 일기가 한랭한데 오늘은 공휴일이라 관광객이 운집해 혼란을 이루고 있었다. 자동차가 많은 것이 눈에 띈다.

1963. 5. 4(토)

奈良 ~ 大阪 ~ 京都. 흐리다 약간 비

아침부터 보슬비가 내리기 시작했다. 조반도 재촉을 받아 일찍 들었다. 9시 30분에 나라 문화재연구소를 찾아서 杉山信三 씨를 만나 약 1시간 동안 환담했다. 한국에 가고 싶다고 했으며 근년에는 한국의 연

구는 중단되어 있다고 한다. 그는 그의 저서인『麗末鮮初の建築研究』의 번역을 쾌히 허락했다. 이것은 신영훈 군이 진행중인 것이다. 이 곳서 근간의 보고서 2책을 얻을 수 있었다.

11시 넘어 奈良를 떠나 전차편으로 大阪에 이르러 1시 넘어 堂島西町의 상공회의소를 찾아 '제3차 이란·아프카니스탄·파키스칸 조사 보고회'에 참석할 수 있었다. 隊員인 林·桶口 양씨와 隊長인 水野精一 씨의 강연, 특히 桶口 씨의 파키스탄 발굴조사는 그 일대를 이번에 답사했던 만큼 많은 참고가 되었다. 葛諾歡寺址의 발굴을 통해 그것을 절터라기보다는 宮殿址로 보아야 될 듯하다. 아직 최종결론을 내릴 수 없다고 한다. 이 점에 대해서 종료 후 水野 교수와도 다시 의논했는데 그도 결론은 말하지 않았다. 水野 교수는 '동서문명의 십자로'인 이 곳, 특히 힌두쿠시 산맥 남북의 중요성에 대해 간단히 언급했으며, 아프가니스탄의 석굴을 사진으로 소개해 주었다. 강연이 끝난 다음 일행과 같이 부근의 다방에 들러 약 30분 동안 주로 水野 교수와 이야기할 수 있었다. 그는 우리의 국보도록을 희망했으며, 그 가운데 松廣寺 龕佛을 말하기도 했다. 반가상에 대한 그의 의견은 그의 저서에서의 내용과 다름이 없었다. 중국에서 미륵이라고 明記된 것은 없으나 龍樹菩薩 또는 太子思惟像으로서 유행되어 만주와 고구려에 전래했다고 했으며, 駒井 씨가 보고한 반가상은 발해가 아니라 고구려 것이라고 단언했다. 또한 미륵이 佛로 표현된 것은 北齊·隋代부터의 四面佛에서 비롯한다고 한다. 나는 최근의 燕岐碑像이나 軍威石窟에 대하여 이야기했다. 水野 교수는 7월 무렵에 제4차 조사차 현지에 간다고 하니 그의 정력적인 노력이 놀랄 만하다. 나는 그에게 예고한 한국 불상에 대해 발표해 달라고 하였더니 자료 부족이라 했으며, 앞으로 중국 불교 미술과 간다라와의 관련을 논문화 하겠다고 한다.

이 곳서 나와 大阪驛까지 보행했는데, 마침 東京大 고고학과 출신인 듯한 高橋 선생과 동행이 되었다. 그는 작년에 고고학회에 참석 후

天理參考館도 보았는데, 그의 솔직한 고백으로서 일본인이 한국에서 저지른 책임은 완수되어야 할 것이라고 말했다. 그는 일본에 있는 우리 문화재를 보고 반환 문제와도 관련해서 소감을 말했다.

오후 6시에 京都에 도착해서 역전의 히후미 여관에 들었다. 일찍 저녁을 들고서 곧 자리에 누웠다. 감기가 든 듯한데, 일본에 이르러 일기의 급변과 옷 때문인 듯하다. 오늘 大阪에서의 강연회 출석은 다행임을 느꼈다.

1963. 5. 5(일)

京都~東京. 흐림

9시에 梅原末治 박사를 만나 2층 다방에서 1시간 동안 담화했는데, 그 주내용은 작년 가을 박사의 한국 방문이 좌절된 경위였다. 그는 초청자인 金載元 관장의 실책을 거듭 언급하면서 70 노인인 자기의 건강과 사정을 무시한다고 하며 한국행을 단념했다고 말했다. 그러나 새로운 초청인 경우에는 재고할 듯한 발언도 있어 그의 한국 방문의 열망을 짐작할 수 있었다. 그는 보고서(義城)가 내용 빈약이라 하면서 그것은 大正 7, 8년도 무렵의 고적보고서만도 못하다고 단언하며 두꺼운 호화본이 무슨 소용이냐고 했다. 이어서 『考古美術』은 그 내용에 있어 충실하니 그 보고서보다도 훌륭하다 하면서 자기도 2편을 기고하겠다고 말했다. 박사는 올해 70세인바 눈이 어두운 것이 염려되었다. 그러나 오늘이 일요일임에도 불구하고 奈良에 간다고 하면서 올해 1월에 한일문화상을 받았는데 그 축하회가 오늘 저녁에 열린다고 한다.

12시에 樂友會館에서 有光敎一 교수를 만나 점심을 같이했는데, 그도 梅原 박사의 한국행에 관하여 이야기했다. 결론적으로 5, 6월은 적기가 아니므로 10월 무렵에 梅原 박사와 동행하여 내한함이 상책이라고 하였다. 나도 이 같은 계획에 동의했고, 그를 위하여 힘쓸 것을 약속하였다.

三尊石窟도 올해 초에 이 곳 『朝日新聞』에 보도되었다고 하며, 中吉功 씨의 치하를 받았다. 그는 「新羅彫刻概說」을 『朝鮮學報』에 실었다고 한다.

2시 30분에 上野에 이르러 개최중인 캄보디아전을 보았는데 상당수의 石彫가 진열되어 있었으나 내용인즉 그다지 충실함을 느낄 수 없다. 그러나 이 같은 기획이 매년 이 곳 일본서 실현됨은 놀라운 일이며 관객의 열심도 대단하다. 국립박물관은 5월 5일에 대성황을 이룬 이집트전이 끝나 3일간 휴관중이므로 볼 수 없었다.

4시 넘어 다시 藝大 도서관에서 松本 교수를 만나 인도여행에 대하여 이야기할 수 있었다. 그는 『大和文華』 1책을 주었는데, 우리에 대한 호의도 매우 큼을 짐작할 수 있었다.

7시 30분에 숙사에 돌아와 김대현 군과 같이 그의 아파트를 찾아서 3월에 출생한 장남을 보았고 저녁을 함께했다. 모자가 건강함은 다행한 일이었다.

1963. 5. 8(수)

東京. 흐림

오전중에 대표부에 들렀다. 李炯鎬 대표는 오늘 아침 '법적지위 소위'가 있다고 출석했고, 申 위원이 혼자 방을 지키고 있었다. 소위에 출석해야 할 정무과장은 비행장에 나갔다고 하여 결석이 되었으니 회담의 현상을 짐작할 수 있었다.

12시부터 약 2시간 동안 銀座에서 쇼핑하고 숙사에 돌아와 서적 1꾸러미를 발송하고 짐도 정리하였다. 일본에서의 용무는 별다른 것이 없었으니 내일 귀국하기로 하였다.

6시에 印兄이 숙사로 찾아와 같이 銀座에 나가 집에서 부탁한 물품을 구했다. 마침 편지가 오늘 印兄 댁으로 도착하여 연락을 받았기 때문이다.

밤에 丸內 상공회사의 尹씨가 찾아와 서울행 서신의 부탁을 받았다.

1963. 5. 9(목)

東京~서울. 흐림. 서울 쾌청

아침 6시 15분에 숙사인 센터를 출발, 8시 20분발 CAT의 제트기로 10시 20분에 김포공항에 안착하였다. 김포에 이르러 한강·임진강의 합류점을 旋回할 때 멀리 북한의 산악이 바라보였다.

세관 검사는 엄격했으며 시계 하나 산 것이 과세가 되어서 창고에 보류케 되었다.

합승으로 시내에 들어왔는데 沿線의 풍경은 허탈과 침체상을 여실히 보이고 있었다. 그 위에 경제적인 궁상이 덮여 있음을 느낄 수 있다.

집에 이르니 12시가 넘었다. 처는 외출중이었으며 호종이도 유치원에서 아니 돌아왔다. 오후에 경향신문의 李 기자가 다녀갔으며, 저녁에는 고고미술 동인들이 찾아와 귀국을 즐거워하였다.

1963. 5. 10(금)

맑음

오전중에 아시아재단과 국립박물관에 들러 귀국인사를 하였다. 그 뒤 張 사장과 같이 점심을 들었으며, 다시 국립박물관에 들렀다가 외무부를 찾았다.

귀로에 通文館과 金庠基 선생댁에 들렀다.

오전중 국립박물관에서 동아일보·조선일보 기자를 만나서 귀국담을 하였다.

1963. 5. 11(토)

맑음

아침에 대한일보와 한국일보 기자의 내방이 있었다.

11시에 서울대학교에 들렀으나 李相佰 씨는 부재중이었다. 동국대학교에 이르러 총장과 趙明基 선생을 만났다.

오후 4시 넘어 崔淳雨 씨와 李謙魯 씨가 내방해 저녁을 같이했는데, 柳海宗 씨도 찾아와 환담할 수 있었다. "하나도 신통한 뉴스가 없다"고 최형과 함께 웃었다.

1963. 5. 12(일)

8시에 鄭復永 씨가 찾아왔다. 종일 손님이 찾아왔고, 3시에 秦弘燮·金和英·金正基 씨도 찾아왔다.

인도통신
- 인도·실론·파키스탄·네팔·동남아 기행 -

1. 뉴델리에서

이 곳에 온 지 1주일이 지났습니다. 뉴델리로 직행하려던 예정을 변경하여 12월 25일 캘커타에서 인도 땅을 밟게 된 것은 버마에서의 파간(Pagan) 행이 실현되지 못하였던 것과, 캘커타의 박물관을 보고 싶었기 때문이었습니다. 벵골 만을 횡단하여 恒河[갠지스 강] 하류가 보였을 때와 다음 날 밤 10시 뉴델리의 아름다운 야경이 공중에서 보였을 때는 혼자서 흥분하기도 하였습니다.

이 곳 와서의 첫 인상은 드디어 대륙에 왔다는 것과, 종교와 전통의 強靭性이라 하겠습니다. 그리고 되풀이하는 것은 늦게나마 떠나 온 것이 다행이라는 것입니다. 평생에 한 번 오고 싶던 땅이었기 때문인지 모든 것이 진기하기만 합니다. 기온은 버마와는 달라서 지금이 엄동이라고 하는데 영상 1℃가 최저였습니다. 코트와 털옷을 가져온 것이 다행이었습니다.

도착한 다음 날부터는 국립박물관에 다니는 것이 일과가 되었습니다. 진열품 중에서도 석조 조각과 스타인 경(Sir Stein)의 중앙아시아 유물이 주목되었는데, 그 벽화는 세 방에 나누어 잘 보존되고 있었습니다. 그 사이 과학문화성의 고쉬(A. K. Ghosh) 씨도 방문하였고, 인도 고고국의 고쉬(Ghosh), 국립박물관의 푸리(Puri) 씨도 만났는데 모두 환영하여 주었고 많은 편의를 제공하여 주겠다고 합니다. 캘커타에서 입국할 때는 짐 조사도 없었는데 한국에 대한 호의가 중공 침입 이래 점증하고 있는 것도 느낄 수 있었습니다. 그 사이 양일에 걸쳐서 新舊델리의 옛 수도 당시의 고적도 찾아보았는데, 대부분 13세기 이래 인도를 지배하였던 모슬렘 제국의 능묘와 성곽과 사원과 같은 권위적인 건조물로서, 인도·이슬람 양식의 표본들이라고 합니다. 그 중에서도 정복의 기념탑이라고 할 수 있는 거대한 첨탑(쿠트브 미나르)은 13세기의 건립으로서 힌두 사원을 파괴한 터에 건립되었다고 합니다. 성곽으로서는 레드 포트(Red Fort)가 옛 규모를 간직하고 있는바 대부분이 紅色 砂岩을 사용하였고 일부 건물만 백색 대리석인데, 흰 바탕에 색색의 보석으로 꽃무늬를 상감한 수법이 주목되었습니다. 1월 1일에는 '인도의 아버지'라고 일컫는 간디 옹의 묘소를 찾았습니다. 검소한 영구 앞에 참배하는 남녀노소의 모습은 감명 깊었습니다. 이 곳이야말로 인도의 새로운 성지로서 그가 암살된 힌두교 사원과 더불어 외인이 찾는 곳이기도 합니다.

이 곳 와서 처음 맞는 일요일(12월 30일)에는 약 360리 떨어진 남방의 마투라(Mathura)로 박물관을 찾아갔습니다. 인도 고대 조각사의 중심지이며 동시에 힌두교의 성지이기도 합니다. 이 곳에 진열되어 있는 크고 작은 수백의 조각(기원전 3세기경부터 기원후 10세기), 그 중에서도 쿠샨(貴霜, Kushana) 기에 해당하는 마투라 조각품과 그 후의 굽타(笈多, Gupta) 기 작품은 매우 주목되었습니다.

이 날은 진열실에 열중하다가 점심도 못 먹고 석양에 뉴델리로 돌아왔습니다. 사진만 보고 이해하려던 노력이 이 고장에 와서 실물을 상대하니 조금씩 이해가 되어 가는 듯도 합니다. 중요하다고 생각되는 것, 특히 우리의 것과 관련이 있다고 느껴지는 것은 촬영과 기록도 하고 있습니다. 참고문헌 같은 것은 고고국 또는 국립박물관에 각기 부속된 도서실에서 쉽게 얻어 볼 수 있습니다. 한국에서 처음 왔으며 불교미술을 연구한다기에 신기하게 여기는 모양으로 매우 친절히 대해

줍니다. 1월 6일에 출발키로 되어 있는 약 3개월 여행의 계획은 이 곳 고고국의 차장 데바(K. Deva) 씨가 직접 작성하고 있습니다. 한 곳에서 2~3일부터 4~5일이 되겠는데, 제1차로 북인도의 갠지스 강 유역을 중심으로 佛蹟과 박물관을 고루 찾게 되었습니다.

아직 익숙하지 못한 땅에서 건강이 가장 염려되는 바인데 저녁에는 일찍부터 취침키로 하였습니다. 인도 음식도 이 곳서는 먹을 만합니다. 새벽에 추위로 잠을 깨우는 이외에는 별로 불편한 것이 없습니다. 신선한 과실에서 영양을 찾기로 하였는데 그 값만은 매우 싸서 1루피(우리의 약 25원)로 바나나 8개와 네불 3개를 구할 수 있습니다.

이 곳 우리 공관도 최근에 사무실이 안정되었다는데 많은 도움을 받고 있습니다. 앞으로 한국과 인도 간에 교수와 유학생의 교환계획이 실현되기를 바라고 있는데 그 때는 누가 이 방면의 연구를 위하여 2~3년 와야 할 것입니다. 나는 짧은 기간이나마 이 땅에서 여러 곳을 찾게 된 것을 즐겁게 여기고 있습니다. 신정을 맞이하여 동인 여러분께 인사를 드립니다.

1963년 1월 2일

2. 파트나에서

정초에 뉴델리를 출발하여 3월 말에 이르는 여정에 오르게 되었습니다. 이 계획은 고고국 차장인 데바 씨가 손수 작성한 것이며 다만 나의 희망에 따라 기간을 단축하였을 뿐인데 4월에 들어서부터의 더위를 염려하였기 때문입니다. 2월 중순까지 동인도·북인도 그 이후가 중인도·서인도·남인도로 구분되었으며 이 사이에 뉴델리에서의 3일의 휴가를 넣었습니다. 이 같은 장기 여행은 처음이므로 떠나기에 앞서 수일간 준비에 바빴습니다.

도판 62. 바르후트 출토 本生譚. 캘커타 인도박물관

　1월 6일 아침 뉴델리를 떠난 급행차로 다음 날 오후 7시 캘커타에 도착하였습니다. 4인 1실의 旅客이 차례로 내리니 아산솔(Asansol)부터는 독방을 차지하게 되었습니다. 석양을 달리는 차 안에서 慧超의 글을 보면서 밖의 풍경이 옛과 다름이 없음을 깨달을 수 있었습니다. 캘커타는 12월 25일 인도 착륙의 땅이기도 합니다. 3일간 이 곳 3개 박물관을 찾았는데 그 중에서도 인도 박물관(Indian Museum)에서 많은 시간을 보냈습니다. 중공 침입에 따르는 비상사태로서 포장 작업중임에도 불구하고 조각 三室을 보여준 것은 대단한 후의였습니다. 바르후트(Bharhut)의 塔門과 石欄, 간다라의 塔像, 마투라 기 이후의 작품들이 주목되었으며 西藏·네팔의 繡幡과 금동상도 볼 수 있었습니다.

1월 10일 밤차로 떠나 다음 날 아침 동해안인 오리사(Orissa) 주의 부바네스바르에 당도하였습니다. 이 곳은 7~12세기의 힌두교 석조사원으로서 유명하며 교외 20~30리에는 초기 석굴인 우다야기리(Udayagiri)·칸다리기(Khandagiri) 석굴과 아소카 왕의 磨崖勅文 등이 있어 수일 머무르면서 고루 찾았습니다. 또 1월 13일에는 이 곳서 160리 떨어진 코나락(Konarak)의 태양신전을 보았는데, 규모도 크고 조각도 우수하였습니다. 그러나 일반 버스 편으로 왕복하였기에 현장에서 약 2시간밖에는 여유가 없었던 것은 안타까운 일이었습니다.

이 곳 오리사에는 라트나기리(Ratnagiri)의 불교사원 발굴지가 들어 있었으나 교통 불편으로 단념하고 말았습니다. 그러나 석조사원은 10여 곳을 찾아 그 양식과 彫飾의 일단을 볼 수 있었던 것은 양 석굴과 더불어 수확이라고 할 수 있겠습니다.

1월 15일 밤차로 캘커타에 돌아와 하루의 휴일을 보내고 다시 밤차편으로 가야(Gaya)로 떠났습니다. 그리하여 1월 16~19일은 석가모니 正覺의 성지인 부다가야(Bodh Gaya)에 유숙하면서 사원의 초기 石欄과 金剛座를 조사할 수 있었으며 西藏 승려를 비롯하여 많은 순례자의 예배도 볼 수 있었습니다. 보리수 아래의 금강좌는 그 상대석만이 기원전 1세기경의 작품으로 추정되고 있는바, 수차의 중수로 원위치에서 이동되었으며, 高塔形 精舍 또한 많이 변모되어 古態를 잃고 있었습니다.

이 곳 체재중 하루(1월 18일)는 100리 서북방인 바라바르(Barabar) 석굴을 찾았는데, 그 곳 兩處 계 7굴은 인도 最古의 조성으로서 내부의 조식은 없으나 全面이 수정과 같이 磨硏되어서 마우리아 기의 특색을 지니고 있었습니다. 그 구조는 各異하나 그 중 대표가 되는 로마스 리시(Lomas Rishi) 굴은 圓形 奧室과 장방형 前室이 연결되어 있어 우리의 석굴암 평면과도 같습니다. 명문에 의하여 아소카 왕대가 틀림없다 하니 기원전 3세기의 유구입니다.

도판 63 · 64. 코나락의 수르
야 데울(Surya Deul) 사원
및 사원 기단부 조각

이 곳에는 택시로 왕복하였는데 여행사 직원이 동행이 되어 지방민의 의혹을 모면할 수 있었습니다. 산중에 깊이 들어가서 사진 찍고 기록도 하고 하니 그들의 경계도 무리는 아닐 것입니다. 밤늦게 숙사에 돌아와 무사하였음을 그 곳 박물관장과 다행으로 여겼는데, 이 석굴의 조사는 성과의 하나가 될 것입니다.

1월 20일 버스 편으로 북상하여 라지기르(Rajgir)를 향하였으나 숙사를 염려하여 다시 30리 떨어진 날란다에 도착하였습니다. 이 곳은 유명한 대가람지요 동시에 인도 最古의 大學址라고 부르는 곳으로서 前世紀 이래의 塼塔 발굴지가 그대로 보존 시설이 되어 있었으며 그 규모는 굉장하였습니다. 수일 간 조석으로 출입하면서 옛날의 盛觀을 짐작하였으며 이 곳에 유학한 우리의 선인들을 추모하기도 하였습니다. 모든 佛殿이 동향하였고 주불이 降魔印을 보이고 있는 것은 신라의 遺例를 생각하게 함도 있었습니다. 7차에 걸쳐 중수된 대탑(제3신전지)에도 올라서 전경을 살피기도 하였고 근처에 있는 불교연구소를 찾아서 동남아 각국과 일본의 교수·유학생과 하룻저녁을 즐기기도 하였는데, 우리 나라의 유학생을 기대한다는 말도 있었습니다.

하루(1월 23일)는 다시 라지기르를 찾아 옛 王舍城 내외에 숨어 있는 많은 불적을 찾았습니다. 靈鷲山에도 올랐으며 竹林精舍址도 보았고 王舍城址의 발굴현장도 찾아서 설명을 들을 수 있었습니다.

이 곳 날란다에서는 박물관장 센 씨의 후의로 무사하였고 숙사 건물도 훌륭하였는데 유숙객은 오직 나뿐이어서 수일 간 큰 집을 혼자 차지하였는바, 언어는 불통이고 식사는 밥과 계란 그리고 지참한 고추장뿐이었습니다.

1월 24일 기차 편으로 비하르 주의 수도이며 아소카 왕의 古都인 파트나(Patna)에 당도하였습니다. 10일 만에 농촌지대를 벗어나 도회지에 이르니 마음과 몸이 평안함을 느끼겠습니다.

1963년 1월 25일

추신

2월 15일 나우가르 행 기차 안에서

오후 3시 40분 고락푸르(Gorakpur)를 떠나 나우가르로 향하는 차 안입니다. 이 곳은 북인도 국경이 멀지 않은 곳입니다. 어제는 쿠시나가라(Kusinagara)에서 1박하였는데 이 곳은 석가 입멸의 땅입니다. 오후 늦게 버스로 도착하여 탑전에 참배하고 오늘 아침에는 약 5리 떨어진 다비처의 탑을 찾았습니다. 불탑이 이 곳에서 비롯하였으며 4대 성지의 하나이기도 합니다. 그 곳은 혜초가 찾아온 곳이며 그의 여행기 권두에 나타나는 곳이기도 합니다. 불탑에 관심을 모으고 있으면서 한 번 찾고 싶었던 곳입니다.

1월 6일 뉴델리를 떠나 1개월이 넘었습니다. 그 사이 어느덧 시간이 지났던지 이 땅에도 익숙하여지고 여행에도 익숙하여진 것 같습니다. 시골에 들어오면 더욱 중국인으로 보는지 불쾌한 일도 있었으나 그것도 지금은 익숙해졌습니다. 제1차 여행이 차차 종말에 가까워오는 듯한데, 예정에 없던 곳을 가고 싶어 다시 북상하고 있으며 내일(2월 6일)은 석가 탄생의 땅인 룸비니에 가려고 합니다. 이 곳은 국경 넘어 네팔 땅이므로 수속 없이 갈 수 있다 하니 이 곳까지 왔다가 아니 찾을 수 없다는 생각입니다. 이 곳을 찾으면 석가의 4대 성지는 두루 찾게 되는 것입니다.

이 곳에서는 4대 성지 이외에 또 4대 성지가 있어 합계 8개 처인데 그 곳에 모두 탑이 있습니다. 다른 4개 처 중 2개 처는 이미 찾았고 두 곳이 남아 그것도 찾아갈까 합니다. 혜초가 '八塔難誠見'이라 하였는데 오늘은 교통이 좋아서 몇 천 리 길을 하루에 달려가니 옛 고난에 비할 바 아닙니다. 앞으로 1주일이면 뉴델리에 돌아갑니다. 그 곳서 수일 쉬게 될 것입니다.

2월 1일에는 사르나트에 와서 初轉法輪의 땅과 그 곳 박물관을 보았습니다. 인도 조각 중 優品이 많은 곳이기도 합니다. 실물을 대하니 이해가 빠른 것 같은데, 불교미술이 종교미술인 만큼 그 발달이 불적과 깊은 관계에 있음은 말할 것도 없습니다. 이 곳에 오니 佛寺는 동향이 원칙이고 여래상은 거의 석가인데 항마촉지인이 태반이었습니다. 우리 불교의 방향과 신라 불상의 手印은 확실히 이 곳과 관련이 있음을 깨닫겠습니다. 세부 수법에 있어서도 간다라뿐 아니라 기원후 4~6세기에 있어서의 북부 인도에 있어서 조각활동이 주목되어야 함을 느꼈습니다.

이 곳의 박물관은 특히 자세히 보고 있으며, 혹간 관장들과 이야기하는 수도 있어 좋은 이야기를 들을 때도 있습니다. 그러나 지방의 관장은 모두가 전문가는 아닙니다.

추기

나우가르에 내리니 밤 7시가 되었는데 驛頭에서 조사를 받았습니다. 비자가 없으면 룸비니에 못 간다기에 다시 차를 타고 밤 10시 넘어 발람푸르(Balrmpur)에 내려서 두 배의 차값을 물고 대합실 벤치에서 하룻밤을 지냈습니다. 오늘은 祇園精舍址와 舍衛城址를 보고 저녁차로 이 곳 州의 수도인 럭노우(Lucknow)로 가겠습니다.

2월 6일 아침 발람푸르 역에서

3. 엘로라 석굴에서

파트나에서는 여러 번 박물관을 찾았습니다. 현관에 진열되어 있는 마우리아 기 석조작품 중에서도 디다르간지의 夜叉立像은 기원전 2세기경의 작품으로 磨研된 수법도 특색이거니와 사실적인 彫法은 고대 조각의 일품이었습니다. 조각실에서는 간다라의 반가상이 稀品의 하나였으므로 자세히 조사할 수 있었습니다. 이 곳은 塑造像의 收藏으로

기도 하였습니다. 하루는 바라나시 시내를 찾아 갠지스 강에서의 목욕 광경을 보았고 또 이 곳 힌두 대학에서 주관하는 라지 가트(Raj Ghat)의 발굴현장을 찾기도 하였습니다.

2월 4일 새벽 다시 북상하여 석양에 석가입멸지인 쿠시나가라에 도착하였습니다. 이 코스는 혜초와 반대가 되었는데, 그의 기록에 의하면 매우 험악한 곳이라 하였습니다. 그런데 기차와 버스에 앉아 하루 만에 당도하니 옛날의 고난을 짐작할 도리는 없었으나 길과 풍경이 옛날과 다르지 않은 것이라고 느껴졌습니다.

이 곳에는 새로 마련된 殿塔이 있고 그 주위에는 승원 발굴지가 깨끗이 정리되어 있었습니다. 인도의 불적은 모두 지난 세기와 금세기에 걸쳐서 고고학 발굴로서 드러난 것인데 그 중에서도 중요한 곳은 중앙 정부의 관리로서 공원과 같이 가꾸어 놓았습니다. 이 같은 곳을 찾을 때마다 우리의 고적 특히 신라의 臨海殿址나 황룡사지의 오늘의 모습이 떠오르기도 하였습니다.

다음 날 아침 이 곳에서 멀지 않은 석가 다비처로 古塔을 찾은 다음 버스로 출발 고락푸르 역에서 기차로 바꿔 타고 저녁 7시 노고르프 역에 이르렀습니다. 그러나 이 곳 驛頭에서 경찰에 제지되었기에 석가 탄생지인 룸비니 행을 단념하고 말았습니다. 그 곳이 국경을 6리 넘어서는 네팔 땅이기에 증명서가 필요하다는 것인데, 여러 사람들이 아무 수속 없이 다녀왔다고 하기에 불쾌하기도 하였습니다. 이것도 중공 침입에 따르는 사태일 것이라고 자신을 설득시켜 가면서 같은 차로 심야에 발람푸르에 이르렀으나 이 곳에서는 무단 승차하였다고 倍額의 운임을 치르게 되었습니다. 8대 聖蹟을 찾으려는 계획은 이 곳에서 좌절되었으므로 다른 한 곳 상카시아(Sankasya)도 단념하고 말았는데 이 두 곳에는 주목할 만한 유물이 없는 것이 또 하나의 이유이기도 하였습니다.

대합실에서 하룻밤을 새우고 첫 버스로 이 곳에서 40리 북방인 사혜트 마헤트에 이르러 祇園精舍와 舍衛城의 유지를 찾았습니다. 2월 6일의 조용한 아침이었습니다. 석가모니가 24雨期를 지냈다는 곳이며 부유한 상인이 금화를 땅에 펴서 用地를 얻었다는 그 터는 모두 발굴되어 있었으며 정글 속의 城址는 유명한 불타의 기적을 연상케 하여 주었습니다.

이 날 오후 차로 떠나 밤 8시 럭노우에 당도하였습니다. 인력거는 이 곳서 제일 큰 호텔로 인도하여 주었기에 비싼 값을 치르기는 하였으나 몸은 편히 쉴 수 있었습니다. 럭노우에서는 주립박물관을 찾았는데 마투라에서 초기에 발굴된 유품이 모두 이 곳에 집중되어 있었습니다. 그 중에서도 자이나 교의 작품은 초기의 불교조각과 흡사함이 주목되었습니다.

오후에는 이화여대에서 1년간 봉직한 바 있는 아브라함 여사를 이사벨라 대학으로 찾아가 환영을 받았고 교외의 회교궁전을 보고자 석양길을 달리기도 하였습니다.

2월 8일 아침 밤차 편으로 알라하바드에 도착하였습니다. 예정일보다 일렀기에 이 대학의 고대사료 주임인 셰르마 교수를 만나지는 못하였으나 다른 교수들이 친절히 맞아 주었습니다. 그리하여 교내의 박물관도 양일에 걸쳐 자세히 설명하여 주었고, 하루는 100리 떨어진 코잠비 古都址의 발굴현장까지 동행하여 주었습니다. 이 발굴은 10여 년에 걸친 대규모의 작업으로서 여러 곳에서 소문을 들은 바도 있었는데 과연 규모도 크고 중요한 성과를 보이고 있었습니다. 발굴현장은 성지·궁전지·사원지로 구분되어 있는바 유물의 연대는 기원전 11세기로부터 기원후 8세기에 이른다고 하며 이 발굴을 통하여 인더스 강 문명 이후의 고대사의 일면이 밝혀졌다고 합니다. 인더스와 갠지스 두 강의 문명의 간격을 메우는 노력이 인도 고고학의 당면 과제라 하며 그 목표는 머지 않아 이루어질 것이라고 하였습니다. 그 이외에도 인도 最古의 석조성곽 塼築 아치 수법 또는 인간 희생의 사실 등이 이 곳서 확인되었다고 하며 사원지에서는 아소카 왕 탑이 옛 모습을 보이고 있었습니다. 이 곳 답사는 무척 힘이 들었으나 많은 보답이 있음을 느낄 수 있었습니다.

2월 11일 아침에 夜行車로 아그라에 내렸습니다. 이 곳에서는 유명한 타지마할과 레드 포트를 찾았는데 큰 규모에 비하여 감명은 적었다고 하겠습니다. 고려 공민왕의 노국공주에 대한 사랑과 그에 따르던 능묘 경영의 史實이 이 곳에서 연상된 것은 서로 닮은 점이 없지 않기 때문일 것입니다.

다음 날 아침 마투라 박물관을 다시 찾은 다음 석양에 뉴델리에 당도하니 내 집에 돌아온 듯하였습니다.

40일에 걸친 긴 여행을 무사히 끝냈다고 생각하니 만족한 느낌과 즐거움이 솟아오르는 듯하였습니다.

3·1절 아침에

4. 파키스탄의 서울 라울필드에서

2월 12일부터 18일에 이르는 6일간 뉴델리에서 심신을 쉴 수 있었습니다. 궁금하던 국내 뉴스도 들었고 동인과 가족의 소식이나 『考古美術』도 이 곳서 받고 보니 한층 반가웠습니다. 方 공사 댁에서는 오래간만에 고향음식을 맛볼 수도 있었습니다. 그 사이 국립박물관장 몰리 여사의 후의로 館內의 보존연구시설을 볼 수 있었으며 하루는 귀국 도상의 馬鬪樹(Mathusch) 부처와 재회를 즐기기도 하였습니다. 한편 韓 총영사의 배려로 실론과 파키스탄의 입국서류를 제출하였으며, 아시아재단의 박씨를 찾아 앞으로의 스케줄을 의논하기도 하였습니다.

2월 19일 아침 봄베이 행 급행차로 다시 뉴델리를 떠났습니다. 연선의 풍경은 북인도와 크게 다르지는 않았으나 잔시(Jhansi) 역을 지나서부터 구릉이 멀리 혹은 가까이 보이기 시작한 것은 오랫동안 평원에 익은 눈에는 진기하였습니다.

오후 7시가 조금 지나서 산치 역에 정차하였는데, 이것은 일등객에 대한 특혜로서 이 날의 하차객은 나 혼자뿐이어서 미안한 생각이 들기도 하였습니다. 역 밖에 나서고 생각하니 즐거움이 솟아올랐습니다. 인도의 어느 곳보다도 가장 오랜 탑이 거의 완전한 모습으로 보존되어 있는 이 곳은 한 번 와야겠다고 꿈꾸던 곳이기 때문입니다. 동시에 은사이신 又玄 高裕燮 선생에 대한 追念이 간절하였던 곳도 이 곳이었습니다.

다음 날 아침 숙사의 방을 나서니 나지막한 구릉 위에 圓墳形 塔身과 그 위의 傘蓋가 눈에 띄었습니다. 아직까지 평지에 있으리라고 속단하여 온 것은 잘못임을 깨달았는데, 인도의 사원이나 기념물이 고지에 자리잡은 好例를 이 곳에서도 볼 수 있었습니다. 산치에서 3일간 하루 두 차례씩 丘頂에 올라서 탑·가람지·박물관을 돌며 촬영도 하였고, 혹은 塔門에 滿鏤된 아름다운 조각을 즐기기도 하였고, 귀로에는 중복에 자리잡은 제2탑에 이르러 석양에 홀로 앉아 여러 가지 생각에 잠기기도 하였습니다. 과연 산치는 기대에 어긋남이 없었습니다. 우리 나라 불탑 연구에 관심을 모아 온 보람을 느낄 수 있었던 것도 이 곳이었으며 새로운 착안점과 의욕을 얻은 것도 또한 이 곳이었습니다.

2월 22일 밤차로 산치를 떠나 남하하여 다음 날 새벽 잘가온에서 하차하였습니다. 그 곳서 첫 버스를 타고 아잔타를 10리 앞둔 파르다푸르 숙사에 이르니 10시가 되었습니다. 그리하여 2월 25일에 이르는 3일간 아잔타를 내왕하면서 여러 석굴을 자세히 볼 수 있었습니다.

낮은 산중에 반월형의 암벽이 돌고 있어 기원후부터 8세기에 이르는 사이에 약 30의 대소 석굴을 마련하였는데 그들은 모두 불교굴뿐입니다. 이들은 탑굴과 승원굴로 구별되는바, 그들에서 역대의 변천상을 짐작할 수 있었으며 굴내에는 예상보다도 많은 벽화가 보존되어 있었습니다. 초기 석굴은 중앙에 탑을 봉안하였을 뿐인데 시대가 내려옴에 따라 탑신뿐 아니라 승원굴의 奧壁이나 주위에 불상조각이 점증한 것은 시대에 따르는 예배 대상의 변천상을 보이는 것이었습니다. 이 같은 추세는 중국이나 우리 나라에서도 동일한 경우를 지적할 수 있을 것입니다. 이 곳 아잔타는 내륙이며 주위에는 산림이 없어 기온이 높았으므로 오후에는 숙사에서 쉬기로 하였습니다. 제2차의 여행은 산중의 석굴과 벽지의 가람지 특히 탑지가 중요한 목표이기에 건강에는 특히 유의하지 않을 수 없었으며 더욱이 남하함에 따라 더위를 느낄 수 있었기 때문입니다.

2월 26일 아침 6시 첫 버스 편으로 아우랑가바드를 경유하여 오후에 엘로라 석굴에 이르렀습니다. 이 곳 숙사는 석굴 정상에 자리잡고 있어 서쪽으로 전개하는 대평원의 조망은 참으로 장관이었습니다. 석굴은 모두 서향하였으며 연장 2km가 넘는 구릉에 불교·힌두·자이나의 3교 굴이 연속되었는데 그들은 모두 기원후 5~8세기의 개착이라고 합니다. 불교굴은 남쪽에 있어 합계 12굴인바, 그 중에서도 제10굴의 탑원이나 제11·12굴의 3층굴은 특히 주목을 하였습니다. 이 3층의 양굴은 서로 인접하고 있어 규모도 거의 같으나 불상조각은 제12굴 상층 周壁의 불보살이 우수하였습니다. 특히 관음상과 七佛坐像의 배려는 우리 나라 불교와의 관련에서, 예컨대 戰災로 소각된 강원도 오대산 月精寺의 七佛寶殿을 연상케 함도 있었습니다. 동시에 이 3층 양 굴은 아마도 혜초가 기록한 '三重作樓'임이 틀림없을 것으로 추정할 수 있었습니다.

규모가 큰 3층굴은 인도의 많은 석굴 중 이 곳 엘로라에서 볼 수 있을 뿐인데, 혜초가 남인도길에서 산중의 一大寺를 찾아 '非人所作 竝鑿山爲柱 三重作樓 四面方圓三百餘步'라 하였습니다. 그리하여 혜초가 기록한 유일의 석굴이 아마도 이 곳 엘로라의 양대 3층굴로 생각되니 그 곳에 오를 때마다 깊은 감명을 느낄 수 있었습니다.

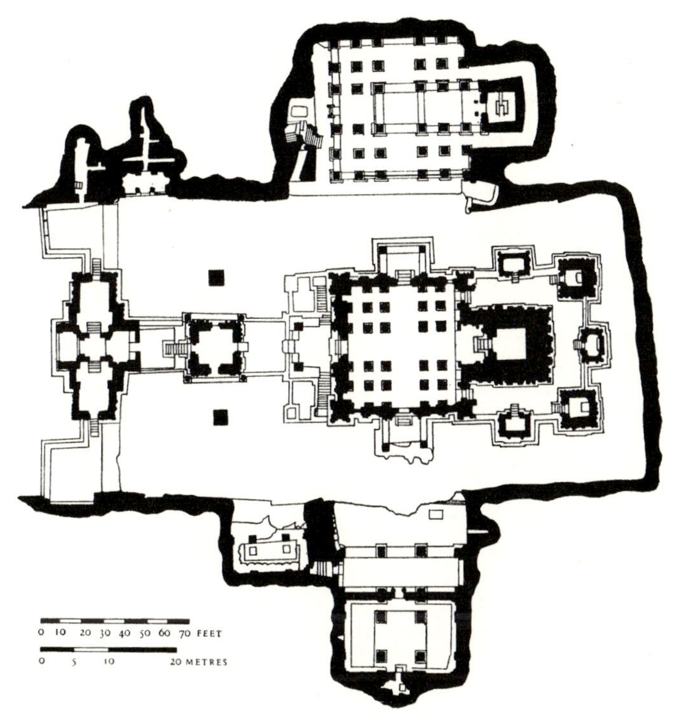

도판 66. 엘로라의 칼리아사나트 重層 사원 평면도

불교굴 이외에도 힌두 굴에 속하는 카일라쉬 암석사원이나 자이나
교의 여러 굴도 규모와 像設에서 대표적인 조형이었습니다. 이 곳에서
도 3일간 머무르기는 하였으나 매우 부족함을 느낄 수 있었습니다.

4월 2일

5. 뉴델리에서

3월 1일 새벽에 3·1절을 맞이하는 고국의 모습을 그려보면서 엘로라 석굴을 떠났습니다. 이 곳 서인도에는 아잔타·엘로라의 양대 석굴 이외에도 중요한 불교석굴이 많이 있어 그 중에는 연대가 더욱 오래고 구조와 조각으로 주목할 만한 것이 적지 않습니다. 그러나 이들을 고루 찾기 위하여서는 많은 시간이 있어야 하므로 봄베이에 이르는 연선에서 아우랑가바드와 나시크의 양 굴과 봄베이를 중심으로 엘레판타·칸헤리·바자·칼리의 순서로 이름난 석굴만을 찾아다녔습니다.

이들은 모두 암산 중복 이상에 4~5개에서 100이 넘는 대소의 탑굴과 승원굴을 연속시켰는데, 이들이 모두 고대도시와 그들을 연결하던 무역로와 깊은 관련을 맺고 조영된 것임을 알 수 있었습니다. 그 중에서 엘레판타만이 힌두교 굴인바, 봄베이 항구 밖의 작은 섬에 있어 규모와 조각에서 대표작이 될 만하였으며 나시크와 바자의 양 굴은 기원 전후의 작품이어서 초기 양식을 보여주었습니다. 탑굴로서 감명 깊었던 것은 칼리 굴인데, 입구의 조식이나 柱頭의 동물상들은 그것만으로써도 모두 優品이었습니다.

이 곳 굴내 중앙에 봉안된 圓塔 정상에는 당초의 흙으로 만든 傘蓋가 보존되어 있어서 천정과 窟戶의 목조 양식과 더불어 주목되었습니다. 인도 석굴이 재래의 목조건축을 충실하게 모방하면서 출발한 점은 우리 나라 석탑이 또한 목탑을 模함에서 발생한 사정과 서로 닮았다고 하겠습니다. 약 10일간 이들 석굴을 찾아다녔을 때는 기온이 상승하고 있어 등산하기에 힘이 들기도 하였으나 굴 안은 모두 서늘하여서 이 같은 풍토에서 석굴이 유행한 까닭도 짐작이 되었습니다. 다행히 이들 석굴 조사에는 고고국 직원과 동행이 되어서 큰 곤란은 없었습니다.

3월 9일 남인도를 향하여 봄베이를 떠났습니다. 차 안에서 밤을 새우고 다음 날 이른 아침 7시 버스로 다시 남하하여 크리슈나 강을 건너 오후 4시경에 나가르주나 콘다에 이르렀습니다. 이 곳은 기원 직후부터 7~8세기 간 남인도 불교의 중심이어서 사탑이 많기로 유명한데, 지명은 고승인 龍樹菩薩에서 유래하였다고 합니다. 그러나 오늘은 완전히 폐허로 화하였으며 더욱이 진행중인 대규모의 댐공사가 완성되는 2~3년 뒤에는 수중에 잠겨 버린다고 합니다. 이 곳에는 작은 박물관과 유목민이 소수 남아 있을 뿐 적막한 내륙의 古都이었습니다. 이 곳 박물관장이 사택의 방 하나를 비워 주었기에 다행이었는데, 이 곳에서의 2박은 이번 여행을 통하여 가장 괴로운 고비가 되었습니다. 해가 지면서부터 旋風이 일어 요란한 소리를 내는데 무덥기는 비할 바 없어 침대 옆에 물통을 놓고 밤새도록 수건을 이마에 두르고 밤을 새웠습니다. 그러나 이 곳에는 중요한 寺塔址가 산재하고 있으며 일찍이 대탑을 장엄하였던 조각석도 수습되어 있어 인도 미술사상 이름난 곳입니다.

당국은 수년 동안의 댐공사와 병행하여 이 같은 유적과 유물을 발굴하여 왔으며 그 중 중요한 일부를 산정에 옮겨 놓았습니다. 그리하여 신축된 박물관을 비롯하여 移置된 殿塔址 등을 모두 돌아보았는데 이와 같은 수습책이나마 마련된 것은 감명 깊은 일이었습니다. 머지 않아 이 곳의 새로운 박물관은 호수 속에 고립된다고 하는바, 이 곳 일대는 인도의 새로운 관광지로 등장할 것이 틀림없을 것입니다. 수중에 잠기기 앞서서 이 곳을 찾아온 나의 행운을 박물관장은 거듭 말하여 주었으며, 완공 후에 다시 찾아오라는 부탁을 받기도 하였습니다.

3월 30일 아침 일찍 이 곳을 떠나 버스 편으로 군투르를 경유하여 석양에 아마라바티에 당도하였습니다. 이 곳 또한 크리슈나 강 하류에 자리잡은 고도로서 일찍이 불교가 융성하던 땅인데 특히 대탑지에서 발굴된 기원후 2~3세기의 우수한 조각으로 이름난 곳이기도 합니다. 다음 날 아침은 이 곳 박물관장의 인도로 탑지와 그 옆의 작은 진열실을 보았으며 또 발굴중인 성지를 찾기도 하였습니다.

이 날 오후 이 곳을 떠나 군투르를 경유하여 비자야와다에서 캘커타 —마드라스 급행차로 3월 15일 아침에 마드라스에 이르렀습니다. 이 곳은 인도 4대 도시의 하나로서 이번 여행의 종점이기도 합니다. 해안에 건설된 이 도시는 수목이 울창하여 아름다웠습니다. 그리하여 18일에 이르는 3일간 주로 박물관을 찾아서 조각실, 그 중에서도 이 곳에 옮겨진 아마라바티 대탑의 조각을 주목하였으며 하루는 고고국의 안내로 남쪽의 칸체푸람과 마하발리푸람을 찾아 거대한 인도교 사원과 석굴과 마애조각 등을 볼 수 있었습니다.

이 두 곳의 답사로써 인도여행의 스케줄이 모두 끝났습니다. 해안을 따라 북상하는 차 안에서 1월 이래의 긴 歷路와 애써 찾았던 여러 곳이 차례로 회상되었습니다. 노고의 보답으로서 다소의 성과가 있었다고 자신하면서 만족과 즐거움을 느낄 수도 있었습니다.

4월 15일

6. 실론 기행

인도의 마드라스에서 실론의 입국 사증을 얻게 된 것은 우리 뉴델리 공관의 주선이 있었기 때문이었습니다. 인도의 불교는 오직 고적에서 그 자취를 찾아볼 수 있을 뿐이며 그것도 지난 세기 이래의 고고학 발굴의 성과라고 할 수 있습니다. 그러므로 인도여행을 끝내고 인접하는 불교국을 찾고자 하던 희망은 남인도를 돌면서 실론과의 깊은 관계를 알게 됨에 더욱 간절하게 느껴진 것입니다.

3월 18일 정오가 넘어 마드라스 공항을 떠나면서 중압에서 벗어난 느낌이 있었던 것은 그만큼 인도의 풍토와 인정이 거칠었던 까닭이라 하겠습니다. 더욱이 실론은 인도와 달라 '常綠의 나라'이며 그 서울인 콜롬보는 大海에 면한 아름다운 도시입니다. 숙사에 짐을 두고 해안에 나아가 이 곳 신문에 特報된 고국의 소식을 염려하기도 하였습니다.

다음 날 아침 국립박물관을 찾아서 부관장과 더불어 이 나라의 불교 미술을 논의하기도 하였으며 진열품을 고루 돌아보기도 하였습니다.

조각 중 5세기의 銅製如來坐像 1구는 특히 주목되었는데 그 외의 힌두교 작품이나 석조품들은 남인도 조각과의 친연을 보여주었습니다. 佛殿階段 앞을 장식하던 반월형석(Moon Stone)은 이 나라에서 특히 발달된 것이라고 말하나 그 祖型은 이미 남인도의 나가르주나 콘다에서 비롯한 것입니다.

길 건너 고고국에서는 次長인 실바 씨를 찾아서 실론의 탑과 사리 장치에 관한 설명을 들었는데, 그는 나의 여행 스케줄을 마련하여 각 지방에 주재하는 관리관에게 연락하여 주었습니다. 고고국은 작은 규모이나마 제도·사진·도서의 각 실이 정비되어서 인도에서와 같이 영국 제도를 계승하고 있는 것을 알 수 있었습니다.

이 날 오후에는 교외의 아소카라마야나(Asokaramayana) 사원을 찾아 塔像과 남녀 신도의 예배를 보았습니다. 3월 20일 기차 편으로 중부의 고원도시인 캔디(Kandy)에 이르렀습니다. 일등표를 이등값으로 할인하여 주는 것도 이 나라 관광시책의 하나입니다. 이 곳에서는 유명한 佛牙寺를 찾아서 건물양식 특히 목조각을 주목하였으며 이웃 왕궁지에 건립된 박물관에서는 불화와 수정 또는 상아로 만든 사리용기를 조사할 수 있었고 귀로에는 페라데니아의 식물원을 찾아 동양 제일이라고 일컫는 넓은 園內의 진기한 열대식물을 볼 수 있었습니다.

다음 날 버스 편으로 시기리야를 향하여 북상하는 도중 다물라에 하차하여 산상의 석굴사원을 찾았는데, 굴내에 배치된 53불의 거상들은 곧 우리 나라 금강산 유점사의 금동상 53불의 전래 事蹟과 우리 고문헌에 보이는 해상을 통한 불교문물의 전래 사실을 연상케 하여 주었습니다.

시기리야는 평원 정글 속에 자리잡고 있는데 일대 암석이 솟아 있어 그 중복에는 고대벽화가 보존되었고 정상에는 건물지가 남아 있었습니다. 정상과 벽화에 이르는 螺旋鐵梯를 오르기에 힘이 들었으나 사방 100여 리의 조망과 이 곳서 들은 카샷파 왕의 史實은 인상깊은 것이었

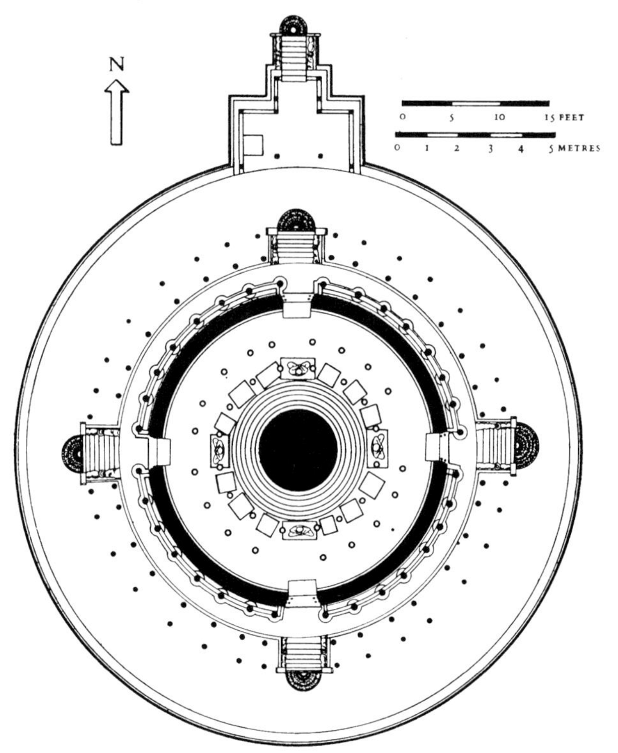

도판 67. 폴론나루와의 하타 다 게 사원 평면도

습니다.

　3월 22일 첫 버스로 다시 북상하여 10시 반 중세의 도읍이었던 폴론
나루와에 이르렀습니다. 이 곳에서는 하타 다 게 사원지와 왕궁지를
혼자서 돌아보았습니다. 전자에서는 塔殿址·前面階段·方形博塔 등
이 옛 장엄을 말하고 있었는데, 그 중에서도 寺域에 통하는 中央石階
는 흡사 불국사를 연상케 함이 있었으며 절의 뜰에 자리잡은 방형 석
단 중앙의 작은 석탑과 石欄·石門 등은 곧 梁山 通度寺의 金剛戒壇
과 유사함에 놀라기도 하였습니다. 또 사역 중앙의 대탑지는 잘 보존

되고 있어서 사방에 배치된 좌상이나 탑을 周回한 석주와 博壁의 구조 등은 上屋의 원형을 짐작케 함이 있었습니다. 왕궁지에는 博築高樓와 石造殿 등 여러 건물지가 넓은 域內에 남아 있었습니다.

호반의 숙사가 만원이라 하기에 오후 버스 편으로 이 곳을 떠나 4시간 만에 북의 아누라다푸라에 이르니 밤이 되었습니다. 연도에는 저수지가 많고 도작이 발달되었으나 아직도 넓은 황무지가 방치되어 있었으며 민가는 거의 草幕으로서 생활 정도도 낮아 보였으나 인도에 비하면 안정된 느낌이 있었습니다. 이 곳 아누라다푸라는 이 나라 상고의 도읍지로서 기원전후 약 1000년에 걸쳐 불교가 융성하던 땅이므로 고적과 유물의 풍부함이란 상상 이상이어서 聖都라고 부르는 밧자를 곧 느낄 수 있었습니다. 그리하여 2일간 박물관을 비롯하여 주요 탑지와 사원지를 돌아보았는데 특히 대탑들이 옛 규모로 남아 있는 것은 장관이었습니다. 사원지도 10리 사방인 삼림 중에 산재하고 있는바 아직도 고고학적 발굴이 미치지 못한 곳이 태반이라고 합니다. 박물관에서는 인근에서 수습된 석상·동상·석벽·사리구 등을 주목하였으며 관장의 설명을 듣기도 하였습니다. 또한 고고국 주재원의 안내로 주요유적을 순회하였는데 제타바나라마야(Jetavanaramaya), 투파라마(Thupa-rama), 루완웰리(Ruvanweli) 등 탑은 특히 규모가 크고 장엄이 특이하였습니다.

이 곳에서는 탑을 불러 '다고바(Dagoba)'라 하는데 그들을 크게 둘로 나눌 수 있습니다. 하나는 규모가 매우 큰 것으로 사방에 석단을 높이 쌓아 護壁(이것을 와할카다스라 부른다)을 이룬 것이며, 다른 하나는 규모는 작으나 일찍이 上屋이 있어서 그를 받던 數列의 石高柱가 周回하고 있는 것입니다. 이 같은 상옥의 양식은 인도에서 보지 못하였던 것인데 이 같은 연대가 오랜 대소의 유구는 불탑 연구에 있어 매우 중요하다 하겠습니다.

이와 같이 풍부한 불교 유적이 현존하고 있어 그들이 인도와의 관련

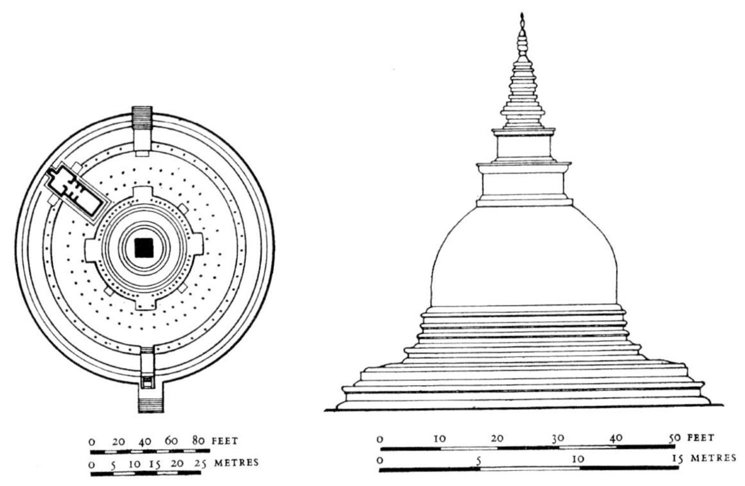

도판 68. 아누라다푸라의 투파라마 평면도 및 정면도

과 아울러 그들의 특색을 지니고 있는 점은 인도와는 달리 오늘에 이
르기까지 불교 문물과 신앙을 지켜 온 곳에서도 이해되어야 할 것입니
다.

그러나 이 곳 실론에서 불교 초전의 땅인 미힌탈레를 찾아간 것은
즐거운 일이었습니다. 이 곳은 아누라다푸라에서 동쪽으로 멀지 않으
므로 다음 날 24일 오전에 왕복할 수가 있었는데 중인도의 산치와 지
세나 전탑 배치가 서로 닮았습니다. 丘上에 통하는 2천여 단의 석계는
거의 일직선을 이루었으며, 대소 丘頂과 그 사이의 평지마다 圓塔과
사원이 배치되었는데 이 곳이 바로 아소카 왕에 의하여 불법이 전달된
곳이라 합니다. 이 곳 탑중에서도 칸타카 치티야(Kantaka Chitiya)가
옛 모습을 간직하고 있었는데, 사방의 석축단과 그 조식은 남인도의
아마라바티 또는 산치와도 연맥을 갖고 있다고 느껴졌습니다.

3월 25일 아침 인도 재입국 비자와 뉴델리까지의 항공표를 입수하
여 오후 3시가 넘어 콜롬보를 떠나 같은 날 밤 11시 반 뉴델리에 안착

하였습니다. 이것은 기차 편으로 3일의 여정입니다. 일찍이 신라승 玄遊가 찾았던 師子國의 순회도 무사히 끝을 맺을 수 있었던 것입니다.

7. 파키스탄 기행

3월 25일 실론으로부터 다시 인도 뉴델리로 돌아와 5일간의 휴가를 보냈습니다. 휴가라고 하지만 여행기록의 정리와 여권 수속에 많은 시간을 보냈는데 인도는 이 같은 수속이 매우 까다로운 나라임을 다시금 느낄 수 있었습니다. 파키스탄의 비자는 韓麒鳳 총영사의 주선으로 입수할 수 있었으나 여비와 일정 관계로 예정하던 카라치 행을 단념하고 고대불교의 중심인 간다라 지방으로 직행키로 하였습니다.

3월 30일 오후 뉴델리의 시내 공항을 떠나 넓은 북인도의 평야를 지나 1시간 50분 만에 라호르에 도착하였습니다. 이 곳은 서파키스탄의 현관으로 아름다운 도시인데 인도와는 달리 거리에는 사치품이 많았고 물가도 비쌌습니다. 시민의 의복도 남녀가 모두 바지를 입은 것이 주목되었으며 여자는 검은 또는 흰 베일을 쓰고 다니는 것이 기이하였습니다.

다음 날 아침 일찍 이 곳 박물관을 찾아서 주로 조각실의 간다라 기 작품을 보았는데 대소의 석상과 群像 조각들은 모두 경이와 주목의 대상이었습니다. 다만 애석한 것은 출토지가 분명치 못한 것이 많고 진열도 혼잡되어 있었던 것입니다. 작품 중에서도 사진에서 눈에 익었던 불보살의 거구 입상과 스라바스티의 석가모니 기적을 조각한 板石像 등은 모두 우수하였습니다. 인도의 대소 박물관에도 약간의 간다라 기 작품이 있고 특히 캘커타 박물관은 인도 제일의 소장을 자랑하고 있었는데 이 곳 라호르를 비롯하여 탁실라·페샤와르의 세 박물관에 비한다면 손색이 있다고 하겠습니다. 이들을 고루 볼 수 있었고 아울러 그들이 출토된 유적도 몇 곳을 찾을 수 있었던 것이 이번 여행의 소득이 되었습니다.

4월 1일 아침 9시 급행차로 탁실라로 떠나려 하였더니 바로 이 날부터 시간이 변경되었다고 하기에 11시 10분 차로 떠나 오후 5시 수도인 라왈핀디에 도착하였습니다. 연선의 풍경은 인도와 크게 다르지는 않으나 북상함에 따라 巖上과 멀리 雪山의 연봉이 전개되었으며 大小麥의 재배가 많았습니다. 이 곳은 남녀의 구별이 심하여 객차는 따로 마련되었습니다. 차 안에서는 승객이 차례로 자리에 꿇어앉아 기차가 달리는 서방을 향하여 무수히 절을 하며 경문을 외는 것은 처음 보는 회교도의 예배 광경이었습니다. 수도는 고원에 자리잡고 있어 기온도 냉랭하였는데 이 곳 일대는 산악이 많은 벽지인 줄 짐작하였더니 땅은 넓고 도로는 포장되었으며 대소의 공장이 연도에 건설되고 있어 활기가 굉장함을 곧 느낄 수 있었습니다.

4월 2·3일 양일 간은 이 곳 수도에서 20리 떨어진 탁실라를 왕복하면서 이름 높은 박물관을 비롯하여 그 주변의 평지와 산간으로 고대 도시와 사원지를 찾아다녔습니다. 이 곳 탁실라의 박물관은 아담한 단층건물로서 고고학자 존 마샬의 반생을 바친 발굴로 수습된 유품이 소중하게 진열되어 있었습니다. 관내에 진열된 탑상이나 사리구·장식구·금속기·토기 등은 모두가 출토지와 知見이 확실한 것뿐이어서 더욱 중요하게 느껴졌습니다. 그리하여 귀로의 하루를 넣어 이 곳에서 보낼 수 있었던 3일간은 가장 즐거운 추억이 되었습니다. 아마도 이번 여행중에 찾았던 많은 박물관 중에서도 이 곳처럼 즐겁고 흡족하였던 곳은 다시 없었을 것입니다. 특히 훌륭한 숙사가 부속되어 도서실과 더불어 연구자에 공개되어 있는 사실은 부럽기만 하였습니다. 이 곳 사원지로서 다르마라지카라는 대탑을 중심으로 供養 소탑과 대소 가람이 배치되어 있었으며 塑像이 그대로 보존되어 있었습니다. 자울리안 사지는 巖上 중복에 위치하였는데 대소 탑 주위의 상들이 주목되었

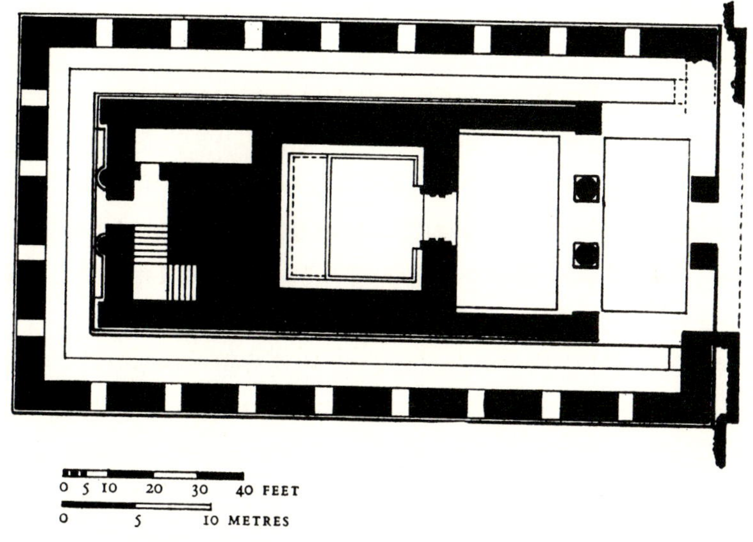

도판 69. 탁실라의 잔디알 사원 평면도

으며 모라모라두 사지에서는 작은 圓塔이 완전히 보존되고 있어 처음 대하는 실물을 반기기도 하였습니다. 이들 사원 건물은 모두 특색 있는 석축 양식을 보이고 있어 그 방식에 따라 연대 판정이 가능하다고 합니다. 현존 사원은 하나도 없고 모두가 발굴된 것이라고 하니 인도에서와 같이 주로 영국 고고학자의 공적이라고 보겠습니다. 고대 도읍지로서는 시르캅이 규모가 가장 커서 왕궁지·시가지·사원지 등이 표시되어 있었으며 그 남쪽 끝 작은 언덕은 마치 그리스 도시의 아크로폴리스로서, 정상의 쿠날라 탑은 아소카 왕의 고사와 더불어 인상깊은 곳이었습니다.

4월 4일 버스 편으로 페샤와르로 향하였는데 정오에 인더스 강을 건너 2시가 넘어 산장 같은 旅舍에 들 수 있었습니다. 페샤와르에 도착한 후 곧 박물관을 찾았는데 진열품의 대부분은 조각이었으나 진열은 정돈되지 않은 느낌을 주었습니다. 그러나 입구 전면에 세워진 거상들은 모두 간다라 미술의 걸작이라고 하겠으며 유명한 카니슈카 왕 사리 탑(金銅)은 실내 중앙에 진열되어 있었습니다.

이 곳 관장인 술훌(M. A. Shulhul) 씨와는 다음 날 아침 이 곳을 다시 찾았을 때 만날 수 있었습니다. 나는 혜초가 찾았던 葛諾歡寺의 소재를 물었더니 그는 샤바즈가르히의 차르낙데리가 그 유지라고 말하면서 내일 관원을 시켜 안내하겠다고 하였습니다. 이 날 오후에는 교외의 샤지키데리로 카니슈카 대왕 탑지를 찾았으나 황폐화되고 민묘가 들어서 있어 발굴지를 똑똑히 알아볼 수 없습니다.

4월 6일 아침 6시 반 버스 편으로 이 곳 숙사를 떠나 밤늦게 돌아왔는데, 박물관원의 인도로 다음의 양대 사지를 찾을 수 있었던 것은 행운이었습니다. 먼저 탁트 이 바히에 이르러 山頂 가까이 자리잡은 사원지를 찾았는데 대탑과 그 주위의 석조 감실이 중심을 이루었으며 그 밑에 승원지·탑원·지하 승방 등이 있었고 석불과 塑佛片이 다수 수습되어 있었습니다.

이 곳은 스와트가 멀리 바라다보이는 산중의 대찰로서 옛 규모와 장엄이 짐작되었으며 팔각형 소탑이나 圓形 屋頂의 石龕 양식이 주목되었습니다. 이 곳을 떠나 다시 버스 편으로 오후 2시에 차르낙데리에 당도하였는데 이 곳이 바로 혜초가 찾았던 사지로 추정할 수 있다는 곳입니다. 평야에 자리잡은 낮은 언덕 위에 건설되었는데 이 곳은 지난 3년간 일본 발굴대(水野精一 교수)가 발굴하였다는 곳이기도 합니다. 거대한 석축 기단 위에 건물지가 상접하였는데 그 평면은 곧 짐작이 아니 되었으나 전체의 규모는 거의 노출되어 있었습니다. 그러나 이 곳에는 혜초가 기록한 대탑지가 아니 보이기에 관리인에게 물었더니 이 곳서 멀지 않은 巖山을 가르쳐 주었습니다. 그리하여 험한 길을 더듬어 산정 밑에서 일본인들이 발굴한 방형 기단의 탑지를 볼 수 있었습니다. 탑지는 돗자리를 덮어 보호되어 있었는데 守直人이 있어서 친절하게 보여 주었습니다. 이 곳 사지를 찾았을 때는 부락 고로의 차대

도판 70. 탁트 이 바히의 僧院 전경

접을 받았는데 처음에는 일본인으로 생각하였던 모양입니다. 이 곳뿐 아니라 도처에서 이 같은 후의를 받을 수 있었던 것은 이 나라의 기풍을 느끼게 하여 주었습니다. 파키스탄 여행이 가장 즐거웠던 것도 이와 같은 까닭이라 하겠습니다. 귀로에 샤바즈가르히에서 아소카 왕 마애칙문을 보았는데 노령의 관리인이 석양에 홀로 앉아 있는 모습은 감명 깊었습니다.

4월 7일 이 곳 페샤와르를 떠나 버스 편으로 다시 탁실라를 향하였습니다. 서쪽의 카이베르 준령을 넘으면 아프가니스탄의 카불에 이르고 그 곳서 바미얀의 大佛이 멀지 않겠다는 생각이 들기도 하였으나 이 곳 페샤와르를 이번 여행의 서쪽 끝으로 작정하였던 것입니다. 그러나 동서문명의 십자로이며 중앙아시아의 관문인 이 곳까지 찾아와서 불교미술의 일대 중심이며 특이한 발달상을 보이던 간다라의 고토를 밟을 수 있었다는 것은 즐거운 일이었습니다. 장차 또 기회가 있다면 먼저 찾고 싶은 땅이 이 곳이기도 합니다.

4월 8일 오전에는 탁실라에서 가라왕 寺址에 이르러 전탑지를 돌면서 우리 경주 석굴암과 흡사한 평면을 보이는 두 개의 작은 탑원지에 놀라기도 하였습니다. 이 날 라왈핀디를 경유하여 밤늦게 라호르에 이르렀을 때는 몹시 피로하였습니다. 다음 날 9일의 조간신문은 우리 나라의 軍政 연장 보류를 특보하고 있었습니다.

오전에 라호르 박물관의 조각실을 다시 찾았고 오후 3시 라호르 공항을 떠나 다시 인도 뉴델리에 안착할 수 있었습니다. 이것으로써 인도와 그 인접 3국의 순회가 모두 끝났습니다. 귀국을 앞두고 10일간의 뉴델리 체재가 남았을 뿐입니다.

8. 네팔 기행

네팔은 비밀의 나라라고 하며 우리와는 국교도 없어 입국을 염려하였으나 캘커타의 영사관에서 손쉽게 사증을 얻을 수가 있었습니다. 그리하여 최단거리를 생각하여 북인도의 고도이며 비할 주의 수도인 파트나에서 왕복키로 예정하였습니다. 1월 27일 이 곳 공항을 떠나자 갠지스 강 유역의 넓은 평야가 전개되었으며 잠시 후에는 동북으로 멀리 설산이 바라보였습니다. 처음에는 한 줄기의 구름인가 하였더니 차츰 紫色 구름 위로 약간 분홍색을 띤 雪白의 능선이 주목되었습니다. 機上에서 평야와 설산을 번갈아 바라보면서 이 곳을 무대로 삼았던 역사와 종교의 변천을 생각하여 보았습니다. 불과 한 시간의 항로였으나 미지의 나라를 찾아든 흥분은 종일 가시지를 않았습니다. 인도와 네팔을 분계하는 산맥 하나를 넘어서니 山谷에 분지가 전개되었고 주위의 구릉 위에 3층의 민가들이 우뚝우뚝 서 있는 수도 카트만두에 도착할 수 있었습니다. 산간의 작은 공항에 내린 느낌이었는데, 稅關吏들도 서툴러 보였습니다. 항공회사의 안내로 콜로네이션 호텔에 짐을 놓고 석양에 시내를 걸어 보았습니다. 옛 모습을 지니고 있는 중심가는 협소한데 상점과 사원들이 혼재하고 있었으며 시민 이외에도 인근 山谷

의 부락민들이 각기의 복장으로 웅성대고 있는 것은 진기하였습니다. 군주국인데 차차 민주개혁이 마련되어 가고 있다 하며 동서 강국과 인도의 틈바구니에서 外援의 덕택을 받고 있다고 합니다. 그 중 인도와의 관계는 더욱 긴밀하여 풍습과 종교에서 인도의 북방 一州의 느낌이 있었습니다. 그러나 최근의 중공 진출에 따라 對印度 관계가 미묘하여졌고 인도정부는 몹시 신경을 쓰고 있는 듯하였습니다. 호텔 저녁식사에서는 우연히 우리 나라의 倭館에 있었다는 미국인을 만났는데 그가 한국에서 고분을 파서 토기를 얻었다고 자랑함에는 놀라기도 하였습니다. 이 곳 카트만두는 4천 척 이상의 해발이라고 하는바 새벽에는 추위를 느낄 수 있었습니다.

다음 날 아침 일찍 인력거로 서쪽 교외의 스와얌부나트 寺를 찾았습니다. 작은 丘上에 자리잡고 있는데 노변에는 야생의 원숭이가 출몰하여 사람을 놀라게 하였습니다. 이 사원은 원형의 대탑을 중심으로 가람과 공양소탑이 周回하고 있는바, 이 곳에도 피난온 西藏人이 많았습니다. 그들은 고국을 떠나서 고난을 겪고 있으나 순박한 기질의 경건한 예배는 잃지 않고 있었습니다.

대탑 사방에는 감실이 마련되었으며 周垣에도 莊嚴이 있었는데 그보다도 塔頂의 금동제 상륜은 塔高에 비하여 대형이었으며 露盤 네 면에 人面을 그려 놓은 것이 기이하였습니다. 또 정상의 보주가 중앙 아시아 발견의 古畵나 일본 玉虫廚子의 그림에 보이는 보탑의 것과 흡사함은 고식을 간직하고 있는 것으로 보였습니다.

네팔은 오랜 쇄국과 보수의 나라로서 인도 본토에서 자취를 감추어 버린 양식을 간직하였는데 이 같은 세부의 모습도 그 하나라고 하겠습니다.

이 곳을 떠나 국립박물관을 찾았습니다. 이것이 유일의 공개시설이라는바, 武具·왕가 초상화·민속품은 西館에 있었고 東館에는 금동상(힌두교를 포함하여)과 불화 등이 있었으나 크게 주목된 것은 없었습니다. 기괴한 多臂像과 歡喜像들이 있어 인도와 西藏과의 近緣을 보여주었습니다. 귀로에서는 시내가 조망되었는데 방형 다층의 누각식 사원건물이 솟아 있는 모습은 다른 곳에서 볼 수 없는 풍경이었으며 '寺寺星張 塔塔雁行'의 문구를 연상케 하여 주었습니다. 이 같은 특이 건물의 잔류는 그 세부의 목조각과 더불어 인도의 영향이라 하겠으나 동시에 이 나라의 특색이라고도 하겠습니다.

오후에는 시 동쪽 교외의 보드나트 탑을 보고서 인력거를 달렸습니다. 이 탑의 기단은 십자형으로서 네 모서리에 작은 탑이 배치되어 있었는데 상륜이 방형 다층을 이루고 있었습니다. 이 대탑은 위에서 말한 스와얌부나트 탑과 더불어 伏鉢形 인도 불탑과 동일한 양식계라고 하겠는데 이 곳에도 西藏人이 군집하고 있었습니다. 이 곳을 떠나 시내로 돌아오는 길가에서 廢塔(짜리부리보안탄)을 보았는데 사방 감실(동방은 항마인·석가모니 좌상)의 불상조각 이외에 서쪽에 남아 있는 2기의 팔각석등은 처음 보는 유품으로서 우리 나라의 신라 석등을 곧 연상케 하여 주었습니다. 이 탑 주변에는 석조탑상이 散亂하고 있어 이 나라 보존책의 현황을 보는 듯하였는데 이 같은 상태는 우리 나라에 있어서도 똑같다고 하겠습니다. 이 곳에서 숙사로 돌아오는 길에서는 산간 주민의 진기한 풍속을 볼 수가 있었습니다. 귀의 형태를 따라 細環을 무수히 장식한 여자, 목걸이를 단 남자, 칼을 차고 바지는 입지 않고 앞만 가린 남자……. 그들은 바구니에 짐을 넣어 이마에 끈을 걸고 있었습니다.

1월 29일 예정을 당겨서 인도로 돌아가기로 하였습니다. 재입국 수속도 이 곳 인도대사관에서 前日에 끝낼 수 있었습니다. 그리하여 이 날은 아침시간을 이용하여 파탄(Patan)을 찾기로 하였습니다. 숙사 방에서 아침해에 붉어 가는 백설의 히말라야 연봉을 볼 수 있었던 것과 파탄 길에서 다시 장엄한 山容을 대할 수 있었던 것은 감명 깊었습니다. 히말라야 산맥을 조망할 수 있는 곳이 멀지 않다고 숙사의 지배인

도판 71. 네팔 파탄의 佛寺

이 권고하였으나 대절의 차비가 비싸기에 단념하였는데 잠시나마 산봉을 볼 수 있었던 것은 즐거운 일이었습니다.

파탄에서는 인력거로 2시간, 주로 사원을 돌아보았습니다. 시장을 중심으로 배치되어 있는 힌두 사원에서는 아침의 예배가 진행되고 있었습니다. 木・塼의 高樓와 석조건물이 인접하고 있는데 세부의 조식은 모두 우수한 것이었습니다. 이 외에 골목길을 물어서 마하보디 사원에 이르러 테라코타로 쌓아올린 고탑형 사원을 보았는데 인도 부다가야의 대탑을 따르고 있는 양식이 주목되었습니다. 이 건물은 근년의

③ 목조건물의 양식을 모각하고 있는 것은 양자가 동일하다. 곧 바라바르 석굴에서의 그것은 앞에서 적은 바와 같거니와, 토함산 석굴에 있어서는 원실 천장의 枓栱石, 전실에서 추정되는 목조 屋蓋 또는 兩壁 위의 두공석 같은 것이 그것이다. 우리 석굴에 있어서 현재의 前室部가 석조 圓龕과 年差가 있어 후기작이라고 가정한다면, 창건 당초에 있어서는 순전한 목조 佛殿의 전실 架構가 마련되었을 수도 있었을 것이다. 이 같은 추정이 이루어질 수 있다면 전실 입구의 원상은 인도의 바라바르 석굴(로마스 리시 굴)에서 본 바와도 같이 모조 가구의 모습을 갖고 있었으며, 또 그것을 유지하여 왔을 것이다(상기한 여러 점 외에 양자는 엄격한 좌우대칭의 수법을 지니고 있다).

위에서 든 서로의 비교는 인도 최고의 굴과 우리 토함산 석굴과는 약 1000년의 연대차가 있음을 무시하려는 것은 결코 아니다. 다만 기본평면에 있어서 뚜렷한 유사점을 보이고 있는 것은, 그 같은 장구한 연차에도 불구하고 양자가 종교적 석굴임에서, 서로가 직접 또는 간접의 연관을 맺을 수가 있다고도 볼 수 있는 것이다. 이 같은 최고 굴의 양식은 앞에서 적은 바와 같이 기원전후부터 주로 서인도를 중심 삼아 성행되었던 불교석굴 조영에서, 특히 탑원굴에 계승되고 있으며 동시에 인도에서 평지에 조영된 前方後圓形(Apsidal) 불전에서 그 연맥을 볼 수 있음에서, 인도와 우리 나라 사이의 직접 또는 중국을 경유하는 불교문물의 교류에서 우리 석굴사원과의 관계를 이 곳까지 더듬어 볼 수도 있을 것이다. 특히 필자가 이 곳 바라바르 석굴과 그 인접의 중요 불적을 답사하면서 자주 느낀 것은, 이 지역 일대는 특히 우리 신라 유학승들의 족적이 뚜렷한 곳이라는 점이다.

이 같은 사실에서 우리 나라 삼국 이래 더욱이 신라통일 후 기원후 700년을 전후하여 혹은 육로로, 또는 해상을 통하여 인도 석굴에 관한 더욱 구체적인 知見이 우리 나라에 전달될 수 있었다고 추정하고자 한다. 그 같은 인도적인 것의 수용 섭취를 통하여, 우리 석굴의 설계 및 건조를 위한 과정에는 신라 자신의 전통적인 건축 조각의 技工과 창의가 바탕을 이룬 이외에, 불교의 발생국이며 불교도에 있어서는 먼 聖地이기도 한 인도국의 同系 석굴에 대한 동경에서, 그에 관한 지식이 중국의 그것과 더불어 도입, 축적될 수 있었다고 보아야 할 것이다. 우리 석굴이 비단 이와 같은 평면에서뿐 아니라, 그 東向인 점 또는 본존을 비롯한 周壁 諸像의 種別과 양식에서 인도적 요소를 다분히 내포함에서 한층 이 같은 親緣이 배경된 바 있었다.

이 곳 바라바르 언덕 석굴에 접근하여서 약 1km 相距인 나가르주니 언덕 위에도 옛 석굴이 있어 동시에 조사하였는바 평면의 종별이 있어 주목되었다.

북인도의 석굴로서는 이 바라바르 석굴의 동북방인 왕사성에서 자연 동굴 이외에 또 다른 일례인 손 반다르(Son bhandar) 석굴을 조사할 수 있었다. 본래 양 굴이 있었으나 그 중 한 굴은 붕괴되었는데, 현존하는 석굴에서 본다면 평면 방형의 小窟로서 光窓이 하나 열리고 천장은 완만한 圓蓋形을 이루고 있어서, 기원후의 작품임을 알 수 있었다. (1월 20일)

(3) 서인도의 석굴

1) 우다야기리(힌두교) 석굴

북인도 각지의 불적과 갠지스 강 유역의 파트나·바이샬리 등지의 고대도시, 또는 사원지·대탑지 등 발굴 유지를 순회한 다음, 2월 하순에 다시 뉴델리를 출발, 서인도와 남인도로 조사여행을 떠날 수 있었다.

특히 이 여행은 인도 석굴의 중심인 서인도—봄베이 부근—를 목표로 하였기 때문에 이름 있는 아잔타나 엘로라의 대석굴을 포함하여 그 인근의 여러 석굴을 살필 수가 있었다. 서인도에 있어서는 인도 最古의 탑이 거의 완전하게 보존되어 있는 산치(Sanchi)에 체류하고 있었던 수일 중의 하루(2월 21일)를 이용하여 산치에서 멀지 않은 마디아 프라데시 주의 우다야기리(Udayagiri) 석굴을 조사할 수가 있었다. 이 석굴 또한 불교굴이 아니고 힌두교에 속하는 것으로, 巖山 중복을 이용하여 비교적 소규모의 석굴이 다수 집중되어 있었다.

고대도시의 하나인 비디샤(Bidisha)에 이르러 마차를 얻어 현장까지 손쉽게 당도할 수가 있었다.

이 곳에는 크고 작은 두 개의 언덕이 남북으로 연하였고 주로 큰 언덕 하면에 약 20굴의 소굴이 연속되었는데, 굴내에는 힌두 신상 또는 링가(Linga)가 봉안되어 있었다. 그 중에서도 제5굴의 猪形의 비슈누(Vishunu)는 이름 높은 작품이었으며, 제6굴의 링가에는 시바 신의 얼굴이 새겨져 있었다. 또 제7굴(찬드라굽타)은 외형이 圓堂形이며, 위에 크고 둥근 판석을 얹어 이것을 短支柱로 지탱한 형식으로서 소위 암석 사원의 선구적인 것으로 주목되었다. 이들 석굴 평면은 방형이었고 굴 중에는 명문이 있어 5세기 무렵의 작품으로 추정되고 있었는데, 힌두교 굴로서는 초기 작품임에서 주목할 만하였다.

2) 아잔타 대석굴

(불교굴, 2월 22~25일)

앞에서 적은 바와 같이 서인도는 인도 석굴의 집중지로서 크고 작은 굴이 點在하였으며, 그 연대는 기원전 2~기원후 7, 8세기에 이르는 약 1,000년에 걸쳐 있다.

이와 같이 인도의 석굴이 서인도에 집중되어 있는 것은 앞에서 적은 바와 같이 인문적 여건 이외에 자연적인 조건에 따르는 것이라고 한다. 곧 산악이 비교적 적은 인도에 있어서 남인도와의 경계를 이루고 중서 인도에 뻗어 있는 산맥은 특히 봄베이에 많은 암석을 일으켜 석굴 경영의 호조건을 이루고 있다. 또 이 같은 지리적 특색을 떠나서 인도의 열대성 기후는 閑靜하고 冷凉한 석굴의 발달을 이루게 한 원인

도판 74. 아잔타 제17굴 현관 벽화

이 되었으며, 내구성에서 보더라도 목조건물보다는 석굴이 훨씬 우위에 있기 때문이다. 그러므로 인도에서 불교가 타종교를 누르고 번영하던 기원전 2, 3세기 무렵부터 약 1,000년간에 개착된 석굴은 거의 과반수가 불교적인 것에 속하는 것이다. 그러나 상기한 북인도의 최고 굴(바라바르 굴) 또는 동인도의 석굴에서 본 바와 같이 그 시원 작품에 있어서는 불교적인 것이 아니었다. 그러나 그와 같은 석굴사원을 초기에 속히 채용하여 크게 발달시킨 것은 오직 불교라고 할 수 있을 것이다.

이 같은 본격적인 석굴 경영의 무대가 서인도이어서 기원전 2세기부터의 개착이 착수된 것인데, 아잔타 같은 대석굴에 있어서는 초기의 것으로부터 후기의 것까지 모두 동일 장소에서 볼 수 있어 연구의 편의뿐 아니라, 실로 일대 장관이라고 할 수 있었다. 그러나 이번의 단신 조사는 시간의 제약이 있어 대석굴에서는 불과 4, 5일 기타 소규모의 것에 있어서는 대개 1, 2일간이었으며, 그 위에 기온의 급승으로 인한 곤란으로 충분하게 이루어질 수는 없었다.

잘가온 역에서 하차하여 다시 버스 편으로 40리 상거의 파르다푸르 (Fardapur)에 이르러 이 곳 숙사에 머무르면서 3일간 석굴을 왕래할 수 있었다.

아잔타 석굴은 전부 29개의 대소 석굴이 있어 그 중 탑원굴은 4굴이며, 연대는 기원전 1세기에서 기원후 7세기에 이르는 경영이다. 협곡에 들어서자 일대 암벽이 반월형으로 돌려 있고 그 중복에 대소의 단층 또는 2층의 탑원굴과 승원굴이 연접되어 있어, 그 전경을 한눈에 넣을 수 있는 것도 일대 경관이라고 말할 수 있다. 특히 이 곳 석굴에는 인도 最古의 벽화가 남아 있어 유명한데, 이와 같이 인도의 석굴은 단순히 건축일 뿐 아니라 회화와 조각을 간직하고 있는 하나의 종합예술임을 느낄 수 있었으며, 동시에 석조인 까닭과 건조한 기후 조건으로 거의 완전히 보존되어 있는 점에서도 매우 높은 가치가 있음을 알 수가 있었다.

이 곳 석굴은 크게 양분하여 비하라(승원굴)와 차이티아(탑원굴)로 나누어지는바, 전자는 입구에 列柱가 있고 방형에 가까운 내부 周壁의 삼면에는 작은 승방이 돌려 있으며, 전기 작품일수록 장식수법은 간단하다. 그러나 이 같은 비하라에 있어서도 차차 시대가 강하함을 따라 굽타기의 작품에서는 奧壁에 일대 감실을 만들고, 그 곳에 불상을 배치하는 양식을 따르게 되었다. 이에 대하여 탑원굴에 있어서는 그것이 본래 예배대상인 탑파를 봉안한 만큼 본당 또는 祠堂에 해당되는 것이

도판 75. 아잔타 제1굴 벽화 세부

다. 그러므로 그 구조나 용도 및 의의에 있어서 비하라와 판이한 모습을 보이고 있다. 곧 차이티아 굴에 있어서는 그 평면이 장방형 또는 전방후원형[馬蹄形]이며, 굴내 좌우에는 열주로써 周回되었고 천정은 穹窿을 이루었는데, 그 곳에는 목조 양식의 수법을 남기고 있다. 이와 같은 평면에다 後圓部 중앙에는 覆鉢形 圓塔이 놓여 있을 뿐인데, 교도는 오직 이 탑을 향하여 예배하며 또 이 탑을 繞回함으로써 의식을 삼는다.

그런데 이와 같은 탑원굴 중앙에 유독히 안치된 대탑은 上古의 작품일수록 그 형태가 매우 간단하여서, 원통형 基部 위에 복발형 塔身이 있고, 다시 그 정상에 방형의 平頭가 놓이고 傘蓋가 꽂혀 있다. 이 같은 초기의 탑은 그 자체에 아무런 장식이나 불상의 조각이 없다. 그러나 시대가 내려옴에 따라서 후기 석굴에서는 그 자체에 불상조각이 가하여지며, 또 그 비중도 차차 커지고 기단부도 다층화하며 정상부 산개의 수도 점증하여 간다. 그뿐 아니라 굴내의 주벽이나 列柱上의 間壁에 해당되는 부분에 이르기까지 불상조각이 만들어지는바, 그 같은 조식 수법은 굴 외벽에까지 시공되어 전면에 대소 불상이 조각된다. 곧 단순한 수법에서 繁縟된 장식으로 변화하여 가는바, 이러한 경영은 탑 그 자체에 대한 예배가 차차 불상의 발달을 따라 불상으로 옮아가는 신앙 내용의 변천상을 표현하는 것이라고 말할 수 있을 것이다. 그러나 정면 입구 위에 馬蹄形의 光窓이 마련되며 입구 전면에 기단형의 모각이 만들어지는 것은 후세에 이르러서도 동일하나, 그 양식은 시대에 따르는 변화를 보이고 있다.

아잔타 석굴에 있어서 탑원굴은 제9·10굴 및 제19·26굴인바, 제9·10굴과 제19·26굴을 비교해 볼 때 그 사이에서 앞서 말한 바와 같은 시대적 전후의 변천상을 곧 지적할 수 있을 것이다.

이 곳 아잔타 석굴에서 가장 주목할 것은 말할 것도 없이 탑원굴들이다. 그것은 특히 우리 토함산 석굴암과의 관련에서 그러하였다. 앞면에 마련된 基壇이나, 兩柱로써 받치게 한 포치 형 구조의 前庭 등은, 조사 당시 이미 설계가 진행되고 있던 우리 나라 석굴암과 관련되어 한층 주목이 되었다. 또 우리의 석굴이 主室에서 원형을 이루고 있는 것이 바로 이 같은 탑원굴의 평면과 관련된 것은 틀림없는 사실이라 하겠으며, 본존을 周回하게 한 방식이나 周壁의 조각상 등, 서로 유사한 방안이 있음을 느낄 수가 있었다. 이 같은 유사점이 특히 두드러지게 착안된 것은 아잔타 석굴에 있어서는 후기의 조영인 굽타기의 탑원으로, 제19·26의 양 굴을 들 수 있을 것이다. 우리 석굴암 석굴의 본존상을 대신하여 인도식인 원탑을 배치하며, 주실과 전실의 間膜을 疏通할 때 그 평면은 더욱 서로 근사함을 볼 수가 있을 것이다.

이 같은 점에서 석굴사원의 발상 및 성행의 본국이 인도임을 느끼게 하였으며, 그 땅에서의 시대를 따르는 신앙 및 조영상의 변천은 곧 다른 여러 불교 나라에 중대한 영향을 끼치게 되었던 것이다. 지역적으로 인도와는 매우 遠隔한 땅인 우리 나라에 있어서 주실을 원형으로 하였다는 사실은, 이 같은 인도에 있어서의 원형 사당을 이은 차이티아를 연원으로 삼았다고 추정할 수 있을 것이다. 그리고 평면에 있어서 주실로 볼 수 있는 後部에서 방형(아잔타 석굴)과 원형의 두 예로 구별할 수 있는 것은, 인도 以東의 중앙아시아·중국과 우리 나라의 석굴에 있어서도 동일하다고 볼 수 있을 것이다.

1962년 9월에 필자가 새로이 조사한 경상북도 軍威郡 부계면 남산동의 三尊石窟 등은 거의 방형의 평면을 보이면서 천장은 圓隆形을 이루고 있어, 토함산 석굴에 선행하는 조형으로 추정한 바 있었다. 이 글 처음에서도 언급한 바와 같이 우리 석굴사원의 역사는 결코 짧지는 않다. 아마도 불교 始傳과 때를 같이하여 그에 관한 知見이 전래하였을 것이며, 그 이용과 조성을 위한 발원과 노력이 계속되어 왔다.

충청남도 瑞山 같은 곳에서 새로 발견된 삼국시대의 거대한 磨崖三尊佛의 조성과 그 龕形內 봉안의 방식 및 목조법당의 배치 등은 석굴사원의 뚜렷한 시도의 시원적 표현이라고 할 수 있을 것이다. 우리 나라의 석굴이 그 초기에 있어서 모두 규모가 작은 자연적 동굴 이용이 많았던 것은 천연적 조건, 또는 산중 가람의 경영 규모의 특징에서 온 것이나, 석굴을 이용하여 예배대상을 봉안하든지 또는 승려의 수도와 거처를 삼았다는 것은, 불교 전래의 초기부터 뚜렷한 인도적 요소이며 그 후 오래도록 계승되어 온 일이기도 하다.

이 같은 석굴 사용의 두 가지 방안은 곧 인도에서의 두 종류 석굴인 비하라와 차이티아에 대응하는 것이라고 말할 수 있을 것이다. 삼국시대의 시창으로 추정되는 충청남도 공주 주변의 암굴사원, 예컨대 西穴寺址가 윗쪽에 석굴을 두고 그 밑에 가람을 배치한 것들이 그 일례가 된다고 할 수 있다.

인도 제일의 규모를 지니는 아잔타 석굴에 있어서 이 같은 두 가지 양식의 석굴이 공존하여 확연하게 식별되는 사실과, 시대에 따르는 신앙 변천에서 굴내 봉안된 탑상의 비중이 조형면에서 또한 變相을 보이고 있는 것은, 우리 나라 석굴사원의 고찰에 있어서 깊이 주목되어야 함을 느낄 수가 있었다.

3) 엘로라 석굴

(기원후 7~8세기. 불교굴은 계 12굴. 2월 26~29일)

이 대석굴은 앞서 말한 아잔타 석굴과 같이 서인도 봄베이 주에 위치하고 있다. 철도 沿線인 아우랑가바드에서, 또는 아잔타에서 버스편을 이용하면 쉽게 당도할 수 있다. 낮은 丘山에 자리잡고 있는바, 서쪽으로는 대평원이 전개되고 있어서 무한한 전망을 이루고 있다. 서향한 일대 岩丘의 하단 가까이 남에서 북의 순서로 불교굴·힌두교굴·자이나교굴이 연접하고 있어, 異敎의 공존을 보이고 있다. 그러나 아잔타도 그러하거니와 이 곳 또한 모두 과거의 장엄을 잃고 오직 고적으로서 중앙정부의 관리를 받고 있다.

이 곳 남단에서 비롯하여 서로 연속되고 있는 12개의 불교굴에서 가장 주목된 것은 유일의 탑원굴인 제10굴과 3층석굴인 제11·12의 양 굴이었다. 탑굴이 이 곳에 오직 하나밖에 없다는 것은 그 비중의 감소를 말하는 것으로서, 이 같은 시대적 변화는 그 구조와 장엄에서 현저한 특색을 나타내게 하였다. 방형의 넓은 前庭을 설치한 것도 특색이거니와 정면관에 있어서 光窓의 규모가 매우 작아지고 그 대신 발코니[露臺]를 마련하여 그 곳에 통하는 출구를 만들었다. 내부에 봉안한 탑에 있어서도 기단부가 高大해지고, 覆鉢·塔身이 작아지면서 기단이

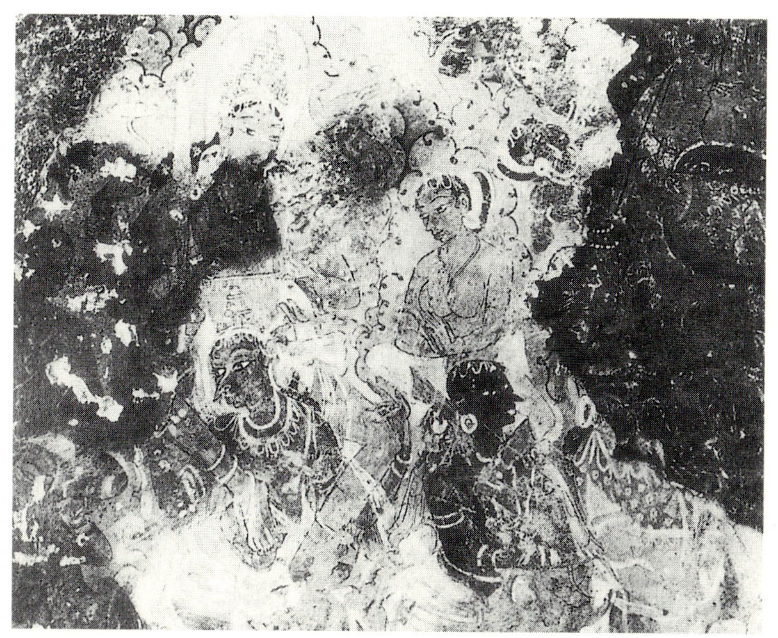

도판 76. 엘로라의 카일라사나트 사원 벽화 중 비쉬누(Vishnu)와 락쉬미(Lakshmi)

나 身部 정면에 佛龕을 만들어 큰 불상을 조각한 것은 주목할 만하다. 이와 같은 변화는 예배대상이 사리 봉안의 탑파에서 불상으로 옮아 간 것을 말하는 것으로, 탑원굴로서의 본래의 면모와 의의는 희박하여졌다고 말할 수 있을 것이다. 이러한 변천의 추세는 중국을 지나 마침내 석굴사원의 종점인 우리 나라 토함산 석굴에 이르러서는 그 중앙에 일대 여래좌상을 안치케 되었으며, 본래의 탑은 마침내 공예적 小石塔으로 응축되어 우리 석굴 내에서 그 遺影을 남기었다고 할 수 있을 것이다.

우리 석굴 내의 소탑은 한말에 일제의 손으로 약탈되어 일본으로 반출되었으며, 그 밖에 破塔 1기가 일제 공사 때 굴 내에서 발견되어 현재 국립경주박물관에 진열되고 있다. 이 같은 2기의 탑파(그 중 완전한 것은 오층대리석탑이라고 전한다)가 석굴 내에 봉안되어 있었다는 사실은, 석굴이 탑파 봉안을 위한 목적에서 조영된 본래의 의의가 후세 遠隔의 땅에 전파되었을 때도 하나의 전통적이고 본원적 수법으로 지녀 왔다는 것을 말하는 것이다. 그러므로 우리의 토함산 석굴이 비단 오늘 보는 바처럼 불상만을 봉안하기 위하여 경영된 것이 아니라 발상국 이래의 탑상 봉안의 방식을 따르고 있다고 보아야 할 것이다. 이 같은 견지에서 본다면 오늘 자취를 감추어 버린 소탑은 우리 토함산 석굴이 그 창건에서 주어진 신앙적 내용과 조형적 原態를 살피기 위하여 가장 중요한 遺作이라고 말하여야 하겠다.

다음에 이 곳 불교굴 중에서 앞에서 든 3층석굴은 양 굴이 모두 거대한 규모여서 인도에 현존하는 다층석굴 중의 대표가 될 만할 뿐 아니라, 각 층(특히 12호굴 최상층에서)에 배치된 불보살류(7불·관음·미륵 등)는 동시에 인도 불교신앙의 시대적 표현이 될 만하다. 각 층은 列柱로서, 거의 장방형으로 만들었고 양측에 계단이 있어 아래위로 오르내릴 수 있게 되어 있다.

이 곳에서는 신라의 渡쁘僧인 慧超가 그의 순례기 속에 기록하고 있는 다음과 같은 문자를 주목한 바 있었다.

放彼山中 有一大寺 是龍樹菩薩使夜叉神造 非人所作 竝鑿山爲柱 三重作樓 四面方圓 三百餘步

이것은 혜초가 남인도 歷路에서 親訪한 곳인데, 만일 '三重作樓'가 3층석굴을 말함이 틀림없다면 이 곳 엘로라의 석굴을 혹시 古剎에 넣어 볼 수도 있을 것이다. 그 까닭인즉 인도에서 3층석굴로서 최대의 대표작품이 이 곳에 있기 때문이기는 하나, 이 같은 추정은 보류하고자 한다.

엘로라 석굴군 중 이 같은 불교굴에 이어서 힌두교굴이 연속되었으

도판 77. 엘로라의 카일라사나트 사원

며, 다시 힌두교굴에 이어서는 자이나교굴이 있어 대소 굴이 합계 34개나 되는바, 그 중 힌두교에 속하는 카일라사나트 굴은 규모와 내부 구조 등에 있어서 경이할 만한 조영이다. 일대 巖山을 개착하여 하나의 거대 사원이 一石塊에서 이루어지고, 다층 多室의 평면과 그 곳에 조각된 신상과 동물과 장식 문양 등이 다채롭고 巨品임에는 새삼스레 놀라기도 하였다. 이 같은 석조물을 통하여 인도 석굴사원의 오랜 역사와 그 성행한 자취를 짐작할 수 있는 동시에, 인도가 동양에 있어서 석굴사원의 중심이며 그 근원을 이루고 있음을 다시금 알 수 있었다.

그러나 이 곳 엘로라 석굴에서 본 바와 같이 8세기에 이르러서는 불교 그 자체가 인도에서 쇠퇴됨을 따라 불교굴이 점차 자취를 감추고 그에 대신하여 힌두교굴이 그 교세의 융성을 반영하여 다수 조영된 사실을 알 수 있었다.

이와 같이 석굴의 성쇠는 그를 뒷받침하던 종교와 운명을 같이하여 변천되었다고 말할 수 있다.

4) 아우랑가바드 석굴

(기원전~기원후 7세기. 합계 13굴이 있는바 그 중 탑원굴은 하나뿐이며 규모는 모두 작은 것이다. 3월 1일)

이 석굴은 엘로라에서 멀지 않은 철도 沿線인 아우랑가바드 시 교외 3km 지점에 있어, 일대 암산 중복에 동서 2군으로 나누어 개착되었는데, 유일의 탑굴인 제4굴도 앞면의 입구와 천장 일부의 붕괴로 원형을 많이 상실하고 있었다. 列柱는 모두 팔각이었던 듯하나, 완전한 것은 없었다. 인도 석굴에 있어서의 이 같은 팔각기둥의 존재는 다른 굴에서도 볼 수 있는바, 우리 토함산 석굴에서의 팔각 쌍주를 곧 연상케 함이 있었다. 고구려 고분 중 雙楹塚 같은 곳에서도 이 같은 팔각기둥이 현실 입구 좌우에 세워졌는바, 그 기원은 서방적인 것이라고 할 수 있다.

인도 고대의 아소카 왕 석주가 모두 원형석주였음에 비하여 석굴의 입구나 굴내의 기둥 모습이 방형 또는 팔각임은 이미 여러 곳에서 주목되는 바 있었다. 아우랑가바드 석굴에서는 이 탑굴이 가장 오랜 것이라 하여 혹은 기원전 1세기라고도 하고, 혹은 기원후 2세기경이라고도 한다. 기타의 비하라 굴 또한 모두 불교굴인바, 그 중 제7굴 같은 것은 主室 중앙에 불감을 배치하고 그 네 주위에 繞道가 마련되어 있으며, 그를 따라 승방이 개착되어 있는 것이 특이하였다. 그 평면은 방형인바 이와 같이 연대가 강하함에 따라서 변화를 보이는 석굴이 경영된 것은 우리 토함산 석굴이 주실에서 원형 佛座를 중앙에 두고 周回케 된 意匠과도 상통함을 느낄 수 있었다(그러나 아우랑가바드 제7굴에 있어서는 주벽에 불상조각은 없으며, 주실과 전실이 모두 방형 또는 矩形을 이룬 것이 다른 점이라고 하겠다).

이 같은 관점에서는 앞에서 말한 아잔타 석굴에 있어서 후기의 탑원굴인 제26굴이 그 주벽과 열주 위 楣間에 불상조각을 갖고 있는 것은 탑파 자체에 불감이 조각되어 있는 점과 더불어 한층 주목되어야 할 것이다.

이 곳 석굴군은 오늘 고분으로서 보존되고 있을 뿐이며 주민의 신앙을 받지 못하고 있는바(인도의 불교석굴이 모두 그러하였다), 고대에 있어서는 정치적·경제적 요지와의 관련과 열렬한 신앙의 뒷받침에서 이룩되었던 것은 틀림없는 일이다. 특히 서인도의 각 석굴이 고대의 교통무역로에 위치하였던 도시와의 긴밀한 관련을 맺고 그 근교 산지에 경영되었다는 것과 그 조영이 크고 작은 여러 왕조의 비호와 부유한 대상인과 호족의 발원으로 이룩되었다는 사실을 고려에 넣어야 할 것이다. 우리 토함산 석굴이 또한 국도 경주의 동쪽 靈山(신라 五岳 중 東岳) 위에 자리잡고 그 발원이 당대의 김씨왕실(金大城은 왕족 출신임이 틀림없다)에 의하였다는 사실은 인도 또는 중국에서의 석굴 조성의 인연과 비교하여 서로 공통된 바가 있다고 보아야겠다.

5) 나시크 석굴

(봄베이 주 나시크 로드 교외, 모두 불교굴로서 기원전 1~기원후 2세기, 계 24굴인바 그 중 탑원굴은 하나뿐. 3월 3일)

봄베이 시로 통하는 나시크 로드(Nasik Road) 역에서 2km 떨어진 곳에 암산이 높이 솟아 있어 그 중복에 일렬로 석굴을 뚫었는데, 모두 동북향이다.

이 곳 석굴 중 제3굴 및 제8굴에 있어서는 前列 팔각주 頭上의 동물상이 주목되었는데, 이들은 또 승원굴로서도 정비되어 있었다. 유일의 탑원굴인 제18굴은 보존 상태가 양호하였고, 외부 입구의 彫飾도 매우 고식을 보여주고 있어 앞에서 말한 인도에서 가장 오래 된 굴인 바라바르의 로마스 리시 굴의 입구를 연상케 함이 있었다. 불상이 출현하기 이전에 탑을 봉안하고 그에 대한 예배가 있었던 당시의 오랜 유구임이 틀림없다(이 같은 탑 예배는 이 곳 승원굴의 하나인 제3굴 奧壁에도 탑형이 양각되어 있어 귀중한 자료임을 알 수 있었다). 또 승방만이 세 벽에 돌려 있는 비하라에서 변화하여 불감을 중앙 奧壁에 마련한 것도 있으나, 이것은 후대의 改構일 것이다. 또 제23굴에서 삼존상 양식의 두 보살이 冠飾으로서 탑과 化佛을 지니고 있는 것은 관음상의 출현으로서 주목되기도 하였다.

이 나시크 석굴은 앞에서 든 엘로라나 아우랑가바드보다도 연대가 高古한 만큼 규모는 작으나 架構와 조각이 간명하였으며, 특히 柱頭 양식의 동물상 조각은 상고의 양식과 연맥되어 있었다. 이 곳 석굴의 占定이 고대도시의 하나인 나시크와 근접하고 있는 것은 다른 예의 경우와 동일하다. 끝으로 이 나시크 석굴에는 앞면 열주가 기단 위에 列立하였으며, 그 위에 오르는 층계가 마련되어 있는데(특히 제3·10굴), 이 같은 기단의 설치와 石階의 부가는 곧 우리 나라 토함산 석굴의 복원에 있어서 하나의 주목이 되기도 하였다.

그 이유인즉 우리 나라의 경우에 있어서 목조 전실을 석굴 앞에 부가한다면 3칸을 이루는 圓柱 4개가 앞면에 나서게 된다. 그리고 이 같은 3칸 법당의 前室은 당대의 수법으로 그 자체가 석조 기단으로서 앞면이 짜여지는 까닭에, 일정한 높이 위에 서게 된다. 동시에 이 기단 평면과 지면과는 고저의 차가 있으므로 중앙에 석계를 마련하게 된다. 이 같은 전실의 佛殿形이 추정되었기 때문에, 우리의 토함산 석굴은 그 앞면의 모습이 열주와 기단과 석계의 三部를 갖추게 되는바, 이 같은 양식은 순전한 석조만의 架構인 인도 석굴 특히 나시크 같은 곳에

도판 78. 엘레판타 석굴의 시바(Siva)像

서 뚜렷이 표현되어 있음을 확인할 수 있었다. 우리의 토함산 석굴이 비록 석조의 불감이 중심이 되었다 하더라도 그 앞에 설치된 목조 전실의 존재는 곧 창건 당시의 立案으로 서로 일체를 이루고 있는 것인바, 다만 인도처럼 자연암석을 개착한 수법이 아니고 인공적인 구축이었기 때문에 전실에 있어서 목조 결구의 혼용을 당초부터 예정한 것이 차별점이라고 할 수 있다.

6) 엘레판타 석굴
(봄베이 항구 밖의 작은 섬에는 대굴 이외에 파괴 또는 미완성의 3굴이 있다 기원후 5·6세기, 3월 5일)

이 석굴은 힌두교굴로서 유명하다. 규모도 크거니와 벽면의 神像 조각들은 모두 우수한 작품들이다. 현재 북쪽으로 출입하게 되었는데 본래는 동향하였다고 한다.

인도에 있어서 이와 같이 불교 또는 힌두교에 속하는 사원이나 석굴이 다수 동향하고 있는 것은 주목할 만한데, 이것은 우리 나라에 있어서 특히 신라 통일 이후의 사찰이 동향한 것과 비교 고찰되어야 할 것이다. 더욱이 이 글에서 논의의 대상이 되어 있는 토함산 석굴의 방향이 또한 동향임은 이 곳에서 아울러 지적되어야 할 것이다.

우리 석굴과 인도 석굴과의 비교를 여러 곳에서 시도하여 왔는바, 필자는 大海 중 小島에서 동향하고 있는 이 엘레판타 석굴에서 우리 토함산 석굴이 동해를 면하고 있는 점을 상기한 바 있었다. 동방을 중요하게 여겨서 사원을 정립하는 것은 분명히 인도적인 영향으로서, 남향을 위주로 하는 중국적인 방안과 다른 것이다.

우리 토함산 석굴은 결코 우연히 동향하게 한 것이 아니며, 일본인 학자가 말하듯 무의미한 것이 아니다. 그 곳에는 신라의 국가적 의의가 부여되고 있어 우연한 定位가 아니라 일정한 방위를 잡고 경영한 것이니, 토함산 석굴은 동동남을 향하여 동해안의 문무대왕 유적(경주시 양북면 용당리 감은사지와 그 앞바다의 소위 대왕암이라고 불려 오는 문무왕릉 일대)을 목표로 삼았다.

이와 같이 동향하게 한 곳에는 인도 이래의 수법에다가 신라국 그 자신의 신앙적 殊異相과 경영 발원의 특별한 의도가 混與되어 있다고 보고자 하는 바이다.

이와 같은 방위 문제 이외에 이 곳 석굴에서 주목되는 것은 해면과 근접된 이 석굴의 보존에 대한 것이었다. 그러나 이 엘레판타 석굴은 내부가 광활하고 통풍이 잘 되고 있는 점은 우리의 경우보다도 유리한 여건이라고 할 수 있을 것이다.

7) 칸헤리 석굴

(봄베이 시 북방, 기원후 2~8세기. 석굴 수는 대소 108개로서 그 중 탑굴은 두 곳. 3월 6일)

이 석굴은 봄베이 시 고고국의 안내를 받아서 조사할 수 있었다. 봄베이 시에서 교외 철도로 북상하여 보리블리(Borivli) 역에서 하차, 다시 마차 편으로 당도할 수 있었다.

서향한 일대 岩丘 북쪽 끝에 단층을 지어 100여 개의 석굴을 마련하여 놓았는데, 암질이 취약하여서 붕괴된 것이 많았고, 조각의 풍화도는 매우 심하였다. 제3굴은 규모가 큰 탑원굴로서 가장 주목되었다. 입구에 후대인 굽타 기의 조각이 있었으나 당초의 남녀상들은 모두 古式을 보이고 있었다. 이 제3굴 좌우의 제2·4굴에도 圓窟內에 탑이 봉안되어 있는데 특히 후자는 소규모이나 차이티아(탑원굴)라고 할 수 있을 것이다. 비하라(승원굴)에는 벽면에 조각이 滿鏤된 것이 있는바, 그 중 제41굴 입구 오른쪽 벽에 새겨진 십일면관음입상은 처음 보는 遺例였다. 이것은 우리 토함산 석굴에 있어서 본존 후면의 동일상과의 관련에서 특히 주목되었다.

이와 같이 우리 석굴 내의 불보살 조각들은 그 비교 고찰에서 먼저 중국에 이어 인도의 彫像과 그 변천상을 주시하여야 될 것이다. 그것은 인도에 있어서의 신앙 내용의 변천과 그를 따르던 造像史가 중국에 대하여 지대한 영향을 끼쳐 왔기 때문이며, 또 불교융성기인 신라시대에 있어 우리와 인도와는 서로 긴밀하였기 때문이다. 더욱이 신라통일기에 들어서서는 인도의 지식이 인적 교류 등에서 한층 풍부하여졌을 것이며, 그 이전의 삼국시대에 있어서도 인도 승려의 도래나 또는 중국을 통한 인도 불교문물의 전달이 많았기 때문이다.

그리하여 불교는 고대에 있어서 동양 각국의 유일의 정신적 또는 물질적 연쇄를 이루고 있었다고 말할 수 있다. 역대를 통하여 濃淡의 차별은 있을지언정 인도적인 영향은 부단히 우리에게 전래하여 우리의 전통적 지반을 배양하면서 우리에 의하여 섭취되어 왔다고 할 수 있다. 그 같은 豊沃하고 淸新한 자체의 조형 지반이 마련되어 있었기에 우리의 석굴이 그 위에서 이룩될 수 있었던 것이며, 따라서 그가 지니

고 있는 정신적·조형적 내실은 곧 신라인의 것인 동시에 한편에 있어
서는 애써 도달하였던 중국·인도 문물에 대한 이해와 해석을 구체화
한 것이라고 할 수 있다. 오늘 우리의 석굴에서 인도적인 여러 요소를
지적할 수 있는 所以然이라고 하겠다.

8) 바자 석굴

*(봄베이 주. 인도 最古의 하나. 기원전 2세기. 굴 수는 합계 18이며 그 중 탑
굴은 하나. 3월 7일)*

봄베이 역에서 기차를 타고 동으로 푸리를 향하기 3시간, 로나블라
역에서 하차하여 다시 차 편으로 당도하게 된다. 약 10분 산을 오르면
거의 동일 고도에 석굴이 뚫려 있다. 이 곳에서는 인도에서 가장 오래
된 유일의 탑굴과 승원굴 중에서는 제18굴(이 곳에 힌두교설화의 고대
조각이 있다)과 小圓塔群 등이 주목되었다.

먼저 탑굴 천정에는 티크 재의 木部가 잔존하고 있어, 매우 희귀한
유례라고 하겠다. 이 곳에서도 인도 석굴의 초기 양식이 목조건물에서
의 번안임을 알 수 있었다. 또 이 굴내 봉안의 스투파도 매우 단순하여
서 원형 기단 위에 탑신이 있고 그 위에 平頭·覆鉢이 중첩되어 있을
뿐이다. 앞면은 완전히 개방되어 있어서 앞에서 말한 다른 굴에서와
같이 암석의 장벽·입구 등을 남기고 있지는 않은데, 이것은 창건 당
초부터 앞면에 목조 가구를 따로 마련하였던 것으로 추정된다고 한다.
환언한다면 석굴만을 개착하고 입구의 光窓 등을 목조로 함으로써
木·石 兩材의 결구체를 이루어 놓은 듯하다. 이는 우리 토함산 석굴
에 있어서 신라 당초의 수법과 매우 유사한 특색이라고 하겠는데, 토
함산 석굴에 있어서는 石龕보다 늦게 前室 석벽의 남북이 마련되었다
하더라도 그 옥개와 입구만은 역대를 통하여 木部로써 架構하여 왔음
이 틀림없을 것이다.

이 곳 바자 석굴의 列柱는 모두 팔각이나 장식이 없으며, 외부 윗면

도판 79. 바자 비하라의 부조 인드라 像

에는 작은 馬蹄形 擬窓의 장식이 중첩되어 있어 아담한 솜씨를 보여
주고 있다. 규모는 그다지 크다고 할 수 없으나 짜임새 있는 작품이라
고 하겠다.

　제19굴은 보수의 흔적이 많았으나, 굴 내의 조각 특히 왼쪽의 인물
상이나 입구 좌우와 오른쪽 벽의 조각 등은 모두 기원전의 작품으로,
인도 조각사상에서도 주목되는 것이라고 한다. 이 밖에 스투파 합계
14기를 연속시켜 배치한 조형이 있었던바, 이들은 오랜 세월에 걸쳐
조성된 작품으로 우리 나라에서 볼 수 있는 浮圖群이라고 하겠다. 이

같은 소탑에 있어서는 사리가 탑신 위 평두에 장치되는바, 그 흔적도 조사할 수가 있었다.

끝으로 새로 발굴된 小圓塔窟도 볼 수 있었다.

9) 칼리 석굴

(봄베이 주, 기원후 1세기. 8굴이 있는데 그 중 탑굴이 하나. 3월 7일)

앞에서 말한 바자 석굴을 떠나 약 4km 거리인 칼리 석굴에 오를 수 있었다. 이 석굴은 아직까지 찾았던 석굴 중 가장 높은 암석 山頂 밑에 있어서, 그 곳까지 오르기에는 힘이 들기도 하였다. 3월 상순인데 기온은 벌써 화씨 90도를 넘었으며, 공기는 건조하였다(인도 불적이나 석굴의 조사는 11월경부터 2월까지가 가장 적기임을 알 수 있었다).

이 곳의 탑원굴은 규모의 크기와 조각의 미와 열주의 장엄 등으로 널리 알려져 있다(과연 인도 제일의 탑굴임을 느낄 수도 있어 환희하기를 마지않았다). 이 곳에도 천정에는 穹窿形의 목부가 아직 잔존하고 있었으며, 스투파의 목조 傘蓋가 그대로 보존된 것도 기적에 가까운 일이었다. 앞벽과 입구 좌우의 인물 남녀 影像은 최상의 작품이며, 중첩된 擬窓 조각과 내부 열주 柱頭上의 인물상·동물상은 모두 주목되었다. 그러나 前面柱는 일부 붕괴되었으며, 獅子 石幢은 鈍厚한 수법을 보이고 있었고, 또 굴 앞에 작은 힌두사원이 차지하고 있어서 이 대굴의 경관을 크게 손상시키고 있었다. 여기도 크지는 못하나, 승원굴이 연속되었고, 그 중의 3층굴은 엘로라 석굴 이래 처음 보는 작은 遺構였다.

이 곳에는 고고국 출장소가 있어서 입장료를 징수하고 있었는데, 환경의 정비는 아직 이루어지지 못하고 있었다. 이와 같이 인도의 각 석굴에는 어느 것을 막론하고 관리제도가 실시되고 있어, 중앙 또는 지방의 고고국원이 배치되어 있는 것은 우리의 현상과 비교하여 느끼게 하는 바가 있었다. 우리의 토함산 석굴 또는 경주 등지의 많은 고적의

도판 80. 칼리의 차이티아

보존과 관리를 위하여 새로운 구상이 있어야 함을 이 곳에서도 느낄
수 있었다. 종전에 있어서 거의 방치에 가까운 관리 상태에서는 우리
석굴 그 자체의 세심한 관찰과 적기의 시책과 관람의 질서유지 등이
불가능하였으며, 그 결과는 석굴 조각에 대한 직접적인 영향을 가속도
로 주고야 말았던 것이다. 그러므로, 진행중인 보수가 완성된 이후의
관리 문제는 사전에 신중히 강구되어야만 할 것이다.

(4) 남인도의 석굴

남인도에는 석굴이 적으며 특히 불교굴은 매우 희소하다. 남인도 불
교의 중심지였던 크리슈나 강 유역의 나가루주나 콘다, 또는 아마라바
티 등지를 찾아서 현존하는 寺址나 塔址를 찾은 일이 있었고, 특히 전

전후 약 1,000여 년을 잡아야 할 것이다. 필자가 방문 중 직접 현지를 조사한 것은 극히 일부분이지만 주요 작품을 목표로 삼았기 때문에 最古 석굴을 비롯하여 서인도의 주요 석굴이 상당수 포함된 것은 다행이었다.

그리하여 앞에서 적은 경로에서 實査된 것은 그 수효에 있어서 약 300굴로 전 인도 석굴 수의 1/4에 달하였는바, 그들이 모두 중요한 것만이 아님은 물론이며, 그 중에는 규모와 작품 가치에서 논의 대상이 되지 못한 것도 다수 포함되어 있었다.

끝으로 우리 석굴과의 대비에서 기본적인 평면이나, 탑상 봉안의 原態 등에서 공통된 여러 점은 이미 지적할 수가 있었다. 동시에 우리 석굴이 가지고 있는 특이점도 들 수가 있었다.

그러나 인도 석굴의 조사를 통하여 무엇보다도 우리의 석굴은 그 조성과 諸像의 조각이 모두 우리의 전통과 기법의 계보 위에서 우리 손에 의하여 분명히 조형되었다는 사실을 짐작할 수가 있었다. 또 우리의 토함산 석굴이 건축·조각의 양면에서 비록 규모는 매우 작다고 하더라도 가장 우수한 조형임을 확인할 수가 있었다. 아마도 하나의 단위 석굴로서는 동양의 석굴 중에서 最優最美의 것이라 하겠으며, 그 중앙에 鎭坐하신 본존여래좌상은 그 法量에 있어, 그 조각에 있어, 또 그가 지니는 정신 내용에 있어 틀림없이 동양 제일의 존상임을 깨닫게 되었다. 그것은 우리 석굴이야말로 우리 고대미술의 황금기이며, 국가 번영과 평화의 시대였던 신라통일기인 8세기를 대표하는 정신적·물질적 결정체로서의 국가적 경영이었기 때문이기도 하다.

그러므로 이 석굴에 대한 우리의 연구와 그 重修는 먼저 우리의 고미술의 전통을 올바르게 해명한 그 위에 서서 方案이 이루어져야 할 것이다. 그 같은 자체의 파악이 없이 외래적 요소에만 치중하게 된다면 그에 대한 진정한 조형의 계보와 내포된 자체의 특이한 정신적 의의를 소홀하게 할 것이다. 환언한다면 우리 석굴이 이루어진 그 지반

에 대한 깊은 立脚만이 그를 완전히 이해하는 요건이 될 수 있을 것이
다. 이 같은 우리의 用意만이 우리 손에 의한 석굴 중수의 전제가 될
수 있을 것이다.

『佛敎學報』 제1집, 1965년 10월 10일

美國 博物館 探訪

(1972. 5. 2.~6. 9)

1972. 5. 2(화)

쾌청

아침에 문공부 조회에 출석하고 장관에게 인사했다. 5월의 신선함이 느껴진다. 조반 후 사무실에서 각 방의 순회를 부탁하고 진열관을 일순했다. 崔淳雨 씨에게 辭意 철회를 부탁했다(장관은 동의. 차관과는 면회를 약속).

2시 30분에 NWA(좌석 24-e)로 출발했다. 처와 朴敬源 부처, 惠卿이가 마중나왔다. 또한 동국대학교에서는 安啓賢·文明大·全榮華, 충남대학교의 成周鐸 교수, 국립박물관의 尹武炳·崔淳雨·韓炳三·李蘭暎, 友人인 秦弘燮·張衡植·金應煥 陸士博物館長, 知人인 車明浩·趙경규·鄭永鎬·鄭明鎬·尹章燮·林漢基·金忠欽·金世源 외 1인 등이 나와주었다.

생전 처음의 渡美! 지난 7개월의 공무생활의 과로가 격심한데, 이렇게 신천지에로 向發하게 되었다! 앞으로의 무사함을 기원했다(機上에서).

4시 40분에 일본 東京의 羽田공항에 도착, 통관은 간단했다. 공항에는 金大鉉·金復永·安喜泰 씨가 출영나왔다.

帝國호텔 新館 526호에 묵었다. 새로운 시설이 놀라우나 室貸 8,000엔 또한 놀랍다. 방에서 환담 후 金·李 양씨와 작별하고, 6시 30분 무렵에 金復永 목사와 부근에서 저녁식사를 했다. 東京의 변화와 새로운 건물, 상점의 디자인 등이 눈에 띈다.

9시 무렵에 숙사로 돌아와 곧 취침했다. 오랜만에 일본을 방문했다. 中吉功 씨가 전화했는데, 부인이 암으로 입원했다고 한다. 동정을 금할 수 없다. 내일은 東京국립박물관의 보스턴 박물관 전시회를 볼 예정이다. 밤늦게 金知見 씨로부터 전화가 왔다.

1972. 5. 3(수)

맑음

일본의 헌법기념일. 바다 하나 사이로 이같이 나라의 모습과 문화발전의 차별을 느끼겠다. 5시에 깨어 조용한 아침을 즐겼다. 욕실 등 시설의 디자인이 주목되었다.

6시에 NHK 컬러 TV의 뉴스에서는 북한방문 특파원의 평양 연구소장인 金永南과의 대담이 나왔다. 그는 일본 大和 高松塚이 고구려인에 의하여 만들어진 증거를 들고 고대문화 교류를 말하면서, 앞으로 자료·학자의 교류를 환영한다고 말했다. 벽화에 대해서는 석실 등에 四神·星宿·인물의 저고리와 줄치마를 들었으며, 머리 양식 또한 6세기 무렵의 고구려벽화에 다수 예가 있다고 한다. 그리고 특파원의 江西古墳 방문을 들어 6重門이며 入室하면 結露될 것이라고 말했다.

末松保和 박사에게 전화했는데 감기로 臥寢中이라고 한다. 미국에서 돌아오는 귀로에 상면할 것을 약속했다.

오전중에 松原三郎 씨와 1시간 이상 전화했다. 불상 이야기가 주가 되었으며, 미국의 각 박물관 소개의 말도 있었다. 그리고 五島美術館의 四天王 橫書(경주의 四天王寺 것이라고『佛敎藝術』에서 田中重久 씨가 주장) 이야기도 했다. 1시에 上野驛에서 中吉功 씨를 만났다.

東京국립박물관의 보스톤 전을 보았으며, 박물관 동양관의 구조와 진열 방식을 새롭게 주목했다. 모두 정성의 소산이었다. 그리고 최선의 방식으로 衆智를 모은 것을 알았다. 우리에게는 이것이 부족하다. 앞으로 새로운 우리 진열실의 생각이 머리를 떠나지 않는다.

보스톤 전에서는 우리의 것 특히 신라불상 1구, 銀器 2점 그리고 方形 靑瓷 香爐가 모두 逸品이어서 眼福이었다. 동양관 한국부의 여래입상의 연대를 6세기로 한 것은 의문이다.

5시 무렵에 歸館했는데, 中吉 씨 부인이 암으로 입원중이라는데 동정이 간다. 착한 사람들이며, 나의 은사의 同僚이기도 하다. 먼저 병원으로 갔다.

歸館 후 밤 8시 30분에 吉田 씨가 高麗 十王幀畵(絹本)와 초상화를 들고 찾아왔다. 내일 사진을 두고 가겠다고 한다. 값이 각각 70만, 40만인데 한 번 교섭할 만하다. 작년의 안중근 의사의 遺墨 2점도 이 분을 통해서였다. 국내에도 없는 이 古畵 입수에 유의하여야겠다.

11시 가까이 취침했다.

발신 : 호종(우편엽서)

中吉 씨와의 전화 : 金炯泰 씨 말로는, 불상은 일제시 前田 씨(고물상)가 廣州에서 牛車에 싣고 온 나무꾼에게서 입수하여 岡本 檢事에게 팔았으며, 그 뒤 일제 말에 김씨가 입수한 것이라고 한다.

1972. 5. 4(목)

맑음

10시 30분에 병원에서 혈압을 쟀는데, 95~160으로 걱정 없다고 한다.

11시 30분~2시 30분에 슈페르(Schuffer) 씨(독일대사관 文政官)를 만나 함께 자택에서 점심을 들며 재회를 반가워했다. 그의 검소한 생활이 눈에 띈다.

귀로에 우리 나라 대사관에 들러 姜 공사를 만났다. 金復永 목사와 동행했다.

3시 넘어 호텔로 金杰 군이 내방했으며, 일본인 사장과 인사했다. 그에게서 안중근 의사 유묵의 입수 노력을 들었다. 그리고 이 곳에 오는 우리의 문화재 소식도 들었다. 김군은 밤에 불고기 집에서 고기를 썰며 부업중이라 한다. 함께 7~10시에 김 목사 집에서 나의 신혼 시절의 고통과 죽먹던 이야기가 나왔다. 그와 가족 함께 이 곳에서의 안정을 바랬다.

歸宿하여 11시에 곧바로 취침했다.

1972. 5. 5(금)

비

오늘은 미국으로 떠나는 날이다. 아침에 짐을 정리했다. 비행기 회사에도 확인했다.

安喜泰 씨와 조반을 나누며 이야기하였다. 좋은 분이다. 성실이 통하는 사회가 이룩되어야 한다.

아침에 서울의 국립박물관으로 보스톤 박물관전의 카탈로그와, 尹 씨 앞으로 편지를 동봉했다.

12시에 金杰 군이 찾아왔다. 오후부터 쾌청하여 점심 후 옷을 사러 갔다. 그 뒤 4시 30분에 韓國硏究院으로 崔書勉 원장을 방문했다. 안중근 의사 사진 24매를 相場 씨로부터 입수했는데, 그 가운데 의사의 초상에 漢詩가 있는 것이 있어 新例로 보인다. 그 밖에 호외가 있어 5만 엔을 호가한다고 한다. 金玉均 선생의 유묵을 입수할 수 있다고 한다. 김군은 ‘爲國獻身 尊人本分’이라 쓴 유묵을 구득하려 노력중이다. 現品을 상대하고 三拜했는데, 일본인이 감명받았다고 말한다.

이 곳에서 나와 7시에 故 張錫 씨의 집을 방문했다. 옛 기억이 새롭다. 장남은 성장했으며 미망인도 무사하다. 고인의 위패에 재배헌화하고 생전의 후의를 표했다. 더러 이 분의 功過를 말하기도 하지만 그가 우리 문화재의 수집에 有功함을 부인할 수는 없다. 그의 공으로 많은 문화재가 우리 나라로 돌아왔는데, 그 가운데는 국보로 지정된 寫經도

도판 82. 일본 東京의 韓國硏究院

있다.

　帝國호텔로 돌아와서 10시 50분 PAA편으로 출발했다. 거대한 보잉기다. 내부에는 수백 명의 좌석이 있는데 일본인 부부의 신혼여행이 많았다.

　밤이 깊었으나 수면에 불편하다. 일본을 떠나 一路 미국을 향하고 있다.

　　발신 : 국립박물관의 蘇孃, 崔 선생, 韓 계장, 李 계장, 李蘭暎, 李元植(중국) 中吉功

1972. 5. 5(금)

　10시 40분에 미국 하와이에 도착했다. 열대로서 꼭 인도나 실론에 온 느낌이며, 덥지만 바람이 있다. 넓고 조용한 도시에 열대나무가 있다. 모그나(Mogna) 호텔에 들었는데, 마침 와이키키 해변에 있어 絶佳

했으며, 8시 20분에 캔자스에 도착해서 컨티넨탈 호텔에 들었다. 보스톤을 떠날 때 오랜 숙제였던 유네스코의 로노(Rohno) 씨에게 논문 수락 편지를 냈다. 보스톤을 떠나기 앞서서 미스 홀에게 전화했다. 보스톤은 아름다운 도시이며 오래 된 곳임을 느꼈다.

1972. 5. 23(화)

맑은 후 흐리고 비

새벽에 계속 잠을 이루지 못한 것은 시차 때문일까. 10시에 떠나서 넬슨 갤러리(Nelson Gallery of Art)에 갔다. 어느 박물관에 가나 학생들이 많은 것은 무료입장 때문만은 아니다. 교육에 있어서 박물관의 역할이 크기 때문이다.

약 1시간 동안 조각실을 보았는데, 잘 정리되었으며 일품뿐이었다. 금동불 속에 신라 것이 1구 있었다(倚座 높이 약 15cm). 鑄金이 좋은 신라불상으로서, 臺座도 우수했다. 蓮瓣 속에 花文이 있음은 보스톤 것을 연상케 함이 있다. 중국 조각실 속에 낯익은 碑座 외에도 唐代 倚座佛三尊과 臺座뿐인 것 1구(白玉)가 있는데, 명문 속에 '白玉思惟像'이라 새겨져 있다.

식맨(Sickman) 씨를 만나 인사했더니 친절히 대해 주었다. 鍾의 飛天 탁본을 선물했다. 石窟庵 本尊 문제─尊名─를 논의했는데, 그는 버마의 파간(Pagan) 이야기를 하였다(파간에 관한 책은 뉴욕 대학의 Artibus Asiae에서 *Old Burma and Early Pagan*, 1970년판으로 3책이 나왔다).

점심을 이 곳 여직원과 남자 조수와 함께 들고 다시 도서실 및 주로 그림의 보존실에 들렀다. 창고도 두루 보았으나 별것은 없었다. 漢代의 石門 2개에는 고리가 남았으며, 고려 것으로는 銀鉢 4개와 淨瓶 등이 있었다. 唐代 것으로는 상륜이 달린 銅杯가 있는데, 서울 것과 흡사한 채 그보다 컸다. 이 곳서 중공에서 신발견된 화보를 보고 다시 중국실을 돌아보았다.

4시에 돌아와 잠시 잤다. 6시에 저녁을 먹고 리(Lee) 씨와 시가지를 일순한 뒤 취침했다.

발신 : 崔淳雨 · 裕子

전화 : 이 곳 교포인 이남순 씨와 서울의 朱 여사에게 안부 전화.

1972. 5. 24(수)

맑음

어젯밤의 雷雨는 가시고 오늘은 맑은 아침이다. 호텔 12층의 창문을 열고 넓은 평원을 바라보았다. 7시가 되어 도회의 소음이 더욱 심해진다. 어젯밤의 피로로 인해 앞으로 무리 없기를 기하여야겠다.

10시에 다시 캔자스 박물관에 가서 윌슨(Wilson) 씨와 책 이야기를 하고, 보고서 2책을 얻었으며, 해리슨(Harison) 여사에게서 사진도 구할 수 있었다. 이것으로 큰 도움이 될 것인데, 相輪付靑銅杯는 식맨 관장이 上海에서 입수하였다고 하니 아마도 唐代의 것일까. 식맨 관장이 자신의 콜렉션 사진을 주었으며, 한국에 오겠다고 한다. 또한 雙手降魔印 불상의 사진도 약속했다. 친절한 분이었으며, 앞으로 무엇이든 연락하라는 말은 고마웠다. 동시에 芥子園과 十竹齋의 목판(Woodblock)展을 보았으며, 그 곳에서 식맨 관장을 다시 만나기도 했다.

이 곳에서 4시 30분에 유나이티드 항공 편으로 출발하여 6시 넘어 샌프란시스코에 도착했다. 공항에는 재미슨(John Jamieson) 교수 외에 영사관에서 朴明浩 씨가 나와 맞아주었다.

모리스(Mowrice) 호텔 1004호실에 들었다. 순조롭게 이 곳까지 왔는데 시차로 아직 밝았다. 여행수단은 좀 편리한가.

발신 : 尹章爕 · 洪 차관 · 芮庸海 · 安啓賢 · 金載元

1972. 5. 25(목)

맑음

캘리포니아 대학, 오전 9시~오후 10시 30분

재미슨 교수가 8시에 차를 갖고 호텔로 찾아와 같이 버클리에 나가 학생회관에 들렀다. 이 곳의 외국인 방문자 센터(Foreign Visitors Center)에서 일본인 여자인 아이코 다키타(Aiko Takita)를 만났다.

9시에 이 곳에서 朴成培 교수를 만나 반가웠으며, 함께 로베르터(Lauberter) 교수를 찾아가 잠시 인사한 뒤, 다시 캐힐(Cahill) 교수를 찾았다. 그는 박물관을 안내해 주었는데, 이 곳에는 몇 점의 중국화가 눈에 띌 뿐, 學生展·繪畵展이 있었다.

수년 전 낙성된 건물은 투박한 상자형인데 내부에 계단이 없고 間壁 또한 없었다. 모든 것이 혼돈되는 느낌이었다. 다시 그를 따라서 조용한 숲속의 교수식당에 가서 점심을 들었다. 시설이나 음식물이 훌륭하다. 老교수들이 식탁에 둘러앉아 담소하는 모습이 눈에 띄었다.

이 곳을 떠나 서점에서 캐힐 교수의 안내로 두서너 곳을 찾아 그의 저서 2책을 입수할 수 있었는데, 이것은 다행이었다. 그의 호의에 감사할 뿐이었는데, 그는 올해 일본에 갔다가 가을에 내한하겠다고 한다. 대학 구내의 학생들은 자유스러웠고, 아시아인이 눈에 띄었다.

2시부터 이 곳 대학 출신이라는 한 부인이 오클랜드 시 박물관의 자원봉사자(Volunteer)라면서 그 곳까지 안내해 주었다. 차 안에서 假睡한 것은 피로한 탓일 것이다. 미술·역사·자연으로 나누어진 3부의 시설은 모두 캘리포니아의 그것인데, 역사는 짧으나 심지어 砂金採集 용기나 상점까지 그대로 옮겨놓았다. 이 같은 곳에 이 나라의 역사와 문화보존의 노력을 볼 수 있었다.

4시 30분에 재미슨 교수를 만나 그의 집에 들렀다. 두 딸이 커져서 귀여웠다. 6시 30분에 떠나 대학에서 멀지않은 중국집에서 저녁을 들었는데, 나를 위한 것이었다. 모임은 버클리의 동양학 교수인 로저스

(Rogers) 부부, 영국인 버치(Birch) 부부, 캐힐 부부, 드 영 박물관의 큐레이터가 합석했으며, 여러 가지 이야기를 나누었다. 재미슨 교수의 고마운 배려에 감사했다. 식후에 모두 재미슨 씨 댁에 모여서 나의 슬라이드를 보았는데 文武王陵·陵旨塔 등이었다. 모두 별다른 의견도 없었고 필름도 잘 정리 아니 되었었다.

그 뒤 재미슨 교수의 차로 歸宿하여 자정 가까이 되어서 취침했다. 하루 종일 어려운 일정이었으며 이른 아침부터 밤 늦게까지였다.

淺見文庫나 새로 입수한 寫經類(中韓日)는 주목되었으며, 오클랜드의 신관 중국식당 등은 인상깊은 곳이었다. 고마운 일이었다.

1972. 5. 26(금)

맑음

9시 30분에 이 곳 리셉션 센터(Reception Center)에서 진행요원인 미스 패스티 도내건(Patsy Donegan)을 만났다. 5월 7일 이 곳에서 마중받은 이래의 재회였다.

이 곳에서 택시로 드 영 박물관(De-Young Memorial Museum)에 갔는데, 학생들이 모여 있었다. 먼저 관장을 만나 金載元 박사의 소개장을 주었다. 그는 파리의 체무치 박물관(Czernuschi Museum)에서 일찍이 한국 미술전(Korean Art Exhibit)을 꾸몄었다고 하면서 매우 반가워하였다. 점심은 그의 안내로 시내의 중국집을 찾았다.

오전에는 주로 진열실을 보았는데, 놀랍게도 중국·한국·일본 및 동남아·인도 것이 망라되어 있었다. 중국 청동기의 푸른 녹은 玉(Jade)과 다름없었다. 신라의 여래입상은 이 곳 뉴욕에서 입수한 것이라는데 대작이다. 대좌가 완비되어 있으며 그 앞의 두 小像은 7~8세기 작품이었다.

오후에 창고를 보고 일본에서 새로 입수했다는 불화 1폭을 보았다. 관음·지장보살이 있는 阿彌陀圖로서 채색도 좋았다. 이 같은 불화를

도판 87. 샌프란시스코 드 영 박물관 우편엽서

우리가 모르는 사이에 미국에 파는 일본 상인의 심사도 그러려니와, 이에 무관심한 우리의 태도도 반성되어야 할 것이다. 이 같은 古畵가 없으면서 이것을 생각 못하는 우리의 무심이 문제다. 새로운 자료가 될 듯하다(보스톤의 堀岡 씨에게 알려도 무방하다고 한다).

창고에는 倚座像 2구와 '天保二年'銘 반가상 등 너무나 많은 것을 보았다. 한국 것은 빈약하였으며, 더욱이 竹筍注子 밑에 'Eha'라는 둥근 印이 있음에 놀랐다. 조선·고려 등 한두 점 외에는 별로 볼 것이 없었다. 최근년에 브룬데이지(Brundage)가 직접 서울에 와서 입수한 것이라는데, 그 중에 이 같은 저급품이 있으며 또한 그 외에도 雜器가 많았다. 옥으로 만든 角 등도 잘 알 수 없는 것이다(중국제일까?). 더욱이 보스톤 박물관에서 보았던 것과 동일한 금동관이 있음에는 놀라지 않을 수 없었다. 이것은 부끄러운 일이다. 우리의 도덕률, 그리고 이곳 사람의 과욕이라 할까. 딱한 일이었다. Director는 테스트 결과가 좋다고 한다. 硝酸을 썼는지 구멍이 뚫려 있었다.

5시에 그의 옥에 관한 신간 1책을 받고 후의에 감사했다. 또한 사진 7, 8매를 부탁했다.

돌아와 호텔 앞에 있는 한식당에서 두부찌개 백반을 들고 과일을 사 들고 들어와 곧 취침했다. 이것으로 일정이 거의 끝났으니 긴장이 풀리는 듯하다. 내일부터는 쉬어야겠다. 그리고 미스터 黃을 만나야겠다. 밤 11시에 미스터 黃에게서 전화가 왔다. 늘 고마운 일이다. 미국 여행도 대개 끝날 때가 다 되었다.

1972. 5. 27(토)

맑음

조용한 아침이었다. 늦게 아침을 들고 11시에 도착한 吳賢淑 내외의 차로 해안을 따라 스탠포드 대학교에 갔다. 도중에 전복과 게를 샀는데, 전복은 매우 큰 것이었다. 해양자원 또한 풍부하다. 우리같이 작은 것을 잡지 않는 탓인가. 자원의 溫存이 지켜지고 있는 까닭인가!

12시 넘어 스탠포드에 도착했다. 미스터 徐의 아파트에서 나를 위해 만든 만두를 먹었다. 아담한 부부 기숙사인데, 시설은 훌륭하다. 이 밖에도 아이가 있는 가정의 숙사는 2층이라고 하며, 불과 7달러가 더 많다고 한다. 넓은 캠퍼스에 종려나무와 야자나무의 列은 열대나 인도 같다는 착각을 느끼게 한다. 우리의 땅 그리고 일의 규모가 얼마나 작은가를 알 수 있었다.

식후에 교회 앞에서 사진도 찍고 미술관과 박물관에도 들렀다. 박물관에는 한국의 陶瓷類(고려 청자, 鐵彩畵瓶, 조선 粉靑 등)가 있을 뿐이다. 중국실에는 매우 작기는 하였으나 금동불상이 약 10여 구 있었는데, 그 중에서도 方座의 坐佛 1구는 이른바 서북 지방의 것으로서 작으나 매우 소중하게 느껴졌다. 그 밖에 明代(?)의 涅槃像과 元代의 보살상은 모두 木造로서 주목되었으며, 청동기도 약간 있었다. 佛像類의 사진을 구하고 싶었다.

이 박물관은 상원의원이었던 스탠포드가 그의 요절한 아들을 위해 마련한 것이라 한다. 이 같은 자선사업의 행위가 곧 발전된 나라의 표상이며, 박물관 수장품에 대한 자본 제공이 또한 그 같은 것에 대한 좋은 표징이라고 할 수 있지 않을까.

5시 넘어서 李順子네 집에 도착하였다. 부부가 반갑게 맞아주었으며, 어린 차남은 잘 생겼다. 미국에 유학온 한국 학생의 생활이 넉넉하지는 못하되 미국식을 따름일까, 불고기를 屋外에서 미스터 徐와 金이 마련하는 것을 보았는데 그것이 곧 이 곳의 풍습이라 한다. 식모없는 생활, 그리고 아이를 데리고 애쓰는 것이 보이기도 하였다. 귀국을 앞두고 박사학위 논문에 시간이 걸린다고 했는데, 나를 위해 바베큐를 마련해 맛있는 고기를 먹을 수 있었다. 장남인 한희가 그간 컸는데 우리 말을 하려 하지 않는다. 귀국의 어려움이 있을 것이다.

식후에는 우리 나라 앞날의 이야기가 나왔다. 모두 고국 걱정이 없을 수 없었다. 각 신문사에서 간행하는 주간지의 내용에 대한 否定의 말이 나왔으며, 이 곳 미국의 젊은이와 기성세대와의 疎遠이 논쟁되기도 했다. 나는 새 세대의 확실한 움직임, 더욱이 '히피'로 말해지는 운동도 그 일면에 물질적인 것에 대한 새로운 돌파구 모색의 표상이 아니냐고 물었다. 이 곳 우리 젊은이의 사고가 건실하며, 이 사회에서의 적응의 어려움 그리고 나라의 뒷받침이 적은 여건에서 오직 노력하는 모습이 고맙기도 하였다. 나의 기왕의 시야가 좁음과 유학생에 대한 편견을 느낄 수 있었다.

9시 넘어 작별하니 꿈만 같다. 徐 부부의 차로 샌프란시스코에 돌아오니 10시가 되었다. 미국에 온 후 처음으로 박물관을 돌아보는 일정 없이 즐겁게 지낸 하루였다. 徐·金 두 쌍의 부부의 앞날에 행복이 있을 것이다. 그리고 李弘植 선생에 관한 말이 順子네 집에서 많이 나와서 故人을 그립게 했다.

1972. 5. 28(일)

맑음

오랜 여행에서의 휴식과 정리의 하루였다. 그러나 박물관에의 미련을 버릴 수가 없었던지 드 영 박물관에 다시 갔다.

일요일은 이 곳 습관에 늦잠을 즐긴다 하였는데, 늦잠 탓인지 모두 조용하였다. 오후 2시 30분에 朴聖培 씨가 찾아와서 부인, 두 女息과 함께 드 영 박물관에 가서 2시간 동안 돌아보았다. 中國玉類는 처음 보았으며, 금동불 사진 그리고 한국실 특히 신라불상의 진열장 너머로 사진을 찍었다.

오늘은 휴일이라 대만원이었다. 이 같은 휴일 무료의 만원은 부러운 일이다. 미국의 모든 박물관이 '입장료 무료'였으며, 단지 뉴욕에서만 돈을 받았으나 어른뿐이다. 그것도 재정난으로 인한 모금이었다 한다.

金門橋 앞에 이르러 큰 기선이 통과하는 모습은 장관이었다. 수십 명의 인명이 희생되었다니 그들의 건설의 노력이 참으로 놀랍기만 하다. 이 건설 위에 번영과 풍요가 왔고, 그 곳에서 자란 신세대의 새로운 양상이 있다. 그 사이의 세대차는 미국의 고민인 동시에 새로운 발전의 계기가 될 수 있을 것이다. 신라가 천 년을 이어나갔는데 이 나라에서 이 땅과 자원을 갖고 새로운 발전이 없을 수 없다.

朴 교수는 이 곳서 더 체류할 생각인 듯하다. 부인도 그런 생각이었다. 東國大에는 사표를 냈다고 한다.

6시 15분 무렵 재미슨 교수 부부와 두 女息이 찾아와 호텔 건너편의

식당 '아리랑(Arirang)'에서 저녁을 함께했다. 재미슨 교수는 좋은 학자임을 알겠다. 그는 나의 皇龍寺 舍利에 관한 논문의 영역을 보아주겠다고 하였다. 그는 중국에 간다면 수개월 있고 싶다고 했다. 우리 나라 남북의 교류가 이루어진다면 박물관 같은 비정치적 학술자료의 교류가 기자와 더불어 있을 수가 있다. 떠날 때 그는 이 곳에서 구한『文物』등 3책을 주어서 고마웠는데, 그 중에는 귀중한 신자료, 더욱이 일본에서 구하려던 玉衣가 출토된 분묘에 관한 보고서가 있다. 이것은 전에도 들었으며, 캔자스에서 일본과 중국 자료를 보기도 했다.

밤에는 일찍 취침했다. 일정이 끝나 가고 있으며, 휴식이 필요함을 느끼겠다.

1972. 5. 29(월)

맑음

일찍 마우리아(Mauria) 호텔을 떠나 UA기 편으로 9시 20분 무렵에 프레스노(Fresno)에 도착했으며, 미스터 李가 렌트카를 운전해서 一路 北上했다.

요세미페(Yosemife) 호텔은 외관은 검약했으나 내부 시설은 참으로 고급스러운 신축 건물이다. 방은 코튼 빌리지(Cotton Village) 1403호다. 산장을 모방했으며 사무소·카페테리아·Dianary Room 등이 林間에 산재해 있다. 貸室料는 25달러, 할인이 없고 고가이다.

점심 후 드라이브를 즐겼다. Gracial Point에서 본 풍경은 또한 잊을 수가 없다. 네바다 폭포의 장관이며 連峰은 가관이다. 웅장한 경관과 빙하이래 조화의 묘에 대해 감탄을 연발하였다. 다람쥐가 가까이 왔으며, 노변에는 곰과 여우가 사람에게 접근하기도 한다. 자연림의 풍부, 간소한 도로의 연속, 指示標板의 완비 등 물과 산이 있는 대자연을 볼 수 있었다. 미국의 젊은이뿐만 아니라 가족들이 다함께 차 뒤에다 가옥형의 상자를 달고 다니는 경제적 관광이 더욱 많이 눈에 띄었다. 미국인의 살림 규모를 들은 바 있는데, 또한 그에 맞는 시설이 뒤따르고 있었다. 富貧을 가릴 것 없이 그런 대로 와서 즐기고 있었고, 식량은 자급하며 침구 또한 그러하였다. 우리의 젊은이 그리고 가족에게 이 같은 기회가 없음이 연상되었다.

6시 넘어 숙사에 돌아와 저녁을 들었다. 카페테리아의 마당에서 대폭포를 즐기며 식사한 기억은 사라지지 않을 것이다. 밤에는 카메라를 만졌으나 고장인 듯, 렌즈를 돌렸더니 더욱 나빠졌다. 그것 때문에 시간을 보내고 11시에 잤다. 조용한 산장에서는 폭포 소리가 들려온다.

1972. 5. 30(화)

맑음

발신 : 洪性圍 · 호종 · 韓炳三 · 金杰 · 鄭永鎬

조용한 아침, 꿈에 金大鉉 군이 보였다. 몇 번 깨면서 6시에 일어나 목욕하고 가방을 정리했다.

7시 30분에 카페테리아에서 아침을 들고 혼자서 요세미티 하류 폭포(Yosemite Lower Fall) 앞에 가서 '천하장관'을 연발했다. 규모의 크기도 그러하려니와 3단의 낙하와 수량의 많음은 참으로 장관이다. 우주의 조화 앞에 가급적 작은 人工이 이 절경을 한층 아름답게 하여주었다. 혼자 걸으면서 생각도 하였다. 나라에서 한 그루 나무라도 더 심어야 한다는 것, 그리고 가족 중심의 생활 등 이 곳에 와서 느낀 것이 있다. 검소한 학생차림은 그들에의 기대를 갖게 하였다. 어린이를 데리고 가는 다른 관광여행에 비하여 혼자 걸어가는 자신의 모습!

1972. 5. 28(일)

맑음

조용한 아침, 꿈에 김대현 군이 보이다.

조반 후 10시에 출발했다. 미러 호수(Mirror Lake)를 잠시 셔틀버스

로 구경한 뒤 박물관을 찾았으나 실패했다. 귀로에 올라 겨우 5시 20분
에 출발하는 UA기를 탔다.

6시 10분에 로스엔젤레스에 도착하여 미스터 黃의 영접을 받았다.
미스터 李는 힐튼 호텔에 묵었으며, 나는 미스터 황을 따랐다. 그의 교
외의 저택에서 숙박키로 한 것이다.

1972. 5. 31(수)

맑음

아침 11시에 힐튼 호텔에서 스폰서의 차를 타고 주립박물관
(Country Museum)에 도착하였으며, 일본인 큐레이터의 영접을 받았
다. 그와 함께 점심을 하고 잠시 전시장과 사진실을 보았다. 동양의 것
은 石佛 약간뿐이었다. 창고(Store House)에 들러 한국 정부가 보낸
청자를 보았는데, 2류품뿐이었다. 다시 사진실에 들렀다가 떠났다.

3시에 힐튼 호텔에서 미스터 황을 만나 歸宿하며 같이 이야기를 나
누었다.

1972. 6. 1(목)

맑음

아침 7시에 서울집에 전화했으며, 아내·호종·혜경이와 이야기했
다. 모두 반가웠으며 나의 무사귀국을 빌고 있었다.

오늘은 10시에 셸박 씨가 黃兄 댁에 와서 함께 그의 집이 있는 산
페드로(San Pedro)에 갔다. 그의 독신 작은 방에는 우리의 것과 홍콩
에서 구한 중국 미술품 상당수가 있었다. 1950년 무렵 東京에서 입수
한 청자 2점이 있는데, 小品이나 優作이다. 그 밖에 중국 것은 주로 홍
콩에서 입수한 것이다. 그의 집에서 점심을 들고 3시에 歸宿했다.

3시 20분에 裕子 내외와 약 15분 동안 통화했다. 黃兄이 애쓴 보람
과 그 곳 집주인의 수고로 밤 11시 30분에 전화를 받으려고 나왔다. 먼

저 東旭이가 나의 건강과 그 사이의 학교 일의 수고를 치하하는 인사가 있었다. 裕子는 내가 못 감을 아쉬워하면서 나중에 울고 있었다. 모두 나의 건강을 바라고 있었으며, 이번에 재회 못함을 아쉬워했다. 준호는 잠들었을 것이다. 둘다 내일인 줄 알고 기대하였다고 한다. 참으로 흐뭇하고 고마운 일이었다.

6시에 문공부 장관과 늦은 시간 통話가 있었는데, 그대로 東京으로 직행하라는 것이었다. 고마운 일이다. 9일 무렵 다시 開門이라 한다. 어찌 이렇게 서두르는지 모르겠다.

저녁 때 내가 미스터 황과 같이 歸宅하여 부인이 요리한 저녁을 들었다. 9시에 취침했다. 오늘은 서울과 통話하여 즐겁기만 하였다. 마음이 가볍다.

1972. 6. 2(금)

맑음

아침식사 후 황형과 함께 일본대사관에서 통과사증을 받았으며, 다시 백화점에 가서 책을 50달러치 구했다. 그 뒤 팬암(Pan Am)에서 비행기표를 다시 끊고 나서 집에 들렀다가, 그 곳을 나와 3시 무렵에 朴允鍾 씨가 경영하는 오렌지 줄리우스(Orange Julius)에 들렀다. 이곳 朴成鍾 神父를 만났다가 곧 떠나 李治珪 군의 집에 들러 그의 안정된 아파트를 보았다. 故첫 이 선생의 冊이 있었으며, 딸이 재롱을 피우고 있었다. 그 뒤 황형의 차로 5시 넘어 동서집에 들렀다. 경선이는 허약하고 정신적인 고통이 있었으며 울기도 하였다. 아직 이 땅에 안정이 아니 된 것 같다. 향수병이 가시지를 않았다. 100달러를 전하고, 다시 귀향함이 불가하니 참고 이 땅에서 살고 남편 돕기를 부탁했다.

7시 40분 무렵 미스터 황이 와서 귀가했다. 바쁜 하루의 일정이었다. 이것으로 이번 첫번째 미국 방문을 끝내게 된다. 황형 부부의 후의에 감사할 뿐이다.

1972. 6. 3(토)

아침 6시에 기상했다. 황형 부부가 일찍부터 서둘러 미역국으로 아침을 들었다.

7시 20분 힐튼 호텔에서 미스터 李를 태우고 비행장으로 향했다. 9시에 팬암기로 호놀룰루로 출발했다. 미스터 李도 9시 10분 오랫만에 워싱턴으로 떠났다. 황형의 호의에 감사할 뿐이며, 부부의 송별이 고마웠다. 5월 30일부터 4일간 황형과의 즐거운 시간이 이번 여행의 종말에 있어서 휴식이고 놀라움이었으며, 내게 용기를 주었다. 4년이 짧지는 않으나 안정된 그것이 다행이며 고맙기도 하였다. 그리고 그의 明察과 勇斷과 先見에 감탄했다. 뉴욕에서의 사업 투자를 말함은 세계정상에의 진출을 꿈꾼다는 것이며 바람직한 일이다. 그의 놀라운 정력과 나에 대한 각별한 후의가 그저 고마웠다.『考古美術』에 대한 그의 전적인 성원이 또한 고마웠다. 이번 그의 기부금 100만 원 추가로서『考古美術』100호가 활판 간행되니, 나의 소원이 그대로 풀리는 것이었다. 그와의 3일간의 대화가 이 곳에 온 성과였다.

하와이 시간으로 11시 30분에 도착하여, 임페리얼 호텔(International Inn)에 들었다. 비행장 옆의 작은 건물 같지만 中庭이 있고 南洋을 연상케 한다. 이 곳에서의 1박이 번거로워 그대로 갔으면 했으나, 건강을 위하여 쉬어감이 좋을 듯하다.

5시 넘어 저녁을 먹고 편지 쓰고 8시 무렵에 취침했다. 몇 곳에 전화했으나 주말이라 연결되지 않았다.

1972. 6. 4(일)

발신 : 웅종 · 호종 · 유자 · 張衡植 · 文明大 · 鄭永鎬 · 尹武炳 이상 7통
아침 4시에 일어났다. 시차로 잠을 이루지 못했다.

1972. 6. 5(월)

목욕하고 다시 편지를 썼으며, 6시 가까이에 LA에 전화를 걸었다. 교환수가 '콜렉트콜'로 한다기에 그대로 하였더니 황형에게 또 실례가 되었다. 그는 나의 건강을 염려하여 주었다. 내년에 유럽에 갔다오는 길에 들르라고 하였다. 나는 신세진 것을 말하고 『考古美術』에 대한 후의에 감사하였다.

목욕 후 자리에 누우니 비행기 소리가 요란하다. 南洋의 정원 층계가 근사하다. 초원의 경치와 맑은 공기, 새소리. 문득 서울집이 생각난다. 그리고 우리 나라 강산도 더욱 아름다워야 함을 느꼈다.

웅종이에게 편지를 썼고, 張兄에게는 이 곳에 오라고 썼다. 유자에게도 반가웠던 소식을 썼다. 이 곳서 하루 묵어가니 심신의 피로가 풀리는 것 같다.

아침 9시에 비행장에 도착하니 10시편이 취소되었다고 하기에 3시간 동안 로비에 앉아 잡지를 보았다. 그 뒤 몸검사가 있었고(하이재킹의 여파인 듯), 오후 2시에 출발했다. 東京까지 7시간 15분간 걸린다. 날은 개었고 태평양을 단숨에 건너기는 하나 몸에 무리가 있는 듯하였다. 역시 하와이에서 쉬기를 잘했다.

羽田 공항에 金杰 군이 출영했으며, 호텔에 들었다. 조용한 환경에 쉬어갈 만하다. 김군과 이 곳 호텔 2층에서 중국요리를 먹은 뒤 곧 취침했으나, 밤새도록 잠을 못잤던 것은 시차 탓과 태평양 횡단의 고된 여행 때문일 것이다.

1972. 6. 6(화)

맑음. 현충일

이곳 저곳 전화했으나 대사관·공보관 모두 휴관이다. 金俊景 목사 역시 부재중이다.

종일 자리에 누워서 피로를 풀고자 하였다. 다행히 김걸 군이 회사

東洋美術과 佛敎

1

금세기에 들어서서 더욱 현저한 발달을 이룬 학문의 하나로서 考古學과 美術史學을 들 수 있다. 이들은 유적이나 유물과 같은 물질적 조형적인 자료를 그 연구의 직접적인 대상으로 삼았는데, 그 업적의 하나로서 뚜렷이 지적할 수 있는 것은 인류 역사와 문화에 대한 기왕의 시야와 연대의 상한을 끝없이 확대한 것이니, 새로운 자료와 방법을 구사하여 매몰되었던 지역을 발굴하였으며 망각되었던 시대를 재현시켰다.

그에 따라서 민족과 시대와 문화의 계통을 달리하여 만들어진 미술작품을 이해하고 감상하려는 강렬한 의욕과 그 시도를 들어야 할 것이다. 전세기만 하더라도 존 러스킨(John Ruskin)은 인도의 미술을 '부자연하고 진실성을 결한 것'이라고 평하였고, 유럽의 한 고고학 교수는 아시아의 미술을 논하여 '인도 조각에 관하여는 길게 논의할 의욕이 조금도 없다. 그것은 예술사를 추구함에 있어서 아무런 도움도 되지 못한다. 그 졸렬한 내용은 예술작품으로서의 모든 흥미를 상실케 한다'고 단호한 선언을 내렸는데, 지금 우리들은 그 같은 시대로부터는 상당한 거리를 지나온 것이다.

동양의 고대미술, 여기서 말하려 하는 불교미술에 관한 이해와 감상을 저지 또는 주저케 하던 또 하나의 이유가 있으니, 그것은 불교에 관한 철학적 논의나 經說에 관한 충분한 지식을 갖지 않고서는 그 미술에 대한 이해에 접근할 수 없다는 기왕의 주장인데, 이 같은 言說은 기묘하게도 초입자에게 가장 열심히 그것을 해설하려는 사람들로부터 나오고 있었다.

불교미술이 그 본질에 있어서 종교적임에 틀림없을 것이다. 그러나 그와 같은 의미에서 이집트나 중세기 유럽의 기독교 미술 또는 고대 마야(Maya)의 미술도 종교적임에는 다름없는 사실이다. 이집트의 룩소르(Luxor)나 북프랑스의 샤르트르(Chartres)의 美도 그 종교적 내용에 관한 탁월한 지식 없이는 도무지 이해할 수 없다고 우리들은 말할 수 있을 것인가?

이상과 같은 반문은 釋尊入滅 2천 5백년을 기념하여 특집호로 발행된 유네스코 기관지(*The UNESCO Courier, Aug. 1956*)의 간행사에서 발하여진 것인데, 이 같은 반문은 금일에 있어서 우리들 자신에 대하여서도 똑같은 의의와 비중을 갖고 발할 수 있다.

우리·나라의 미술이 서기 4세기 말 삼국시대에 始傳된 불교를 구체화의 계기로 하고 본격화의 동력으로 하여 한 걸음 발달의 궤도에 올랐다고 하더라도, 전후 1천여 년에 이르는 불교 미술의 발달과 그 변천은 동시에 우리 고미술의 발달상이요 그 변천상이었다고 하여도 과언이 아닐 것이다. 그렇다면 불교도가 아니요 불교에 관한 약간의 지식 없이는 우리 불교미술에 있어서 삼국의 발달도 신라의 장엄도 고려의 융성도 모두 이해할 수 없고 감상할 수 없다고 할 것인가?

우리의 고대문화에 관한 연구에 있어서 더욱이 타국에 비하여 문헌과 문화재의 전래가 매우 희귀한 실정에 비추어서 현존하는 다소의 조형적인 유적이나 유물에 대한 보존과 연구와 일반의 이해가 요망되는 所以然은 또한 이 같은 학문의 확립과 그 발전을 통하여 우리의 역사와 문화 연구에 하나의 새로운 면을 개척할 수 있으리라는 기대를 갖고 있기 때문이다.

더욱이 해방 후에 있어서 문자에 대한 소양이나 그 곤란 극복의 성의와 용기조차 없이 자기의 문화를 함부로 멸시 내지 무관심하려는 언사와 태도가—그 때마다 틀림없이 그 자신의 독단과 用意 부족을 스스로 폭로하였다—농후하여 감은 동시에 자기 문화와 역사에 대한 자신과 이해의 박약함을 정확히 반증하는 바라고 지적할 수 있다.

재작년 가을에 외국의 이름난 한 역사학자가 한국에 왔었다. 그는 深山에서 戰火를 모면한 12곳의 고찰과 경주를 찾고 돌아가서, '또 하나의 한국'이 있다고 경탄의 말을 하였다. 한국은 '위대한 과거'를 가졌고 '영광스러운 문화의 전통'을 가졌다고도 말하였다. 그러나 '그 흔적은 매우 찾기 힘이 들어서 간혹 깊은 산중이나 도로에서 멀리 떨어진 곳에서 찾아볼 수 있었다'고 하였다. 이 같은 公言이 무슨 허사가 결코 아닐진대, 그것이 우리들 각자의 심금에 어떠한 반향을 가져올는지 스스로의 판단에 달려 있을 뿐이다.

2

지금으로부터 2천 5백년 전 세계의 많은 부분이 아직도 무지와 야만의 암흑 속에 방황하고 있을 때 새로운 문명의 중심이 서방 세계에 있어서 그리스와 이탈리아에 출현하였으되, 파르테논 신전은 아직도 그 초석이 놓여지지 않았고 로마는 작은 촌락에 불과하였었다.

그러나 이보다 앞서서 이미 여러 백년을 두고 중동 지방에 있어서, 또한 중국과 인도에 있어서는 기록하는 방법과 건축하는 기술을 습득하였고, 그들의 선박은 더욱 멀리 더욱 광범하게 항해하면서 물질과 예술 작품과 사상을 교환하고 있었다.

그런데 이 고대 세계인들이 더욱 더욱 그들 자신의 운명의 주인이 되어 감에 따라서 그들은 인간다운 신앙을 구하는 스스로의 요구가 더욱 증대하여 감을 느끼게 되었다. 불교가 인도에서, 도교가 중국에서,

그리고 다시 5세기를 지나서 기독교가 서방 세계에서 일어났으되 모두가 이 같은 요구에 상응하여 동일한 역할을 하였다. 그리하여 인류는 미신에 의하여 지배됨을 그치게 되었고 자신의 구제를 달성하는 기회가 비로소 부여된 것이었다. 불교가 그 교리를 아시아 전역에 전파하였으니 그것은 뒤이어 기독교가 전 유럽에 전파된 것과 다름이 없다고 할 것이다.

佛陀의 설교는 그 본질에 있어서 평화적이요, 평등적인 것이다. 불교의 전 역사를 통하여 볼 때 고통 내지 전쟁의 형태를 갖고 폭력이 그 이름 밑에 사용된 사례는 일찍이 없었다. 분쟁이 그칠 줄 모르는 세계에 있어서 불교는 인간의 평화와 평등에 대한 영원한 希願에 적중하였다. 인도의 아소카 대왕이 隣國인 칼링가(Kalinga) 왕국과의 유혈의 전쟁을 치르고 난 뒤에 불교에 개종하였고, 유명한 칙령을 내려서 전국의 암석에 기각(記刻)케 하고 자손으로 하여금 평화를 명심케 한 것은 유명한 사실이다.

이와 같이 시대 進運의 요구에 적응하였고 인간 심오의 희원에 상부한 그의 교설은, 그 자신의 생애와 모범을 통하여 사람으로 하여금 모든 고통은 욕망의 포기와 무지의 제거에 의하여 극복될 수 있음을 보여주었다. 이 교설은 금일도 뚜렷이 살아 있어 아시아 수억 인민의 신앙이 되어 있는 바이다. 그런데 불교가 탄생하고 전달된 세계는 우리가 보통 상정하는 것보다는 훨씬 광범위하여서 史實과 思想의 방대한 움직임을 보여준 세계였다.

고대에 있어서 인도는 지리적으로 동서 문명의 십자로에 위치하고 있었다. 양대 육로, 즉 서방으로부터는 페르시아를 지나서, 동방으로부터는 중국이나 중앙아시아를 거쳐서 그 북방 험로에 통하였다. 또한 해상로에 있어서는 페르시아·그리스·로마·알렉산드리아의 선박들이 그 서부와 남방 항구에 출입하였으며, 서방을 향하는 극동의 선박에 대하여서는 寄航港이 되었으며, 또한 인도의 선박들이 각 방면으로

항해한 것은 말할 것도 없다. 이 같은 지리적 조건은 차치하더라도 먼 고대로부터 인도와 서방 세계와의 접촉이 계속적으로 행하여졌음은 문헌과 유물이 뚜렷이 보여 주는 바로서, 페르시아의 다리우스(Darius)대왕이 기원전 5세기 석가 入滅 수년 전에 펀잡(Punjab) 지방과 인더스 강 유역의 원정을 위하여 페르세폴리스(Persepolis)에 거대한 계단 궁전을 건설한 일이라든가, 알렉산더 대왕이 기원전 4세기에 인도 서북부에 침입하고 그 후계자인 그리스 인의 군주들이 수세기에 걸쳐서 이 지역을 점령하였으며 그 중의 한 사람인 밀란다(Milanda)가 불교도가 된 것도 유명한 사실이다.

그리하여 그리스 계의 왕국들은 그리스와 헬레니즘, 그리고 로마의 문화가 자기 영역 내에 도입됨을 장려하였고 이 곳에서 그리스인과 인도인과의 잡혼도 행하여졌으며 이들 식민지는 마침내 새로운 그리스·로마 불교문화의 중심지를 이루게 된 것이었다.

이 새로운 문화는 기원후 1세기에 들어 그리스인을 계승한 쿠샨[貴霜] 왕국에 이르러, 더욱이 카니슈카(迦膩色迦) 왕 치세 하에 급속한 발전을 이루었다. 그러나 이상과 같은 전쟁이나 정복에 의한 것보다도 더욱 중요한 것은 북방 인도와 그 서북지방 각국 간의 장기에 걸쳐 계속된 평화와 그 기간에 이루어진 문물 교류의 공헌인바, 일찍이 아소카 대왕은 그리스 공주를 취한 바 있었고 불교 전도의 사절들을 동서 양방을 향하여 파견한 일까지 있었다.

이와 같이 수세기를 두고 형성된 새로운 문화는 불교라는 새로운 종교와 더불어 마침내 그 진출로를 동방에 구함에 이르렀으니, 중앙아시아를 지나는 남북의 2대 교통로는 중국 서북 변경의 敦煌에서 합류되어 불교 전파의 대동맥을 이루었다. 그리하여 인도의 종교인 불교는 오랜 세월을 두고 축적되고 발달된 새로운 문화 요소를 가득히 싣고 怒濤와 같이 중국에 들어왔고, 다시 우리 나라를 거쳐서 일본으로 傳輪되어 문화적 연쇄를 이루었으니 이것을 가리켜 위대한 정신적 정복의 과정이라고도 하겠다.

그것은 어떠한 군사적인 정복보다도 훨씬 심각하고 더욱 계속적인 영향을 이들 여러 나라의 국토와 국민 사상에 결과하고야 말았다. 중국의 法顯과 玄奘法師가 해상의 險波와 육로의 艱難을 무릅쓰고 五天竺을 두루 遊歷하였으니 그들의 여행 기록이 당대의 소식을 말하여 준다. 또한 우리 나라의 수많은 승려들이 중국을 거쳐서 인도를 찾았으니 그 중에서도 신라의 慧超가 일약 유명하여진 것은 그의 『往五天竺國傳』의 斷簡이 1907년 중국 甘肅省 돈황 千佛洞의 石室 중에서 발견되었기 때문이다. 이와 관련하여 백제의 불교가 인도승 摩羅難陀에 의하여 始傳되었다 하고, 또한 백제의 謙益法師가 이미 6세기 초두에 인도에 들어가 中印度 常伽那寺에서 5년간 梵文을 배워 竺語에 능통하고 律部를 전공한 후 인도승 倍達多三藏과 同途 귀국하여 백제 聖王의 환영을 받았다는 기록은 백제의 발달된 해상교통과 불교 문물의 선도자였던 사실과 더불어 주목할 만하다. 당대에 있어 동양 각국으로부터 수천의 순례자와 유학생들이 신앙과 학문을 구하여 인도의 유명한 靈場과 寺院과 佛敎大學을 찾아서 운집하였으니, 그 웅지와 곤란이 오늘에 비할 바가 아니었다.

이와 같이 하여 각국에 도달한 불교는 그 敎說에 풍부하게 포함된 인간성으로 말미암아 곧 예술의 정신적 기반을 이루게 되었고, 그것은 나아가 기왕의 예술적 표현의 한계를 넘어서서 각기 고유한 전통을 소생 약동케 하였으며, 마침내 그로 하여금 진정한 불교적인 성격을 체득케 하였고 동시에 민족 고유 성격의 자유스러운 표현을 보이게 되었다. 희망과 평화―이 두 가지 중요한 불교의 요소는 고상한 예술의 발달과 그 순화에 도움이 되었고 나아가 세계의 예술적 전통을 풍부화함에 이르렀다.

3

　그런데 한 마디로 불교미술이라 하더라도 그 내용은 매우 광범한 것이어서 동양미술의 특질을 이루는 일면에 한정된 논의에 있어서도 어떠한 점을 먼저 말하여야 좋을지 주저하지 않을 수 없다. 불교미술은 결국 종교예술의 일부분에 속하는 것이며, 그것은 예술이 자신의 독립적인 理法에 따라 순수한 감상의 입장에 서서 이루어지는 것이 아니요, 예술 이외의 다른 입장의 충실을 위한 수단적 의미에서 만들어지는 것임에는 틀림이 없다.

　다만 이 곳에서 주의할 것은 인도의 종교가 먼저 중국에 들어와 그들 손에 의하여 해석되고 실천되고, 그것이 나아가 한국이나 일본에 전달되는 그 과정에 있어서 각국의 고유한 문화와 사상과의 混融을 통하여 특이한 성격의 한 면을 구성케 되었고, 나아가 조형미술에 정확히 반영되었다는 점이다.

　불교미술에 있어서 건축은 塔婆를 제외한다면 특별한 규약이 없고 또한 經說에도 자주 설명되어 있지 않다. 그러므로 불교가 각지에 유전됨에 따라서 그 지방 특유의 건물과 제도가 사찰 건물로서 전용되었고, 동양에 있어서는 중국 재래의 官衙, 궁전 건물이나 그 배치법이 대략 준수되어 그것이 전통을 이룬 듯하다. 예배 대상이 초기에 있어 탑파에 대한 것으로부터 후대에 이르러 불상이 조성됨에 따라서 그 곳으로 점차 이동되어 감과 상응한다. 또한 한 면에 있어서는 불교 교리상의 변천에 수반되어 단위 건물의 규모와 그 배치법에서 변천상을 찾을 수 있는데, 이 같은 가람 배치론의 연구는 더욱이 우리 나라의 삼국시대 寺址 조사와 함께 금후의 가장 중요한 과제의 하나라고 생각된다.

　그런데 탑파는 불교의 교주인 釋迦牟尼의 舍利骨을 안치하여 보존하는 것이 주요 목적이어서 불교도에 대하여서는 가장 중요한 예배 대상이 되었다. 따라서 이것을 존엄히 하고 장엄하는 것이 교주에 대한

도판 88. 산치 대탑 東門에 새겨진 약시 像

귀의의 진심을 보이는 것이 되므로, 따라서 초기에 있어서는 탑파의 건립이 불교 건축의 중심적인 것이 되었다.

인도 최초의 遺構로서는 석가 입멸 후 3세기가 지나서 비로소 건립된 중인도의 산치(Sanchi)의 탑을 들어야 할 것이다. 그런데 탑파는 원래 유물 봉안소이므로 외형은 가장 간단하여서 기단상에 圓墳形의 것이 놓이고, 그 위에 사각형의 平頭가 놓이고 다시 정상에 고귀의 상징으로 또는 성령한 장소 등을 표시하는 양식화된 盤蓋가 놓여지는 정도의 간단한 것이었다. 후세에는 이 탑 주위를 숭엄하게 만들기 위하여

도판 89. 자바(Java)의 바라부드르 사원

欄楯을 돌리고 사방에 토라나(Torana)라고 부르는 四門을 세우는 동시에 기단의 석면이나 난순에 불전에 관계 있는 설화를 조각하게 되었다. 전설에 의하면 이 같은 覆鉢形의 탑파는 불타 자신에 의하여 그 제자들에게 교시되었다고도 전하나, 그보다도 앞서서 분묘의 원분형에서 유래하였다고 봄이 타당한 견해일 것이다.

인도에서는 산치의 탑 이외에 초기 유구로서 바르후트(Bharhut)나 부다가야(Buddha Gaya)의 諸塔(기원전 3세기~1세기)을 들어야 하는데, 이 같은 초기 탑파들은 그 후에 건립된 무수한 불탑의 기본형이 되었으며, 그 후 수세기가 경과됨에 따라 동양 각국에 분포됨에 그 형식은 변형되어 각기 특이한 형태로서 발달케 되었다. 그리하여 동남 아시아에 있어 바라부드르(Bara Budur)의 거탑을 자바에 일으키고 버마의 파간(Pagan)에 4천의 대소탑을 林立케 하였고 태국 首府에는 첨탑을 聳立케 하였다.

그런데 중국에 있어서는 재래의 특유 형식인 고층 건물을 이용하여 주체를 삼고 인도 탑파에 있어서 覆鉢式인 것은 겨우 정상에 놓여지는 형식이 되었는데, 초기에 있어서는 주로 목조 巨塔이 건립되었다. 이 같은 경향은 한국이나 일본에 있어서도 동일하고, 우리 삼국시대에 있어서도 독자의 석탑이 발생하기 이전에는 약 200년을 두고 모두가 목조였다. 예를 든다면 신라 황룡사 9층탑은 신라 三寶의 하나로서 경주에 건립되었으니 그 높이가 현존하는 塔址에서 추정됨이 300～400尺은 되었으리라고 한다. 平壤 東郊 靑巖里의 고구려 寺址에서는 한 변의 길이가 약 10m의 팔각기단이 발굴되어 木塔址로 추정되었고, 백제의 古都에서는 정비된 가람지와 목탑지가 발견되어 일본 초기 가람과 목탑의 조형을 밝혀 주었다. 그러나 탑파는 얼마 아니하여 이상 동양 삼국에서 각기 특이한 발전상을 보였으니 중국이 塼塔, 한국이 石塔, 일본이 木塔으로써 각기 그 불탑을 대표케 된 所以가 이해되리라고 생각한다.

우리 나라에서는 석조의 탑파가 발달하여 花崗巖造의 탑들이 산야 도처에 고립하여 있음을 볼 수 있다. 이 같은 석탑도 7세기 초두에 들어서 백제의 손으로 비로소 건립되었고, 그 후 신라에 의하여 전형이 확립되었는데, 동양 제일의 석탑이 삼국 제일의 거찰이라 전하는 백제 彌勒寺址(全北 益山市 金馬面)에 유존하고 있다. 우리의 석탑은 이 땅에 현존하는 고대 遺構에서 그 수에 있어, 그리고 그 질에 있어 수위를 점하고 있기에 우리의 불교미술을 대표시킬 수 있고, 우리 미술의 전통과 특질을 또 이 곳에서 찾아볼 수 있는 것도 그 재료가 석질인 까닭에 전란과 파괴를 벗어나 비교적 다수가 남아 있는 때문이다. 이와 관련하여 목조건물로서 우리 나라 最古의 유구인 경북 榮州 浮石寺의 無量壽殿과 祖師堂이 戰禍를 벗어나 건재함은 참으로 다행한 일이라 하겠다.

　다음에 불상조각은 인도의 초기 불탑 건립보다도 훨씬 후대에 비로소 출현케 되었다. 그 이전에 있어서는 다만 상징적으로 표시하였으니, 예를 든다면 초기 탑파의 周垣이나 대문에는 불전과 本生譚이 全面에 조각되어 있는데 그 곳에는 불상은 하나도 보이지 않고 불타의 降誕을 표현하기 위하여 蓮花上에 그의 母 摩耶夫人과 그 상부에 象形을 새겼고(꿈에 象을 보고 수태하였다고 전한다), 부귀영화와 처자를 버리고 출가함을 표현하였으되 주인없는 말[馬]로써 하였고, 설법하는 장면을 보이기 위하여 方座만 있고 法輪만 놓여 있으며, 그의 열반을 표현하기 위하여 탑만을 놓았다. 이것은 마치 초기 기독교 미술에 있어서는 십자가와 같은 상징물로써 표시하였고 십자가 위의 기독은 훨씬 후대에 보이는 것과 같다고 하겠다.

　그런데 기원후 약 2세기에 이르러 비로소 上記한 상징은 불타 자신의 조각으로 대치되었으니, 말은 비로소 그 주인을 찾았고 방좌는 그 좌주를 얻었고 탑은 橫臥像과 한 무리의 애통하는 제자들로 바꾸어졌다.

　최초의 불상은 인도 북방의 마투라(Mathura)와 간다라(Gandhara) 조각가들의 손으로 각기 독립적으로 만들어졌다고 한다. 마투라는 무역의 일대 중심지로서 그 곳에서 만들어진 불상은 아시아 전역에 전달되었는데, 그들은 그 모범을 불교 이전의 예배 대상이었던 靈魔 또는 夜叉에서 취하였다고 한다. 그리고 서북 지방의 간다라나 탁실라(Taxila)의 조각가들은 그들의 초기 불상조각을 위하여 아폴로(Apolo)의 그리스·로마적 神像을 모범으로 삼았다고 한다. 이보다 후대의 굽타(기원후 5세기)의 고전 양식은 상기한 초기 양식에서 영향받았고, 그리하여 이상 3양식의 불상조각은 다시 후대 불상조각 전반에 영향을 미치고 나아가 동양 각국의 불교미술에 반영되었다. 이 같은 관점에서 볼 때 우리 나라에 전달된 불상이 비록 후대의 작품이며 또 일단 중국에서 변용된 것이라 하더라도 그 기본 형태의 연원함이 遠深함을 짐작

도판 90. 간다라 출토 보살입상. 미국 보스톤박
물관

할 수 있다. 그러므로 우리의 신라 조각에서 독자의 특징 이외에 중국
과 인도의, 더 나아가서는 그리스 미술의 遺香을 찾아보려는 것도 결
코 무모한 일이라고는 할 수 없다.

　이와 같은 불상조각이 나타나자 신도의 마음으로서는 자연히 인간

도판 91. 마튜라 출토 佛頭. 무트라(Muttra)의
쿠르존 고고박물관

적인 자태를 갖고 재생한 그 곳에 마음이 끌리게 되는 것도 자연의 도
리라 할 것이다. 그리하여 불상을 위한 봉안소로서 佛殿이 필요하게
됨에 이르러 사찰 내에 불전이 건립되었고 또는 자연의 암석을 開鑿하
여 일대 석굴을 경영하는 대규모의 공사에 온갖 국력과 기술을 모으게
되었으며, 나아가서는 그 불전 내부를 장식하기 위하여 또는 群像 조
각을 대신하여 회화와 공예의 발달을 보게 되었다. 인도에 있어서 아
잔타(Ajanta), 엘로라(Ellora)의 석굴, 중국에 있어서 돈황·雲崗·龍
門·響堂山·麥積山 등의 석굴, 우리 나라에 있어서 경주 石佛寺의
독특한 인공 석굴의 경영 등등은 모두 이 같은 대세에 순응한 것이다.
신라의 畵聖이라고도 전하는 率居가 황룡사에 벽화를 그렸고 백제인
이 일본 최고의 국보인 玉虫廚子에 變相圖를 그렸으며, 또 다른 우리

의 선인들은 일본 法隆寺에 벽화를 남겼다.

이상 매우 소략한 표면적 기술에 그쳤으나 불교미술에 대하여서는 설명하여야 할 것도 참으로 많이 남아 있다. 일반의 이에 대한 이해가 적은 듯하고, 또한 이 방면에 대한 유의는 마치 閑人의 취미와도 같이 생각하는 경향도 있는 듯하다. 그러나 역사적 사실을 진실하고 정직하게 보여주는 것은 실로 미술이라 하겠으며, 서두에서 언급한 바와 같이 현대에 있어서는 고고학 내지 예술 작품이라는 것을 가장 중요시하는 경향이 되었다. 우리의 고미술품이 해외에 전시되게 된 것도 말하자면 이 같은 추세에서 온 것이라고 보아야 될 것이다. 불교라면 곧 진부한 유물과 같이 생각하여 경원하는 듯하나, 그것은 매우 타락된 한 면이요 동양 정신의 진수는 실로 이 불교에 있는 것이며, 동양미술의 정화는 실로 불교미술에서 찾아볼 수 있다고 할 것이다.

(『思想界』 1957년 8월호/『韓國의 佛教美術』, 1974)

새로 발견된 遺物과 遺蹟

1

일찍이 경주의 新羅古墳에서 황금 찬란한 순금제 金冠이 발견되었을 때 일본인 학자는 놀라며 말하기를, " '지하의 正倉院'이 이 곳에 있다"고 하였다. 자기 나라 奈良에 있는 正倉院이란 寶庫와 신라의 황금 보화를 서로 관련시킨 것인데 이것은 매우 흥미있는 일이다. 신라의 金冠塚이 왕릉임에 틀림없을 것인데 우리의 것은 지하 무덤 속에 보존되었고 일본의 그것은 왕이 죽은 뒤에 그가 쓰던 것을 東大寺에 施納한 것이 천 년 이상 地上에서 전래한 것이다. 이 곳에 우리 나라에 있어서 고대의 문화유산이 오늘에 전한 하나의 특이점이 있다. 더욱이 上代로 올라갈수록 厚葬의 습속이 있어 무덤 주인공의 신분과 부력에 따라 부장품의 質量이 정해졌던 것이다.

그런데 우리 나라에 있어서는 옛부터 조상숭배의 美風이 있어서 분묘를 소중하게 수호하는 관습이 두드러지게 이어 내려왔다. 그리하여 역대의 혁명이 있어 신라가 고려로, 다시 고려가 조선왕조로 바뀌었으나 前朝의 능묘는 새로운 정부에 의하여 보호되어 왔던 것이다. 동시에 신분의 고하와 빈부를 가릴 것 없이 분묘를 소중히 여겨 온 까닭에 그것을 파괴한다든지 또는 그 속에 묻혀 있는 물건을 파 낸다는 것은 꿈엔들 상상할 수 없는 일이며, 그 같은 행위는 掘塚이라 하여 가장 천하고 잘못된 일로 생각하여 왔다. 그러므로 고분 같은 곳에서 우연히 발견된 그릇 같은 것도 모두 不淨한 것으로 생각되어서 손을 대거나

물로써 증명이 되었으며 秘色이라 일컫던 고려 청자공예의 진가가 다시금 밝혀졌던 것이다. 이와 같이 우리 나라 도자공예에 대한 학문적인 연구는 그 기초작업이 우리 손으로 착수되어서 큰 성과를 거두었는데, 이와 아울러 작년 12월 경기도 廣州 분원에서의 조선 白磁 窯址에 대한 국립박물관의 발굴도 주목할 만하였다.

이 같은 고대의 유적 발굴은 국립박물관뿐 아니라 국내 각 대학의 박물관이 중심이 되어서 이루어졌는데 그 중에서 주목된 것은 다음과 같다.

① 고려대학교가 주관한 경남 熊川貝塚의 발굴인데, 기왕에 있었던 2차 조사에 이어서 다수의 유물을 수집함으로써 한국 선사시대 연구의 꾸준한 진전을 보여주고 있다.

② 서울대학교 고고인류학과에서 주관한 서울 교외의 風納里 백제 토성의 발굴은 규모는 작은 것이었으나 토기(그 중에서도 黑色磨研土器)의 채집과 주거지의 조사는 또한 중요한 수확이었다.

③ 동국대학교 박물관이 주관한 충남 扶餘郡 石城面 錦江 유역의 臨江寺터의 조사는 금당으로 추정되는 한 건물터에 한정되었으나, 일찍이 학계에 알려지지 않았던 백제 말기의 가람이 밝혀졌으며 高柱형 초석의 발견과 많은 塑佛資料의 수집은 앞으로 寺域 전부의 조사를 필요로 하게 되었다. 이 사지의 조사는 이보다 앞서서 착수된 국립박물관 주관의 부여 金剛寺터 발굴과 더불어 우리 나라 고대건축 연구에 도움이 될 것이며, 동시에 한·일 양국 사이의 초기 문물교류를 실물과 실적으로써 증명하여 줄 것으로 기대된다.

④ 이화여자대학교 박물관은 경북 안동에서 삼국시대 고분을 발굴하였는데 玄室에서 다수의 인골과 금동 귀고리, 토기 등을 발견하였다. 전년에 이어서 동교의 여학생이 직접 참가하여 주목을 받았다.

⑤ 끝으로 연세대학교 주관으로 작년 말에 실시된 충남 公州 錦江 연안의 선사시대 유적의 발굴은 이 부문에 있어서 가장 큰 성과였다.

특히 이 유적에서 출토된 석기들은 토기를 수반하지 않은 것으로서 아직까지 발견된 석기시대 유물 중에서 가장 오랜 것으로 추정되었다. 그리하여 이들이 구석기시대까지 소급될 수 있는 것인지 학계의 비상한 관심을 모으기도 하였다.

이상은 1964년에 이루어진 국립박물관과 각 대학이 담당한 발굴조사의 내용인데, 이것으로 보더라도 하나의 유행과도 같이 우리 고대의 역사와 문화에 대한 고고학적 발굴작업이 성행되었던 것을 알 수 있다. 그리하여 이 같은 현상은 위에서도 언급한 바와 같이 자기의 것을 찾아서 그 기반을 더듬는 건전한 움직임이라고 말할 수가 있을 것이다.

3

그런데 이와 같은 국립 또는 각 대학에 부속된 박물관을 중심 삼은 학술적 발굴 이외에 우연히 발견된 고대의 중요한 造形物이 또한 적지 않다. 그들은 혹은 考古美術 부문의 전문학자의 손으로, 혹은 우연한 기회에 국민의 손으로 새로이 出世하는 지표 또는 지하의 유물들을 가리킨다. 이들은 모두 도회지보다는 교통이 불편한 시골이나 산간벽지에서 일어나는 일인데, 그들 유물은 지방관청을 통하여 정부에 전달되기도 하고 또는 민간에서 闇賣되어 私藏되거나 혹은 해외로 유실되는 경우도 있다. 이 같은 범주에 속하는 유물의 대부분은 지하에 매장되었던 것인데 그들이 매년 전국 각지에서 발견되는 수효는 결코 적은 것이 아니다. 더욱이 경주나 부여 같은 고대의 도읍지는 말할 것도 없으려니와 그렇지도 못한 벽지에서 때로는 놀랄 만한 유물이 갑자기 출현하는 일도 적지 않았다.

輪을 그려놓고 신앙하는가 하면, 또는 깨침의 나무(覺樹)인 '보리수'를 예배하기도 한 것은 극히 자연스러운 믿음의 발로라 할 것이다. 차츰 불교적 내실을 갖추고 승단을 형성함에 따라서 그 신앙의 2대 중심은 결국 불탑과 불상으로 귀착되었다. 전자는 건축 부문이요, 후자는 조각 분야다. 이들 건축과 조각은 堂塔伽藍의 중심에 자리잡고 수많은 장엄을 필요로 하게 되었으니 이 곳에서 차차 불교미술의 盛觀을 볼 수 있게 되었던 것이다. 당탑의 장엄에 따라서는 불교회화와 함께 공예의 발달을 보게 되었으니 이들이 바로 불교미술의 각 부문을 구성하는 것이다. 즉 불교미술은 그 분야별로 본다면 대략 건축, 조각, 회화, 공예로 나눌 수 있을 것이다. 이들은 결코 우연히 발생된 것이 아니라 불교 사상과 그 믿음을 바탕으로 한 종교적 소산이다. 그리고 이들 미술작품은 결국 불교신앙의 대상이며 그에 수반된 것이기 때문에 단순한 미술품이나 역사적 조형으로서의 유물·유적이 아니라 믿음의 내실을 간직하는 聖寶로서 조형되고 보존되어 왔다고 보아야 할 것이다. 다시 말하면 불교 미술품은 어느 것 하나 믿음과 정성의 발로에서 이룩되지 않은 것이 없다. 모든 탑상은 그 조성자의 발원과 정성에 따라서 특출한 조형 가치를 나타내기도 한다. 그 중에서도 제작이 우수하고 학술적·예술적 가치가 높은 것은 오늘날 국보 또는 보물로 지정하여 국가의 보호를 받게 하였는데 이들 지정문화재 중에서도 가장 많은 것은 불탑과 불상이다. 이들 두 가지가 나라에서 지정한 문화재의 약 반수에 달하고 있는 점은 우리 고대의 조형문화가 불탑과 불상 같은 불교의 예배대상에 그 중점을 두었던 사실을 알 수 있게 한다. 불교미술을 대표하는 이와 같은 탑상의 조성은 앞서 말한 바와 같이 불도들의 예배대상으로서 佛舍利를 안치하기 위함이요, 다른 하나는 불교의 尊像을 봉안하기 위함이다. 이렇게 볼 때 佛寺 조영의 근본 목적은 결국 塔像을 봉안하고 예배하는 점에 있었다고 할 것이다.

그러므로 우리 나라의 고대미술은 사원 건립에서 크게 발달하였고,

또 사원을 중심으로 삼아서 불교미술의 융성을 가져오게 되었다. 이와 같이 불교미술은 불교의 교리와 신앙을 뒷받침 삼아 그에 봉사하기 위한 조형활동으로 이루어진 것이다. 다시 말한다면 예배대상의 조성과 장엄을 위하여 불교미술이 성립되고 융성하였기 때문에 불교의 盛衰는 곧 그 미술에 반영되기도 하였다.

이와 같이 우리의 불교미술을 규정한다면 그 기원은 불교의 전달과 동시였다고 말할 수 있다. 그리하여 불교를 따라서 미술의 작품과 技工도 들어왔으니 서기 372년 북쪽의 고구려로부터 불교가 전래하였을 때 順道는 불상과 경문을 함께 갖고 왔으며, 또 고구려 소수림왕 5년(375)엔 우리 나라 최초의 사원이 건립되었으니 그 이름은 肖門寺라 하였다. 다만 여기에서 흥미로운 것은 불교와 건축의 관계인데, 불교에서는 탑파를 제외하고는 독특한 건축양식이 없다는 점이다. 즉 불교가 다른 여러 나라로 전파되었을 때는 그 나라의 재래 건축이 그대로 이용되었다. 다시 말하면 중국이나 우리 나라에 있어서는 궁전 같은 재래 건축양식과 그 배치법이 불교에 의하여 채택되었던 것이다. 그러나 위에서 말한 바와 같이 불교에서 있어서 탑파만은 독특한 양식을 지니고 발달하였다. 그리하여 초기의 목탑은 삼국에서 크게 유행을 보았으며, 목탑에 이어서 석탑은 삼국시대 말기 서기 600년경에 이르러 비로소 건립을 보게 되었다. 이 같은 초기의 석탑은 백제국에 의하여 처음으로 건립되었는데 그 양식은 당시 유행하던 목탑을 본뜬 것이었다.

다음에 조각 분야에 있어서는 무엇보다도 불상을 들어야 할 것이다. 서기 372년 순도가 처음 불상과 경문을 함께 가져왔다는 기록은 매우 중요하다. 아마 이 불상이야말로 우리 나라 불교조각사의 첫머리에 두어야 할 것이다. 이러한 불상은 처음엔 그것을 모방하면서 차차 우리 나라에서도 조성하게 되었다. 그러므로 불상의 조각에 있어서 처음에는 중국적 영향이 농후하였으며 시대가 내려옴에 따라 우리 자신의 솜씨와 양식이 나타나 고려·조선 시대에 이르러서는 뚜렷한 특색을 보제의 미술문화가 타국에 비하여 우수하였던 사실을 오늘에 짐작케 하고 있다.

(3) 古新羅

삼국에 있어서 불교를 받아들이는 데 선도적 역할을 한 것은 모두 왕실이었다. 신라의 경우에는 그것이 더욱 뚜렷이 나타난다. 적어도 신라에서는 눌지왕(417~457) 때 고구려를 거쳐온 阿道와 묵호자에 의하여 불교가 이미 민간에 파급되었다고 전하지만 그것은 지방에 있어서의 개인적 포교로서 박해 속에 끝나고 말았다. 그러다가 양나라 사신인 元表에 의하여 비로소 신라왕실에 불교가 알려졌다. 그 후 왕실은 불교의 수용을 위해 노력하였으나 귀족들의 반대에 부딪혔고 결국 이차돈의 순교를 보고서야 불교 공인이 이루어졌다. 그러니까 불교가 민간에 침투되고 거의 1세기를 지난 뒤 양으로부터 신라왕실에 전해지고 나서야 비로소 불교 공인의 길이 마련되었던 것이다.

이와 같이 신라의 불교 初傳에 있어서는 나라의 공인에 앞서서 전도승들의 끊임 없는 포교행각이 마련되었다고 생각된다. 즉 전법포교승들이 숨어 들어와서 몰래 포교를 하였으며, 그 중의 하나로서 일선군(善山) 지역 특히 毛禮의 집과 아도를 주목할 수 있는 것이다.

신라에 있어서 불교의 공인은 이차돈의 순교에서 비롯함은 널리 알려진 사실이다. 이차돈의 값진 순교의 힘에 의하여 법흥왕은 드디어 큰 뜻을 펼 수 있었다. 신라에 불교신앙의 자유를 허용할 수 있었음이 바로 그것이다. 그 해가 바로 법흥왕 14년(527)이었다. 그 이듬해에는 살생을 금하는 영을 내렸고 22년에는 경주 金橋(西川의 다리) 동쪽 天鏡林에 터를 닦아 興輪寺를 짓기 시작하였다. 그리고 말년에는 왕 자신이 몸소 출가하여 불법에 전념하였으며 또 그의 왕비 역시 永興寺에 들어가 그 곳에서 비구니가 되어 법명을 妙法이라 하였으며 그 절에서 일생을 마쳤다고 한다.

사실 우리들은 법흥왕과 관계되는 불교 기사들에 대하여는 사료의 부족을 많이 느끼고 있는 것은 부정할 수 없다. 그러므로 우리들이 지금까지 알고 있는 신라불교에 대한 것은 진흥왕대에 이르러 더욱 명실상부해진 불교에 관련된 사실들이다. 이를 살펴보면, 진흥왕 5년(544)에 흥륜사가 완성되자 그 해 3월에 사람들에게 僧尼가 되어 봉불할 수 있도록 허락하였다. 또 27년(566)에는 13년을 들여 신라 최대의 황룡사를 완성하는가 하면 35년(574)에는 저 유명한 황룡사의 장육존상의 주성에 성공했으니 이들은 불교사상 위대한 업적이라 아니할 수 없다.

3. 불교사원의 건립

불교가 삼국에 전래되자 각국에 사찰이 건립된 사실은 앞에서 말하였다. 이와 같이 우리 나라에 불교가 전래된 이래 전법과 수행의 중심이 되는 사원의 건립은 필수적이었던 것이다. 이들은 대체로 그 시대와 사회적 여건을 따라서 각기 특수성을 나타내고 있다. 이러한 특수성은 믿음의 變相이기도 하거니와, 또한 한국 불교가 지녔던 성격이라 할 것이다. 이들을 그 입지 조건에 따라 나누어 본다면 대체적으로 석굴사원을 제외하고는 평지가람과 산지가람으로 설명할 수 있을 것이다.

(1) 石窟寺院

먼저 석굴사원부터 살펴보기로 한다. 석굴사원이란, 쉽게 말해서 자연이건 인공이건 암석으로 이룩된 석굴을 이용하여 법당을 삼은 것을 가리킨다. 다시 말하면 천연의 바위를 뚫어서 만들거나 아니면 석재로써 結構하여 그 공간을 집이나 법당으로 삼아 예배장소와 주거장소로 쓰는 것이다. 그러므로 석굴사원은 그 자체가 웅장하고 아름다운 건축이고 조각이며 또 회화를 수반하는 종합적 조형물임은 말할 것도 없다. 이러한 석굴의 대표적인 것으로는 인도의 아잔타(Ajanta), 중국의 敦煌, 그리고 우리 나라의 석굴암을 들 수 있다.

이들 가운데 석굴의 始源 양식은 인도에서 찾아야 할 것이다. 그런데 이들 석굴은 다시 두 가지로 나누어 고찰할 수가 있다. 그 하나는 본격적인 예배소인 塔院이고 다른 하나는 수도와 주거를 겸한 성격을 지닌 僧院이다. 이러한 석굴의 성격은 중국을 거쳐 우리 나라에 전래되어 크게 변화되었다. 즉 승원의 성격은 매우 희박해지고 불상만을 봉안하는 석굴 또는 암벽을 조금만 굴착하여 磨崖石佛을 마련하고 그 앞에 법당을 시설한 것이다. 그 중 자연석실을 이용하여 불상을 각 면에 조각한 慶州 神仙寺石窟이나 암벽을 완전히 굴착하여 독립된 彫像을 봉안한 軍威 三尊石窟, 또는 인공으로 석재를 결구하여 만들어진 경주 석굴암 같은 예는 우리 나라 석굴사원의 대표적 자리에 둬야 할 것이다. 그렇다면 이들 석굴사원은 시대의 변천에 따라 어떠한 변화상을 보이고 있는 것일까.

먼저 삼국시대의 석굴사원부터 논의되어야 할 것이다. 이 시대에 해당하는 고구려의 석굴사원으로서는 이렇다 할 文徵이나 遺構를 발견키 어려운 실정이다.

백제에 있어서는 遺構上으로나 文獻上으로 약간의 석굴사원을 짐작할 수 있다. 즉 공주 남산의 중복에 위치하는 南穴寺터라든지, 또 망월산의 西穴寺, 그리고 기록에도 볼 수 있는 北穴寺·東穴寺 등을 주목할 수 있다. 또 천안 성거산의 晩日寺에 있는 소위 修行窟 등을 들 수 있으나, 이들은 자연석굴에 인공을 가하여 수행처 혹은 예배소로 겸용되었다고 할 것이다.

다음으로 주목되는 것은 서산시 태안의 마애석불이다. 이 석불은 태안반도를 멀리 바라볼 수 있는 白華山 정상 가까이에 위치한다. 첩첩한 석벽과 송림 속에 위치한 이 곳에 하나의 커다란 암벽을 얻어 깊이

도판 92. 서산 마애삼존불상

60cm 정도의 龕을 파고 불상을 조각했으며, 또 木造前室을 조영하여 석굴로서의 변화상을 나타내고 있다. 이 마애석불은 삼존의 특별한 배치 방안과 함께 한국 초기 사원의 양식을 살피는 데 있어서 그 첫머리에 둬야 할 것이다. 조성 연대는 백제 후기 600년경으로 추정되고 있다.

　그리고 백제 불교미술의 정화라고 할 수 있는 서산의 마애삼존불상에 대하여 잠시 언급해야 할 것이다. 이 마애삼존불상은 충남 서산시 운산면 용현리 普願寺址로 통하는 곳에 위치한다. 골짜기를 흐르는 냇물을 건너 험준한 바위산을 오르면 속칭 '印바위'라고 하는 거암의 동남 끝에 깊이 약 90cm의 龕室을 마련하여 부조한 삼존상을 볼 수 있다. 거구의 여래입상을 중심으로 우측에 단신의 보살입상, 그리고 좌측에 반가사유의 보살좌상 1구를 배치하였는데, 이와 같은 초기 사원의 불상 배치방식에서 반가상을 접할 수 있는 것은 백제 미술문화를 고찰하는 데 특히 주목하여야 할 것이다.

　이 서산 석불에서 추정되는 바 삼존상의 조성 연대는 서기 600년경, 그 중에서도 태안의 삼존보다 약간 뒤지는 것으로 생각된다. 이들 삼존은 양식상 중국 남북조, 특히 그 말기에서 隋代의 영향을 많이 보이고 있으며, 또 그 소재 지점이 백제에서 처음으로 석조미술의 발생을 본 옛 땅이라는 점이 주목되어야 할 것이다. 그리고 당대 중국에 있어서 석굴 경영의 성행에 따른 조영 방식이 바로 백제의 고토에 전수되어 이와 같이 가장 우수하고 아름다운 석조미술을 오늘에 남기고 있다고 하겠다.

　다음으로는 고신라와 통일기의 석굴암에 대해 살펴보자.

　신라는 반도의 남단에 위치하여 대륙과의 교류가 가장 늦었으며 동시에 불교문화의 수입도 가장 뒤졌다. 그러나 불교 공인 이후에는 이를 적극적으로 신앙하여 삼국 가운데 가장 화려한 불교문화를 꽃피웠다. 이러한 사실들을 감안할 때 석굴사원의 개착도 일찍부터 성행하여 예배와 수도의 일익을 담당했으리라 짐작된다.

　사실 우리 나라의 석굴들은 인도나 중국처럼 천연의 암벽을 넓고 깊게 파서 예배굴이나 수행굴을 조성할 수는 없었다. 그것은 우리 나라 산야의 석질이 인도나 중국처럼 연한 암석이 아니고 모두 그 강도가 무척 강한 화강암이기 때문으로, 거의 목조전실을 부설하는 마애석불을 봉안하는 사원을 형성할 수밖에 없었다. 이러한 목조건물을 갖는 석굴의 구조는 다음에 발생하는 축조석굴에도 적용되었으니 그 대표적인 것이 우리의 자랑인 석굴암이다. 화강석재의 장방형 돌을 하나하나 쌓아서 그 위에 하나의 통일된 조화를 이루고 있는 석굴암의 구도는 굴 속의 여러 조상들과 함께 극찬을 받아오고 있다. 그러나 이러한 경이적인 예술품은 하루 아침에 갑자기 완성된 것이 아니라 오랜 연찬이 거듭된 노력의 결정체라 할 것이다. 우리들은 이러한 아름다운 석굴암의 시원적 양식을 먼저 삼국시대에 이루어진 석굴 양식에서 찾아야 할 것이다. 먼저 자연석굴에 차츰 磨崖浮彫의 불상이 나타남을 주목할 수 있다. 그 중에서도 가장 먼저 우리의 관심을 집중케 하는 것은 경북 경주시 斷石山 上人巖의 석굴사원이라고 할 수 있다. 이는 무엇보다도 신라의 명장 金庾信 장군에 얽힌 中岳石崛이 바로 이 상인암이라는 추정에서 더욱 우리의 관심을 끌고 있다. 상인암은 높이 827m의 단석산 상봉 서남쪽 바로 아래 위치한 천연의 거대한 바위를 가리킨다. 이들은 동남북 삼면이 병풍처럼 에워싸여 ㄷ자를 이루었으며 그 가운데 자연의 석실 안에는 수십 척 절벽에 인공을 가하여 당대 신앙의 불보살 등 대소 10구를 각 면에서 새겨 놓았다.

이들 합계 10구의 대소상(뒤의 불상조각에서 설명)을 삼면에 지니고 서방으로 개방된 이 천연의 석실은 지면의 고저와 불상의 배치방안 등에서 전후의 양실로 구분하여 이룩된 것으로 보인다. 즉 전실은 후실에 봉안된 삼존대불을 예배하기 위한 곳이며, 후실은 이 석굴의 主尊인 1여래와 2보살을 봉안하기 위한 천연적 배치방식이다. 이와 같은 전후 양실의 구분은 인도의 초기 석굴에서 비롯하여 우리의 토함산 석굴에서 더욱 정비된 모습을 지니고 있다. 그러나 이와 같은 삼국시대 석굴의 시원양식은 이 곳 단석산에서 볼 수 있거니와 동시에 이와 같은 方形의 석실은 경주 남산 삼화령 미륵삼존석굴이나 군위의 삼존석굴에서도 그 계보를 찾을 수가 있다.

도판 93. 단석산 신선사 마애불상군

그리고 이 단석산 석굴에서도 4개의 거대한 바위 위를 덮었던 목조
기와지붕을 확인할 수 있었다. 따라서 이 곳에서는 삼국시대부터 통일
기에 이르는 각종 기와와 토기편 등이 발견되어 불상 조성과 동시에
이 자연의 석실을 그대로 하나의 큰 법당으로 완성하였던 원형을 알
수 있었던 것이다. 그리고 더욱 주목되는 것은 석굴 내 남쪽 벽면에는
약 30행의 명문이 있는데 1행 19자로서 그 중 약 200자가 판독되었다.
이 명문에서 처음으로 절의 이름과 주존불의 명호를 알게 되었다. 즉
사명은 神仙寺요 존명은 '彌勒'이다. 동시에 그 조성은 삼국 말 6세기
로 추정되었다.

다음으로 천연의 거암을 굴착해서 만든 것으로는 역시 경주 남산 동
쪽 기슭의 佛谷 마애석불상을 들 수 있다. 이는 높이 약 4m의 대화강
암의 한 쪽 면에 깊이 약 1m, 높이 약 1.60m의 寶珠形 감실을 마련하
고 그 내벽에 총고 1.40m의 좌불상을 부조하였으며 그 앞에는 목조전

실을 마련하였었다. 그리하여 이 곳 또한 삼국 말인 600년경의 석굴사원으로 추정하여도 좋을 것이다. 다음으로 우리들이 주목할 수 있는 것은 축조된 석굴사원이다. 즉 크고 작은 돌을 쌓아서 석굴을 인공으로 결구하는 것인데 이러한 방안은 인도나 중국에서도 일찍이 볼 수 없었고 오직 우리 나라에서 발달하였다. 그리하여 이와 같은 축조석굴은 경주 석굴암에서 그 완성의 절정에 이르렀다고 하겠다. 그러나 이에 앞서는 시원양식으로서 우리들은 경주 남산 장창곡의 석실을 들어야 할 것이다. 일찍이 이 석실의 삼존석불은 경주박물관으로 옮겨졌으나 석실의 성격에 대하여는 여러 가지 이설이 있었다. 日政 때 경주 남산의 불적을 조사할 당시에 長倉谷의 속칭 '부채등'의 파괴된 석실에서 특이한 양식의 石造如來倚像을 발견하고서 일본인 조사원은 이 석실을 삼국 말의 고분으로 단정하기도 하였다. 그러나 우리 나라에서는 일찍부터 고분 속에 불상을 봉안하여 신앙한 예를 볼 수 없으므로 그러한 발설은 매우 부당하다. 따라서 석실의 원형은 고분이 아니라 축조된 불교의 석굴로 밝혀졌고 또 이 곳에 봉안되었던 존상의 존명은 미륵세존임이 아울러 추정되었다. 그리고 이 석굴사원이 있던 곳을 가리켜 예로부터 三花嶺이라 불러온 사실도 알려졌다. 그러나 현재는 이 석굴의 유지는 완전히 황폐화되어 그 자취를 찾기조차 어려운 실정이다. 동시에 이 곳은 경주 남산의 북봉에 위치하여 重三重九의 아름다운 계절에 신라의 유명한 忠談師가 이 곳 미륵세존께 차 공양을 올리던 유서 깊은 땅이기도 하다. 따라서 이 곳에 축조된 석굴의 삼존상은 토함산 석굴에 앞서서 선덕여왕 13년(644)의 작품으로 밝혀졌다. 그러므로 이 곳에서의 석조 유구는 석굴암과는 다른 방형 평면의 석실로 추정되었고, 또 그 주위에서 발견되는 옛 기와편으로 보아 토함산 석굴암에서와 같은 목조기와의 건물을 추정케 한 바 있었다. 석굴 조성의 계보상 삼화령 석굴의 다음에 놓이는 것으로는 경북 군위의 아미타 삼존석굴을 들어야 한다. 이 석굴은 팔공산의 깊숙한 골짜기에 위치하

도판 94. 경주 남산 삼화령 석실(원래위치)

여 일찍이 세간에 알려지지 않았으나 1962년에 이르러 비로소 새로이 주목을 받았다. 석굴이 위치하는 곳은 경북 군위군 부계면 남산동 陽山의 중턱이다. 석굴은 높이 수십 미터에 달하는 거대한 절벽 아래 경영되었는데 입구는 원형에 가깝다. 천정까지의 거리는 약 4.25m에 달하며 주위의 벽에는 굴착된 흔적이 뚜렷하며 천연의 석굴에 인공을 가하여 입구와 내부의 주벽과 천정을 가공 또는 확장한 것이다. 이와 같은 석실에 삼존을 조성하여 봉안한 것으로 보이는데 그 중 본존인 아미타여래만이 대좌에 봉안된 좌불이고 좌우 관음과 세지보살은 입상이다. 이 석굴은 다음에 설명할 축조석굴인 토함산 석굴암에 이르는 한국 석굴사원의 계보에서 하나의 이정표를 삼을 수 있기에 더욱 중요한 것이다.

다음으로 한국 석굴사원의 정상에 선 석굴암의 석굴에 대하여 살펴보자. 이 석굴은 앞서 말한 바와 같이 우리 나라 석굴사원의 최고봉이며 신라인의 지혜와 기술을 한데 모은 작품이다. 토함산 산정 바로 아래에서 동남으로 東海口를 굽어보는 곳에 위치한 이 석굴은 신라인의 온갖 技工과 정신적 내실을 간직한 채 우리의 조각사에서 가장 빛나는 자리를 차지하고 있다. 그러나 이와 같은 석굴조형이나 완숙한 예술작품은 단시일 내에 이룩되는 것이 아니다. 그 곳에는 보이지 않는 온갖 정성과 끊임 없는 정진의 힘이 있다. 이러한 노력을 통해서 이와 같은 가장 아름답고 가장 우수한 석조미술품이 탄생된 것이다. 우리들은 이러한 노력과 정성으로써 이룩된 석굴사원의 계보를 앞서 언급한 삼화령의 석굴에서 찾을 수 있었다.

이 석굴암의 내부 구조는 前室과 石龕形의 主室로 나누어진다. 전실과 주실 사이에는 너비 3.6m, 길이 2.9m의 扉道가 있어 구분되어 있다. 전실은 너비 6.8m, 길이 4.8m의 장방형이며 주실은 원형으로서 반경이 3.6m이다. 사실 이러한 알맞은 평면상에 이와 같이 정제되고 짜임새 있는 석굴은 인도와 중국에서 많이 볼 수 없는 형태이다.

그리고 이와 같은 석굴사원은 그 후 고려로 계승되어 괴산 미륵당리와 경남 사천 普安庵 같은 석굴사원이 건립되었다.

(2) 平地寺院

여기서 말하는 평지사원이란 國都를 중심으로 하여 주로 평지에 건립된 사원을 가리킨다. 그러므로 주로 신라 말 9세기부터 보급되기 시작한 지방의 산악사원과는 구분되는 말이다. 대체로 산악사원은 선종의 발생과 함께 수행에 편리한 심산유곡에 자리하여 불교의 새로운 유파를 형성하였다고 생각된다. 그러나 평지사원은 국도를 중심으로 하는 넓은 寺域에 걸쳐 가람을 형성하고 있음을 볼 수 있다. 따라서 평지사원이 교통이 편리하여 매우 대중적 불교를 형성할 수 있었다면 산악사원은 보다 전문적인 수행 위주의 가람을 형성하였다고 지적할 수 있을 것이다. 이 곳에서 평지와 산지 두 사원의 특수성이 짐작되는 바이다.

이제 소위 평지사원의 범주에 속하는 주요 가람들을 삼국으로 나누어 살펴보기로 한다.

1) 고구려

삼국 가운데 가장 먼저 불교를 수입한 고구려에 있어서의 사원 건립 역시 상당수에 달하였을 것으로 추측된다. 그러나 유독 고구려시대의 사원에 대해서는 간혹 문헌을 통하여 몇몇 寺名이 알려져 있을 뿐 그 사지에 대하여서는 정확하게 알려진 것이 없다. 지상의 건물이 하나도 전하지 않음은 다시 말할 것도 없고 다만 오늘날 우리들이 추정할 수 있는 것은 사지의 발굴을 통하여 가람배치를 다소 짐작할 뿐이다. 이들 대표적인 예가 1937년 고구려의 고토 平原郡 元五理의 寺址와 또 1938년 평양 靑巖理 寺址, 그리고 이 청암리 사지에서 동남방에 인접한 大同郡 林原面 上五理 寺址 등을 들 수 있다.

이들은 앞서 말한 바와 같이 모두 다 寺名과 또 역사적 배경을 알지 못한다. 다만 발견된 유물이나 유적을 통하여 고구려시대의 사지임을 알게 되었다. 이들 가운데 청암사 사지가 가장 주목되므로 이 사지에 대해 자세하게 살펴보기로 한다.

牡丹臺 동북 약 3km 지점 대동강 상류 오른쪽 언덕에 위치하는 이 사지는 발굴을 통하여 가람배치가 가장 잘 밝혀졌다. 중앙의 팔각전지를 중심으로 전방에 門址, 동서에 건물지 또 후면에 건물지가 확인되었다. 이 중심건물이 있는 한 단 높은 대지가 가람의 중심이 되는 곳으로서 그 배치는 남에서부터 중문-탑(팔각 건물지)-건물지가 일직선상에 있으며 탑을 사이에 두고 좌우에 다시 건물이 배치되어 있다. 이 사지의 발굴에서 사명을 말해주는 결정적 유물은 발견되지 않았으나 이 곳은 옛부터 金剛寺址로 전해지고 있다. 금강사에 대해서는 그 창건이 文咨王 7년(499)으로 『삼국사기』에 전해지고 있어 가람의 고고함

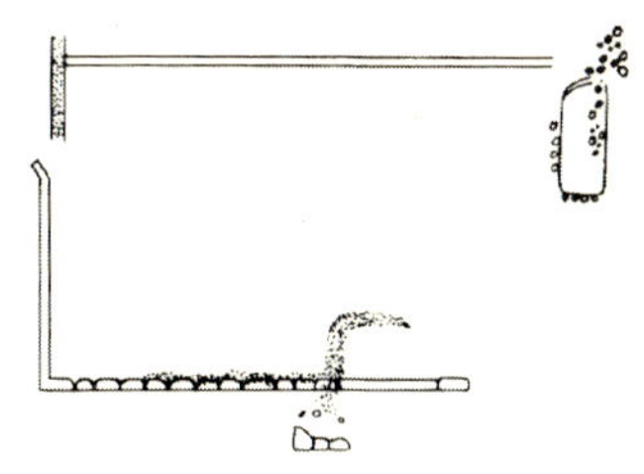

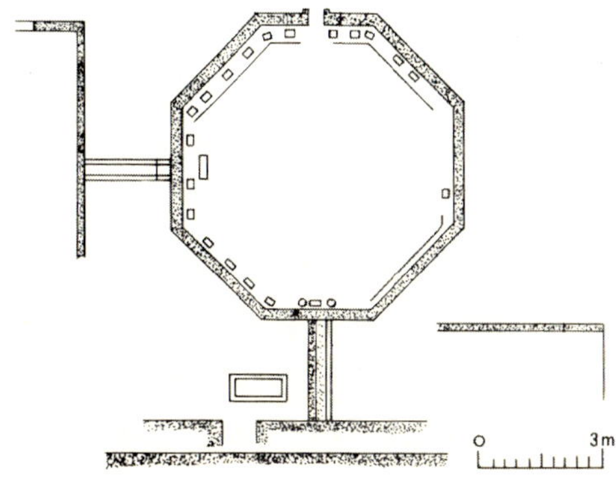

도판 95. 평양 청암리 목탑지

을 알 수 있다. 또 이 금강사는 『고려사』에 자주 등장할 정도로 유명한 사찰이었으며, 팔각 목탑지 등의 가람 배치방안은 백제 또는 일본에 곧 영향을 주었던 것으로 보인다.

2) 백제

백제는 그 수도를 漢山에서 공주로 옮겨오는 중에도 다수의 불사를 창건하였다고 생각되나 여기에는 앞서 말한 몇몇 석굴사원을 제외하고는 별달리 주목할 만한 것이 없다. 다만 공주 반죽동 소재 大通寺의 가람지가 있어 일찍부터 조사된 바 있다. 이 곳에는 통일신라시대의 당간지주 1기가 전하고 있으며 이 곳 사지의 북방 일대가 대통사지로

다음으로 闍崛山門은 문성왕 9년(847), 梵日國師에 의해 창건되었
다. 현재 강원도 강릉시 구정면 학산리에는 넓은 掘山寺址가 있고, 거
대한 당간지주(보물 제86호) 1기와 부도(보물 제85호)가 있다. 넓은 사
역에는 이곳 저곳에 석조 유구들이 있을 뿐 당시 가람의 규모를 짐작
하기 어려운 실정이다.

桐裡山은 전라남도 곡성군 죽산면에 위치한다. 동리산문의 사명은
泰安寺이다. 흥덕왕 때 惠哲國師에 의해 개산된 이 곳 태안사에도 개
산조 혜철국사의 탑(보물 제273호)과 廣慈大師의 탑(보물 제274호) 및
탑비(보물 제275호)가 있어 주목된다.

聖住山門은 충남 보령군 미산면에 그 사지가 남아 있다. 성주사는
문성왕 때 無染國師가 백제의 烏合寺에 住錫하면서 개산하고 또 사명
을 바꾼 곳이다. 이 곳에는 개산조 朗慧和尙白月葆光塔碑(국보 제8
호)와 4기의 석탑이 금당을 중심으로 전후에 배치되어 있어 특수한 배
치방안을 나타내고 있다. 또 이 곳 사지에는 三千佛殿이 있어 그 유지
에서 출토된 신라 소조불상은 이 시대의 미술문화에 매우 중요한 자료
를 제공해 주고 있다.

曦陽山은 경북 문경시 가은읍 원북리에 있으며 이 곳의 鳳岩寺가
바로 희양산문의 사찰이다. 신라 헌강왕 7년(881) 智證國師에 의해 개
창되었다. 이 곳에는 개산조 지증국사의 탑(보물 제137호)과 탑비(보물
제138호)를 비롯하여 3층석탑(보물 제169호), 그리고 그의 문하 靜眞
國師 탑(보물 제171호) 및 탑비(보물 제 172호)가 있어 주목된다.

그 외에도 사자산문, 봉림산문, 수미산문이 있어 신라 말기에 선문9
산을 통해 우리 나라 산지가람의 일단을 살필 수 있다. 이와 같은 9산
외에도 신라시대에 창건되어 오늘에 이르는 대소의 가람이 주로 옛 신
라 땅을 중심으로 전래하고 있다. 그 중에서도 태백산 부석사는 신라
문무왕대의 창건인데 의상조사의 주석에서 비롯하여 오늘에 이르기까
지 1300년의 역사를 이어오고 있다. 그리하여 이 곳에 무량수전 등 국

보가 다수 전래하는 까닭을 알 수가 있다. 그 외에도 신라시대에 창건된 八公山 桐華寺, 지리산 화엄사, 가야산 해인사 등 많은 대소 사찰이 위의 선종사찰과 더불어 각 지방의 깊은 산중에서 전래하고 있어서 고대사원은 도리어 이와 같은 산지가람에서 그 옛 영광을 볼 수 있다고 말할 수 있다.

4. 불교미술의 여러 부문

(1) 건축

1) 목조건축

우리 나라 불교미술에 있어서 오랜 목조건축에 대하여 고찰하기란 매우 어려운 실정에 있다. 불교 전래와 함께 사원건물이 이룩되었음은 앞서 지적한 바와 같지만 과연 그들이 어떠한 양식으로 건립되었는지에 대하여는 자세하게 알 길이 없다. 고구려 최초의 사찰 초문사는 그 존재가 문헌에만 전해질 뿐 내용에 대하여는 전혀 알지 못한다. 다만 고구려의 절터, 예를 들면 청암리 사지 같은 곳에서 위에서 말한 바와 같이 팔각형 목탑지와 함께 금당지를 발견함으로써 1탑 3금당식의 가람 배치방안이 알려졌을 따름이다. 고구려에 이어 백제에 있어서는 특히 건축술이 발달되어서 그 당시의 장관을 알 수가 있다. 또 문헌에 보이는 백제의 阿非知는 그의 뛰어난 솜씨로써 신라 황룡사의 9층탑을 건립하였던 사실이나 일본 초기 가람의 장엄을 통하여 백제의 건축술이 탁월하였던 사실을 짐작할 수가 있다.

신라의 경우는 다른 두 나라에 비해 뒤떨어진 듯하다. 그러나 사원건축에서는 대략 고구려나 백제와 많은 유사점이 있었다고 추정된다. 황룡사의 조사에서 밝혀진 당탑의 배치는 이 같은 사실을 뒷받침하고 있다. 이들은 시대에 따라서 또는 서로의 교류 과정에서 다소의 차이는 있을지언정 많은 공통점을 나타내고 있다. 그리고 이들 불교 건축의 비교는 먼저 가람의 중심을 차지하는 목탑에서 찾아야 할 것이다. 초기의 목탑은 삼국을 통하여 모두 중국에서 전래한 누각 형식을 따랐으며 방형이나 다각 그리고 다층을 이루었다고 생각된다. 이러한 예는 앞서 지적한 바와 같이 고구려 청암리 사지나 백제 군수리 사지에서 이미 언급한 바 있다.

그러나 이와 같은 고구려와 백제의 목탑지에 비하여 고신라에 있어서는 삼국 중 불교가 가장 늦게 전달되기는 하였지만 그 시초부터 당탑가람의 건립이 매우 왕성하였다고 생각된다. 그 중에서도 7세기 초엽에 이르러 경주 월성 동쪽의 황룡사에 건립된 9층목탑은 일찍이 우리 나라에서 세워진 탑 중에서 최고·최대였을 뿐 아니라 동양의 불교국을 통해서도 유수한 대탑이었다. 이 황룡사탑에 대해서는 오늘날 경주의 사지에서 방형 기단과 64개의 방형 초석이 그대로 전하고 있어서 7칸 4면의 규모와 옛 기록에 보이는 높이 225자의 대탑을 짐작할 수 있다.

그러나 이들 목조건축에 대하여서도 사지의 발굴이나 기록에 의하여 추정할 뿐, 지상의 건물에 대하여는 그 형태를 자세하게 알지 못한다. 따라서 목조건축에 있어서는 신라시대에 해당하는 건물은 하나도 없고, 또 고려의 건물이라 하더라도 중기와 그 이후에 세워진 몇 동의 건물 외에는 모두가 조선조에 들어서 세워진 것만 남아 있으며 그나마 대부분 임진란 이후의 건물이다. 그러므로 이제 우리들은 이러한 현존 목조건물들을 들어서 그 양식이나 건축수법을 비교 고찰할 수밖에 없는 실정이다.

그런데 여기에 재미있는 것은 불교의 수입과 함께 들어온 가람의 배치양식이 우리 나라의 고대 궁전양식의 그것과 서로 유사하다는 점이다. 이와 같은 사실은 불교사원의 당탑과 왕실의 궁전건물이 모두 시대에 따르는 양식 계보를 같이하면서 우리의 건축사를 수놓아 왔다고 생각되는 점에서도 알 수가 있다. 최근세의 일례로서 19세기 후반에 건조된 경복궁을 들어 본다면, 그 중심은 正殿인 勤政殿에 있다. 그런데 이 근정전은 정남에 근정문을 배치하고 사방 주위에 회랑을 돌렸는데 이 같은 방안은 또한 堂塔을 중심에 두고 이들을 회랑으로 구획하여 남쪽에 中門을 두는 사원의 그것과도 비슷하다. 근래에 복원된 경주 불국사의 경우도 또한 이와 유사하다. 이와 같이 고대 한국에서 궁전과 佛寺와의 親緣性은 모두가 고대의 권위있는 건물의 쌍벽을 이루면서 그들이 고대 건축의 주류를 형성하여 왔다는 사실에서도 주목을 받아야 할 것이다.

그런데 불사의 가람배치에 있어서는 불교의 양대 예배대상인 불상과 사리를 봉안하기 위하여 그 중심구역에 당탑을 경영하게 된다. 이 같은 당탑은 우리 나라에 있어서 시대에 따르는 변천상이 있기는 하나 삼국시대에 있어서는 남북 일직선 위에 위치하며 7세기 중엽부터 통일신라기를 통해서는 탑이 다시 동서로 분립되어서 이른바 쌍탑식을 이룬다. 삼국기의 1탑식으로는 예컨대 신라 황룡사 9층목탑이 그 좋은 예이며, 쌍탑식에 있어서는 불국사의 석가·다보 양 탑의 배치를 8세기 중엽의 일례로 삼을 수 있다. 그리고 근세의 건립이기는 하나 충북 법주사의 5층목탑(팔상전)은 오랜 사원의 1탑식 舊基를 지키고 있는 사실이 수년 전의 중수에서 밝혀지기도 하였다. 그리고 이는 오늘 국내에 보존된 5층목탑의 유일한 예이다.

고려시대의 건축은 그 초기에 있어서는 대부분 신라의 문물을 그대로 계승하였을 것으로 추측된다. 아마도 새로운 건축양식이었다고 생각되는 柱心包 양식도 재래의 건축양식을 계승한 것이라고 짐작되지만 이에 대하여도 자세치 않다. 다만 고려 말엽의 건축양식에 적용되는 多包 양식은 목조건축에서 보다 화려하고 웅장한 새로운 양식을 나타내기도 하였다. 따라서 우리 나라에 현존하는 옛날의 목조건물은 대부분 주심포와 다포의 두 양식으로 나누어진다. 이러한 양대 건물들이

아 그 건립이 보다 말기에 가깝다고 볼 수도 있으나 평면구성이나 가구수법이 중기적인 요소가 더욱 많다고 할 것이다. 또 웅장한 위용을 나타내는 다포 집 계열의 이 불전은 주위의 산형과 조화를 이루고 있다.

특히 이 건물 전면 3칸에 달린 문살의 무늬는 주목할 만하다. 이들은 사찰건축에서 흔히 볼 수 있는 장식문으로서 그 표현은 극히 공예적이다. 이들은 꽃살문의 일종으로서 6판 화문 초화문 등을 나타내 아름다움을 더하고 있다.

다음으로 통도사 대웅전(보물 제144호)에 대해 살펴보자.

이 불전은 얼핏 보면 동일한 형태를 취하고 있다. 그러나 자세히 보면 金剛戒壇의 편액이 붙은 정면은 3칸인데 측면은 5칸이라 특이하다. 건물의 형태는 단층으로 T자형 팔작지붕을 형성하는 다포 집이다. 외형이 특수한 것과 같이 내부의 기둥 배치에 있어서도 결구양식이 복잡한 것 같으나 자세히 보면 매우 합리적으로 구성되었음을 알 수 있다. 불전 내부에는 불상을 봉안하지 않고 뒤쪽의 사리탑을 향해 예배하도록 되어 있다. 1961년 보수공사로 인해 건립 연대가 밝혀진 이 불전은 인조 23년(1645)의 건물로서 조선 중기를 대표하는 다포계 건물이라 할 것이다.

다음으로 우리 나라 건축사상 귀중한 자료가 되고 있는 법주사 팔상전(국보 제55호)에 대하여 살펴보자.

이 건물은 한국 유일의 목조 5층탑으로서 경내 중심부에 자리하여 목탑의 기본구성을 알게 하는 소중한 건물이다. 이 목탑은 1968년 완전 해체 수리시에 중앙 심초석에서 사리구와 연대를 알려주는 金銅塔誌가 발견되었다. 즉 이 목탑은 1624년 당시 중창된 것이지만 목탑 架構手法을 전하여 준 귀중한 자료가 되었다. 또 금동탑지에서는 '朝鮮國僧大將裕淨比丘'라는 명문이 있어 당시 사명대사가 이 목탑의 중건 불사에 관계하였던 사실을 전하여 주고 있다.

건물의 구조는 목탑의 수법에서 사면이 동일한 수법을 따르고 있으며 초층과 2층은 각 면이 5칸, 그리고 3층과 4층까지는 3칸으로 光窓을 나타내고 있다. 내부 중앙의 고주를 중심으로 주위 사방에 4개의 변주를 놓아 각 층의 가구를 지탱하고 있다.

다음으로 역시 층각건물로서는 전북 김제의 금산사 미륵전(국보 제62호)을 들어야 할 것이다.

금산사는 신라 때 眞表에 의하여 창건되었다고 전하는데 그 후 임진란 때 불타 버렸다. 그리하여 그 후 인조 4년(1626)부터 중창된 건물들이 전해지고 있다.

미륵전은 외관상 3층의 불전으로서 유일한 건물이다. 1층과 2층은 정면 5칸, 측면 4칸이며 3층은 정면 3칸, 측면 2칸으로서 팔작지붕의 다포 집이다.

내부 중앙에는 미륵본존불을 봉안하였고 그 좌우에는 脇侍佛이 역시 입상으로 안치되어 있다. 1층부터 3층까지 통층으로 나타냈고 본존 중앙의 상부 천정은 주위의 천정보다 한 단 높게 가설했다.

다음으로 중층건물로는 화엄사 각황전(국보 제67호)을 말하지 않을 수 없다. 이 불전은 경내 서쪽에서 동면하여 있으며 건물 앞에 있는 축조된 석조기단은 신라시대의 모습을 보이고 있다. 불전은 정면 7칸, 측면 5칸으로, 1·2층이 모두 동일한데 조선 중기의 우리 나라 목조건축 중 가장 거대하다. 신라시대에는 불전 내벽에 화엄경의 石經을 刻했던 것으로 유명하다. 현재의 건물은 임란 때 소실된 것을 숙종 23년(1697)에 중건한 것이다. 내부는 3여래·4보살을 봉안하였으며 웅건한 각황전과 그 불상은 신라 이래 화엄사의 寺格을 단적으로 말하여 주는 것이다.

다음으로 우리들은 해인사 장경판전(국보 제52호)을 주목해야 할 것이다. 일찍부터 고려대장경의 봉안으로 인해 법보사찰로서 널리 알려졌다. 본전인 대적광전 뒤 높은 석단 위에 마련된 장경판전은 건물의 결구수법이나 배치방안에서 독특한 의장을 보이고 있다. 동서로 길게 뻗은 이들 판전은 북쪽에 法寶殿, 그 남쪽에 修多羅殿이 있어 길게 병렬해 있고 동서에는 寺刊藏經을 보관한 건물이 있다. 특히 이들은 기둥 사이 상하에 창살을 내어 내부의 통풍에 유의한 점을 살필 수 있다. 즉 상부에는 작은 창살을, 하부에는 넓은 창살을 달아 통풍 기능을 의도했는데 다시 후면의 기둥 사이에도 전면과 반대로 상부에 넓은 창을, 하부에 좁은 창을 달아 내부 환기 조절에 참으로 주도한 용의를 보여주고 있어 놀랄 만하다. 일체 장식적인 의장을 가하지 않은 이 건물은 무척 단조로우면서도 장경판전으로서의 기능을 충분히 발휘하도록 배안된 실로 우수한 건물이라 하겠다.

정면 15칸, 측면 2칸의 이 건물은 성종 19년(1488)에 건립되었다.

2) 石造建築

우리 나라의 불교건축에 있어서 목조건축 못지않게 중요한 것으로는 석조건축을 들 수 있다. 목조건축은 보존에 있어서 석조만큼 견고할 수 없어 오랜 형태를 살필 수 없으나 석조건축은 돌이 지니는 견고성으로 말미암아 삼국시대의 오랜 양식에서부터 고찰할 수 있는 것은 다행한 일이다.

건축이라고는 하지만 석재로 직접 법당을 조성한 일은 석굴암 석굴을 제외하고는 그 유례가 거의 없고 다만 주로 석탑으로 전해지고 있음을 알 수 있다. 따라서 우리 나라 불교미술의 석조건축이란 주로 석탑에 중심이 있고, 이 외에 신라의 불국사 청운교·백운교를 비롯한 石橋 등을 볼 수 있다. 그러나 이 곳에서는 오직 석조탑파에 대하여 그 발생에서부터 양식의 변화를 간단히 살펴 이해를 도울까 한다.

우리 나라는 일찍부터 '석탑의 나라'로서 널리 알려져 있다. 전국 도처에서 생산되는 희고 견고한 화강석을 주재로 하여 한국 특유의 석탑을 조성하기에 이르렀다. 우리들은 이제 석탑의 발생국으로서 먼저 백제를 먼저 지목해야 한다. 백제는 목탑에 이어 석재로 탑파를 건립한 우리 나라 석탑의 발생국이 되기 때문이다. 백제의 고토에 남아 있는 가장 오래 된 석탑으로는 2기가 있다. 그들은 모두 사지에 남아 있으니 하나는 전북 익산시 금마면 미륵사지에 있고, 다른 하나는 충남 부여읍 정림사지에 있다. 전자는 상층부가 붕괴되어 6층 일부까지를 남기고 있으며, 후자는 상륜을 제외하고는 거의 원형을 간직하고 있다. 이 양 탑이야말로 백제 하대 7세기 전엽에 이루어진 것으로 그들이 오늘에 전래하는 사실은 첫째 그 재료가 모두 화강암이고, 둘째로는 가구 수법이 매우 견고한 까닭이다.

먼저 익산 미륵사지 석탑(국보 제11호)을 들어 보겠다. 이 석탑은 현재 사지 서방에 있으며 그 북방에는 가람지가 있어 당탑은 남북선 위에 자리잡고 있다. 이것은 그 규모가 매우 커서 일찍부터 '동양의 대탑'이라고 불려 왔으니『동국여지승람』은 또한 '東方石塔之最'라고 기록하고 있다. 그런데 이러한 대탑이 건립되기 위해서는 그 역사적 배경이 반드시 있어야만 하겠는데, 그것은 백제국이 익산으로 천도코자 別都를 이 곳에 건설한 사실에서 찾고자 한다. 미륵사는 바로 이 때에 백제 제일의 큰 규모로 건립되었다고 추정되므로 이 석탑의 건립 인연과 배경을 이 같은 곳에서 찾을 수 있겠다. 이 같은 역사적 배경과 창건에 이르는 연기를『삼국유사』등 우리의 고문헌이 전하여 준 것은 또한 다행한 일이다.『삼국유사』권2, 武王條에는 백제 무왕(薯童)과 신라 선화공주 두 사람에 의한 발원과, 堂塔廊廡를 각 3곳에 건립하였다는 사원 규모에 대한 기록 등이 보이고 있다. 이것은 모두 미륵사의 창건 연대를 전하여 주는 것으로서, 사지에 대한 고고학적 조사와 더불어 이 백제가람을 밝힘에 있어 큰 도움이 되는 것이다.

이 곳 미륵사지 석탑의 모범은 앞서 말한 바와 같이 이 탑에 선행하여 유행하였던 목탑에 있었다. 바꾸어 말하자면 다층목탑의 각 부재를 모두 석재로 대용해서 건립한 것이다. 기단이 매우 낮은 점이나 3칸 4

도판 98. 익산 미륵사지 석탑

면을 본떠 귀퉁이 기둥과 면석을 돌렸는데 그 석주에는 위가 좁고 아래가 넓은 소위 엔터시스 수법을 남기고 있다.

제1층 4면에 문호가 있어 내부에서 十字로 통하고 그 중심에는 사각의 기둥이 솟아 있다. 탑신 위의 옥개로서는 넓고 얇은 판석을 덮었으며 그들은 추녀 끝에 이르러 약간 위로 솟는 反轉을 보이고 있다. 옥개 밑에 층단을 이루는 석재를 끼우는 것은 탑신과 옥개 사이의 가구를 간략화한 것이다. 이와 같이 목탑가구의 세부를 석재로써 충실하게 모방함으로써 한국 최초의 석탑을 창조하였던 것이다.

이처럼 미륵사지 석탑의 시원양식은 백제국에서의 목탑 유행에서 석탑이 발생하는 과정을 실물로써 보여주고 있으니 이 탑을 가리켜 한국 석탑의 始源이라고 부르는 까닭이다.

다음에 백제석탑의 다른 하나는 정림사지 5층석탑(국보 제9호)이다. 이 탑 또한 목탑을 모방한 것으로 익산탑에 비할 때 규모도 작아지고 세부의 변형도 있으나 그 모범이 목탑에 있었던 사실에서 익산탑과 같은 계통의 작품임을 곧 알 수 있다. 이것은 익산탑이 목탑을 바로 모방한 수법에 비하면 예술적인 변형이 가해져서 하나의 예술작품으로서의 조형임을 알 수 있다. 낮은 기단 위에 세워진 탑신의 크기나 넓은 옥개가 위로 올라감에 따라서 알맞게 체감된 비율, 그리고 옥개와 그 밑의 가구방식에서 오는 각 층의 율동적 변화와 강건한 기풍은 백제미술의 한 걸작임에 틀림이 없다. 이 탑은 예로부터 ‘平濟塔’이라고 잘못 불려 왔다. 그것은 탑신에 ‘大唐平百濟國碑銘’이 새겨져 있었기 때문이다. 그리하여 마치 당나라의 장수 蘇定方이 건립한 것으로 오인되어 온 것이다. 그러나 이 곳은 뚜렷한 백제의 사원지로서 이 석탑은 금당과 함께 남북으로 배치된 그 원 위치에서 오늘까지 전래한 것임을 알 수 있다.

백제석탑의 시원양식은 위와 같이 2기 모두 목탑을 모방하여 발생했으나 고신라에 있어서는 다소 사정이 다르다. 고신라의 작품으로서는 선덕왕 3년(634)에 낙성된 분황사 석탑(국보 제30호)을 가장 오랜 것으로 들 수 있다. 이 탑은 단층의 기단을 갖고 있으며 그 중앙에는 탑신을 받치기 위한 넓은 1단의 화강암판이 놓여 있다. 그리고 현재 3층까지만 남아 있는데, 탑재는 앞서 말한 백제탑과는 달리 흑갈색의 안산암이다. 보다 특이한 것은 이 탑이 이러한 석재들을 작게 벽돌 모

도판 99. 부여 정림사지 석탑

양으로 잘라서 쌓아올렸다는 사실이다. 그러므로 이 탑은 전탑을 따랐다고 말할 수 있겠다. 여기서 우리들은 석재에 대한 신라인의 집착을 주목할 수 있으려니와 또 그 1층 4면에는 龕室이 만들어져 있고 그 좌우에 인왕입상이 배치되었는데 이들은 모두 화강암을 사용하였다. 이와 같이 일부에서 화강암재의 혼용은 있으나 主材가 이와 다르고 또 그 양식도 백제석탑과는 같지 않아서, 거의 때를 같이하고 발생한 한반도 동서 양국에서의 差別相을 알 수가 있겠다.

그러므로 백제에서는 오로지 화강암을 사용하였으되 목탑계 양식을 충실히 따른 반면, 고신라에서는 화강암을 혼용하였으되 안산암을 주재로 삼아서 전탑계 양식을 모범으로 하였다고 할 것이다.

이상에서 살펴본 바와 같이 삼국 말 7세기에 이르러 한반도의 동서에 각기 세워진 최초의 석탑들이 서로 그 양식은 달랐다 하여도 그 후 얼마 아니 가서 이들은 하나로 합쳐진다. 그리하여 참된 의미에서의 한국 석탑의 전형적인 양식을 얻게 된다. 그 같은 계기로서는 다시 말할 것도 없이 신라에 의한 삼국통일이란 빛나는 역사적 위업을 들어야 하겠다. 삼국통일의 대업은 우리 민족의 오랜 숙원이기도 하였거니와 그 성과가 비단 국토와 국민의 통합과 융화에만 그치는 것이 아니고 문화와 예술에 이르기까지 고루 미쳤던 것이다. 따라서 두 계통의 석탑은 이 같은 중대한 역사적 전환점을 맞이하여 하나로 종합됨으로써 한국 석탑으로서의 독창적인 새로운 양식을 얻게 된다. 이 같은 주장은 우리 나라와 같은 양식의 석탑이 세계의 어느 나라에서도 찾아볼 수 없다는 내외학자의 일치된 논의에서도 짐작할 수 있다.

이 같은 삼국통일의 새로운 계기를 맞아 건립된 석탑으로서 먼저 2기의 3층석탑을 들 수 있으니, 경주 동해안 가까이에 자리잡은 感恩寺址 동서 3층석탑(국보 제112호)이 그것이다.

감은사는 앞서 말한 바와 같이 통일의 영주인 문무대왕이 '欲鎭倭兵'코자 동해에 창건한 국가대찰로서 대왕이 완공을 보지 못하고 세상을 떠나자 그 아들대인 신문왕 2년(682)에 준공된 것이다. 문무대왕이 사후에 동해의 용이 되고자 서원한 것은 호국·호법의 큰 뜻에서였으니, 그는 생전에 그의 능침으로서 이 곳 감은사 앞바다의 대왕암을 주목하였다고 생각된다. 그리하여 대왕의 심려가 얽힌 이 감은사의 동서 3층석탑의 건립을 통하여 삼국 말 백제와 신라 두 나라의 석탑 양식이

도판 100. 경주 감은사지 동삼층석탑

마침내 하나로 종합된 것이다.

동서 3층의 이 석탑은 높이 13m로서 규모에 있어서 신라 최대의 것이다. 기단은 2층의 건축 기단을 이루었는데 이 같은 상하 기단의 양식 또한 이 탑에서 비롯한 것이다. 탑은 2층의 기단이 넓으며 기단 밖으로는 판석을 돌린 塔區가 있다. 위아래의 기단은 지대석, 벽판석, 甲石을 제각기 지니고 있는데, 각 층의 벽판석은 隅柱를 제외하고 받침기둥(撐柱)이 아래층에 3개, 위층에 2개 새겨져 있다. 이처럼 정비된 2층 기단의 양식은 감은사 석탑에서 비로소 이루어진 것으로, 그 이전의

도판 101. 경주 감은사지 서삼층석탑

삼국시대 석탑 기단이 백제·신라의 구별 없이 거의 단층으로 된 것과
는 다르다. 이처럼 탑의 기단부가 정비되고 높아졌으며 탑신 또한 그
에 못지않게 커졌다. 제1탑신은 그 규모에 따라서 4기둥과 그 사이의
벽판석 4매를 합하여 모두 8매로 되어 있고 옥개 또한 5단의 층급을
이루는 받침 4개와 그 위에 落水面을 새긴 옥개석 4장으로 도합 8장의
돌로 이루어졌다. 이와 같이 탑신과 옥개가 8장의 석재로써 조립된 것
은 탑의 규모가 매우 커서 한 장의 돌로는 조성하기가 어려웠기 때문
일 것이다.

같은 다수 석재의 구성방식이 없다. 기단은 신라통일 초기의 다른 탑과 같이 2층을 이루고 있으나 감은사 탑보다는 규모가 작다. 이러한 규모의 축소는 제1탑신에서도 볼 수 있어서 4우주가 다른 돌이 아니라 면석과 1석으로 만들어져 제1탑신은 4매로써 조립되고 있다. 이 같은 사실은 옥개석에서도 동일하여서 초층과 2층은 蓋石과 받침이 다른 돌이지만 3층 이상은 모두 1석으로 되었다. 그러나 각 층의 옥개받침은 모두 동일한 5단이다. 이 탑은 먼저 기단의 높이나 초층 탑신의 방대함에 위압을 느낄 정도로 당당한 품격을 지니고 있다.

다음으로 7세기 말에 속하는 석탑으로 황복사지라고 전칭되는 사지의 3층석탑(국보 제37호)을 들 수 있다.

경주의 동쪽에 위치하는 신라의 3산인 狼山 북쪽 기슭에 위치하는 이 사지를 황복사지로 추정한다면 의상대사가 출가한 유서 깊은 곳이 된다. 다만 이 탑은 1942년 해체 수리되었는데 그 결과 왕실과 매우 깊은 관계에 있던 탑임을 알 수가 있었다. 즉 신라 효소대왕이 신문대왕 등의 명복을 위하여 이 3층석탑을 건립한 것이 塔誌에 의하여 밝혀졌다.

2단 기단을 지니고 있는 이 석탑은 탑신과 옥개가 모두 1석으로 되어 있어서 상기한 초기 탑과는 다르다. 또 상하 기단의 버팀기둥도 모두 두 개로 줄었다. 그리고 탑에서 발견된 사리함 속에서는 순금제 불상 2구를 비롯하여 많은 사리구가 수습되어 국립중앙박물관에 진열되고 있다.

다음 8세기 신라석탑의 표준작이라 할 수 있는 불국사의 3층석탑(국보 제21호)에 대해 살펴보자. 이 탑은 일명 석가탑 또는 無影塔이라고도 한다. 석가탑은 동쪽에 위치하는 다보탑과 더불어 법화경의 사상을 따른 것이요, 무영탑이라는 이름은 석탑 건립에 따르면 아사녀와 影池의 설화에서 연유된다.

이 탑은 먼저 탑 주위에 아름다운 연화를 새긴 둥근 돌이 방형으로

놓여 탑의 구획을 나타내고 있으며, 이를 八方金剛座라고 부르고 있
다.

이 3층석탑은 결구의 방식이나 기단과 탑신과의 조화 등에서 아름
다움을 찾아볼 수 있다. 기단은 2층을 이루고 상하에서 버팀기둥 2주
로써 알맞게 면석을 구분하고 있다. 제1탑신 이상은 탑신과 옥개를 각
1석으로 쌓아올렸는데 기단의 높이와 탑신이 상하에서 서로 알맞게 조
화되어 안정된 느낌과 아름다운 비례를 보이고 있다. 실로 신라석탑은
이 석가탑에 이르러 그 양식이 더욱 정제되고 상하의 비율도 더욱 아
름다워져서 신라석탑의 한 표준작을 얻었다 할 것이다.

다음으로 신라석탑 가운데 조성 연대가 확실한 석탑이 있다. 이는
경북 김천시 남면 오봉리 葛項寺址에 있던 탑이다. 1916년 서울 경복
궁으로 옮겨 국립박물관 입구에 나란히 건립되었다. 그리고 쌍탑 중
동탑의 상층 기단 벽판석에는 조성 연대를 전하는 造塔銘이 있어 경덕
왕 17년(758)의 작품임을 알게 한다. 따라서 신라탑파로서 명문을 지닌
유일한 탑을 이 갈항사지 석탑에서 볼 수 있다.

동서탑은 모두 규모와 양식이 같은데, 탑신부에는 못 구멍이 많이
남아 있어서 원래 금동판 같은 것으로 그 표면을 장식하였던 것으로
짐작된다. 탑의 상륜부는 결실되었으며 3층까지의 總高 약 4m의 아담
한 탑이다. 기단부에서는 상하 각기 버팀기둥 2주로써 구분되었으며
석재 결구의 정비를 얻은 것은 탑신부가 알맞게 체감되었고 육개받침
은 각 층이 모두 5급을 이루어서 신라 전성기의 전형양식을 지니는 데
에 있다 하겠다.

이리하여 신라의 일반형 석탑은 8세기 중엽 이후 9세기에 들면서 점
차 국도를 떠나 지방의 도읍이나 산림으로 보급되어 갔다. 이들은 壬
寧 술정리 3층석탑, 南原 實相寺 동서 3층석탑, 奉化 서동리 3층석탑,
山淸 단속사지 동서 3층석탑, 長興의 보림사 3층석탑, 대구 동화사 금
당암과 비로암의 3층석탑, 구례 화엄사 동서 3층석탑, 충남 保寧 성주

사지 5층석탑과 3층석탑 들이다. 이들은 모두 8~9세기에 걸쳐서 경향 각지의 사원에 건립된 신라석탑의 대표적 유례이다.

다음으로 우리들은 신라석탑 가운데 소위 異型塔의 형태에 대해 살펴보아야 할 것이다. 신라석탑의 전형양식은 위에서 본 바와 같이 기단과 탑신이 모두 방형 다층탑이었다. 그러나 여기에 비해 특이한 형식을 보이는 석탑을 가리켜 특수형 또는 이형석탑이라 한다. 이들은 8~9세기에 걸쳐서 건립된 것으로 그 가운데 불국사의 다보탑(국보 제20호)을 대표적 자리에 놓아야 할 것이다. 이는 세계의 명작으로서 동양의 불교국 중에서는 이에 비할 것이 없다. 이 탑은 특이한 구조를 보이는데 2층 기단 위에 팔각형의 사리탑을 올려놓은 점이 그것이다. 따라서 이 탑은 일반 석탑처럼 층수를 계산할 수가 없다. 층층이 角과 圓의 기묘한 변화와 장식을 다하였으며 2층 기단 위의 팔각탑신은 정상에 있어 옥개 밑에 자리잡고 있다. 상부로 갈수록 그 조화의 묘미는 더욱 화려함을 나타내 한층 변화와 아름다움을 더한다. 안상형을 나타내는가 하면 꽃술 모양을, 또는 둥근 연화문을 나타내기도 한다. 층층마다 방형 또는 팔각의 난간으로 이루어진 이 다보탑은 실로 인간이 표현할 수 있는 모든 조형 의욕을 발휘한 신라의 명탑이라 할 것이다.

다음으로 우리들은 이 다보탑에 이어 또 하나의 가작으로 전남 구례의 화엄사 四獅子三層石塔(국보 제35호)을 들어야 한다. 이 탑이 있는 곳은 절의 중심부에서 조금 떨어진 '孝臺'라고 일컫는 높은 대지인데 이 곳에서 멀리 섬진강의 경관을 굽어볼 수가 있다.

이 탑은 2층 기단에서 변화와 장엄을 나타낸 것으로서 하층에는 奏樂飛天像 등을 새기고 상층에는 4귀에 기둥(隅柱)을 대신하여 4마리의 사자 좌상과 그 중앙에 합장한 僧形立像으로 상부의 큰 판석을 받치게 하고 있다. 탑의 높이는 5.5m로서 9세기 중엽의 탑으로 알려져 있다.

이 탑 역시 우리 나라 석탑미술의 지보라 하겠으며, 다보탑과 더불

도판 103. 화엄사 사사자석탑

어 우리 반도의 동서에 위치하여 그 독창성을 오늘에 전해주는 것이
다. 특히 경주 불국사 다보탑과 같은 유례는 동양 불교 제국에서도 다
시 찾을 수 없는 걸작으로서 한국 석조미술의 우수성을 여실히 실감케
하여 준다.

　위에서 살펴본 신라 이형양식의 양 탑 외에도 경주의 정혜사지 13층
석탑, 남원 실상사 백장암 3층석탑 등 9세기에 속하는 이 양식의 명탑
들을 열거할 수 있다. 그러나 우리들은 이제 신라의 석탑들이 9세기를
지나면서 더욱 규모가 작아지고 양식이 간략화하면서 한편으로는 탑

그 중 개심사지 5층석탑(보물 제53호)은 명문이 있어 매우 중요한 탑으로 알려졌다. 이 탑은 경북 예천읍 남본동에 위치하나 옛 사지는 찾을 길 없고 탑만이 논 속에 있다.

2층 기단 위의 5층탑으로서 하층 면석에는 眼象 속에 각 면 3구의 獸首人身의 12지상을 새겼다. 다시 상층 기단은 4매 판석으로 조립되었는데 버팀기둥으로 양분하고 각 구마다 팔부신장 입상 1구를 새겼다. 위의 갑석은 1매 판석인데 그 상면 중앙에 탑신을 받치기 위한 연화문 판석 1매가 끼워져 있는 것도 이 탑의 특색이다. 탑신과 옥개는 각기 1석으로 초층 탑신 남면에 門戶가 모각되었으며 그 좌우에는 仁王立像이 있다. 옥개받침은 각 층 4단인데 처마는 두껍다.

이 탑의 상층 기단 갑석의 이면에는 명문이 돌려 있어 매우 중요한 사료인 동시에 석탑 건립 연대를 고려 현종 원년(1010)으로 추정할 수 있다. 연대가 확실하고 기단의 조각수법이나 장식, 그리고 탑신부가 정제함에서 고려 초기의 명작이자 표준작이 될 것이다.

다음으로 정도사지 5층석탑에 대해 살펴보자.

이 탑의 원 위치는 경북 칠곡군 약목면 복성동이다. 1924년 현재의 경복궁으로 옮겨왔다. 탑 기단에는 '太平十一年'의 탑명이 새겨져 있으며, 탑 내에는 종이에 묵서된 形止記(탑 조성 사실의 처음과 나중을 기록한 글)가 발견되어서 그 연대가 밝혀진 것이다. 태평 11년은 현종 22년(1031)이다.

하층 기단에 1면 3구의 안상이 돌려 있고, 상층 기단 면석에는 버팀기둥 1주가 모각되었다. 제1탑신에는 문호형이 모각되었으며, 2층 이상의 체감률은 낮아서 섬약한 느낌이다. 옥개는 육중하고 추녀 끝은 약간 위로 올라가 반전을 보이며 층급받침은 4단이다. 상하의 결구가 견고한 고려석탑의 특색을 보이고 있는 우수한 석탑이다.

끝으로 백제석탑계의 양식을 따르는 이 시대의 석탑으로는 부여의 無量寺 5층석탑, 長蝦里 3층석탑, 계룡산 남매탑, 익산 왕궁리 5층석

도판 105. 칠곡 정도사 오층석탑. 경복궁 내

탑, 전북 정읍의 隱仙里 석탑, 서천 庇仁 5층석탑, 서산 보원사지 5층
석탑 등을 들 수 있다. 또 전남 화순의 다탑봉에는 산골짜기에 십수기
의 여러 형태의 석탑이 있어 특이한 경관을 이루고 있다.

먼저 무량사 5층석탑(보물 제185호)은 2층 기단을 나타내고 있으나
하층 기단은 매우 낮고 하층 면석에는 안상이 새겨져 있다. 상층 기단
은 4우주와 각 면의 버팀기둥 1주가 별석으로 마련되어 있다.

이 탑은 탑신에 비해 옥개가 넓은데 2층 이상의 체감률도 온화하다.
옥개는 개석과 그 밑의 받침이 다른 돌인데 각 4매로 구성되었다. 이

탑이 이와 같은 특색을 지니기는 하였으나 그 건립 연대는 고려 초기로 추정된다. 석재결구의 정제됨과 탑신이 기단에 비하여 장중함은 상하의 조화를 얻었다고 할 수 있다.

다음으로 普願寺址 5층석탑을 살펴보자.

이 탑은 충남 서산시 운산면 용현리에 위치한다. 본래 보원사는 백제의 사지로서 고려 초에 이르러 중창이 있었던 것으로 추정된다. 이 탑 또한 그 중창 때 건립된 것으로서 전대의 양식을 잘 계승하고 있다.

기단은 2층으로 하층에는 2주의 버팀기둥으로 구분하고 각 구마다 사자상을 새겼다. 상층은 4매의 판석으로 조립되었는데 각 면마다 2구의 팔부신상을 양각하였다. 그리고 갑석 상면에는 탑신을 받치기 위한 1매의 판석이 끼워져 있다. 제1탑신은 4매석으로 채웠는데 각 면마다 문호를 모각하였으며 2층 이상은 1석이다. 옥개는 얇고 넓어서 백제탑의 계통을 잘 나타내고 있다. 옥개의 받침은 각 층 4단으로 낮게 조각되었고 처마는 완만한 곡선을 보인다. 각 부의 수법이 치밀하고 기단과 탑신이 조화된 5층탑으로서 우수한 석탑이다.

이상에서 간략하게 살펴본 바와 같이 고려의 석탑미술은 지역적으로 3분하여 고찰될 수 있다. 그러나 이들은 그 전대에 성행한 신라석탑에서 보이는 단아하고 조화로운 예술성이 많이 감소되었음을 볼 수 있다. 다시 말하면 고려 석탑미술의 독창성에 있어서는 전대와 같은 盛觀을 볼 수 없었음을 지적하지 않을 수 없다. 이렇게 하여 고려는 오백년의 사직을 조선왕조에 넘김으로써 고려 태조의 奉佛의 뜻을 다하지 못하고 새로운 政教의 변혁을 보게 되었다.

조선시대에 있어서도 간혹 불교문화의 중흥을 꾀하려는 시도가 시대를 통하여 없었던 것은 아니지만 그것은 명멸하는 불꽃과 같아 별다른 주목을 받을 수는 없었다.

이제 그 중에서도 주목할 만한 석탑으로는 강원도 양양의 洛山寺 7층석탑과 여주 신륵사 다층석탑 그리고 양주 水鍾寺 팔각5층석탑 등을 열거할 수 있다.

먼저 낙산사 7층석탑(보물 제341호)은 단층 기단으로서 지대석 2단을 밑에 두고 연화문을 돌린 하대석 위에 중석이 있으며 그 위에 갑석을 놓았다. 탑신은 옥개와 1석을 이루었는데 탑신마다 받침돌 1매가 끼워 있으며, 隅柱는 없어 약화되었음을 볼 수 있다. 옥개는 넓고 평평하며 추녀는 얇고 낙수면이 좁아들었다. 상륜은 청동제로 그 형식이 충남 공주의 마곡사 5층석탑처럼 元代의 라마탑을 닮았다.

이 탑은 상하의 결구수법이 정제하고 조각수법이 또한 아담스러운 조선 초기의 소탑으로 추정되었다.

다음으로 역시 조선 초기에 해당하는 석탑으로 서울 원각사탑과 신륵사 다층석탑(보물 제225호)을 들 수 있다. 그 중 신륵사탑은 높이 3m의 소탑으로서 신륵사 극락전 바로 앞에 위치한다. 이 탑은 대리석재를 사용하였으며 기단의 조각 등도 서울 원각사탑의 계통을 따르는 작품이다. 2층 기단을 이루고 있지만 세부는 일반형 석탑과 전혀 다르다. 기단부에는 연화문 등을 새겼고, 또 구름무늬를 새겼다. 면석에 雲龍紋을 새긴 것이 이 탑에서 주목되는 점이다. 탑신은 현재 7층을 남기고 있으며 체감률이 작으며 옥개는 평평하고 낙수면도 거의 수평을 이루고 있다. 그 건립 연대는 성종 3년(1472)으로 추정된다. 그런데 이 탑보다 앞서는 서울 원각사탑(파고다 공원탑)은 더욱 크고 전면에 화려한 조각이 있는데 이 탑은 고려 말에 건립된 개성 敬天寺塔과 같은 양식을 보이고 있으며 재료는 대리석이어서 함께 고찰되어야 할 것이다. 그런데 원각사탑이 원 위치를 지키고 있는 데 대하여 경천사탑은 일제 때 그 절터를 떠나서 한때 일본으로 반출되었다가 그 후 반환되어서 현재는 서울 경복궁에 재건되어 있다.

이상 양 탑 이외에도 조선시대에 해당하는 상당수의 석탑이 있으나 별다른 주목을 받지 못하는 실정이다. 따라서 조선시대의 불교미술은 그나마 전대 이래의 여맥을 보유하는 데 급급하게 되었다. 다만 초기

도판 106. 경천사 십층석탑. 현재 해체 수리중

에 있어서 세조대를 중심으로 한때 부흥의 기운이 엿보이기도 하였으나, 그것도 오래 계속되지는 못하고 말았다. 그리하여 이 시대의 석조미술은 그 건립에 있어서 조각수법이 치졸할 뿐만 아니라 결구 또한 고르지 못하며 석탑의 형태는 길고 가늘어 석재의 쌓음에 그친 느낌마저 없지 않다. 이와 같이 政敎의 성쇠가 미술문화의 성쇠에 직접 반영되고 있음을 이 시대의 석조미술을 통해서도 알 수가 있다.

(2) 彫刻

우리 나라 불교미술 가운데 가장 주목되는 것은 역시 건축에 이어 조각에서 찾아야 할 것이다. 건축 부문은 탑파가 그 중심이 되었고 조각에 있어서는 이와 함께 불상의 조성에서 그 으뜸을 삼아야 한다. 먼저 탑파는 불교의 교주 석가세존의 身骨인 사리의 봉안에 그 목적이 있었으므로 이는 사리장엄과 함께 보이지 않는 곳에서 신앙의 내실을 짐작할 수 있지만 불상의 봉안이란 직접 중생의 종교적 염원에 호응하여 보이는 곳에서 종교적 장엄미를 갖추어야 하는 것이었다. 물론 이와 같은 설명이 적합한지는 잘 몰라도 여하튼 불상 그 자체는 덕성과 지혜의 상징이기 때문에 이를 하나의 조형으로써 표현하기는 많은 어려움이 따랐을 것이다.

그러므로 우리 나라에 있어서 초기 불상이 과연 어떠한 형태로 조성되었는지에 대해서는 아직 잘 알지 못하고 있다. 물론 고구려 소수림왕 2년(372)에 중국의 전진으로부터 처음 불교가 전래되었고, 순도가 불상과 불경을 갖고 들어온 기록이 있는 것으로 보아 기록상으로는 이 불상이 우리 나라 최초이 불상이 될 것이다. 그러나 우리는 이 불상이 과연 어떠한 것이었는지 알지를 못한다. 다만 이 때의 불상이 인도에서 곧바로 온 것은 아닐 터이므로 중국에서 변화한 모습을 짐작할 수 있을 뿐이다. 그렇다면 우리들은 우리 나라 초기 불상을 연구하는 데 있어서는 먼저 중국의 불상형식을 모범으로 삼아야 할 것이다. 따라서 4세기 후반 중국 북방에서 유행된 불상이 고구려에 전달되었을 것이므로 그 당시의 중국불상을 살펴봄으로써 최초로 전래된 불상을 추정할 수 있을 것이다. 또 그 지리적 조건으로 보아 주로 육로를 통하여 북으로부터 영향을 받았다고 생각된다.

이와 관련하여 고구려보다 불과 10여 년 후에 불교를 받아들인 백제 漢山지역에서 당시의 작품으로 추정되는 불상이 해방 후 서울 뚝섬에서 발견된 것은 매우 귀중한 물적 자료로 주목하여야 할 것이다. 이 불

도판 107. 서울 뚝섬 출토 금동여래좌상. 국립중앙
박물관 소장

상은 높이 5cm에 불과한 작은 여래상으로 방형 대좌 위에 앉아 있는
형상을 보이고 있으며, 두 어깨를 덮은 大衣는 전신을 가리고 있고 옷
주름까지 나타나 있다. 방형 대좌의 좌우에는 각각 사자 한 마리씩이
조각되어 있다. 이러한 양식은 4세기에 주로 중국 5호16국시대에 유행
하던 가장 오랜 금동상이었는데, 그 하나가 마침내 우리 나라에까지
전달되었다고 생각된다(국립박물관 소장). 이 작은 불상의 연대가 400
년경으로 추정되는 것은 중국 초기 불상과 관련된 것으로 우리 나라에
처음 전래된 불상양식의 하나로 추정하여도 무방할 것이다. 또한 그

후 오랜 공백기를 두고 출현한 6세기 후반으로 추정되는 부여 新里 출토의 여래좌상은 뚝섬에서 발견된 불상계통을 따라 백제에서 조성된 것으로 생각된다. 이처럼 중국으로부터 전달된 불상은 매우 작은 것으로 생각되며 그 외에 불화도 있어 여러 나라에서 이 같은 것을 모범으로 삼아 금속이나 나무, 흙 같은 재료를 써서 큰 불상을 만들었으며, 또 법당의 주존불로 안치하게 되었다고 생각된다 그러므로 우리 나라에서는 이미 그 이전부터 이러한 조형의 전통이 있었으며, 기술을 익힌 조각공도 있었을 것이다. 또 한편에 있어서는 중국에서 불교가 전래되었을 때 조각공이나 기술승이 직접 건너와 법당에 안치할 작품을 만들었을 것으로도 생각된다. 그것은 우리 나라에서 백제가 처음 불교를 일본에 전달하였을 때 금동불상을 보냈으며, 그 후 일본 최초의 사원을 세울 때 백제에서 寺工과 佛師, 瓦博士 등의 기술공이 건너간 사실에서도 알 수 있다. 일본에서 유명한 최초의 佛師로는 도리(止利)라는 사람의 이름이 알려져 있는데 그의 대표적 작품은 일본 法隆寺 금당의 삼존불상이다. 금동상의 불사인 도리는 세습적으로 일을 맡아 보았는데 그는 백제계 사람으로서 일본에 건너간 것으로 추정되고 있다. 이와 같이 한국 초기의 불상조각이 동시에 중국뿐 아니라 일본의 그것과도 긴밀하게 연관되어 있다는 것은 매우 흥미있는 사실이다.

다음에 중국에서 신라에 전래된 불상에 관한 기록은 볼 수 있으나 그 같은 실물이 없다. 그러나 삼국 중 가장 늦게 불교가 공인된 신라에 있어서는 먼저 북쪽 고구려 불교의 영향을 받다가 서서히 백제로부터의 영향이 침투되었다고 생각된다. 그리하여 신라 초기에 전달된 불상의 고찰을 위해서는 다른 두 나라와 같이 금동불상에서 오랜 유형을 찾아야 할 것이다. 또 옛 기록에 따르면 황룡사의 거대한 삼존불을 조성할 때 울산에 들어온 배 안에 삼존불상을 위한 재료와 함께 불상의 模樣이 들어 있었다고도 한다. 그러나 기록에 인도에서 온 것이라고 한 것은 불교문물의 바다를 통한 전래를 말하고 있으나 이는 어디까지나 불상의 영험에 얽힌 緣起說話로 보아야 할 것이다.

이처럼 삼국에 대한 불상의 전달은 시간적 순위가 다르고 또 국내와 국외로부터의 교류에서 복잡한 상황을 이루었을 것이므로, 그에 대한 판정은 더욱 신중한 연구를 요하며 앞으로 새로운 자료의 발견을 꾸준하게 기대하여야 할 것이다. 그러므로 불상이 처음 전달된 초기의 양식이나 그 경로 등에 대하여서는 국내뿐 아니라 중국을 비롯하여 일본에서의 경위를 참고삼아야 할 것이다.

다음에 삼국 불상의 공통된 3대 양식을 간단히 살펴보자. 이들은 대체로 여래상·보살상·반가사유보살상으로 나눌 수 있다.

여래상의 형식은 좌상 또는 입상으로서 독존 또는 삼존상을 이루고 있다. 삼존상의 경우 여래상을 중심하여 그 좌우에 보살상이 배치되는데 이 때 보살상은 이들 삼존을 포함하는 넓은 光背 좌우에 각기 배치되는 경우가 많다. 그리고 보살상이나 반가사유상은 주로 주존의 여래상을 좌우에서 脇侍하는 형태를 취하는데 보살상은 주로 입상이고 반가상은 이와 달리 앉은 자세를 취하는데 발 하나를 의자에서 내리고 손 하나를 들어 턱에 댄 특이한 모습을 보이고 있다. 이처럼 특이한 자세를 보이는 보살상은 우리 나라에서는 미륵보살이라고 하는데 6, 7 두 세기에 걸쳐 크게 유행하여 삼국 조각상의 대표적인 작품을 남기기도 하였다. 그리고 재료에 있어서는 초기의 불상으로서 법당에 안치되는 큰 작품에는 목상이나 토상도 있었다고 추정되며 한편 금동상이 유행하였다고 생각된다. 그러나 이 같은 목상이나 토상으로서 지금까지 남아 있는 고려 이전의 고대작품은 없다. 그러므로 연대가 오랜 것으로 지금까지 남아 있는 것은 약간의 큰 작품을 제외하면 주로 땅 속에 매장된 금동상으로서 모두가 小像뿐이다. 다만 이와 같은 불상조각이 차차 각국에서 발달됨에 따라서 한편 석상이 발생하게 되었는데 이것 역시 처음에는 작은 제품에서 출발하여 나중에는 거대한 마애상이나 원각상이 자연의 암석을 이용하여 만들어지게 되었다.

금동불상에는 간혹 광배 후면에 명문이 새겨져 있어서 그 조성 연대나 불상의 명칭 또는 사찰의 이름과 僧俗의 인명 등을 알 수 있다.

이제 이들 불상조각에 대하여 삼국시대에서부터 설명하고자 한다.

1) 고구려

고구려의 불상은 앞서 언급한 바와 같이 주로 소형 불상에 불과하다. 이들 역시 백제·신라에 비하여 매우 적다. 물론 고구려시대 말기에 이르러서는 도교의 성행으로 불교가 차차 쇠퇴하여서 승려들이 남으로 옮겨온 사실 등에서도 불교미술의 퇴보를 알 수 있지만 아직까지 이 지역 내의 조사와 연구가 부족한 까닭도 있을 것이다.

지금까지 전래하는 고구려의 불상은 거의 금속인데 근년에 새로 발견된 작품으로는 延嘉七年銘金銅如來立像이 있다. 이 불상은 1963년 경상남도 의령군 대의면 하촌리에서 우연한 기회에 출토되었다. 따라서 이 불상은 가장 확실한 유례를 삼을 수 있는 것으로 고구려 땅이 아닌 남쪽 고신라의 땅에서 발견된 사실이 주목된다.

이 불상은 여래상으로서 둥근 연화 대좌 위에 직립하여 있으며 등 뒤에는 몸보다도 훨씬 큰 舟形의 광배가 있다. 불상은 肉髻가 있어 螺髮을 표시하고 또 이 곳에만 彩色하였다. 약간 긴 얼굴에 부푼 두 눈, 타원형 板형의 귀를 하고 있으며 작은 입가에는 웃음을 띠고 있다. 옷은 매우 두꺼워 두 어깨에 걸쳐져 있고 몸을 따라 내려오면서 양 옆에 날카로운 주름을 새겼는데, 중국 北魏 불상의 양식을 따르고 있다. 둥근 연화 대좌에 이르는 옷무늬 등은 고구려 여래상의 특색이다. 다행히 화염무늬를 새긴 넓은 광배 뒷면에는 다음과 같은 4행 47자의 글씨가 있어 나라와 절과 사람과 불상 등의 이름을 알 수 있는 것은 이 불상 연구에 크게 도움을 준다.

延嘉七年歲在己未高麗國樂良

도판 108. 연가7년명 금동여래입상. 국립중앙박물
관 소장

東寺主敬第子僧演師徒卅人共
造賢劫千佛流布第廿九曰現歲
佛比丘法頴所供養

명문 첫줄의 '延嘉'는 고구려의 연호로서 기록에는 나타나 있지 않는 것이다. 그 7년의 기미년은 6세기경에서 찾아야 할 것이다. 그렇다면 539년과 597년의 둘 중에서 택일되어야 할 것이다.

고려국은 곧 고구려를 가리켜 부른 것으로 고대문헌에서 같은 용법을 찾을 수가 있다. 이어서 승려의 이름과 수효가 기록되어 있고, 다음에 '현겁천불'이라 하였다. 이 현겁천불이란 과거·현재·미래의 각 천불의 합계인 3천불 중에서 현재의 천불을 가리킨다. 이런 천불에 대한 믿음은 삼국시대부터 유행하였는데 지금도 우리 나라의 많은 사찰에서 천불전을 볼 수가 있다. 이 불상은 국보 제119호로서 현재 국립박물관에 진열되어 있으며 고구려 여래상의 모범이라 할 수 있다.

다음은 삼존상으로 황해도 谷山에서 발견된 것이 서울 金東鉉 씨에 의해 소장되어 있다. 이 불상은 대좌를 잃고 있으나 삼존과 광배만은 완존하고 있다. 모두 입상인데 중앙의 여래입상은 위의 연가불에 비하면 양식상 연대가 내려와서 중국 육조 말(齊·周)의 영향을 나타내고 있다. 좌우의 보살은 모두 양식이 같으며 광배와 함께 주조되었다. 이 광배에도 다음과 같은 명문이 있어 이 불상을 辛卯銘金銅三尊佛(국보 제85호)이라 한다.

景四年在辛卯比丘道□
共諸善知識那婁
賤奴阿王阿据五人
共造无量壽像一軀
願亡師父母生生心中常
値諸佛善知識等値
遇彌勒所願如是
願共生一處見佛聞法

명문에서 불상의 이름이 아미타불임을 알 수 있고 절의 이름은 없으나 승려의 이름을 알 수 있으며, 경 4년 신묘는 571년으로 추정된다.

도판 109. 금동신묘명삼존불. 김동현 소장

다음으로 평양시내 평천리에서 발견된 금동미륵반가상(국보 제118호)이 있다. 이 불상은 둥근 연화좌를 돌린 의자 위에 앉아 오른발을 반가하고 왼발은 내려서 또한 연화좌를 밟고 있다. 정면으로 앉아 있는 모습으로 三山形 보관을 썼고 얼굴은 네모이며 상반신은 나체이다. 가는 허리를 약간 앞으로 굽혔으며 허리 밑으로는 상의의 주름이 흘러 내렸고, 몸 좌우에는 띠가 드리워져 있다. 이는 오늘 남아 있는 유일한 고구려의 반가상으로 매우 중요하다.

고구려 불상으로는 이 외에 금동보살입상(추정. 보물 제333호), 평안

남도 대동군 원오리의 한 사지에서 발굴된 泥造菩薩立像 등이 있는데,
이들은 天衣가 하부에 X자형으로 교차되고 있어서 당시에 유행한 양
식임을 알 수 있다.

2) 백제

다음은 백제의 불상조각에 대해 살펴본다. 백제는 고구려와 비교할
때 근년에 이르러 그 수효와 종류가 증가되어 왔다. 그러나 백제는 여
러 차례 국도를 옮긴 까닭으로 맨 나중의 서울이었던 부여시대(538~
660)를 중심으로 삼아서 불교미술의 꽃을 피웠다. 그러므로 앞서 말한
서울 뚝섬 발견의 금동여래 소상을 제외하고는 거의 부여시대의 작품
으로 고찰되어야 할 것이다. 이렇게 일백수십 년에 걸친 안정기를 얻
은 부여시대의 백제 불교문화는 이웃 신라뿐만 아니라 바다 건너 일본
의 초기 불교문화에 큰 영향을 끼쳤다. 그러므로 불교를 중흥한 성왕
시대(527~553)야말로 백제 불교미술이 융성하는 그 최기에 해당한다
고 할 것이다. 부여시대 약 120년(540~660)을 다시 전후의 양기로 구
분하여, 전기는 위덕왕의 치세(554~597)를 중심으로 삼은 6세기 후반
으로, 후기는 무왕의 40년의 치세(600~640)를 중심으로 말년까지로
잡고자 한다. 이렇게 전후 양기로 구분할 때 전기는 중국의 육조 말과
수나라에 해당하며, 후기는 수나라에서 다시 당나라 초기에 이른다. 백
제의 불상조각을 고찰함에 있어서 이러한 시대구분은 조각사에 나타
난 변천을 따르는 것이기도 하다.

먼저 전기에 속하는 금동불로서는 근년에 공주에서 출토된 서울 車
明浩 씨 소장의 금동보살입상(국보 제128호)을 들 수 있다. 그리고 금
동삼존상으로는 1916년 부여 부소산 사자루 부근에서 발견되어 현재
부여박물관에 진열된 금동석가여래입상(보물 제196호)이 있다. 8.5cm
의 매우 작은 작품이지만 둥근 대좌에 연꽃이 새겨져 있고 주형 광배
의 중앙에 여래입상과 좌우에 보살상이 조각되었다. 광배 뒷면에는 鄭

연꽃무늬의 둥근 대좌와 큰 광배를 지니고 있다. 불상 후면에는 癸未라는 간지로 표시된 연대가 있어 7세기 초엽(623)의 작품으로 보고자한다.

후기에 들어서 한층 주목되는 것은 석조불상의 조형이다. 특히 그들은 지금의 부여를 중심으로 이룩된 것이 아니라 국도의 서북지방인 瑞山과 남쪽인 益山을 중심으로 하였는데 그들 사이의 차이는 북쪽에서는 磨崖佛像이 조성되었고, 남쪽에서는 독립된 석상이 이루어졌다는 사실이다.

먼저 위에서도 든 바 있는 서산시 운산면 용현리 인바위(印岩) 마애삼존불(국보 제84호)은 1959년에 발견된 백제 삼존불상으로서 본존입상의 높이는 2.8m이다. 삼존 중 중앙의 여래상은 寶珠形의 頭光을 지니고 있다. 본존은 당당한 체구를 나타내고 있으며, 네모난 얼굴에는 크게 뜬 두 눈과 넓은 코, 그리고 두 끝이 조금 올라간 입술 등이 뚜렷하게 조각되어 있으며, 낮은 육계가 있는 머리 부분에는 나발을 표시하지 않았다. 두 손은 그 당시의 여래상이 모두 지니고 있는 것과 같은 手印을 새겼는데 오른손은 施無畏, 왼손은 與願의 인상을 나타내고 있다. 이와 같은 여래상의 두 가지 수인은 그 후 신라에서도 유행함으로써 삼국시대의 공통된 수인이라 할 것이다. 大衣는 두 어깨에 걸치고 길게 내려와 발 위까지 닿아 있으며, 裳衣는 허리띠의 매듭을 나타냈고, 그 밑 좌우에서는 동심원의 옷주름을 새겨 놓고 있다. 미소를 띤 얼굴은 다시 두 보살상과 동일하다. 또한 두 발 밑에는 연꽃이 장식되어서 연화좌의 뜻을 나타내고 있다.

다음으로 보살상은 좌우가 서로 달라 하나는 입상이고 또 다른 것은 반가상으로 삼존상에 처음 보는 희귀한 유례라고 하겠다. 먼저 오른쪽의 보살입상은 높은 보관을 썼으며, 긴 얼굴에 두 눈은 은행 모양을 하고 있으며 얼굴 표정은 미소가 뚜렷하다. 天衣는 두 어깨에서 흘러내려 하체에 이르는 U자 모양을 하고 있으며 하의 또한 밑으로 내려와

두 발 위에서 주름을 잡고 있다. 그리고 머리 뒤와 발 밑에 광배와 연화좌를 갖추고 있는 것은 본존 여래상의 경우와 같다.

본존 왼편의 반가상도 또한 상하에 같은 형식의 광배와 연화좌를 지니고 있다. 보관은 높고 꽃무늬를 장식했으며 둥근 얼굴에는 미소가 나타나고 있다. 왼손은 들어 두 손가락을 턱에 괴고 있으며 오른손은 내려 반가한 오른 발목 위에 놓았다. 상반신은 나체이며 허리 밑에는 衣紋이 새겨져 대좌 전면을 덮고 있으며, 왼발은 내려 연화좌에 이르고 있다. 두 보살은 이처럼 서로 양식을 달리하고는 있으나 크기는 약 1.7m로 거의 같다. 이렇게 여래입상을 중심으로 그 좌우에 서로 다른 불상을 배치한 것은 당시 유행하던 대표적 불보살을 골라서 삼존형식을 따라 이 곳에 조각한 것이다.

그리고 이들 삼존은 여래와 관음·미륵 두 보살로 추정되는데 이는 백제에서뿐만 아니라 삼국시대 으뜸의 마애석상으로 생각되며 태안지방의 불상과 함께 한국 석조미술의 초기 작품을 이루고 있다.

서산시 태안 마애삼존불(보물 제432호)은 서해를 바라보는 白華山 꼭대기에 자리잡은 太乙庵에 있다. 이 곳에는 동쪽을 향하고 있는 큰 바위 가득히 삼존이 조각되어 있다. 그런데 이 삼존은 서산의 삼존과 같이 특색이 있는 배치를 보이고 있는데, 좌우에 각 1구의 여래입상이 있으며 그들 두 불상 사이에 키가 작은 보살상 1구가 끼여 있다. 이들 또한 앞서 본 삼존과 같이 당대의 믿음에 따라서 삼존을 골라 새긴 것으로 추정되는데 이들은 석가·관음·약사라고 구전되고 있다.

또 익산시 삼기면 연동리 석조여래좌상(보물 제45호)은 현재 머리가 없으나 通肩의 大衣가 전신과 두 발을 덮고 있으며 대좌 위에 이르러 주름을 새겨 놓고 있다. 또한 배면에는 높이 3.63m, 넓이 2.64m로서 삼국 제일의 광배를 지니고 있는데, 백제 당시의 양식을 전하고 있어 매우 귀중하다. 더욱이 광배 周緣의 화염과 7구의 化佛은 그 당시의 양식을 전하고 있다.

도판 112. 삼양동 금동관음보살입상. 국립중앙박물관
소장

유행한 금동상으로 추정된다.

또 1967년 서울 삼양동에서 우연한 기회에 발견된 금동관음보살입
상(국보 제127호)은 현재 국립중앙박물관에 보관되어 있다. 불상의 높
이는 20.7cm로서 높은 三山寶冠을 썼으며 오른손에는 보병을 들었고
옷무늬는 배 아래서 U자형을 이루었다. 연대는 6세기 후반으로 추정
된다. 이 삼양동 관음입상에 이어서 1975년 경북 선산에서 발견된 금
동보살입상 2구와 여래입상 1구, 그리고 경기도 양평에서 발견된 금동
여래입상 1구는 해방 후 최대의 성과로서 모두 국립중앙박물관에 진열

도판 113. 금동반가사유상. 국보 제83호

되어 있다.

다음으로 특기할 것은 미륵보살로 추정되고 있는 반가사유상이다.

먼저 안동 玉洞에서 출토되어 현재 경주박물관에 소장되어 있는 금동상 1구는 출토지가 확실하고 손상이 없는 귀중품이다.

이와 관련하여 국립중앙박물관 소장인 약 3척의 금동반가상에 대해 살펴봐야 할 것이다.

이들 중 국보 제78호인 금동미륵보살상은 안동 혹은 영주에서 전래했다는 기록이 있다. 그러나 아직까지 이를 확증할 자료가 없는 것은 매우 유감된 일이다. 이처럼 중요한 고대 작품이 그 전래에 대한 확실한 자료를 지니지 못하는 것은 일제 초기 그들에 의한 불법행위로 이들이 반출되었기 때문이다.

이 금동반가상은 머리에 보관이 있는데 탑으로 장식하였으며 긴 얼굴은 근엄한 기풍을 나타내고 있다. 천의는 두 어깨에 걸치고 흘러내려 방형 대좌에도 옷무늬가 새겨져 있다. 이는 앞서 말한 안동 출토의 소상과 함께 6세기 후반의 작품으로 추정된다.

또 다른 하나의 금동반가상(국보 제83호)은 경주 五陵 부근의 절터에서 출토되었다고 전하고 있으나 확실하지는 않다. 그러므로 그 출토지에 대한 조사는 앞으로 더욱 신중을 요할 것으로 생각되나 재래의 설명을 따라 고신라 작품으로 우선 추정한다. 낮은 삼산관이나 상반신이 나체인 양식, 또는 대좌에 걸친 옷무늬의 양식 등에서 미루어 앞서 본 국보 제78호상인 금동반가상보다도 더욱 연대가 내려온 7세기 중엽의 작품으로 추정된다.

이들 두 국보 반가상은 우리 나라 고대조각을 대표하는 걸작으로 동양에서 다시 이와 같은 크기의 금동반가상을 찾을 수 없다. 일본에도 이와 크기가 비교될 것이 있으나 그들은 모두 목조이다. 더욱이 京都의 廣隆寺에 전래하는 반가상은 근년의 새로운 조사에서 그 재료가 赤松임이 밝혀져 기록에 보이는 한국으로부터 전래되었다는 사실이 더욱 확실한 것으로 되었다.

다음에는 고신라시대의 석조미술에 대해 간단히 살펴보고자 한다.

먼저 마애석상으로는 위의 석굴사원에서 이미 든 바 있는 경북 경주시 서면의 神仙寺 석상이 주목된다. 이 석상에 대해서는 1969년에 자세한 학술조사가 이루어졌는데 보고된 바에 의하면, 총 10구의 불보살상과 인물상을 비롯하여 암벽에 새겨진 명문의 판독에 의하여 석실의 원형에 대한 주목할 만한 조사가 이루어졌다. 신선사는 일명 上人巖이라고도 하며 자연의 거대한 암석이 천연적으로 이루어 놓은 ㄷ자형의 석실을 법당으로 이용한 일종의 석굴사원이다. 이 석굴은 서쪽을 향하여 개방되었는데 굴 안을 안과 바깥으로 나누어 고찰할 수 있다. 즉 내부 북쪽 벽에는 가장 큰 여래입상이 석굴의 주존의 자리를 차지하고 있으며, 그 높이는 약 7m나 된다. 또 동쪽벽과 남쪽벽에는 보살입상이 각 1구씩 조각되어 있어서 삼존상을 이루고 있다. 그리하여 남쪽 벽에 새겨진 명문에 따라 이것이 미륵삼존임을 알 수 있으며 절의 이름 역시 神仙寺라는 것을 알 수 있다.

또 전실 북쪽 벽에도 상하에 모두 7구의 불보살상과 인물상 등이 조각되어 있다. 그 중에도 여래상은 연화좌와 광배를 상하에 지니고 있으며, 우선 편단의 옷무늬를 보이고 있다. 또 이 곳 상면의 4구 중 동편 끝의 상은 반가사유형의 미륵보살상으로 추정되는데 광배와 연화좌를 상하에 구비하고 있으며 낮은 삼산관을 썼고 얼굴에는 고대의 것과 같은 미소를 보이고 있다. 상반신은 나체이며 허리 아래로 옷주름이 새겨져 있다. 높이 약 1.91m로 본래의 자리에서 완형을 오늘까지 지니고 있는 신라 유일의 반가사유상이다. 그리고 이 바위 밑에는 2구의 인물입상이 굴 안을 향하여 서 있는데, 각기 향로와 나뭇가지를 두 손에 쥐고 있어 석굴 조성과 관계 있는 인물로 추정된다. 그리하여 이 석굴이야말로 이른바 미륵석굴로 고신라 미륵신앙을 따라서 조형된 것인데 그 연대는 6세기 후반으로 추정된다.

이 신선사 석굴 내벽에 새겨진 조각은 모두 신라에서 가장 오랜 작품으로서, 그 양식이나 기법은 고신라의 조각사를 엮는 첫머리에서 주목을 받아야 할 것이다.

다음으로 경주 남산 동록 佛谷 석불좌상(보물 제198호)은 하나의 큰 암석을 뚫어 결가부좌한 여래좌상 1구를 조성한 것이다. 이 곳의 寺名은 알 수 없으나 이 불상으로 인해 이 곳 일대는 불곡으로 불리고 있으며 또 이 마애석굴 앞에는 다수의 기와쪽이 있어 이 곳 역시 목조전실이 존재하였다고 생각된다. 이 불상의 通肩의 法衣에 裙衣의 앞섶이

도판 114. 경주 남산 불곡 마애여래좌상

표현되고 있다. 이는 역시 가까운 거리에 있던 長倉谷의 倚坐形 석불 (三花嶺彌勒世尊)과도 연관되고 있다.

그리하여 이 불곡상과 시대가 거의 전후하는 작품으로는 상기한 三花嶺 석조미륵세존을 들어야 할 것이다. 이들의 조성은 앞서 말한 바와 같이 선덕왕 12년(644)으로 추정되었다. 본존은 좌상인데 다른 예와는 달리 倚坐를 하고 있는 것이 특색이다. 이 불상은 일찍이 신라 경덕왕 때의 고승 忠談이 봄·가을 두 차례 이 곳을 찾아 차(茶) 공양을 하였다는 남산 북봉의 生義寺 돌미륵 삼존으로 추정할 수 있다. 이들은 그 연대와 유래가 확실한 삼국시대 작품으로서 하나의 표준작품으로 삼을 수 있을 것이다. 현재 이들은 경주박물관에 보관되어 있다.

다음에 松花山 金山齋에서 전래하던 목 없는 반가상을 주목할 수 있다. 금산재는 김유신 장군묘의 재실이다. 이 곳은 김유신 일가 대대의 願刹이었던 松花房이었다는 사실과 함께 그 조형이 미륵이란 점에 주목해야 할 것이다. 단석산 신선사의 마애반가상과 비교할 때 7세기 전반의 작품으로 추정된다.

이상에서 볼 때 신라에서는 6세기 중엽에 이르러 비로소 본격적인 조형활동이 이루어졌다. 특히 그 후반에 비로소 백제와 더불어 신라에서 화강암을 소재로 한 조각이 독특한 양식과 새로운 조영방식을 나타내기 시작하였다고 할 수 있다. 그 중에서도 신라의 造像 활동은 미륵에의 믿음이 강렬하게 작용하였고 결국 政敎가 혼연 일치하여 삼국통일의 원동력을 형성하였다고 보인다. 이러한 믿음은 화랑제도와도 긴밀하게 관련되었으며, 그것은 특히 신라의 금동 또는 석조의 반가상에서 주목되는 바이다.

삼국의 불상조각 연구는 근년에 이르러 백제와 신라의 옛 땅에서 새로운 자료의 검출로 많은 진전을 보았다. 그러나 모든 불교조각은 그들이 봉안되었던 사원을 떠나서는 완전한 해명을 기하기 어렵다. 이러한 점에서 원래의 자리를 오늘에 지키고 있는 고대의 석상 연구는 더욱 중요하다 할 것이다.

4) 統一新羅

다음으로 통일신라시대의 불상조각에 대하여 살펴보자.

이 시대의 불교미술은 대략 다음과 같이 3기로 대별할 수 있다.

제1기 : 통일 직후에서 700년경까지
제2기 : 700년경에서 약 1세기

제3기 : 800년경에서 신라 말기인 10세기 초엽에 이르기까지

제1기 즉 7세기 후반으로 접어들면서 신라조각은 삼국 이래의 전통 위에서 다시 출발하였으며, 나아가 역사상 초유의 번영의 시기를 맞이하였다. 그러나 이들은 아직도 전대의 비사실적 조법과 경직된 의습이나 작고 둥근 童顔의 얼굴을 지니고 있으며 좌대 또한 구식을 따라 낮고 둥글며 거의 단판의 연꽃무늬로 장식되어 있다. 그 중에서도 1943년 경주시 구황동 황복사지 3층석탑에서 발견된 금제여래좌상(국보 제79호) 등 2구는 신라에서 유례가 없는 작품이다. 이들은 금동함 뚜껑에 새겨진 명문에 의하면 700년경 신라왕실의 발원으로 봉안된 것으로, 이들은 광배나 대좌가 모두 완전하다.

또 1959년 경주시 감은사지 3층석탑에서 발견된 사천왕상 4구는 위의 황복사상보다 앞선 680년경의 작품으로 주목되었다.

다음에 이 시기의 석상으로는 경주의 서악인 仙桃山 정상의 마애삼존입상(보물 제62호)을 매우 파손되기는 하였으나 귀중한 작품으로 지목할 수 있다. 이는 경북 봉화군 물야면 북지리의 거대한 마애여래좌상과 동양 최대의 반가석상(현재 경북대 보관), 또 영주읍 可興里의 마애삼존불(보물 제221호)과 더불어 거의 같은 시기의 것으로 추정되어야 할 것이다.

또 이 시기에 이루어진 대표적인 석상으로는 경북 군위 삼존석굴의 삼존불(국보 제109호)을 들어야 한다. 이 삼존상은 오른쪽 입상의 머리에 화불이 있고 좌측상의 머리에 보병이 있어 관음·세지를 협시로 삼은 아미타삼존임을 알 수 있다. 아미타 신앙은 신라 통일 전후부터 유행하였는데 이 새로운 석굴의 조형은 그 같은 믿음을 반영하는 것이다. 이 석굴은 경주 토함산 석굴보다 약 반세기 이상 앞선 것으로 토함산 석굴의 연구를 위하여 매우 귀중한 자료가 되었다고 할 수 있다.

이 시기의 다른 작품으로는 경주 사천왕사에서 수습된 綠釉神將像

도판 115. 군위 석굴삼존상

(국립중앙박물관 소장) 파편이 있는데 이는 아마 당시의 명공으로 기록된 釋良志와 관련될 수 있을 것이다.

이 시대의 거대한 작품들은 경주 이북인 봉화·영주·군위 등지에서도 볼 수 있었는데 아마도 통일 직후의 이와 같은 과도기적 작품 조형을 지나서 신라 8세기의 황금시기를 맞이한 것으로 보인다.

신라조각사의 제2기에 속하는 8세기에는 성덕(702~736)과 경덕(742~764)의 두 왕대를 중심으로 신라 조각미술의 꽃을 피운다.

먼저 8세기의 금동거상으로는

① 불국사 아미타여래좌상(국보 제72호)
② 불국사 비로자나불좌상(국보 제26호)
③ 백율사 약사여래입상(국보 제28호)

을 들 수 있다. 이들은 불국사와 경주박물관에 각각 보관되어 있는데

①과 ②는 모두 신라 금동상을 대표하는 거작으로서 임진왜란을 겪은 불국사에서 그대로 남아서 전래하였다고 추정되나 일설에는 다른 사찰에서 옮겨왔다고도 한다. ③은 입상으로 두 손을 잃기는 하였으나 거작이다. 이 3상은 모두 중후한 얼굴과 통견의 옷무늬 처리 등에서 또한 신라의 우수한 작품이라 하겠다.

이 외에도 30cm 내외의 소상들로서 민간인 또는 박물관에 전래되는 것이 있으며, 금강산 유점사나 태백산 부석사 등에서는 53불 또는 상당수의 금동소상이 전래되어 이 시대 불상을 연구하는 데 도움이 되었다.

8세기 전기에 이르러 주목되는 석상의 대표작으로는 감산사 석상을 먼저 들 수 있다. 이들은 미륵보살(국보 제81호)과 아미타불(국보 제82호)로서 광배 후면의 造像記에 의하여 尊名과 연대를 알 수 있었다. 이들은 성덕왕 18년(719)에 金志誠에 의해 조성된 사실이 주목된다. 이 감산사 석상에 이어서 세계의 자랑인 석굴암의 석상이 만들어진다.

이 석굴에 대하여서는 『삼국유사』 권5 '大城孝二世父母'에서 창건 설화와 건립의 인연 등을 짐작할 수 있다. 즉 김씨왕족의 2대 사원 건립을 배경으로 하여 8세기 석조미술의 정화를 이 곳 석굴에서 찾을 수 있다.

이 곳 본존인 아미타여래좌상은 당당한 체구와 우아한 얼굴 그리고 섬세한 옷무늬 조각 등이 흔연히 조화를 이루었으며, 크고 둥근 연화좌와 후벽 천정 밑의 둥근 돌에 새긴 연꽃무늬의 頭光 등 참으로 동양 최대의 걸작을 이 곳에서 볼 수 있는 것이다. 아미타불 본존을 중심으로 하는 주벽에는 보살, 천부, 십대제자 등의 입상과 그 상면의 작은 감실 속에 좌상 8구(10구 중 2구는 일본에 반출되었다)를 안치하였는데 모두 우아한 기법과 자유로운 자세를 보이면서 오랫동안 제자리를 지키고 있다. 후벽 중앙의 십일면 관세음보살상은 긴 체구에 가득히 늘인 영락의 장엄, 우아하고 자비스러우며 기품이 높은 조상은 신라조

도판 116. 석굴암 본존불상

각의 명공만이 이룩할 수 있는 향기 높은 명작이다.

　前方後圓을 기본으로 삼은 이 석굴의 전방에는 좌우로 각 2구의 사천왕상입상과 1구의 인왕상, 다시 4구의 팔부신장입상이 모두 대립하고 있다. 그러나 이 곳 팔부신장의 조각수법이 主室의 것과 다르고 또 양식의 차이를 볼 수 있는 것은 서로 연대의 차별이 있기 때문이라고 생각된다. 이것은 석굴의 경영을 위하여 수십 년의 긴 세월이 소요되었으나 완성을 보지 못하고 김대성이 세상을 떠나매(신라 혜공왕 10, 774) 나라에서 완성했다는 옛 기록을 참고할 수 있을 것이다.

그리고 이러한 사실들과 함께 이 석굴과 본존이 똑바로 가리키는 방위를 따라 東海口의 신라 유적을 주목하여야 할 것이다. 이 곳은 신라 통일의 영주 문무대왕을 비롯하여 여러 임금과 김씨귀족들의 藏骨 또는 散骨의 성지임을 상기하여야 한다. 과거 일인들은 석굴암의 방향이 자연을 따랐던 데 불과하다고 하였다. 그러나 석굴암은 자연의 석굴이 아니고 인공에 의하여 크고 작은 석재들을 결구하여 의도적으로 쌓아 올린 조형이다. 1968년 5월에는 석굴이 가리키는 방향을 따라 신라 최대의 유적지인 문무대왕 水中陵이 우리의 손으로 발견됨으로써 이 곳에 읽인 신라 국민의 발원과 역사적 배경을 재인식케 되었다. 높고 험산 토함산 정상 가까이에 거대하고 지극히 어려운 토목공사를 완수한 신라인의 믿음과 정성, 그 곳에는 분명히 눈에 보이지 않는 중대한 정신적 내실이 내재하고 있는 것이다.

이러한 석굴 조성의 정신적 내실과 국민의 발원이 있었음에도 불구하고 오랫동안 이 불상은 막연히 석굴암 여래좌상 또는 일본사람들의 발설을 따라 석가여래좌상이라고 잘못 불려왔던 것이다. 그러나 석굴 본존의 양식이나 기타의 자료들을 종합해 볼 때 우리의 대보인 석굴암의 본존은 문헌이 전하듯 김씨왕조의 전세 부모를 위해 건립된 아미타불임을 알 수가 있다. 그것은 석굴암의 신앙적 배경에서뿐 아니라 동해구의 문무대왕릉을 비롯한 적지 않은 유적과 신라왕실의 발원과의 연관에서도 짐작되는 바이다. 그리고 우리들은 신라 아미타불 신앙의 계보를 조형상으로는 우선 부석사 본존→군위석굴 삼존→석굴암 본존으로 연결할 수가 있을 것이다.

이와 같은 석굴암의 본존을 모범 삼아 이루어진 조각으로는 경주 남산 三陵溪에서 전래하는 여래좌상(국립중앙박물관으로 옮김)이나 같

도판 117. 경주 남산 삼릉계 여래좌상

은 남산 미륵골의 여래좌상(보물 제136호), 그리고 지방에서는 경남 합천 淸凉寺의 여래좌상(보물 제265호) 등 많은 작품을 들 수 있다.

이 밖에도 이 시대의 거작으로 토함산 장항리 절터에 있다가 경주박물관으로 옮겨진 석불입상(파손), 그리고 경주의 북악인 금강산 밑에 자리잡은 굴불사의 사면석불(보물 제121호), 남산의 茸長寺 석불좌상(보물 제189호), 七佛庵의 마애삼존불과 사면불(보물 제200호) 등도 아울러 높이 평가되어야 할 것이다.

그러나 8세기의 불상조각은 석굴암 본존을 정점으로 하여 점차 내리막길에 들어서 퇴화와 섬약과 장식에 흘렀으며, 이러한 추세는 9세기에 들어 더욱 두드러졌다.

9세기 초엽 신라의 사회는 왕권을 둘러싸고 벌어진 골육상잔으로 인하여 차츰 후기로 오면서 더욱 쇠퇴의 길로 접어들었다. 그러나 9세기 중엽 한때 안정을 얻어 경주에서 지방에 이르기까지 다시 볼 만한 불상조각을 남기게 된다. 당시 주목되는 사찰로는 9세기 애장왕(800~808) 때의 가야산 해인사와 흥덕왕(826~835) 때의 지리산 실상사 등의 사찰을 들 수 있다. 이른바 상기한 9산선문이라는 새로운 시대의 추세를 따른 사원의 건립이다. 따라서 이 시대의 사원이 중앙 귀족들의 願堂이라는 성격을 띠고 이루어졌다는 사실도 하나의 가장 두드러진 특징이라 할 것이다. 한편 이 시대에는 밀교도 유행하고 사원의 주존불로서 智拳印을 나타내는 비로자나불상이 새롭게 등장함으로써 7~8세기의 아미타불, 미륵, 약사의 조형과 다른 불상조형의 모습을 나타내게 되었다.

그리고 또 이 시기에 있어서는 앞에서와는 달리 조상의 재료로 鐵材가 등장하였다는 점을 주목할 수 있다.

이렇듯 제3기의 조각은 신앙의 변천과 국내 정세의 변화 등 여러 가지 여건에 따라서 뚜렷한 차이를 보인다. 그리하여 이 시대의 조각미술 역시 둔화되는 변상을 보임도 잊어서는 안 될 것이다.

먼저 금동상으로는 전대에 이어 30cm 미만의 소상이 더욱 유행하여 불교신도들의 원불로서 더욱 많이 조성되었다고 생각된다. 그리고 이 시기의 금동상은 얼굴이 평평해지고 옷무늬 등도 오직 선각에 의하여 주름을 가늘게 표시하는 정도로 그치기도 한다.

오늘날까지 전해지는 거대한 법당본존인 철상으로는 남원 실상사의 여래좌상(보물 제41호), 보림사의 비로자나좌상(국보 제117호), 그리고 강원도 到彼岸寺의 비로자나상(국보 제63호)을 들 수 있다. 실상사의 여래좌상은 명문이 없으나 체구와 풍만한 얼굴의 조형 등에서 9세기 초기의 작품으로 추정된다. 그리고 보림사의 철상은 왼편 팔 뒤에 양각된 명문이 있어 신라 헌안왕 5년(858) 金遂宗에 의해 조성된 것임을 알 수 있다. 또 도피안사의 비로자나상 역시 명문이 있어 신라 경문왕 5년(865)의 작임을 알 수 있으므로 이 시대의 조각사 연구에 귀중한 자료가 된다.

이 밖에 석상으로는 먼저 명문이 기각된 경남 함안군 防禦山의 마애삼존상(보물 제159호)을 주목할 수 있다. 이는 신라 애장왕 2년(801)에 조성된 석상으로 이 시기 초두에 둬야 할 것이다. 그리고 대구 桐華寺 비로자나불상(보물 제244호)은 이 곳의 사리석탑의 연대가 경문왕 3년(863)으로 밝혀져 같은 시대의 작으로 주목된다. 또 이 시대의 석불로는 의성 孤雲寺 여래좌상(보물 제246호), 울주 澗月寺址 여래좌상(보물 제370호), 예천 靑龍寺 여래좌상(보물 제424호), 창원 佛谷寺 비로자나좌상(보물 제436호), 김천 靑岩寺 修道庵 비로자나불좌상(보물 제30호) 등 수많은 석상을 열거할 수 있다.

5) 고려와 조선

다음으로 우리들은 고려시대의 불상조각에 대해 간략하게 살펴야 할 것이다.

고려는 태조 왕건의 집권으로 國都를 반도의 중앙인 開城으로 옮겨 즉위한 다음 해인 919년에 十代寺院을 건립하는 등 불교정책의 일대 쇄신을 가져온다. 그리고 이 같은 創寺의 사실은 그의 불교정책을 말하는 것으로 十訓要와 함께 주목할 수 있다.

이 시대의 금동상으로는 충남 당진 靈塔寺 금동삼존불(보물 제409호)을 들 수 있다. 이는 總高 51cm로서 본존은 높이 27.5cm이고 智拳印을 나타내는 비로자나불좌상이다. 좌우의 보살상 역시 좌상으로 연대는 앞으로 연구될 것으로 보인다. 또 충남 청양 長谷寺의 금동약사여래좌상(보물 제337호)은 근년에 이르러 그 腹藏이 조사돼 14세기 작으로 밝혀졌다. 그리고 국내에 보존된 이들 외에도 일본 對馬島의 사원이나 신사 등에서 최근 수십 구가 발견되기도 하였다. 이들은 고려 말기부터 임진왜란을 중심으로 전래된 것으로 추정된다.

이러한 금동상 외에 금속상으로 국립박물관으로 옮긴 廣州鐵造如來坐像(보물 제332호), 그리고 충주 시내의 좌상(보물 제98호) 등은 거작이라고 할 수 있다.

이 시기의 석상은 금동상에 비하여 더욱 많이 전한다. 논산 관촉사의 석조보살입상(보물 제218호)은 높이 18m로서 국내 조각사상 최대의 석상이다. 각 부의 균형이 잘 잡혀 있지는 않으나 이 시대 초기 작으로 특기할 만하다. 마애불상으로는 승가사 여래좌상(보물 제215호) 역시 조각의 우수함이나 장중한 자세로 보아 초기의 우수작품이라 할 것이다. 또 경기도 광주 동부면 藥師谷의 마애좌상은 11세기의 명문이 있는 초기 작품이다. 이러한 원각 또는 마애 거상으로 지방에 전래하고 있는 것은 거의 이 시대의 것으로 추정된다. 이들 중 중요한 것은 다음과 같다.

- ○ 경기도 개풍 觀音寺 보살좌상
- ○ 강원도 강릉 神福寺 보살좌상
- ○ 강원도 평창 月精寺 보살좌상(보물 제139호)
- ○ 경북 안동 제비원 여래입상(보물 제115호)
- ○ 경남 거창 양평동 여래입상(보물 제377호)
- ○ 경남 거창 상동 관음입상(보물 제378호)
- ○ 경북 김천 수도암 약광전석불좌상(보물 제296호)
- ○ 충남 논산 개태사 석불입상(보물 제219호)

이들 금석상 외에 塑造像으로는 경북 영주 부석사 무량수전의 여래좌상(국보 제45호)을 들 수 있다. 이는 신라 이래의 오랜 수법을 이어받은 국내 최대의 아미타여래 소조상이다. 이 불상에는 거대한 광배가 전래하고 있어 주목된다.

고려 때의 초기 조각은 신라 이래의 전통이 부활되는 느낌마저 주었으나 조소의 기법은 전대를 따르지 못한다. 결국 더욱 퇴화하고 규모의 축소와 졸렬한 조각기법을 나타내게 되는데, 이는 여러 차례 외적과의 오랜 항쟁으로 인한 혼란과 국력의 쇠진에서 이해될 것이다. 다만 말기에 이르러 한때 안정된 시기를 맞아 원나라의 영향으로 관음보살상 등의 우작을 남기기도 하였다. 그러나 14세기에 들어서 말기의 쇠퇴를 돌이키지 못하고 새로운 조선왕조로 넘어간다.

새로운 조선왕조는 유교를 국교로 삼아 불교를 배척하기에 이르렀다. 그러나 초기인 세조 일대를 통하여 불교 진흥의 기운이 있어 한때 사원의 수축과 조상이 이루어졌다. 이 때를 전후한 작품으로서 경기도 양평 水鍾寺 팔각석탑에서 나온 금동불상들은 15세기의 작품으로 추정되었다. 그러나 석상으로는 특기할 만한 것이 없고, 다만 목조상으로는 강원도 오대산 상원사의 동자상이 초기의 작으로 주목된다. 그 후 임란을 지나서는 전기의 여세를 이어서 많은 사원이 복구되었으며, 그에 따라 오늘에 전하는 토불이나 목불을 남겼는데 그 중에는 전대의 기법을 계승한 우작이 들어 있다.

(3) 회화

불교회화는 사원의 건립과 함께 등장하였을 것으로 생각된다. 그렇다면 삼국의 오랜 사원에는 불교회화의 장엄이 있었다고 추정되어야 할 것이다. 그리고 이와 때를 같이하여 삼국의 고분벽화에는 불교미술의 상징적 꽃인 연꽃무늬가 등장하고 있기도 하다. 그러나 사실 우리들은 국내에서 아직까지 고고한 형태의 불교회화다운 회화는 볼 수 없고 다만 기록에 의하여 약간의 화적을 짐작할 뿐이다.

먼저 고구려에 있어서는 일본에 건너간 화사들, 그 중에서도 曇徵의 영향을 짐작할 수 있다고 생각되는 것으로 일본 法隆寺 금당의 벽화가 있다. 그리고 이와 함께 주목되는 것은 고구려 무용총의 供養圖나 쌍영총의 行列圖 같은 곳에서도 불교회화의 소재를 찾을 수 있을 것이다.

또 백제에 있어서 왜정 말기 부여 부소산 절터에서 발견된 사원벽화의 파편 등에서 불교화적을 짐작할 수가 있다. 그리고 근년에 발견된 백제 무령왕릉 유품이나 일찍부터 알려졌던 부여 능산리 고분벽화의 천정도에 나타난 연화문 등에서 백제 불교회화의 발달을 짐작할 수 있다 하겠다.

다음으로 고신라에 있어서는 金冠塚이나 天馬塚, 高靈의 벽화고분, 順興의 벽화고분 등에서 발견된 연꽃무늬를 통하여 당시의 화적을 다소 짐작할 뿐 다른 재료는 없다. 그리고 황룡사의 벽화를 그렸던 신라의 率居는 너무나 유명하다. 그는 芬皇寺의 관음보살과 斷俗寺의 維摩像을 그리기도 하였다. 이 외에도 통일신라기의 화적으로 기록상으로는 경주 南巷寺의 십일면관음도, 內帝釋院의 미륵상벽화 등 수많은 불교회화가 있었던 사실을 알 수 있으나 그 유적은 전래하지 못하였다.

고려시대에 있어서는 불교회화의 새로운 면모를 짐작할 수 있는데 고려는 역대를 통하여 많은 대소 사원을 건립하였으므로 수많은 佛畵의 등장을 보게 된다. 그러나 고려시대에 해당하는 불화는 국내에서는 거의 볼 수 없고 다만 일본에 전래하는 것을 엿볼 수 있을 뿐이다. 또 高麗寫經 그림이나 불경의 版畵 등에서도 이 시대 불교그림의 모습을 다소 엿볼 수가 있을 것이다.

불화는 대체로 벽화와 幀畵, 그리고 작은 그림으로는 경전의 變相圖 그림을 들 수 있다. 벽화는 탱화보다 앞서 유행한 것으로 생각되지만 오늘 남아 있는 그림은 약간의 오랜 벽화와 더불어 많은 탱화를 들 수가 있다.

이들 탱화 역시 삼베나 비단 또는 종이에 그린 것이므로 보존이 어려웠다. 단지 보관이 비교적 용이하였던 사경의 변상도 등이 오래 된 형태로 국내에서 전하고 있다.

이제 현존하는 불화들을 중심으로 간단히 살펴보기로 한다.

이들 중 고려불화는 희귀하지만 상기와 같이 일본에서 전래하고 있는 실정이다. 따라서 이 시대에 속하는 벽화에서부터 간단히 살펴보기로 한다.

먼저 고려시대의 벽화로는 말기 것이긴 하지만 영주 부석사의 벽화를 주목해야 할 것이다. 이 벽화는 앞서 말한 바와 같이 부석사 조사당 중수시 발견된 묵서명에 의하여 그 연대가 창건과 동시인 1377년으로 밝혀졌다. 이들은 현재 무량수전으로 옮겨져 보존중인데 2면의 보살상과 4면의 사천왕상으로 구성되어 있다. 여기에서 보이는 사천왕상의 힘찬 동적인 선이나 두 보살상의 정적이고 유려한 선의 표현 등은 고려불화가 지니는 격조 높은 예술성을 잘 반영해 주고 있다. 또 불화로서는 화기가 있는 아미타여래탱이 주목된다. 이는 현재 일본에 있는 것으로서 화폭의 왼쪽 아래에는 '至元二十三年丙戌五月' 등의 금서 화기가 있어 고려 충렬왕 12년(1280) 작임을 알 수 있다. 다홍색의 법의에 寶相華의 둥근 무늬를 金泥로 그렸다. 아마 이는 임진왜란 때 반출된 것으로 짐작된다.

다음으로 일본 東京 根津美術館 소장의 如意輪觀音像을 지목할 수 있다. 이는 비단 바탕에 채색되었으며 원광 속의 관음보살은 섬세 유려하여 매우 자연스러운 자세를 취하고 있다. 원광 밖에는 善財童子가 합장한 모습으로 보살을 향하고 있는데 대체로 이 그림은 水墨으로 처리하고 있다. 온화하고 세련된 표현미는 더욱 격조 높은 종교성을 나타내는 일대 가작이라 할 것이다. 고려 후기의 불화 중에서도 매우 주목되는 작품이다.

다음으로 역시 고려 후기의 작으로 일본 東京 淺草寺의 楊柳觀音像

도판 118. 혜허 필 양류관음도 日本 淺草寺

은 화폭의 오른편 아래에 금서로 '海東癡禪慧虛筆'이란 銘款이 있어
유명한 고려불화로 알려졌다. 작자는 혜허라는 스님으로 되어 있으나
과연 그가 누구인지는 알 수 없다. 이 작품은 섬세 유려한 고려불화의
특색이 화면 전체에 잘 조화되어 매우 아름다운 귀족적 기풍을 나타내
는 성공적인 작품이라 할 것이다.

이 외에도 일본 東京 靜嘉堂 소장의 地藏十王圖 등을 주목할 수 있으며 또 근래에 알려진 것으로 佐賀 廣福護國寺와 名古屋 德川美術館, 그리고 연대를 알 수 있는 奈良 松尾寺의 아미타 팔대보살(1320년 작)과 埼玉 法恩寺의 석가삼존탱(1330년 작) 등이 있다.

그리고 이 시대에 속하는 寫經變相圖로는 서울 趙明基 씨 소장 華嚴經變相圖를 들 수 있다. 이는 紺紙에 金泥로 그렸으며 그 크기는 가로 26.4cm, 세로 9.5cm이다.

그리고 동국대박물관 보관의 천안 광덕사 法華經變相圖는 매우 귀중한 이 시대의 사경화이다. 이 역시 그림은 紺紙에 금화로써 나타냈으며 크기는 가로 41.3cm, 세로 14.3cm이다. 전 8권 중 4권이 현존하며 모두 앞 부분에 변상이 있다. 그림의 내용은 영산회상의 석가 설법 내용을 묘사한 것으로 경전의 내용을 압축하여 담고 있다.

또 연대를 알 수 있는 그림으로서 魯英의 釋迦來迎圖를 들 수 있다. 이 그림은 현재 국립중앙박물관에 소장되어 있으며 검은 바탕 병풍(漆屛)에 金泥로 그려졌다. 그림의 체제는 寫經變相圖에서 볼 수 있는 것과 같이 그림의 주위를 金剛杵로 結界하고 있다. 이 그림은 화기가 있어 大德 11년(1307) 江都(강화도) 禪源寺의 班頭 魯英이 그렸음을 알 수 있다.

다음으로 조선시대 작으로는 상당수의 불화가 전해지고 있다. 그러나 이들은 대체적으로 임진왜란을 전후하여 양기로 나누어 고찰될 수 있을 것이다.

먼저 전기에 속하는 것으로서 벽화로는 강진 無爲寺 극락전의 벽화를 주목해야 할 것이다. 이들은 본존 후벽의 阿彌陀佛壁畵와 그 벽 이면에 있는 觀音圖, 그리고 오른쪽 벽에 있는 阿彌陀來迎圖와 석가설법도 등으로 나누어져 있다. 중앙의 아미타 후불벽화는 미타 좌우에 관음과 지장보살을 배치했고 그 위에는 각각 세 분씩 6명의 제자상을 나타냈다.

후불벽화 뒤쪽의 관음보살은 큰 원상 안에 두광을 나타내면서 구름 위에 서 있다. 흰색의 천의는 검은 선으로 衣紋을 나타냈고 왼손에 甘露瓶, 오른손에 버들가지를 들었고 가슴에는 영락으로 장식했으며 그림에서 풍기는 당당한 기풍은 참으로 어느 명공의 절묘한 표현을 빌어 완전히 성공한 작품임을 보여준다. 또 阿彌陀來迎圖는 중앙의 아미타불을 중심으로 좌우에 팔대보살의 입상을 나타내었고 그 뒤쪽에 聲聞의 제자상이 보인다. 그리고 석가설법도 역시 석가와 문수, 보현으로 보이는 양대 보살, 그리고 가섭, 아난을 위시하여 제자상과 또 두 보살이 보인다. 이 벽화는 성종 7년(1476)의 작으로 조선 초기 불화양식을 파악하는 데 매우 중요한 자료가 되는 우수작이라 할 것이다.

그리고 이 전기에 속하는 탱화로서 일본 등 국외에서 전하고 있는 것이 몇 점 알려져 있다.

다음으로 조선 후기의 불교회화는 새로운 양식으로의 변화를 보여준다 할 것이다. 임란 당시에 사원은 僧兵의 본거지였으므로 극심한 피해를 입어 이 시대 불교미술 특히 회화에 있어서는 완전히 불타버렸거나, 아니면 日人들이 닥치는 대로 약탈하였다. 이 초토화된 사원이 그나마 다소 복구 또는 중창되는 것은 영·정조 시대로, 이 때 새로운 불교미술의 발달이 보인다.

오늘날 전국의 사찰에 전해지는 대부분의 불화는 이 시대 이후의 작품들이다. 이들은 대체적으로 일정한 양식 속에서 구도와 형태 그리고 채색 등에서 전대와 다른 양식적 특징을 보인다. 즉 고려불화가 주존과 협시보살과의 2단 구성임에 비해 이 시대에는 이러한 구성도가 차츰 무시되면서 화면에는 보살, 사천왕 등 많은 구성인물이 등장하게 된다. 또 전대의 탱화가 주로 홍색을 많이 사용했음에 비해 이 시대에는 연분홍 계통과 녹색이 주조를 이룬다.

이 시대의 주목되는 작품으로는 안동 봉정사 극락전의 아미타탱(1712년 작), 고성 운흥사 팔상탱(1719년 작), 김천 직지사 대웅전 삼신

후불탱(1744년 작), 구례 화엄사 대웅전 삼신후불탱(1757년 작), 청양 장곡사 영산탱(1759년 작), 양산 통도사의 삼장탱(1792년 작), 同 영산전 팔상탱화, 그리고 대구 동화사 극락전 후불탱화, 하동 쌍계사 대웅전의 삼신후불탱화 등 수많은 탱화를 열거할 수 있다.

그리고 조선 초기에 속하는 寫經變相圖로는 전북 來蘇寺 소장 法華經變相圖(보물 제278호)가 있다. 이는 법화경 머리에 그려진 金泥의 변상도로서 감지로 된 바탕에 그린 매우 섬세한 그림이다. 전대의 광덕사 전래 변상도 등에는 미치지 못하나 아직까지 고려시대의 양식을 충실히 따르고 있는 중요한 변상도라 할 것이다. 이는 태종 15년(1415)의 작이다.

이들 사경변상도는 시대가 내려옴에 그 섬세도가 전대에 비하여 떨어질 뿐만 아니라 재료에 있어서도 丈紙 또는 백지가 등장함을 볼 수 있다.

특히 이들 불교화나 기타 사경변상도에 대해서는 아직까지 조사 연구가 부족한 실정이므로 앞으로 우리의 관심과 연구를 더욱 이 방면에 기울여야 할 것이다.

(4) 工藝

불교가 낳은 문화유산 가운데 금속공예가 있다. 이들은 대체로 불교의식에 사용되는 佛具로서 양에 있어서나 질에 있어서 매우 다양하다. 이들은 대체로 銅鍾, 香爐, 金鼓, 그리고 舍利莊嚴具 등으로 나누어진다.

이들 가운데 먼저 신라시대의 공예품으로서는 銅製梵鍾을 그 으뜸으로 삼아야 할 것이다. 그러나 新羅銅鍾은 그 세부에 있어서 중국이나 일본종과는 뚜렷하게 다르다. 따라서 그 양식은 신라시대부터 고려시대에 걸쳐 지켜져 형식상 '韓國鍾'이라고도 불린다. 이 범종은 전체 모양이 둥근 통형을 이루는데 어깨부와 아래쪽에 上帶·下帶로 불리는 紋樣帶가 테처럼 돌려 있고 또 상대에 붙여서 네 곳에 乳廓이라고 불리는 사각형 속에 9개의 돌기된 乳頭가 달려 있으며, 그 아래쪽 鍾腹에는 2개의 撞座와 함께 두 곳에 飛天像이 상대하여 배치되어 있다. 한편, 종을 매다는 곳에는 허리를 구부린 한 마리의 용을 두는데 이를 龍鈕라고 한다. 그 옆에는 원통형의 甬筒을 세우고 있다. 물론 이와 같은 범종의 발생은 중국에서 먼저 출발하였다고 볼 수 있으나 新羅梵鍾의 종신에 나타나는 아름다운 비천상 조각은 중국에서 영향된 것이 아니요, 한국의 독창적인 것으로 보아야 할 것이다. 우리 나라의 동종은 이러한 특색으로 말미암아 다른 나라의 종과 양식적으로 명확히 구분되며, 제작기술이나 형태 그리고 장식무늬 등으로 보아 동양의 여러 불교국가에 비하여 월등히 우수함을 볼 수 있다. 그 가운데서도 聖德大王神鍾은 크기에 있어서는 물론 형태에 있어서도 세부의 조각에 이르기까지 한국 금속공예의 걸작이라 할 것이다. 이와 함께 오대산 상원사의 동종은 국내에 완존한 兩口의 신라범종 가운데 가장 오래 되었을 뿐만 아니라, 그 음향에 있어서도 가장 아름답고 또 가장 우수하다 할 것이다.

또 문헌에 보이는 신라 황룡사의 49만 근에 달하는 대범종의 주조 사실은 신라 금속공예의 비상한 발달과 그 우수성을 단적으로 말해주는 것이라 하겠다.

그리고 다음에 고려시대에 내려와서 만들어진 동종은 신라의 수법을 충실히 지키고 있으나 대체로 9세기 이후의 범종은 그 문양이나 형태가 전대와 달리 축소되고 섬약해짐을 볼 수 있다. 비천상도 다소 조잡해지고 있어 대체로 주조술의 퇴화와 함께 문양대의 비정상적인 증대라든지 비천과 종신 면적과의 부조화 등 엉성한 구성을 보이게 된다.

이제 현존하는 범종을 들어서 간단히 설명코자 한다.

　상원사 동종(국보 제36호) : 현존하는 범종 가운데 가장 오래 되었고 또 가장 아름다운 것이다. 종의 높이는 1.67m, 입지름은 91cm로서 약간 좁아져서 고식을 나타내고 있다. 상하 문양띠에는 唐草무늬로 채우고 드문드문 이중의 꽃무늬로 장식한 半圓形 안에 1인 혹은 4인의 奏樂像이 있다. 또 유곽에도 같은 당초무늬로 장식한 다음 곳곳에 비천상을 조각하였다. 뿐만 아니라 유두는 돌기되어 젖꼭지같이 만들었으며 표면에도 가늘고 치밀한 장식무늬를 나타냈다. 종신의 넓은 공간에는 당좌와 비천상을 나타냈다. 비천상은 2구씩 두 곳에 있으며 하늘에서 날리는 천의와 영락의 표현은 참으로 아름답고 부드럽다. 비천은 주악상으로서 몸이나 악기를 타는 손 모양 역시 사실적이고 부드럽다. 정상의 용뉴나 용통도 매우 박력이 있어 힘이 넘쳐흐르고 있다.

　용뉴 좌우에는 鍾銘이 음각되어 있어 신라 성덕왕 24년(725)에 주성되었음을 알 수 있다. 이 종은 원래 경북 안동 남문에 있던 것인데 조선 예종 1년(1469)에 이 곳 상원사로 옮겨졌다.

　봉덕사 성덕대왕신종(국보 제29호) : 현재 경주박물관에 있으며 한국 최대의 범종이다. 높이 3.3m, 입지름 2.27m의 거종으로 한국종의 특성을 잘 살리고 있다. 문양띠에는 보상화 무늬를 우아하게 조각하였으며 종신에는 공간을 남기고 그 곳에 보상화로 표시한 당좌를 놓았다. 비천상은 2구씩 상대하는 곳에 도합 4구를 나타내 조화된 공간을 잘 살리고 있다. 비천은 연화좌 위에 무릎을 세우고 불전에 공양하는 자세를 취하고 있으며 그 주위에 보상화를 구름같이 피어오르게 하고, 천의와 영락 등이 휘날리고 있다. 당좌에는 큼직한 子房을 가진 연화문을 조각하였다. 위쪽에는 놀라운 솜씨로 조각된 용뉴가 있고 그 옆에는 한국종에서만 볼 수 있는 용통이 붙었는데 그 표면에 섬세한 조각이 있다.

　이 종에는 鍾身에 1천 자가 넘는 장문의 명문이 양각으로 주조되었다. 이에 의하면 신라 경덕왕이 부왕인 성덕왕을 위하여 구리 12만 근

도무늬로써 띠를 돌렸음이 그것이다. 이렇게 이 종은 무늬가 섬약하고 간략하여 박력을 잃었으나 매우 희귀한 대작이다. 주성은 조선 세종 7년(1462)으로 현재 국립중앙박물관에 소장되어 있다.

또 奉先寺 동종(보물 제397호) 역시 거작이다. 형태는 흥천사 종과 동일양식이며 유곽 밑에는 梵字를 남기고 있으며 보살입상의 배치도 동일하다. 일부에서는 고식을 나타내고 있으나 전형적인 한국종 형식에서 벗어나 새로운 양식을 나타내고 있는 점이 흥천사 종과 동일하다. 그 주성은 예종 원년(1469)이다.

이 밖에 이 시대의 범종으로는 甲寺 동종(보물 제478호) 등을 위시하여 상당수의 범종을 대소 사찰에서 볼 수 있으나 이후의 범종공예 역시 쇠퇴한 불교와 더불어 별다른 주목을 받지 못한다.

다음으로 불교공예의 중요한 위치를 차지하는 고려의 立杯形 향로에 대하여 간단히 살펴보자.

이 향로는 유독 고려시대에 성행하여 범종 다음으로 주목되는 불교공예품인데 보통 香垸이라 불린다. 이들은 모두 고려시대의 것으로서 둥근 身部와 대좌로 구분된다. 전면에 연화, 보상화, 용 등의 문양과 함께 범자를 새기는데 이들은 入絲手法으로 화려한 효과를 나타내었다. 즉 銀으로써 무늬를 나타내기 때문에 이를 보통 銀入絲香爐라고 부른다. 과연 이러한 향로가 신라시대에도 있었는지에 대해서는 아직 단정할 수 없으나 이와 같은 아름다운 공예품을 남기게 된 것은 역시 고려인들의 착상이다. 이들 중에서 밀양 表忠寺 향로나 양산 通度寺 향로 등은 특히 우수한 수법을 보여 주목된다.

먼저 표충사 靑銅銀入絲香垸(국보 제75호)은 그 크기에 있어서 높이와 넓이의 비례가 극히 아름다우며 또 은입사 수법이 뛰어나 주목된다. 표면의 무늬는 세밀할 뿐 아니라 굵고 가는 선을 적당히 배합하여 훌륭한 조화를 이루었다. 굵은 원 속의 梵字와 구름 속의 용무늬, 연꽃무늬 등 전면을 꽉 채운 무늬는 매우 호화롭다. 위의 口緣部 이면에

도판 120. 표충사 청동함은 향완

50여 자의 은입사 명문이 있어 그 조성이 고려 명종 7년(1177)임을 알
수 있다.

　이들 은입사향로들은 대체로 그 형태가 같고 양식수법도 동일하다.
이 시대의 중요한 향로들을 열거하면 다음과 같다.

　○ 통도사 청동은입사향로(보물 제334호) : 고려 중기, 높이 33cm,
　　입지름 30cm
　○ 봉은사 청동은입사향로(보물 321호) : 고려 충혜왕 5년(1344), 높

　이 37cm, 입지름 51cm
　○ 마곡사 청동은입사향로 : 고려시대, 높이 19.7cm, 입지름 19.7cm

　이들 외에 상당수의 향로들이 사찰을 떠나 민간에 소장되어 있으며 일본 東京國立博物館에도 身部를 잃은 향로가 있으며 또 같은 형태의 향로(消災社香爐)가 영국 런던 대영박물관에 소장되어 있다. 고려시대에 발생한 이들 향로는 왕조를 바꾸어 조선시대에 이르러서도 유행되었으나 전대와 같은 아름다운 작품을 남기지는 못하였다.

　조선시대의 대표적 향로로는 먼저 실상사 百丈庵 청동은입사향로(보물 제420호)를 들어야 할 것이다. 이는 고려 이래 향로의 형식을 충실히 이어받은 이 시대의 가작이다. 형태는 위의 구연부가 다소 넓게 퍼졌으며 신부에는 당초문, 연꽃, 동심원 등을 새겨 범자를 넣었으며 명문이 있어 선조 17년(1584)에 제작되었음을 알 수 있다.

　이들 향로와 함께 주목되는 공예품으로서 金鼓가 있다. 이는 일명 禁口 또는 飯子라고 불리는데 금속으로 만든 북과 같다고 해서 금고라는 말이 유래한 듯하다. 금구에 대한 어원은 잘 알 수 없으나 반자는 사찰에서 이를 쳐서 공양시간을 알린 데서 붙여진 이름으로 생각된다.

　형태는 둥근 대야 같이 생겼는데 한 쪽만을 치게 된다. 넓은 구연부에 전이 달려 있으며 크기는 지름이 대체로 40cm 내외이고 표면에는 장식무늬를 새기게 된다. 무늬로는 당초문・연화문 등을 나타내며 명문은 대체로 측면에 음각으로 年代・寺名・祝願文・무게 등을 기록한다.

　신라시대의 금고로는 咸通六年銘金鼓가 있다. 매우 희귀한 신라시대 금고로서 표면에는 굵고 가는 줄을 번갈아 가면서 동심원을 쳤을 뿐 장식무늬가 없다. 위쪽에는 고리 두 개가 붙어 있고 또 '咸通陸歲乙酉二月十二日成'이란 명문이 있어 신라 경문왕 5년(865)의 작임을 알 수 있다.

ㅇ 瓊巖寺金鼓 : 직경 59.5cm, 폭 14.9cm, 고려 문종 27년(1073), 국
   립중앙박물관 소장
ㅇ 重興寺金鼓 : 직경 35.7cm, 폭 7.7cm, 고려 숙종 8년(1103), 서울
   호암미술관 소장
ㅇ 資福寺金鼓 : 직경 32.2cm, 폭 6.8cm, 고려 희종 3년(1207), 경희
   대박물관 소장
ㅇ 蒲溪寺金鼓 : 직경 34cm, 폭 8cm, 고려 신종 5년(1202), 이화여대
   박물관 소장
ㅇ 貞祐五年銘金鼓 : 보물 제576호, 직경 61cm, 폭 12.9cm, 고려 고
   종 4년(1217), 연세대박물관 소장
ㅇ 乙巳銘金鼓 : 직경 42.5cm, 고려 말, 동국대박물관 소장

 이상 열거한 외에 명문을 가진 고려금고로 조사된 것으로는 舍利具
를 들 수 있다. 이는 바꾸어 말하면 舍利莊嚴具이다. 즉 탑파에 봉안되
는 사리를 장엄하기 위하여 만들어진 舍利器를 통틀어 말하는 것이다.
또 이들과 함께 탑 내에서 법사리로서 불경 등을 볼 수 있는데 이 중
경주 불국사 석가탑에서 발견된 無垢淨光陀羅尼經은 750년경의 것으
로 세계 최고의 목판인쇄경전임이 밝혀졌다. 이들 불경과 함께 불상이
나 小塔도 함께 발견됨을 볼 수 있다. 그러나 이들 외에 가장 주목되는
것은 역시 사리를 직접 納置하는 舍利瓶과 더불어 이를 다시 넣게 되
는 金銅製 등의 舍利函이다. 그러므로 보통 이 사리함은 내함과 이를
싸고 있는 외함으로 나누어진다. 그리고 귀한 예로는 분황사탑에서와
같이 가위·침통 등을 볼 수 있으며 또 銅鏡이나 청동비천상, 그리고
금으로 만든 바리, 玉 등의 장신구를 볼 수 있다. 따라서 이들 사리장
엄구는 당시의 금속공예의 발달상을 짐작하는 데도 귀중한 자료가 될
뿐만 아니라 탑파의 연대 추정에도 매우 중요하다.
 이들 가운데 대표가 될 만한 것으로 먼저 신라시대에 있어서는 감은

사 서쪽 3층석탑 사리기(보물 제366호), 불국사의 3층석탑 내 발견 유물(국보 제126호), 경주 황복사 3층석탑 사리기, 칠곡 송림사 5층전탑 사리기(보물 제325호) 등을 들 수 있을 것이다.

또 고려의 작품으로는 먼저 익산 王宮里 5층석탑 사리기(국보 제123호)를 그 대표적 자리에 놓아야 할 것이다. 그리고 이 시대에는 금동 모형탑이 나타나고 있어 주목된다. 또 金銅搖鈴 등을 볼 수 있는 것도 이 시대의 특색이다. 그리고 이들과 함께 靑銅龍頭寶幢이라든지 촛대, 또는 장식무늬를 갖춘 盒 등 다양한 공예품을 들 수 있다.

익산 왕궁탑에서 발견된 일괄유물 가운데 가장 주목되는 것은 金製金剛經板이다. 이것은 길이 14.8cm, 폭 13.7cm로서 각 장에 1행 17자의 금강경을 뚜렷하게 양각한 19장의 유품이다.

다음에 유교정치 하의 조선시대에는 불교공예로 크게 주목할 만한 것이 없고 다만 간혹 귀족의 발원에 따라서 봉안된 것으로 보이는 수정사리기나 염주 등을 볼 수 있으며 銀製鍍金舍利器 등이 박물관에 보관되어 있다. 그리고 근년에 충북 법주사 5층목탑에서 발견된 사리장엄구는 모두 동국대박물관에 일괄 진열되어 있어 조선조 후기의 작품임을 알 수 있다.

(5) 石造物

우리 나라에 현존하는 고대의 불교미술품은 그 수효에 있어서 석조미술품이 단연 으뜸이다. 이는 다른 유물에 비하여 견고하고 내구성이 강한 석조물이란 점에서 이해될 것이다. 조성 재료로는 화강암과 함께 粘板岩 등을 주목할 수 있으나 우리 나라의 석조미술은 거의 절대적으로 화강암에 의존하고 있다. 석조미술품은 앞서 살펴본 바와 같이 석탑과 석불이 으뜸이다. 그 외 중요한 유구로는 건축의 탑파 부문에 넣어도 좋을 石造浮屠와 石燈이 있고, 또 사찰의 장엄이나 法要式에 사용되거나 종파를 표시한 幢竿支柱 등과 함께 石碑 등의 석조물을 함께 들 수 있다.

1) 浮屠

먼저 이들 가운데 부도는 고승의 墓塔이다. 불사리를 봉안한 탑이 불탑으로서 층탑을 이루는 것이라면, 부도는 層을 이루는 소수를 제외하고는 완전히 층탑과 다른 각종의 양식을 채택하고 있다. 물론 탑파와 부도는 그 의의에서 유사한 점이 있으나, 조형에 있어서나 예배대상에 있어서 서로 차이를 보이고 있음을 알 수 있다.

이들 부도는 불교가 전래된 초기에는 유행하지 않았고, 통일신라에서도 말기에 가서 선종이 발생하면서 차츰 고승에 대한 경모의 뜻에서 발생된 것으로 보인다. 따라서 삼국시대에 속하는 부도는 하나도 전래함이 없고 현존하는 부도로서 가장 오랜 것은 경복궁으로 옮겨온 廉居和尚浮屠라고 한다. 이 부도의 원래 소재지는 원주의 興法寺라고 전하나 아직까지 확실하지 못하다. 다만 이 新羅浮屠의 전형은 주로 팔각형을 따르고 있어 그 오랜 모범을 위에서 설명한 바와 같이 불국사의 다보탑 상부구조에서 찾아볼 수 있을 것이다.

먼저 염거화상부도(국보 제104호)부터 간단히 살펴보자. 이 부도의 구조는 전반적으로 그 평면이 팔각을 취하고 있다. 아래의 기단부 위에 탑신을 놓고 그 위에 옥개가 놓이며 옥개 정상에는 상륜이 놓이는 것이지만 상륜은 상실되었다. 기단의 하대석에는 사자를 양각하고, 중대석에는 眼象을 조각하였으며, 그 위 상대석은 單葉의 연꽃을 조각하여 높직한 탑신 받침 위에 놓인 탑신을 받치고 있다. 그 탑신 받침석 팔면에는 역시 안상을 조각하였고, 안상 내에서는 비천을 양각하였다. 탑신에는 사천왕과 門扉 모양을 새겼고 탑신 위의 옥개는 전형적인 목조건물의 서까래나 기와골을 모방하였다.

이 부도를 서울로 옮겨올 때 塔誌가 있어 신라 문성왕 6년(844)에 건립된 것임이 밝혀졌다. 이 부도는 기단과 탑신, 그리고 옥개의 조각

도판 121. 염거화상 부도 경복궁 내

수법이 단조로우면서도 상하에서 조화를 얻고 있다. 따라서 이는 후에
발생하는 수많은 팔각부도의 모범이 되었다고 할 것이다.

이후 발생하는 대표적 부도를 열거하면 다음과 같다.

○ 전남 곡성 泰安寺寂忍禪師塔 : 보물 제273호, 신라 경문왕 원년
   경(861), 높이 약 3m
○ 전남 화순 雙峰寺澈鑒禪師塔 : 국보 제57호, 신라 경문왕 8년
   (868), 높이 약 2.3m

○ 전남 장흥 寶林寺普照禪師塔 : 보물 제157호, 신라 헌강왕 6년
  (880), 높이 약 4m
○ 경북 문경 鳳巖寺智證大師塔 : 보물 제137호, 신라 헌강왕 8년경
  (882), 높이 약 3.41m
○ 전북 남원 實相寺秀澈和尙塔 : 보물 제33호, 신라 진성왕 7년경
  (894), 높이 약 3m
○ 경남 울산 望海寺浮屠 : 보물 제173호, 통일신라, 높이 약 4m
○ 강원도 양양 陳田寺址浮屠 : 보물 제439호, 통일신라, 높이 약
  4m

　고려시대에는 부도가 더욱 유행하였다. 신라의 전통양식을 이어받은
고려의 석조부도는 그 구도가 더욱 장중해지면서 옥개에는 귀꽃 등의
장식을 나타내고 목조건축의 서까래와 기와골 등의 모습은 사라진다.
그리고 기단부에는 더욱 복잡한 장식과 함께 구름무늬, 용무늬 등을
볼 수 있어 전대의 부도와 좋은 대조를 이룬다. 그러나 그 기본은 신라
의 팔각형에서 벗어나지 않고 있다. 단 유독 法泉寺 智光國師玄妙塔
(국보 제101호)은 재래의 형식에서 벗어나 주목된다. 이는 평면 방형을
기본으로 삼아 새로운 변화를 추구한 작품이라 할 것이다. 이 탑의 각
면에는 眼象, 구름무늬, 연꽃무늬, 草花무늬, 寶塔 등과 함께 불, 보살,
봉황 등을 빈틈없이 조각하였다. 따라서 이를 고려부도로서는 가장 대
표적 위치에 놓아도 좋을 것이다. 그리고 고려의 또 하나의 양식은 石
鍾形 부도로서 전북 금산사 석종 같은 것은 고려 초기의 대표적 작품
이며, 경기도 신륵사의 나옹부도는 이 종류의 고려 말기 작품이다.
　이제 전대의 양식을 따르는 팔각형 고려부도 가운데 중요한 것을 열
거하면 다음과 같다.

○ 경기도 여주 高達寺址浮屠 : 국보 제4호, 고려 초기, 높이 3.4m

도판 *122.* 원주 법천사지 지광국사현묘탑. 경복궁 내

○ 전남 구례 鷰谷寺東浮屠 : 국보 제34호, 고려 초기, 높이 3m

○ 강원도 원성 興法寺眞空大師塔 : 보물 제365호, 고려 태종 23년경(940), 높이 2.91m, 서울 경복궁으로 옮김

○ 경기도 여주 高達寺元宗大師塔 : 보물 제7호, 고려 광종 26년경(975), 높이 4.5m

○ 충남 서산 普願寺法印國師塔 : 보물 제105호, 고려 광종 26년(975), 높이 4.7m

○ 경북 문경 鳳巖寺靜眞大師塔 : 보물 제171호, 고려 광종 7년

  (956), 높이 5m

- ㅇ 강원도 원성 居頓寺圓空大師塔 : 보물 190호, 고려 현종 9년경
  (1018), 높이 2.68m, 현재 서울 경복궁 소재
- ㅇ 淨土寺弘法國師塔 : 국보 제102호, 고려 현종 8년(1017), 높이
  2.55m

이상 열거한 것 외에도 많은 부도들이 현존하고 있다.

조선시대에는 초기에 신라나 고려의 팔각형 부도도 모습을 보이나 석종형 부도가 더욱 유행하였다. 부도의 평면이 팔각을 취하던 종래의 형태에서 차차 벗어나 더 후대에 와서는 소위 석종형이라는 石甕과 같은 형태의 부도가 조선 일대를 통하여 유행하고 있음을 볼 수 있다.

이들 석종부도는 지금도 사찰 근처에서 볼 수 있으며, 그 중에는 간혹 전대와 달리 부도의 탑신에 탑명을 기각하고 있다. 그러나 이 같은 석종형 부도의 고고한 유례가 고려에 있다는 사실은 이미 위에서 지적한 바와 같다.

2) 石燈

다음으로 석등은 우리 나라에 불교가 수입된 이래 고고한 형태를 볼 수 있어 매우 중요하다. 삼국시대의 석등으로는 백제 미륵사지에서 발견된 석등의 部材를 통하여 팔각형을 기본으로 삼은 사실을 알 수 있다. 따라서 석등은 삼국시대에 발생하였지만 이 시대의 석등에 대해 논의할 만큼 우리의 연구는 아직 충분한 자료를 얻지 못하고 있다. 우리 나라의 석등은 통일신라기에 들어와 그 전형을 완성하였다 할 것이다. 대체적으로 석등의 형태는 하대석 위에 중대석 竿柱를 세우고 그 위에 상대석을 놓아 火舍石을 받치고 그 위에 옥개석을 덮게 된다. 그 형태는 평면이 역시 팔각으로 조성된다. 이들 팔각의 화사석 4면에는 후대에 이르러 보살상이나 사천왕상을 조각하기도 한다. 그리고 다시

지방에 따라서는 소위 鼓腹形이라 하여 竿柱를 북이나 장구의 형상처럼 조성하는 석등이 유행하였고, 이와 달리 사자가 떠받치는 형상으로서 간주를 형성하는 수도 있다. 이들 중 간주를 고복형으로 나타낸 것으로는 경남 합천 淸凉寺 석등을 들어야 할 것이고, 또 쌍사자 석등으로는 충북 보은의 법주사 석등을 그 대표로 삼아야 할 것이다.

고려시대의 석등은 그 초기에는 전대의 석등 양식을 계승한 예도 볼 수 있으나 각 부의 조각수법이 세련되지 못하고 전체적인 형태가 다소 둔중함을 면치 못하고 있다. 그러나 이 시대에는 신라 이래의 팔각형에서 벗어나 평면 사각형이 유행하고 고복형 간주를 사용하며, 화사석은 4개의 기둥을 세워 사방이 트이도록 조성한 예도 있어 시대에 따르는 변화상을 볼 수 있다.

조선왕조에 있어서는 별달리 주목할 것이 없으나 여전히 사각형으로 평면을 유지하고 있는 것으로서 경기도 여주의 회암사 쌍사자 석등을 주목할 수 있다. 기타 다른 사찰에서도 이 시대에 속하는 석등다운 석등은 볼 수 없고 설사 있다 하더라도 빈약하기 짝이 없는 실정이다.

이제 이들 석등을 열거하면 대략 다음과 같다.

○ 경북 영주 浮石寺 無量壽殿 앞 석등 : 국보 제17호, 통일신라, 높이 2.97m

○ 충북 보은 法住寺 四天王石燈 : 보물 제15호, 통일신라, 높이 3.9m

○ 충북 보은 法住寺 雙獅子石燈 : 국보 제5호, 통일신라, 높이 3.3m

○ 경남 합천 淸凉寺石燈 : 보물 제253호, 통일신라, 높이 3.4m

○ 전남 구례 華嚴寺覺皇殿 앞 石燈 : 국보 제12호, 통일신라, 높이 6.36m

○ 전남 장흥 寶林寺石燈 : 국보 제44호, 통일신라, 높이 3.12m

○ 전남 광양 重興山城 雙獅子石燈 : 국보 제103호, 통일신라, 높이

2.5m, 현재 국립중앙박물관 소장
- ○ 전남 담양 開仙寺址石燈 : 국보 제111호, 통일신라 진성왕 5년 (891), 높이 3.5m
- ○ 전북 임실 龍岩里 : 보물 제267호, 통일신라, 높이 5.18m
- ○ 강원도 양양 禪林院址石燈 : 보물 제445호, 통일신라, 높이 2.92m
- ○ 충남 논산 灌燭寺石燈 : 보물 제232호, 고려 광종 19년경, 높이 5.45m
- ○ 경기도 개풍 玄化寺石燈 : 고려 현종 11년경(1020), 높이 4.2m, 현재 국립중앙박물관 소장
- ○ 경기도 여주 神勒寺普濟尊者石鍾 앞 石燈 : 보물 제231호, 고려 우왕 5년경(1379), 높이 1.94m
- ○ 羅州西門石燈 : 보물 제364호, 고려 선종 10년(1093), 높이 3.27m
- ○ 경기도 여주 檜巖寺址 雙獅子石燈 : 보물 제389호, 조선시대, 높이 2.5m

이상 열거한 외에 해인사 願堂庵에는 점판암을 이용하여 만든 석등 (보물 제518호)이 있다. 이는 완형은 아니지만 통일신라 말기 이 곳의 청석탑과 함께 주목할 만하다.

다음에 당간지주는 현재도 사찰의 입구 또는 사지에 전해지고 있어 사찰이 존재했음을 알려준다. 대개의 경우 이들 당간지주는 오랜 세월 에 당간은 없어지고 지주만 남아 있다. 그러나 충남 공주 甲寺나 청주 龍頭寺에는 철당간이 전래하고 있으며 전남 나주에는 石幢竿이 전래 하고 있다.

석비로는 먼저 백제의 砂宅智積碑(1948년 발견. 부여박물관 소장)를 주목하여야겠고, 통일신라시대에 들어와서는 碑身 외에 그것을 받치는 비좌를 龜趺로써 하고 또 螭首로써 비신을 덮는 石碑 양식이 크게 유 행하였다. 특히 이들 비신에 새겨진 글씨는 우리 나라 금석학의 관점

國寶와 寶物의 管理

문화재 관리는 정치에서 중립되어야만 비로소 그 입각점을 얻을 수 있고
나아가 장기계획의 입안과 그 집행이 가능할 것이다.

1

옛날부터 나라 안에는 소중히 여기고 고히 전하던 造形이 있었다. 그들은 나라의 운명이나 신앙과의 깊은 관련에서 이루어졌다. 삼국시대 신라의 서울 한복판에 세워진 높이 225척의 황룡사 9층목탑은 신라 최대의 규모였을 뿐 아니라 나라와 백성의 기원이 얽힌 가장 신성한 존재이기도 하였다. 그러므로 신라는 황룡사의 丈六三尊佛像 등과 더불어 이 탑을 신라 三寶의 으뜸을 삼았던 것이다. 그리하여 이 탑이 재난을 입었을 때마다 重創하기를 여러 차례 하였으며 이와 같은 보존의 노력은 그 후 고려에 이르러서도 그치지를 않았었다. 이 탑은 그 후 고려 말 蒙古亂에 소실되고 말았으나 신나·고려 兩朝는 나라의 통일과 安態를 이 탑에 걸고 존숭하였으니 과연 國寶라고 부를 만하였다.

다시 통일신라조에도 국보가 있었다. 그것은 대[竹]로 만든 笛으로서, 이 악기를 불면 적병은 물러가고 병이 낫고 가뭄에 비가 내리고 바람과 파도가 평정되는 등 '天下和平'의 신통력이 있어 '萬波息笛'이라 이름짓고 국보라고 일컬었다. 신라는 이 無價大寶를 月城 天尊庫에 두었는바, 이 국보는 死後 護國龍이 되기를 염원하였던 文武大王이 金庾信과 더불어 동해의 용왕으로 하여금 神文王에게 바치게 하였다

는 것이다. 일본은 신라에 이 국보가 있음으로써 침입하기를 두려워하였으며 使臣과 황금을 보내서 이것을 얻고자 하였다고 옛 기록에 보이고 있다.

고려에도 국보가 있었으니 大藏經版 같은 것은 그 중 으뜸 가는 것이었다. 高宗 9년 蒙古亂에 소실됨에 李奎報는, '嗚呼라! 積年의 功이 一旦成灰하여 國之大寶를 잃었다'고 슬퍼하였으며 君臣은 다시 발원하여 오늘 海印寺에 전래하는 八萬經版을 새김에 이르렀던 것이다. 나라의 존망과 전란의 수습을 오직 이 곳에 빌면서 국력과 君臣의 정성을 이 곳에 모았던 것이다. 이와 같이 역대를 통하여 나라와 백성들이 소중히 여겨 그 보존에 힘을 모아 오던 국가의 보물이 있었던 것이며, 신라·고려의 이 같은 造形은 그 후 조선조를 지나는 사이에 혹은 자취를 감추고 혹은 오늘까지 전래되어 국보 보물로서 그 遺址는 古蹟으로 지정되어 국가의 보호를 받고 있는 것이다.

그러나 조선조에 들어서는 위에서 든 것과 같은 불교신앙의 소산은 국가의 보호를 받지 못하고 방치되었거나 또는 소속 사원의 승려와 신도의 힘으로 전래하여 왔던 것이다. 오늘 우리 국보나 보물의 과반수를 차지하고 있는 불교문화재는 모두 그러하였다고 하겠는데, 이들은 오직 신앙의 소산이요 예배의 대상이었기에 傳世될 수가 있었던 것이다.

그러므로 경주 토함산 석굴암 석굴 같은 오늘의 으뜸 가는 국보가 전세기 말까지도 나라와 국민의 주목을 크게 받지 못한 까닭은 이와 같은 곳에 있었다고 할 수 있다. 이와 같은 우리의 과거가 外人으로 하여금 석굴이 그들에 의하여 발굴되었다고 발설케 하는 一因이 되기도 하였으나 석굴 보존의 공덕은 역대의 숨은 정성에 두어야 할 것이다. 上古의 조형유물은 국력의 쇠퇴와 국민의 빈궁과 外敵의 침입에 따라 박해와 약탈의 대상이 되면서도 그 모습을 지표에 전하여 왔던 것이다.

2

금세기에 들면서 일제의 침략이 노골화하자 그들의 주목의 하나는 이 같은 우리 고대의 조형유산들이었다. 그리하여 1902년 일본 東京大學 교수 關野貞은 한국 古建築 조사의 명령을 받고 건너왔던 것이다. 이와 같은 일인학자에 의한 최초의 주목이 있은 후 한일합병을 중심으로 전후 약 10년간 전국에 걸친 약탈이 자행되었으니, 開城을 중심으로 하는 고려고분 수만 기의 도굴은 그 중에서도 가장 참혹한 만행이었으며 그 곳에서 출토한 고려자기의 상당수는 일본으로 반출되었던 것이다.

그 후 1916년에 이르러 비로소 '古墳及遺物保存規則'이 그들에 의하여 만들어진 것도 위와 같은 약탈행위를 규제하여 보자는 것이었으며 그들의 고적조사계획도 이 때에 비롯하였던 것이다. 또 이에 수년 앞서서는 석굴암, 분황사 석탑, 전북 익산 미륵사 석탑 등에 대한 보수가 있었으나 모두 붕괴를 막기 위한 응급대책이었으므로 土木技師에 의한 원형의 임의변경 등 오늘에 이르러 다시 회복할 수 없는 遺恨을 남기게 되었던 것이다.

우리 고대 문화유산에 대한 최대의 파괴와 약탈은 이 시기에 이루어 졌는데, 그 대상은 비단 지표의 것뿐 아니라 지하 분묘에 이르러 왕릉을 포함하여 역대의 고분이 중대한 피해를 입었던 것이다. 우리 古代 造形에 대한 새로운 주목이 이 같은 불평 속에서 비롯하였는바, 우리 자신은 과거에 있어서 이 같은 고대조형, 더욱이 塔像 같은 신앙의 대상을 謀利의 대상으로 삼은 일은 없었다. 하물며 선대의 분묘를 발굴한다든지 나아가 그 안의 부장품을 약탈하여 매매 또는 감상의 대상으로 진열한다는 것은 중대한 패륜적 행동이며 동시에 民俗에 따라 금기되어 오던 일이었다. 그러나 그들 침략자에 의하여 비롯된 이 같은 만행은 그 후 전 국토에 번지게 되었고 그들 또는 그들의 앞잡이에 의하여 수탈된 유물은 서울·대구·부산 등지에 일찍부터 자리잡은 그들 상인의 손을 거쳐 일본으로 반출되었던 것이다. 이와 같은 불행과 수난을 겪으면서 우리의 고대유산은 국민의 새로운 주목과 관심의 대상이 되었던 것이다.

이와 같이 외세에 의한 고대의 조형 및 유적에 대한 주목과 조사는 그 후 1933년에 이르러 '寶物古蹟名勝天然紀念物保存令'의 제정을 보았고 이에 따라 同名의 위원회가 설치되었다. 그리하여 동 위원회의 심의에 따라 보물과 고적 등의 지정이 이루어졌으며 동시에 이 같은 지정물건 이외에도 고대 유적과 유물에 대한 법적 보호의 근거가 마련되었던 것이다. 그러나 이 때는 그들의 대륙침략이 노골화할 무렵이어서 이 같은 시책은 얼마 아니 되어 그 내실을 얻지 못하게 되었으며, 다만 소수의 일인학자를 중심으로 삼은 朝鮮古蹟研究會와 總督府博物館의 활동이 있었을 뿐이다. 전자는 주로 경주·부여·평양을 중심 삼아 발굴조사를 계속하였으며 후자는 이 같은 활동에 따르는 유물 수장과 더불어 지정물건에 대한 연차적 보수의 주체를 이루었던 것이다.

3

해방을 맞아 上記한 법령과 제도는 그대로 존속되어서 군정기, 한국전쟁을 거쳐 5·16군사혁명에 이르렀다. 혼란과 무질서가 뒤따랐으며 전란에 의한 파괴와 散佚은 중대한 손실을 결과하고야 말았다. 이 사이 전국에 산재하는 국보, 고적 등에 대한 보존사무는 문교부 문화국이 관장하여서 그들 행정공무원에 의하여 처리되었다. 국립박물관은 해방 후 그 자체만의 기능에 한정되어서 이와 같은 지정문화재의 보존 업무에서 실질적으로 분리되었으며 그 같은 실태는 그대로 오늘에 이르게 되었다. 상기한 日政法令에 의한 보존위원회가 늦게나마 조직되었으나 그것은 常任 아닌 자문기관으로서 이 같은 보존행정 핵심에 대한 관여를 이루지는 못하고 말았다. 그러나 해방과 더불어 우리 역사와 문화에 대한 국민의 관심과 여론이 증대함에 따라서 고대 유적, 유물에 대한 보존 및 조사의 요망은 점차 높아갔다. 일정기에 보물이라고 부르던 지정물건이 8·15와 더불어 어느 사이에 국보라고 부르게 되었으며 그 후 이 명칭은 남용되는 폐단을 보이게 되었다. 말하자면 해방과 더불어 국보의 탄생을 보았던 것이다.

5·16혁명 후 日政法令의 정리에 따라서 새로운 입법이 이루어져서 1962년 1월 文化財法이 공포되었고 이에 따라 文化財委員會가 발족되었다. 동시에 보물이 국보와 더불어 새로운 指定稱號로서 등장케 되었던 것이다. 국보 이외에 보물이 새로 마련된 까닭은 위에서 말한 바와 같은 국보 명칭의 남용에 따르는 폐단을 시정하려는 것에도 있었으나, 동시에 日政에 의하여 마련된 寶物이란 단일 명칭만으로써는 우리 고대조형의 질적 내용을 가릴 수가 없었기 때문이다. 예를 들어 말한다면 석굴암 불상과 같은 세계적 걸작이나, 寺址에 남아 있는 幢竿支柱 같은 雙石柱가 모두 같은 명칭을 지니고 있었기 때문이다. 그 까닭인즉 日政에 의한 지정이란 질적 차별상을 무시하고 오직 식민지에서의 보호대상으로서 등록함에 그치고 말았기 때문이다. 그리하여 국가적 의의가 클 뿐 아니라 세계적 수준에 능히 이르고 있는 작품을 엄선하여 국민의 인식과 보호의 뜻을 새롭게 하여야겠다는 뜻이었는데 이와 같은 등급과 엄선주의 그 자체는 정당하였다고 생각된다.

그리하여 일제에 의한 旣指定品 중에서 국보가 따로 선정되었으며 새로운 국보를 제외한 나머지는 모두 보물로서 새로운 번호만을 얻게 되었던 것이다. 이들이 오늘 우리가 갖고 있는 국보 122점이며 보물 439점인 것이다.

4

　오늘 우리가 부르는 국보 또는 보물은 위와 같은 경위를 밟아서 마련되었으며 새로 발견 또는 조사되어 지정이 신청되는 대상 또한 이 같은 기준에 따라 관계 위원회의 심의를 받게 되었다. 다음에 이와 같은 새로운 법령에 따르던 문화재관리제도의 변혁을 들어야 할 것이다.

　해방 후 文敎部 文化局 文化保存課가 담당하던 이 사무는 新法 제정에 앞서 1961년 10월 새로 설치된 文化財管理局으로 옮아갔다. 이 관리국은 舊王宮財産을 관리하던 기구를 모체로 삼아서 그 곳에 문화재관리 사무를 합하여 문교부 外局으로 설치된 것인바, 그 안에 소속된 문화재과가 주무케 되었던 것이다. 동시에 문화재위원회는 법에 따라 3分委로 구성되었고, 그 중 第1分委가 국보·보물을 다루게 되었으며 각 분위마다 전문위원을 두어서 위원과 더불어 문화재 조사와 보수 공사의 감독 설계 등에 관여케 되었다.

　그런데 이와 같이 새로 마련된 현행제도의 운용에 있어서 몇 가지 시정을 요할 점이 그 후 얼마 아니하여 표면화함에 이르렀다. 그 첫째는 그 이름 그대로 문화재 관리에 중점이 옮아가지 못하고 그 전신인 舊王宮財産의 관리와 처분 등에 중심이 놓여지고 있었다. 동시에 지방에 있어서는 道市郡의 교육위원회가 다시 문화재 관리 사무를 담당하게 되었으나 행정에 따라야 될 예산조치가 그 자체에서 전혀 이루어지지 못하는 실정에서 크게 성과를 기대할 수 없게 되었다. 또 경주·부여와 같은 고대문화재의 집중지역에 있어서도 출장소 같은 직속기관이 없어서 이들 지역에 대한 예산의 중점적 배정이 예정되기는 하나 이것 또한 종래와 다름 없는 상기한 지방관청과 그 인원에 의존하지 않을 수 없는 실정이다.

　다음의 문제는 이 같은 관리기구에 전문적 지식과 기능을 지니는 인원이 부족하다는 것이다. 중앙에 있어서는 문화재위원회가 관여하고

같은 관점에서 백제 미술의 시대구분을 한다면 이것 또한 상기한 바와 같은 백제사의 南遷 과정을 따라야 할 것이다. 그러므로 漢山 도읍기를 그 요람기로 삼을 수 있을 것이며, 이어서 熊津(公州) 도읍기를 과도기로 보고 최종의 泗沘 도읍기를 그 본격적인 융성기로 잡아야 할 것이다.

그리하여 웅진 도읍 말기에 집권하던 백제 중흥의 영주인 聖王 一代(523~553)를 가장 주목하여야 될 것인바 성왕은 백제 불교와 그 미술의 참된 의의에서의 부흥자로 지목받아야 할 것이다. 백제는 성왕대에 이르러 비로소 안정기에 접어들었으며, 동시에 발전의 계기를 잡았다고 보아야 할 것이다. 백제의 미술문화 또한 이 성왕대를 전후하여 구체화의 기회를 얻었으며 同王代에 이루어진 사비 천도는 미술문화 개화를 위한 새로운 터전을 마련한 것이었다. 그리하여 백제 미술문화의 참된 의미의 시점을 이 곳에 두고 이어서 장기 집정을 이루던 威德(554~597)·武(600~640) 兩王의 각기 40여 년에 달하는 기간을 그 盛期로 추정하고자 한다. 특히 이 양 왕대는 중국 남북조와 통일왕조와의 교체기에 해당하고 있어서 백제 미술에 각기 영향을 끼친 중국 六朝와 그 뒤를 따르던 隋·唐 미술과의 교류를 중시하고자 한다. 동시에 일본과의 교류는 성왕대에 이루어진 불교 전달을 따라 점차 활발하여 갔으며, 고신라에 대한 관계 또한 公州期에 걸친 濟·羅 동맹 이후에 구체화된 것으로 보인다.

그리하여 백제 미술문화의 최성기는 부여 도읍기, 특히 그 후반인 무왕대를 중심으로 이루어졌으며, 동왕이 일으킨 거대한 토목사업이 또한 큰 刺戟素가 되었을 것으로 보인다. 이 무왕대는 중국에 있어 수·당의 교체기와 唐初에 해당하고 있는바, 백제의 불교미술은 특히 동왕대에 이루어진 創寺 활동과의 관련에서 주목하고자 한다. 이와 같이 본다면 백제 최종의 義慈王 일대는 전대의 餘盛 위에 난숙과 퇴폐를 잉태하여 돌이킬 수 없는 종말에 다다른 시기였다고 말할 수 있을

것이다. 그것은 1948년에 필자와 洪思俊 씨에 의하여 부여 읍내에서
발견된 砂宅智積碑[1])에서도 짐작되는 바인데, 역대의 王者뿐 아니라
八大姓에 속하는 귀족들에 의한 願刹 경영의 사실에서 백제 말기의
미술문화 발달의 일단을 엿볼 수가 있다. 백제 미술의 중심이 불교조
형에 있었다고 말한 까닭은 이와 같은 창사 활동이 융성하였다는 말과
동의임을 가리키는바, 이와 같은 사실은 백제의 모습을 전하는 중국사
료에 '有僧尼 多寺塔而無道士'라고 한 것에서도 알 수 있을 것이다.
백제 미술의 주류와 그 내실이 이와 같은 곳에 있었다고 하겠다.

百濟의 建築

　백제 건축으로서 오늘 地表에 보존된 것은 오직 하대에 건립된 불
탑 兩基뿐이나 문헌이 전하는 궁궐·성곽·祠廟 등의 기사는 건국 초
기로부터 찾아볼 수가 있다.[2]) 이들은 모두 백제가 권력국가로서 발전
하는 과정에서 이룩된 권위적 건축조형으로서 먼저 漢山都에서 비롯
하였다. 온조왕 15년(B. C. 4)의 新宮刱建[3])은 '儉而不陋하고 華而不
侈'라 하였으며, 肖古王 23년(188)과 比流王 30년(333)에는 궁실 重修
를 보았고, 辰斯王 7년(391)에 중수할 때는 '穿池造山하여 奇禽異卉를
養植하였다'고 전하니 한갓 궁실의 장엄뿐 아니라 일찍이 庭園 예술의
발단을 그 곳에서 볼 수도 있다. 또 고구려 諜僧의 誘計로서 蓋鹵王
21년(475)에 토목을 大興할 때 '國人을 盡發하여 烝土築城하고 그 안
에 宮樓臺榭를 경영하였는데 無不壯麗'라 한 것은 그 규모와 侈麗를
짐작할 만하다.

---

1) 洪思俊, 「百濟砂宅智積碑에 대하여」, 『歷史學報』 6, 1954 ; 黃壽永 編, 『金石
　遺文』, 碑銘 8과 사진 參照/전집 제4권 수록.
2) 高裕燮, 「百濟建築」, 『韓國建築美術史草稿』(考古美術資料 6), 1964.
3) 『三國史記』 卷23, 百濟 溫祚王 15년 春正月條.

다음에 웅진으로 移都하여서는 성곽을 修葺하고 궁실을 중수하였는
바, 東城王 11년(489)에 南堂이 보이고, 同王 22년(500)에는 높이 5장
의 臨流閣을 宮東에 세우고 또 穿池하여 奇禽을 길렀다고 하였으나
오늘 그 자리는 분명하지 못하다.

이 곳 공주에 머무르기 60여 년 성왕 16년(538)에 이르러서는 다시
사비로 옮겨서 白馬江을 자연의 塹壕로 삼고 半月城을 쌓아 일대 都
城을 형성하기에 이르렀으니 백제의 건축미술이 한껏 발전한 것은 이
泗沘期였다고 말할 수 있다. 특히 무왕은 그 일대에 걸쳐서 토목사업
을 크게 벌인 임금으로서 동왕 31년(630)에 중수한 泗沘宮이 매우 장
려하였을 것은 동왕 35년에 宮南에 穿池하고 引水하기를 20여 리 하
며 四岸에 楊柳를 심고 수중에 島嶼를 造築하여 方丈仙山을 본뜬 장
엄에서도 알 수 있다. 또 望海樓(무왕 37년 8월)와 왕궁 남의 望海亭
(의자왕 15년 2월) 등은 宴遊를 위한 것이며, 의자왕 15년(655)에 경영
한 太子宮까지도 侈麗를 극하였던 것이다. 일본 최초의 본격적 사원인
飛鳥寺[4]를 짓기 위하여 太良未太·文賈古子 등 백제의 건축가와 工
匠들이 초빙된 사실이나,[5] 신라 최대의 황룡사 9층 대탑[6]을 세우기 위
하여 阿非知가 신라 서울을 찾은 것도 모두 이 사비기였던 사실에서
백제 건축의 비상한 발달상을 넉넉히 짐작할 수 있다. 백제의 건축은
위에서 인용한 바와 같은 궁궐류 이외에 神宮的 조형(東明王廟, 國母
廟, 大壇, 南壇)이 기록에 보이고 있으며 또 墳墓 경영에 있어서는 한

---

4) 「飛鳥寺發掘調査報告」, 『奈良國立文化財研究學報』 5, 1958 ; 黃壽永, 「日本
  飛鳥寺址發掘調査概要」, 『歷史學報』 10, 1958/전집 제1권 수록.
5) 百濟寺工들의 渡日은 威德王 3년(587)에 있었다. 『日本書紀』 崇峻天皇 元年
  秋七月條에 '⋯⋯是歲 百濟國遣使幷僧惠摠·令斤·惠寔等 獻佛舍利 ⋯⋯
  寺工 太良未太·文賈古子·鑪盤博士 將德白昧淳 瓦博士 麻奈文奴·陽貴文
  ·陵貴文·昔麻帝彌 書工白加⋯⋯'라 보인다.
6) 『三國遺事』 卷3, 塔像 皇龍寺九層塔條에 '⋯⋯善德王議於群臣 群臣曰請工
  匠於百濟然後方可 乃以寶帛請於百濟匠名阿非知 受命而來經營木石'이라 보
  이는바, 때는 百濟 義慈王 3년(643)에 해당한다.

강 연변과 驪州 등지의 石塚, 공주 宋山里의 분묘와 부여 陵山里의 石室墳 또는 전남 나주의 甕棺墓 등이 있어 墓制의 변천이나 건축적 특징이 주목되는 바이나 그 설명은 생략한다.7) 그러나 백제 건축의 또 하나의 중점은 寺院 건축과 그 장엄에 있었다고 말할 수 있다. 백제의 불교사원 또한 그 始創8)이 漢山都에서 이루어졌으나 그 遺址는 아직도 밝혀지지 못하였다. 그 후 국난이 거듭되었고 웅진 말기 성왕대에 이르러 비로소 興輪寺, 大通寺9) 등 본격적인 사원이 이룩되었으며 중국 梁과의 불교 문물의 교류도 있었다. 그러나 創寺 활동이 본궤도에 오른 것은 사비기에 들어서부터이니 오늘 약간의 사원이 기록 또는 고고학 조사10)에서 알려져 있다. 그리하여 부여에 있어서 대표적인 것으로서는 天王寺, 定林寺, 軍守里, 佳塔里, 東南里, 扶蘇山 중복 등의 각 寺址가 조사되었으며 이외에 『삼국사기』에 보이는 王興寺, 漆岳寺, 烏含寺, 道讓寺(塔), 白石寺(講堂) 등이 있다. 또 지방에 있어서는 익산 미륵사를 대표로 삼을 수 있고, 기타 『삼국유사』에 보이는 水源寺 등 數例가 있을 뿐이다. 위의 백제 사원 중에서도 왕흥사와 미륵사는 각기 『삼국사기』와 『삼국유사』에 기재되어 있어 가장 이름 높던 가람이

---

7) 백제묘제에 대하여서는 다음의 논문 참조. 金元龍, 「三國古墳文化百濟」, 『韓國考古學槪論』, 東京 : 東出版, 1972 ; 梅原末治, 『朝鮮古代의 墓制』, 1947.

8) 『三國史記』 卷24, 枕流王 2년(385) 2월조에 '創佛寺於漢山 度僧十人'이라 보인다.

9) 이 大通寺址에 대하여서는 輕部慈恩의 『百濟美術』 94쪽에 기술되어 있으나 학술조사에 의한 것은 아니다. '大通'이라 보이는 平瓦銘片은 주목할 만하다.

10) 이들 백제사원 전반에 대하여서는 高裕燮의 『韓國塔婆의 硏究』(其2篇, 143〜149쪽)에 자세히 기술되어 있다. 또 日政期의 발굴조사 내용은 다음과 같다. 「扶餘軍守里廢寺址發掘調査」, 『昭和11年度古蹟調査報告』; 「扶餘百濟寺址調査槪要」, 『昭和13年古蹟調査報告』. 이 밖에 日政 말기에 부여에서 다음과 같은 寺址가 조사되었다고 하나 報告未刊이다. ① 정림사지의 一塔式 가람 ② 부소산 중복의 堂塔伽藍址 ③ 舊衙里 寺址(塔礎 발견) ④ 현 부여경찰서 廢寺址 ⑤ 錦城山 石佛原在寺址 ⑥ 朝王寺 경내의 古寺址(梅原末治, 『朝鮮古代文化』, 107쪽).

었다.

먼저 왕흥사는 『삼국사기』에 의하여 法王 2년(600)에 始創하여 무왕 35년(634)에 낙성된 백제의 대표적 國刹이라 하며 『삼국사기』 무왕 35년조에 '其寺臨水彩飾壯麗 王每乘舟入寺行香'이라 하여 그 장엄을 전하고 있다. 그 遺址[11]는 부여 낙화암에서 똑바로 건너다보이는 鬱城山 下(扶餘郡 窺岩面 新九里 왕은이 부락)로 추정된 바 있으나 아직도 그 유지에 대한 학술조사는 이루어지지 않았다. 필자는 당대 불교의 성격과 역대 군왕의 願刹 건립이나 寺名 또는 寺址의 지형 등으로 미루어 부여 왕흥사지가 전후 35년을 요하여 양 왕대에 걸쳐 조영된 巨刹로 생각되지 않는다. 도리어 부여의 것은 법왕의 원찰로서 건립된 것이며 무왕 35년 낙성의 同名 사원은 다음에 말하려는 익산 미륵사를 가리킨 것으로 생각한다.

백제 미륵사는 『삼국유사』 권2 무왕조에 창사 인연이 기재되어 있는바 그 곳에 '額曰彌勒寺(國史云 王興寺)'라고 註記된 것은 중요한 문자라 생각한다. 위에서 말한 바와 같이 무왕은 치세 40년을 통하여 크게 토목공사를 일으킨 王者로서 익산에 別都[12]를 경영함에 따라 그 땅에 동양 유수의 거찰을 창건한 사실을 주목된다. 이 백제 가람은 오늘 전북 益山市 金馬面 箕陽里에 넓은 유지와 석조물 등을 남기고 있는바 이것이야말로 무왕이 이룩한 것으로서 그 창건에 얽힌 서동설화가 말하듯 무왕과 왕비의 一代一次의 원찰로 추정할 만하다. 너무나 소략한 백제사의 기록은 그 유지·유물에 대한 금후의 조사를 통하여 보완되어야 할 것으로 생각한다.

이 곳 미륵사지는 금세기 초 일인학자 關野貞 씨에 의하여 주목된 이래 내외인에 의하여 논의의 대상이 되었는바 특히 중요한 것은 지표

---

11) 이 곳에서 '王興'이라고 左書陽刻된 平瓦片이 발견되었는바 고려로 추정한다.
12) 金正浩, 『大東地志』 益山條에 '武王置別都'라 보이고 있는바 익산지역에 산재하는 백제 말의 궁궐·능묘·성곽·佛寺 등의 조사에서 이 같은 기록의 뒷받침을 얻을 수 있을 것이다.

도판 123. 익산 미륵사지 전경

에 남아 있는 석탑 1기와 그 가람 배치에 관한 것이다. 그 중 석탑은 일찍이 『東國輿地勝覽』에 '有石塔極大高數丈 東方石塔之最'라 기록된 바와 같이 조선 중엽까지는 완존하였던 듯하나 현재는 오직 6층까지의 東面만이 남아 있다. 그리하여 원래는 7층 또는 9층으로 추정되는 동양의 대탑으로서 그 양식과 結構 방식은 한국 석탑의 조형이라 일컬어 왔다. 그런데 이 석탑이 목탑을 모형으로 삼아서 그것을 가장 충실하게 번안한 점은 거의 이론이 없는 듯하나 그 건립 연대에 대하여는 한일 학자 간에 이견을 보이고 있다. 그 개요를 摘記한다면 먼저 고 고유섭 선생이 『삼국유사』를 따라서 백제 무왕대로 추정함에 대하여 일인 關野貞・藤島亥治郎 양씨는 『동국여지승람』에 보이는 報德國王 安勝을 들어서 통일신라 초의 건립으로 비정하고 있다. 그리하여 서로의 연차가 불과 반세기 내외라 하더라도 삼국시대 백제와 통일신라 초기의 양론13)을 펴고 있으며 이 밖에도 일인 今西龍・天沼俊一

등의 百濟下代說 또는 李丙燾 박사14)의 東城王代說이 주장되어 왔다. 필자는 위와 같은 제 설 중에서 고유섭 선생의 『조선탑파의 연구』에서 전개한 논지를 따르려 하는바 이 석탑에 대하여는 『삼국유사』 이외에 첫째 그 자체의 양식론적 고찰, 둘째로 이 석탑이 占定하는 가람과의 관계, 셋째로 이 사지의 조사에서 수습된 각종 자료, 끝으로 이 사지와 익산에서 조사된 同代의 유물 또는 유구와의 관련 등에서 이 석탑의 연대를 백제 하대(무왕대)로 추정하려 한다. 이 석탑에 대한 자세한 논의는 다른 기회를 얻어야 할 것인바 이 석탑이 미륵사 창건 연대와 동시의 것이라고 보아 틀림없을진대 이 곳 사지에서 수습된 瓦塼 중의 최고 작품이 백제 하대의 부여 또는 익산의 다른 유적지의 그것과 동일한 사실은 먼저 주목할 만하다.

다음에 미륵사의 가람 배치는 석탑의 고찰과 불가분의 관계를 갖고 있다. 현존하는 석탑은 西伽藍址 金堂 전면에 건립된 것인바, 이와 대칭적으로 동가람지에도 堂塔址가 역연하게 남아 있어 이 탑지는 일찍이 목탑의 것으로 추정된 바 있었다. 그러나 해방 후의 조사를 통하여 이 동탑 또한 현존하는 서탑과 동일 규모의 석탑이었던 사실이 밝혀짐으로써 이 가람 전체에 대한 종전의 추정이 근본적으로 재검되어야 함을 느끼게 되었다. 그리하여 백제 가람의 基型으로서 자오선상에 남북으로 당탑이 배치된 소위 1탑식 가람을 이 곳에 品자형으로 복원하려던 종전의 추정보다는 장차의 사지 발굴 조사에 기대할 수밖에 없게 되었다. 1966년 봄에 실시된 사지 중앙부의 시굴은 더욱이 종전의 추정을 다시 재고케 하는 계기가 되기도 하였는데 백제 사지에 대한 학술조사는 금후의 과제라고 함이 타당할 것이다.

그러므로 日政期에 그들에 의하여 조사된 약간의 사지가 보여준 바와도 같이 그 건축 배치에도 종별이 많고 독특한 방안도 있으므로 1탑

---

13) 이 논의에 대하여서는 高裕燮, 『朝鮮塔婆의 研究』에 자세하다.
14) 李丙燾, 「薯童說話의 新考察」, 『歷史學報』 1, 1952.

도판 124. 飛鳥寺 배치도

식 단일형만을 내세워서 그들을 일본 초기의 四天王寺式 가람과 결부
시킴에 그쳐서는 아니 될 것이다. 이 같은 사실은 특히 1956, 57년의 2
년간 일본 大和 飛鳥寺址[15]의 발굴에서 전혀 종전의 추정을 뒤엎은
새로운 가람 방식을 구명함으로써 더욱 그 같은 필요를 느끼게 하였는
바 이 미륵사에서도 같은 용의를 갖추어야 할 것이다.

미륵사지 이외에 비교적 유지가 보존된 백제 가람으로서는 부여의
定林寺址를 들어야 할 것이다. 이 곳에는 유명한 5층석탑이 보존되고
있어 한때 平濟塔이라는 명칭이 가리키듯 唐人의 작품으로 오인을 받
기도 하였으나 日政 말기에 실시된 이 사지 발굴을 통하여 백제 하대
의 사원지임이 명백해졌다. 이 사원은 南北線 위에 남으로부터 북을
향하여 中門, 塔, 金堂, 講堂의 순서로 건물이 배치되었으며 다시 중문
에서 동서로 시작된 회랑이 이들 당탑을 장방형으로 둘러 있던 사실도

---

15) 「飛鳥寺址發掘調査報告」, 『奈良國立文化財研究學報』 5, 1958.

품은 하나도 전래함이 없으나 日政期 부여 佳塔里 사지에서 발견된 蓮花紋臺石 또는 1956년부터 1965년에 출토된 익산 미륵사지의 3기의 石燈材를 통하여 팔각을 기형으로 삼은 部材의 架構 방식을 알게 되었다. 이 같은 팔각석등의 양식은 그 후 통일신라기에 계승되어서 다수의 명품을 낳게 되어 그 기원이 또한 백제에 있다고 추정된다.

百濟의 彫刻

백제 조각으로 추정되는 작품들이 해방 후 그 고토 내에서 漸增하고 있는 사실은 참으로 다행한 일이다. 그 중에서도 특히 석조미술에서 특기할 만한 巨像의 검출을 들어야 할 것이나 그 이외에도 金銅小像이 사지에서 혹은 민간 소장품 중에서 발견되었으며, 또 1964년에는 부여 臨江寺址에서 塑像 자료가 수습됨으로써 수량과 종별이 현저하게 증가되고 있다. 이와 같은 시점에서 백제 조각에 대한 새로운 고찰이 가능할 것으로 기대되기는 하나 아직도 기초 자료의 검토와 해외로 유출된 작품의 조사 등이 이루어지지 못하였고 나아가 당대의 고구려 또는 고신라와의 관계, 또는 중국 造像史와의 계보가 충분하게 엮어지지 못하고 있는 실정이라고 할 수 있다. 백제의 조각은 또한 다른 부문의 미술문화가 그러하듯이 불교의 예배대상인 불보살류의 조성에서 발달하였으며, 현존하는 작품은 거의 모두 이 범주에 속하여 그것은 불상조각이라 바꾸어 말할 수도 있을 것이다.

불교가 4세기 후반에 고구려에 이어서 東晉의 胡僧인 摩羅難陀에 의하여 전달된 땅은 바로 漢山都였다. 그 직후 佛寺가 이 곳에 건립되었다고 하였으므로 그 곳에는 불상이 봉안되었을 것으로 추정되는 바이나 그 초기 작품은 외래적인 것으로 추정된다. 그런데 이 같은 사실을 분명하게 뒷받침하여 주는 듯 1961년에 한강 유역인 서울시 東郊

뚝섬에서 발견된 小金銅如來坐像[21]은 백제 고토에서의 最古의 작품일 뿐 아니라 우리 조각사의 초두에 두어야 마땅할 것이다. 이 小像은 높이가 5cm에 불과하여서 방형 대좌와 身部가 一鑄로 되어 있다. 대좌 양편에는 獅子를 새겼는데 이것은 멀리 간다라에서 비롯한 양식으로서 서북 중국 출토라고 전하는 초기 금동불에서 유품을 볼 수가 있다. 結跏趺坐하였으나 法衣에 싸여서 兩足은 볼 수 없고 兩手는 下腹에서 합쳐졌으며 袈裟는 通肩으로서 흉부에는 V형의 衣褶을 보이고 있다. 머리는 素髮인데 둥근 육계가 있으며 약간 앞으로 수그렸는데 세부는 분명하지 못하다. 그러나 이 小像은 身臺의 양식, 법의의 수법 등에서 상기한 바와 같이 서북 중국지구라고 전하는 서기 400년경의 初期像과 흡사하여 그 연대나 제작지 또한 동일하리라고 추정되었다. 이 소상은 우리 나라에서 발견된 출토지가 확실한 불상 중에서 가장 오랜 것으로 보는 견해는 타당하나 그 전래 경위는 아직 불명하다고 말할 수밖에 없다. 이와 같이 뚝섬 소상을 시발로 삼았다 하더라도 그 뒤를 이은 작품은 아직 出世하지 않았다. 그리하여 다시 유품을 볼 수 있는 것은 공주 도읍기로부터 부여기에 걸쳐서 6세기에서 7세기 중엽에 이르는 전후 약 1세기 반인바, 이 기간을 대략 전후 양기로 구분하고 불상조각은 다시 종별을 가릴 수가 있다. 그리하여 전기를 대략 聖王代(523~553)로부터 다음 대인 위덕왕 말년인 599년까지로 잡고 후기를 7세기에 들어서부터 國亡에 이르기까지로 하였는바, 전후 양기가 모두 부여 도읍을 중심으로 삼고 있음에서 백제 조각의 융성에 따르는 유품과 양식의 발달을 이 시기에서 볼 수 있을 것이다.

(1) 前期

1) 如來像

---

21) 金元龍,「纛島出土의 金銅佛坐像」,『歷史敎育』5, 1961. 3 ;『陳列品圖鑑』, 국립박물관, 1965, 圖版 21.

2) 菩薩立像

불교조각의 주제는 불보살과 그 컴비네이션에서 볼 수 있다. 백제의 보살상으로서는 반가형식상을 제외한다면 아직까지 독존의 좌상을 찾을 수는 없다. 전기의 유품으로서는 모두 부여 출토품 뿐인바 그 중의 하나는 상기한 규암면 신리의 여래좌상과 같이 출토된 청동과 銀(?)製 像 각 1구를 들 수 있다. 이 중 청동상은 대좌가 없으며 오랜 土中으로 파손되었으나 三面高冠을 하였고 長身에는 법의가 좌우로 전개되었으며 다시 하복부에서 X자로 교차되었다. 兩手는 胸下에서 모아 寶珠를 들고 있는바 이 같은 寶珠執持의 보살 양식은 백제의 하나의 특색으로 볼 수 있다. 銀像은 單瓣蓮花座 위의 직립상으로 보존이 양호한데 그 양식이 1936년 군수리 사지에서 발견된 蠟石如來坐像과 동반된 높이 11.4cm의 금동보살입상[26]과 크기와 양식이 서로 酷似한 사실은 주목할 만하다. 이 같은 보살상의 양식, 특히 3개의 원판형 장식을 갖고 있는 보관 양식이나 鰭形天衣의 양식 등 중국 남북조 또는 고구려의 유품에서 동계 造像을 지적할 수 있는 것은 백제 불상의 전기 양식계를 짐작케 함이 있다. 이 같은 보살상은 동시에 일본 法隆寺 夢殿 木造觀音 등과 동계임은 또한 주목할 만하다.

3) 三尊樣式

삼존 양식은 우리 나라 초기 불상 양식 중의 대표적인 것으로서 그 후 역대를 통하여 준수되어 온 기본 단위라고 할 수 있다. 백제의 유품으로서는 本尊(좌상으로 추정)을 잃은 금동 光背片[27]으로서 1915년 충북 충주에서 발견된 것을 먼저 들어야 할 것이다. 이 舟形光背의 좌우 양단에는 당대 양식의 보살입상 각 1구가 양각되었으며 배면에는

---

26) 위의 주 25.
27) 『博物館陳列品圖鑑』 5 ; 黑板勝美, 「朝鮮三國時代唯一の金銅佛」, 『考古學雜誌』 15·16 ; 『朝鮮古蹟圖譜』 3.

다음과 같은 5행 39자의 刻銘이 있다(높이 12.35cm, 아래 폭 8.7cm).

建興五年歲在丙辰
佛弟子淸信女上部
兒庵造釋迦文像
願生生世世値佛聞
法一切衆生同此願

이 곳에 보이는 建興은 백제의 逸年號로 보이며 丙辰은 위덕왕 43년(서기 596)으로 비정되어 왔다. 이것은 백제에서 조성된 것으로 추정되었는바 당대 鑄金術의 높은 발달상을 보여주는 작품이기도 하다. 이와 같은 금동삼존상으로서는 1919년 부여 부소산 泗沘樓 부근에서 출토된 높이 8.5cm의 鄭智遠銘像[28]이 있는데 삼존입상의 양식에서 전기의 것으로 추정한다.

4) 半跏樣式像[29]

이에 속하는 유례로서는 일정 말기에 부소산 東部建物址에서 출토된 滑石製 하반신 등이 알려져 있다. 細腰部에서 절단되었는데 兩足 이하의 衣褶文이나 좌우의 紐帶가 완존하여서 당대의 양식을 전하여 주고 있다. 이 같은 반가석상이 일찍이 일본에 전달된 사실은 그 곳 사료를 통하여 추정되는 바인데 일본에서의 유행과 그 계보가 삼국 중 특히 백제와 연계되고 있음을 알 수 있다.[30]

위에서 전기에 속하는 것으로 추정되는 현존하는 작품을 분류하였

---

28) 文敎部,『國寶圖錄』3, 佛像篇 ;『博物館陳列品圖鑑』14 ;『金石遺文』造像銘 33/전집 제4권 수록.
29) 黃壽永,「百濟半跏思惟石像小考」,『歷史學報』13, 1960/전집 제2권 수록.
30) 藤澤一夫,「鹿深臣百濟將來彌勒石像說」,『史跡と美術』177, 1947. 3.

도판 126. 부여 부소산 납석제 반가사유상

는데 이들은 모두 불교 전래 이후 백제에 수입된 樣式의 各像으로서
뚝섬 금동소상을 외래작품으로 추정하는 이외는 모두 중국 남북조계
와 고구려 양식의 강력한 영향을 지니면서 백제 자신의 손에서 양식의
획득과 기공의 연마를 통하여 이루어진 것으로 추정되는 것이다. 이들
은 모두 小像에 불과하지만 巨像은 혹은 목조에 의하였든지 銅製의
것이었다고 추정될 뿐 오늘에 전래하지는 못하였다고 생각된다. 동시
에 軟質의 蠟石類를 사용하여 석상 조각이 비롯한 것은 후기에 보이
는 거상 조성의 시원으로서 백제 조각사에서 가장 주목할 만한 사실이

다. 또 이 전기에 있어서 일본에 대한 금동석가상의 전달(성왕 30년, 552)이나 丈六像의 조성(성왕 23년, 545)이 일본 문헌에 보이고 있는 것도 주의할 만하다.

(2) 後期樣式

이 시기는 부여 도읍기의 후반으로서 무왕·의자왕 양대에 해당한다. 중국에 있어서는 隋·唐의 교대가 이루어져서 새로운 통일왕조 아래 평화와 번영이 깃들던 때이며 반도 안에 있어서는 삼국쟁패의 최종 단계를 맞이하려 하던 시기다. 백제에서는 무왕의 장기 치정을 맞아서 國基의 공고와 제반 시책의 정비가 이루어졌고 그것을 배경 삼아서 미술문화가 개화하던 융성기이기도 하다. 新舊 양식이 혼용되고 백제의 미술 전통이 자체의 지반을 닦아 독특한 성격을 나타내기에 이르렀다. 조각 부문에 있어서도 전기 양식의 계승 발전 위에 다시 수·당대의 새로운 기풍을 받아들인 시기이기도 하다.

1) 如來像

전기에 이어서 여래의 입상과 좌상이 만들어졌는데 부여박물관에 소장되어 있는 가탑리 사지 출토의 금동입상[31](頭缺)은 화상을 입어 破碎되었으나 전기의 小像에 비하면 크기(현재 높이 25.8cm)도 하거니와 장신에 걸친 通肩衣의 양식과 각 부에 보이는 彫飾의 수법은 주목할 만하다. 좌상으로는 甲申銘 금동석가상[32]이 있는데 부여 출토로 추정되었다. 또 이 시기에 있어서는 석조 불상이 만들어졌는데 1939년 扶餘山城址에서 발견된 如來頭部[33]는 소품이며 부여 錦城山寺址 原

---

31) 『博物館陳列品圖鑑』 14.
32) 『金石遺文』, 造像銘 34/전집 제4권 수록 ; 『博物館報』 5, 1933.
33) 熊本宣夫, 「錦城山石佛試論」, 『美術史』 22, 1956. 12 ; 『博物館陳列品圖鑑』 14. 이외에 높이 5.5cm의 小石菩薩頭가 1958년 扶餘 舊校里에서 출토된 바 있

도판 127. 익산 연동리 석불좌상

在의 입상은 높이 2.85m에 달하는 거상으로서 두발이나 상호의 세부, 手印 또는 衣褶 등에서 당대 말기로 추정되어 왔다. 석조 좌상으로서 는 전북 익산 三箕面 蓮洞里에 전래하는 거상 1구가 있다. 두부는 後 補이나 通肩이며, 兩足을 덮고 내려온 大衣는 대좌 위에 褶襞을 刻하 였다. 또 이 좌상의 것으로 보이는 거대한 석조의 광배[34]가 남아 있어 백제 작품으로 추정되었는데 공주박물관에 이관된 광배 및 如來立像

___

다(『考古美術』 2-5).
34) 文敎部, 『國寶圖錄』 3, 佛像篇 12.

片(하반신)과 더불어 대비될 만하다. 특히 익산의 舟形光背는 한국 最大・最古의 유품으로 추정되었는데 이 후기에 있어서 석조미술의 발달상은 전기에서 볼 수 없었던 殊異相이라 하겠다.

2) 菩薩像

이 시기를 대표하는 금동입상으로서는 한말(1907) 부여 규암면에서 동시에 발견된 2구를 들어야 할 것이다. 그 중 하나는 日人 市田 씨 舊藏으로서 높이 29cm의 완품이며 다른 하나는 현재 국립박물관에 진열되어 있는바(舊 庭瀬 씨 藏品), 兩像이 모두 전기의 고졸함과 엄격한 규범을 벗어나 중국 隋代 이후의 영향을 보이며 사실적인 身部 비율과 화려한 장엄구를 보이고 있다. 이 같은 금동상은 위의 두 예 이외에도 고 伊東槇雄 藏品(今在 미국) 또는 해방후 발견된 국립박물관 소장품[35]이 알려져 있으며, 석상으로서는 蠟石像片 등이 약간 소개되었다. 또 근년에 공주 岬寺에서 조사된 입상[36] 1구가 말기 작품으로 추정되기도 하였는데 이들 금석상이 모두 전기 작품에 비하여 身部가 길고 衣褶이 달라지고 장식이 가증되었으며 한층 온아한 彫法을 보이고 있다.

3) 三尊佛像

전기에 이어서 金銅三尊像이 만들어졌으나 현존하는 것으로는 고 全鎣弼 씨 소장의 癸未銘像[37]이 이 시기의 것으로 추정된다. 이 불상에 대하여서 1周甲을 올려서 6세기 후반(563)의 고구려의 작품으로 추정하려는 견해도 있으나 필자는 출토지의 구전이나 蓮花臺座의 형식과 그 彫紋 또는 光背紋 등에서 미루어 7세기(623)에 들어서의 작품으

---

35)『陳列品圖鑑』, 국립박물관, 1965, 圖版 23.
36) 黃壽永,「公州石造佛像의 調査」,『東國史學』6, 1960/전집 제1권 수록.
37)『金石遺文』, 造像銘 32/전집 제4권 수록 ; 文敎部,『國寶圖錄』3, 佛像篇.

의 것이 출토되고 있으나 학계의 주목을 받은 것은 도리어 공주 송산리 벽화분(제6호분)을 비롯하여 읍내에서 출토된 文樣塼[56]을 들어야 할 것이다. 이들은 대소 각종이어서 용도에 따라 크기와 문양을 달리하고 있다. 문양은 蓮花와 錢紋 등으로서 '大方' '中方' '急使' 등 銘文이 있는데 그 중에서도 '梁官品爲師矣'라고 쓴 유품의 발견은 이들이 중국 南京 출토의 것과 흡사한 점과 더불어 백제와 중국 남조와의 문물교류 사실을 실물[57]로써 보여주고 있다. 그리하여 『삼국사기』에 보이는 梁과의 문물교류 기사에서 미루어 그 밀접한 관계를 추정케 하는 바 이것은 동시에 고신라 또는 일본 초기 미술의 연원을 살핌에 있어 유의되어야 할 것이다.

부여기에 있어서 屋瓦[58]의 발달은 가장 주목할 만한데 북의 고구려의 것과 매우 대조적으로 온아하고 우미한 작풍을 나타내고 있는 것도 이 때의 일이다. 이것은 위에서 말한 바와 같이 南梁 양식의 수용을 전제로 삼은 것이나 동시에 고구려 양식이 또한 잔류하고 있는 것도 간과되어서는 아니 될 것이다. 이와 같은 南梁系를 이어받은 옥와는 그 素瓣文圓瓦當에서 보아서 두 양식으로 구별되는바, 선행하는 것은 蓮花中房이 작고 花瓣은 얇고 넓으며 外緣 또한 좁고 낮은데 후기의 것은 이와 대조적인 것으로 변하고 있다. 또 후기에 보이는 것으로서는 單瓣文樣式이 있는바, 이것 또한 동계의 것으로서 화판이 短濶하고 비대한 中房을 갖고 있으며 화판 중에는 간혹 忍冬이나 圓點 돌기가 첨가되고 있다. 익산 미륵사지 출토 와당 중에 이 양식의 것이 수종 있는 사실은 그 건립 연대를 추정함에 한 자료가 될 수 있을 것이다. 이 같은 素瓣 또는 單瓣蓮花文 이외에 複瓣文이 있는데 이들은 모두 7세기에 들어서서의 작품으로 추정되는 것으로서 부여 규암면 사지 또는

---

56) 輕部慈恩, 『百濟美術』 117, 226쪽 ; 『博物館陳列品圖鑑』 4.
57) 金元龍, 「長沙南齊塼築墓」, 『考古美術』 6-3・4, 1965. 3・4.
58) 藤澤一夫, 「日本古代屋瓦の系譜」, 『世界美術全集』 2, 角川書店, 1961.

1965년 부소산 西腹 寺址(鄕校前)에서 발견된 것들이 그 유례이다. 이와 같은 複瓣蓮花文의 출현은 蓮花單瓣 안에 장식문이 첨가됨과 더불어 새로운 양식 변천의 모습을 보여주는 것이다.[59]

다음에 부여기의 塼類로서는 고분 또는 建物址에서 수습되는 無紋塼 이외에 文樣塼 수종을 들 수 있다. 첫째는 1937년 부여 규암면 外里 사지에서 일괄 출토된 둘레 29cm, 두께 약 4cm의 正方形塼[60]을 들어야 할 것이다. 문양은 8종으로서 陽刻되었는바, 이들은 또한 양별되어서 珠文圓 권내의 문양을 넣은 것과 전면 가득히 施紋한 것이 있다. 이들은 출토 상황으로 미루어 그 용도를 정확하게 알 수는 없으나 부여 부근의 사지(부소산 중복 寺址나 傳稱 王興寺址) 등에서도 동일 品片이 출토되고 있어 사원 장엄용의 것으로 보고자 한다. 蟠龍・蓮花・鳳凰・渦雲・山景・鬼面 등인바, 그 종별이나 작품에서 백제 하대의 공예를 보여줄 뿐 아니라 당대의 회화 자료로서도 주목을 받았다. 다음은 상자형 문양전을 들어야 하겠는데 모두 中空으로서 표면에 두 원을 병렬하여 八瓣蓮花와 十字忍冬文을 양각하였으며 부여 군수리 사지를 비롯한 몇 곳에서 출토되고 있다. 또 長方塼 上面 중앙에 연화문을 새긴 유품도 발견된 바 있었다.

위와 같은 瓦塼類 이외에 鴟尾와 방형 또는 원형의 서까래 막새기와가 알려져 있다. 平瓦로서는 十干 十二支나 五部名을 원내에 넣은 刻印銘瓦[61]가 있으며, 기타 공주・부여・익산 등지에서 약간의 銘瓦가 출토되고 있다. 이들 백제 瓦塼은 낙랑・고구려계에서 비롯하여 泗沘 천도를 전후하여서의 南梁과의 교통에서 그 樣式系를 주류로 삼았으며, 다시 말기에 이르러서는 종별의 증가와 裝飾化의 수법을 따른 것으로 보인다. 이 같은 와전 양식은 당대의 고신라에 큰 영향을 끼쳤

---

59) 백제 蓮花文에 대하여서는 金和英, 『蓮花文樣式變遷에 對한 硏究』가 있다.
60) 「昭和11年度古蹟調査報告」, 『博物館陳列品圖鑑』 12 ; 有光敎一, 「朝鮮扶餘 新出の文樣塼」, 『考古學雜誌』 27-11.
61) 齊藤忠, 「百濟平瓦に見られる刻印銘に就て」, 『考古學雜誌』 29-5.

을 뿐 아니라 일본 초기 屋瓦 양식의 주류를 이루기도 하였다. 그리하여 삼국 중 북의 고구려의 것과 반도 이남의 백제와 고신라를 일괄하여 남북의 양대별을 지적할 수가 있을 것이다.

　위에서 든 것들 이외에 玉製 또는 유리제품이 있는데 勾玉으로서는 고분 출토의 소품 이외에 1961년 군수리 출토의 母子形[62]은 주목할 만하며, 또 1958년 부여 場岩面 고분 출토의 유리圓球[63]는 銀製 附屬具와 더불어 장식구로서 귀중하다. 勾玉 이외에 珠玉類 각종이 공주 송산리, 부여 능산리 고분 등에서 출토되었으며 滑石製 석기류도 수습되어 있다.

(韓國思想研究會 編,『韓國思想』9, 1968. 7

/『韓國의 佛敎美術』, 1974)

---

62) 金元龍,「扶餘 軍守里 出土 滑石製母子曲玉」,『考古美術』2-10, 1961. 10.
63) 洪思俊,『韓國考古學論集』(考古美術同人會 資料集).

百濟의 建築美術

1

한반도의 西南을 차지하여 三國鼎立의 國運을 이어오던 백제는 여러 차례 도읍을 남으로 옮기면서 漢江과 錦江을 무대로 삼아 그들의 문화와 미술의 발전을 꾀해 왔다. 그 건국의 설화가 가리키듯 부여족의 분파로서 남진하여 中原의 땅을 차지하였으며 그 후 강대한 군주인 近肖古王(346~375)에 이르러서는 고대국가로서의 체제와 실력을 갖추게 되었다. 그러나 북방 고구려의 강성에 눌려서 漢山都를 버리고 熊津으로, 그 곳에서 다시 泗沘로 자리를 옮기기는 하였으나 그 사이 남다른 해상교통의 발달로 중국문화 도입에 앞섰으며 그것은 文運의 부흥과 국력의 배양에 이바지하였다. 삼국시대를 통하여 백제의 미술에서 느끼는 선도적인 양식과 세련된 기법은 아마도 백제의 자연적·인문적 여건과 이 같은 문화교류에서 말미암은 것으로 생각된다.

위와 같은 국운의 변천은 또한 백제만이 겪었던 고난의 자취이기도 하다. 그 초기에 있어서 북의 고구려와 낙랑·대방과의 교섭은 그 문화와 예술 위에 후대에 이르기까지 북방 요소의 뿌리를 깊게 간직케 하였으며 특히 熊津(公州) 천도 이후의 중국 남북조, 더욱이 南朝와의 빈번한 교통은 國亡에 이르는 약 200년을 통하여 또한 중대한 영향을 끼쳤던 것이다. 그리하여 오랜 전통 지반 위에 이 같은 새로운 외래문물을 받아 그들 자신의 우수한 자질과 왕성한 섭취의욕을 통하여 이른바 百濟文運의 융성과 그 미술의 특성을 발휘함에 이르렀던 것이다.

다만 애석한 것은 백제가 國都三遷을 통하여 이룩한 유형·무형의 자취가 오늘 거의 지표에 전래함이 없으며 문헌 또한 희귀하여 그 전모를 밝힐 수 없는 사실이다. 문자 그대로 산천은 의구한데 人文이 수놓은 자취는 황량할 따름이다.

이 같은 遺構나 遺物의 지상에서의 소멸에 반하여 지하에 매몰된 자취가 남아 있다. 그들은 더욱이 근년에 이르러 고고학적인 발굴 또는 미술사 연구의 기초적 작업이 진행됨에 따라서 조금씩이나마 노출되고 수습되어 감은 참으로 다행한 일이다. 문자를 간직하는 금석문 자료 또한 점증되어 가고 있다. 이것은 우리 고대문물 연구에 따르는 성과의 하나이며 그들 고대의 造形이 우리 눈에 들게 되고 우리 손에 잡히게 된 근년의 추세를 따르는 것이라 하겠는데 백제에 있어서도 또한 그러하다. 앞으로 한층의 조직적인 방법과 협동의 작업은 반드시 새로운 진전을 이 영역에서 기할 수 있게 되었다.

백제의 미술을 고찰함에 있어서 상기와 같은 중국과의 관계와 동시에 한반도 내에서의 삼국 사이의 문물 수수의 관계가 세심하게 검토되어야 할 것이다. 과거에 있어서는 주로 外人에 의하여 거시적 관점을 앞세워 중국과의 관계 내지 그 아류로서의 자리 심지어는 일본에 대한 교량적 지위만이 강조되어 왔었다. 그러나 이 같은 역대를 통한 외래적 요소는 우리에 의하여 능동적으로 받아들여진 것이며 그것은 일시적 투영만으로서 자취를 감춘 것은 아니다. 삼국 각별의 특색 있는 문화 지반의 형성에 있어서는 외래적인 것에 못지않게 삼국 상호의 교류 사실이 조심스럽게 더듬어져야 할 것이다. 그것은 일본에서도 볼 수가 있으니 그들은 중국에 앞서서 이 같은 삼국 각별의 문물을 받아들여서 마침내 그들 자신의 초기 문화 형성에 성공하였던 것이다. 그 같은 사실은 특히 불교문물의 전달 경위에서 볼 수 있으니 그것은 비단 일본에서만의 특수 사정은 아니다. 백제는 백제대로 그들의 전통을 쌓아올리기 위하여 그들이 애써 걸어야만 하였던 길이 있었다. 오랜 세월에

도판 128. 백제 사택지적비 탑본

걸친 파란의 길임에 틀림이 없었다. 그들의 건축미술의 전통 또한 삼국 중 남다른 발달의 길을 더듬은 것은 그들의 각고의 노력과 기술의 연마가 있어서의 일이다. 백제인 阿非知가 신라의 王京 한복판에 삼국 제일의 황룡사 9층 대탑을 세운 것이나 바다 건너 일본 大和에 최초의 당탑가람을 이룩한 것은 그만한 까닭이 있어서의 일이다. '穿金以建珎堂하고 鑿玉以立寶塔'[1]하여 금당을 세우고 玉塔을 중심으로 七堂伽藍의 규모를 갖춘 것 또한 우연한 사실이 아니다. 그리하여 그들의 건축술은 일찍이 외국에 널리 알려져서 '寺塔甚多'[2]의 나라로 기록됨에 이르기도 하였다.

백제의 건축미술이 특히 그 후반에 이르러 이같이 높은 발달을 이룬 것은 불교의 융성이 그 배경을 이룬 것을 말할 것도 없거니와 그 이전에 있어서 특히 公州都邑 말에 이르기까지는 권력국가로서의 발전과정을 밟고 있었던 만큼 그 문화단계에 상응하던 建築造型이 이에 따랐던 것이다. 城郭・宮室・廟壇 등 權威的・神官的 제도가 또한 그 배경을 이루고 있었던 것이다. 이에 대하여 原住의 民居가 아직도

---

1) 洪思俊, 「百濟砂宅智積碑에 대하여」, 『歷史學報』 6, 1954.
2) 『梁書』 百濟傳에 '僧尼寺塔甚多 而無道士'라 하였으며, 『隋書』에는 '有僧尼多寺塔'이라 하였다.

墓冢 같은 草屋土室의 움집에 머무르고 있었다 함은 外來한 지배계급의 그것이 비록 그 초기에 있어서는 큰 차별이 없었다 하더라도 國權이 안정되고 富力이 더하여 감에 따라서 권위적 건축물의 莊嚴과 그 규모는 날로 더하여 갔을 것이다. 우리는 이 같은 건국 이래의 건축조형의 추세와 구분을 『삼국사기』 같은 고대문헌을 통하여서도 넉넉히 짐작할 수가 있을 것이다.

2

백제의 목조건축물로서 오늘 지표에 보존된 것은 하나도 없다. 다만 불교의 造形으로서 그 말기에 건립된 石造塔婆 兩基가 남아 있으나 그것도 1기는 完形의 것은 아니다. 이에 반하여 지하에 조영된 역대의 능묘에 있어서는 기왕의 조사에서도 적지 않은 유구를 검출할 수가 있었는데 그 거의 전부가 내부에 장치되었던 부장품을 잃고 있었다. 그러므로 이하에서도 먼저 문헌이 전하는 宮闕·祠廟 등의 기사를 건국의 초기로부터 찾아볼 수가 있는데 그들은 먼저 漢山都에서 비롯하였다.

온조왕 15년(기원전 4)의 神宮刱建은 '儉以不陋하고 華而不侈'(『삼국사기』 권23, 백제 온조왕 15년 춘정월조)라 하였으며 이어서 肖古王 23년(188)과 비류왕 30년(333)에 궁실 重修가 있었고 辰斯王 7년(391)에 중수할 때는 '穿池造山하여 奇禽異卉를 養植'하였다고 기록되어 있으니 한낱 궁실의 중수뿐 아니라 일찍이 庭園術의 발달을 이 곳에서 볼 수도 있다(『삼국사기』 권25, 진사왕 7년 춘정월). 또 고구려 諜僧의 誘計로서 蓋鹵王 21년(475)에 土木을 大興할 때 '國人을 盡發하여 烝土築城하고 그 안에 宮樓臺榭를 경영하였는데 無不壯麗라' 한 것은 그 규모와 侈麗를 짐작할 만하다. 이상과 같이 문헌에 보이는 漢山都

에 있어서의 조형의 조사나 또는 고고학적 발굴은 아직도 우리 손에 의한 앞으로의 과제라고 할 수 있다. 백제의 古都로서 부여, 공주 또는 그 이남의 익산 등지가 주목되고 조사되어 온 데 비하여 그 初期史蹟이 매우 소홀히 취급되어 온 것은 그들이 오늘의 서울과 인접하고 있는 지리적 호조건 하에서 유감된 일이다. 앞으로 이 지역에 대한 우리의 주목에서 성과를 기할 수가 있을 것이다.

다음에 웅진으로 옮겨서는 성곽을 修葺하며 궁실3)을 중수하였는바 東城王 11년(489)에 南堂이 보이고 동왕 22년(500)에는 높이 5丈의 臨流閣을 宮東에 세우고 또 穿池하여 奇禽을 길렀다고 하였는데 높이 5丈이란 기록에서 그 규모가 특이하였을 것이다. 공주에서의 도읍기(475~538)의 建造物 유구는 수삼의 분묘를 제외하고는 하나도 밝혀지지 못하고 있어4) 또한 금후의 과제라 하겠다.

이 곳 공주에 머물기 60여 년 聖王 16년(538)에 이르러서는 미리 준비하여 오던 泗沘(부여)로 천도하여서 백마강을 天成의 塹壕로 삼고 半月城이나 靑馬山城 등 內外城을 쌓아 일대 도성을 건설하기에 이르렀으니 백제의 건축미술이 한껏 발전한 것도 이 사비기였다고 말할 수 있다. 첫째 백제 최후의 도성인 泗沘城 그 자체의 占定이나 城郭·宮室·神祠·官衙·寺刹 등의 배치와 설계 등 천도에 앞섰던 用意에서 우리는 백제 건축술의 비상한 발달을 짐작할 수 있다. 당대 중국의 도성을 모범으로 삼아서 王京으로서의 건설이 천도에 앞서 비롯하였을 것이다. 백제의 도성이 모두 大河를 두르고 산악을 보루 삼아서 넓은 평야를 얻은 것은 또한 그들의 자연과 인공의 조화를 얻었던 건축술에 따랐던 것이다. 王京으로서의 고찰 특히 五部 각 五巷으로서의 부여의

---

3) 『三國史記』 卷26, 東城王 8년 7월조.

4) 공주의 분묘 이외의 建築遺址에 대하여서는 다음과 같은 짧은 보고서가 있다.
 金永培, 「公州公山城出土 敷塼과 文字瓦」, 『考古美術』 3-2, 1962. 2 ; 「公州百濟王宮 및 臨流閣址小考」, 『考古美術』 6-3·4, 1965. 4 ; 「熊川과 泗沘城時代의 百濟王宮址에 대한 考察」, 『百濟文化』 2, 공주사대, 1968.

禁殺條 ;『三國史記』 卷27).

虎嵒寺 : 扶餘郡 窺巖面 靈鷲峰東麓 虎嵒(『三國遺事』 卷2, 南扶餘 條).

漆岳寺 : 法王二年 所幸(『三國史記』 卷27).

天王寺 : 塔(『三國史記』 卷28, 義慈王 20年條). 日政 말의 발굴로서 부여 舊衙里寺址로 추정되었는데 다수의 蓮花文瓦當과 '丁巳' '天王' 銘瓦와 木塔心礎石 등이 출토되었다.

道讓寺 : 塔(『三國史記』 卷28, 義慈王 20年條).

白石寺 : 講堂(동상).

扶蘇山西方中腹寺址 : 日政 말 발굴하여 堂塔과 中門址와 鴟尾片 蓮花文瓦當 壁畵片 등 다수 출토.

扶蘇山泗沘樓附近 : 鄭智遠銘金銅三尊佛 발견지점.

定林寺 : 부여 東南里 백제대 5층석탑이 현존함. 日政 말 발굴되어 金堂・講堂・中門・回廊址가 밝혀졌으며 百濟瓦當, 新羅銅造如來立 像, 高麗大平八年銘瓦 등 다수 출토. 塔에 銘이 있어 平濟塔이라 俗 稱되어 왔다.

佳塔里寺址 : 金銅立佛 등 발견(『昭和13年度古蹟調査報告書』).

軍守里寺址 : 塔誌에서 금동보살입상과 蠟石如來坐像 등 발견(『昭 和11年度古蹟調査報告書』).

東南里寺址 : 『昭和13年度古蹟調査報告書』.

窺巖面外里寺址 : 8種의 方形文樣塼이 出土됨(『昭和11年度古蹟調 査報告』).

臨江寺 : 부여 石城面 縣北里 臨江部落. 1964년 10월 동국대박물관 발굴. 堂址와 蓮花文瓦當, 塑佛片 다수 출토.

栗里寺址 : 부여 栗里 蓮花文瓦當과 無文塼 다수 출토.

金剛寺 : 扶餘 恩山面 琴公里 1964・1966년 국립박물관 발굴(『金剛 寺』, 1969).

錦城山中腹寺址：日政 말 조사되어서 塔誌가 없는 金堂址가 밝혀졌으며 蠟石菩薩像片(부여박물관 진열)이 출토되었다. 해방 직후 이 부근에서 작은 金銅塔(1층)이 출토되어 부여박물관에 진열되어 있는데 木塔細部를 보여서 특히 주목할 만하다.

扶餘警察署寺址：日政 말에 試掘되어서 塑像, 陶像 瓦片 다수가 출토되었다. 단 이 寺址는 상거한 天王寺址의 경내일지도 모른다고 한다.

*이하는 傳稱에 따라서 百濟寺址로 추정되어 오는 것

皐蘭寺：皐一作高 扶蘇山北麓 百濟尼寺라 傳稱.

靑龍寺：白馬江 浮山東北 傳稱.

老隱寺：부여 石木里 傳稱.

驚龍寺：부여 靑馬山城 西北 傳稱.

正覺寺：부여 石城面 太祖峰 西南腹 현존 傳稱.

道泉寺：부여 恩山面 天涯山下 道泉寺址事蹟碑 所稱.

無量寺：부여 外山面 萬壽山下에 현존 傳稱.

(3) 益山

彌勒寺：武王代 刱建. 益山市 金馬面 箕陽里에 寺址가 현존하고 '東方石塔之最'라 일컫는 大石塔이 있다(『三國遺事』 卷2, 武王條).

師子寺：武王代 已存. 益山 龍華山(『三國遺事』 卷2, 武王條).

五金寺：武王代 所創. 益山 報德城南(『東國輿地勝覽』 卷33, 益山).

蓮洞里寺址：益山市 三箕面 蓮洞里 百濟最大의 石造光背와 坐像과 그 臺座가 남아 있다(보물 제45호).

胎峰寺(今稱)：益山市 三箕面 蓮洞里. 백제의 三尊石佛이 전래하며 刻印平瓦片과 後漢代로 추정되는 銅鏡[13]이 출토되었다(부여박물관 수장).

---

13) 梅原末治,「益山出土의 龍氏作 盤龍鏡」,『考古美術』 5-3, 1964.

帝釋寺 : 益山市 王宮面 王宮里 百濟蓮花文瓦當을 비롯하여 石燈
蓋石(1), 帝釋寺銘 高麗代 平瓦片 등이 발견되었다(이 寺址에 대한
新文獻과 堂塔址에 대하여서는 별고를 마련하겠음).

(4) 기타 지역

普光寺 : 全州南 高德山(『東國輿地勝覽』 卷33, 全州 李穀記).

烏會寺[14] : 一云 北岳 烏含寺(『三國史記』 卷28, 義慈王 15年條).
현재 遺址는 忠南 保寧郡 藍浦 聖住寺址인데 이 聖住寺의 전신이 곧
백제의 烏會(含)寺이다. 동국대박물관은 1969년도의 試掘에서 百濟蓮
花文瓦當을 수습하였으며 「聖住寺事蹟」에도 기록되었다. 聖住寺大朗
慧白月葆光之塔碑銘 本文 중에 '易寺榜爲聖住'라 있는데 李能和 씨
는 그 밑에 註를 넣어서 '寺舊名烏合寺'라 하였다(『朝鮮佛敎通史』 下
卷).

北部修得寺 : 금일의 충남 禮山郡 修德寺를 지칭하는 것으로 추정
됨. 百濟蓮花文瓦當이 수습되어 同寺에 보관됨.

瑞山三尊佛逸名寺址[15] : 충남 瑞山市 伽倻面 龍賢里에서 새로 발
견된 磨崖三尊立佛은 삼국 最優의 걸작이요 가장 확실한 백제 말기의
작품으로서 그 밑 溪流邊에 자리잡은 寺址와 더불어 앞으로의 발굴이
기대된다.

泰安三尊佛逸名寺址[16] : 瑞山市 泰安면 白華山城 밑에 東向한 一
大岩이 있어 2如來 1菩薩立像이 조각되어 있다. 이 三尊佛을 봉안하

---

14) 『三國遺事』 卷1, 太宗春秋公條에 '百濟烏會寺亦烏合寺'라 보인다. 洪思俊,
「百濟烏合寺考」, 『考古美術』 9-11 ; 黃壽永, 「崇巖山聖住寺事蹟」, 『考古美
術』 9-9 ; 黃壽永, 「金立之撰新羅聖住寺碑」, 『文化財』 4, 1969. 9/전집 제4권
수록.

15) 黃壽永, 「瑞山磨崖三尊佛像에 대하여」, 『震檀學報』 20, 1959. 8/전집 제1권
수록.

16) 黃壽永, 「忠南泰安의 磨崖三尊佛像」, 『歷史學報』 17 · 18合, 1963. 6/전집 제1
권 수록.

던 木造前室의 原在事實도 밝혀졌다.

　이상 열거한 4개 지역에서 문헌이나 유물 또는 전칭에 의한 百濟寺名[17]은 그런대로 상당수에 달하고 있다. 그들은 대부분 국도를 중심으로 삼아 건립되었던 것이나 지방에도 백제 하대에 이르러서는 더욱 많은 사원이 보급되었다고 추정되므로 앞으로 향토사의 연구 또는 지방의 조사에 따라서도 더욱 많은 유적이 밝혀질 것으로 생각된다. 그 같은 기대는 또한 부여를 중심으로 삼아서 당대 瓦塼이 출토되고 있는 지점의 조사에서도 증가될 것이다. 그러므로 앞으로의 백제에서의 고고학적 조사는 분묘에 못지않게 이 같은 寺址 조사에서 또 하나의 중심을 찾을 수가 있을 것이다. 그 같은 노력은 앞으로 그 영향을 받았던 일본에서의 초기 가람의 제도뿐만 아니라 고신라의 興輪寺나 皇龍寺 같은 최대 국찰의 구명에도 공헌할 것이다.

4

　오늘 지표에 남은 백제 당시의 건조물은 위에서 말한 바와 같이 부여기에 건립된 2개 사원지에서 전래하는 석탑 2기뿐이다. 그 중 하나는 익산 미륵사지의 다층석탑이요, 다른 하나는 부여시내에 남아 있는 정림사지 5층석탑이다. 이들이 오늘 그런대로 원 위치에 남아 있어 당대의 遺貌를 오늘에 전하고 있는 것은 또한 다행이라 하겠다.
　먼저 定林寺는 일정 말 藤澤一夫 교수에 의하여 발굴된 바에 의하면, 一塔式 伽藍으로서 남북의 자오선을 主軸으로 삼아서 남으로부터 中門－塔－金堂－講堂의 순위로 배치되어 있으며 이들을 회랑이 周

---

17) 이상의 百濟寺名은 高裕燮, 『韓國塔婆의 硏究』 2, 143~146쪽에 열거한 것을 주로 하고 그 이후의 신자료를 첨가하였다.

回하고 있었다 한다. 이 같은 일탑식 가람은 그 당시에 유행하던 방식
으로서 중국 육조대의 사원에서 그 祖型을 찾을 수 있다고 하겠으며
일본에 있어서도 四天王寺에서, 고신라에 있어서는 황룡사지에서 그
와 同系의 배치를 볼 수가 있다. 그러나 오늘 옛 장관은 모두 사라지고
오직 내구적인 5층석탑만이 때로는 亡國에 얽혀서 唐將 蘇定方의 건
립으로 오인되어 왔었다. 이 탑은 첫째 단층의 건축기단을 지니고 있
다. 그 위에 엔터시스 수법을 지니는 四柱가 세워졌으며 柱間은 2매의
板石으로써 壁板을 이루고 있다. 이 한 점에서도 이 양식은 목탑에서
의 1간 4면의 규모를 보여주고 있다. 이 같은 목조탑파와의 유사점은
이뿐만이 아니라 平薄한 屋蓋樣式에 잘 나타나고 있으니 네 곳 추녀
가 직선을 이루는 처마 끝에 이르러 反轉됨으로써 경쾌한 인상의 운동
감을 느끼게 하며 轉角마다 隅棟이 표시된 것 또한 목조건물 양식을
충실하게 따르고 있다. 그리고 이 같은 塔身과 屋蓋와의 사이에는 실
제 목조건물에서의 枓栱樣式을 나타내기 위하여 밑에 1매 板石을 얹
고 다시 그 위에 모를 깎은 소로받침의 斷面을 보이는 1매 石을 놓았
으니 이것이야말로 當代의 工匠이 이 탑을 위하여 예술적인 변형을
이룬 창의적인 수법이라고 할 수 있을 것이다. 이 같은 각 층의 기법은
제5층에 이르러 지나치게 감축되어서 다소 취약한 느낌을 주기는 하나
석재의 규칙적인 짜임이나 各層 遞減率의 알맞은 비율에서 오는 리드
미컬한 인상 등 참으로 백제미술의 整齊感과 온화한 작풍을 느끼게 하
는 동시에 세련된 彫法에서 느끼는 긴장미조차 지니고 있는 작품이라
하겠다. 석탑에 앞서서 목탑이 유행한 것은 한국 탑파의 진면목으로서
佛法 수입 당초에 있어 삼국이 모두 동일하였다. 그러나 이 같은 목탑
의 건립이 마침내 석재 사용으로 바꾸어진 계기와 인연, 또 그 같은 계
기를 잡아서 능히 그것을 완수한 나라와 백성은 또한 백제라 하겠다.
그렇다면 7세기에 들면서 石材, 그것도 국내 도처에서 풍부하게 생산
되는 화강암이 당시 민족미술의 주류를 형성하여 가던 불교의 양대 예

배대상인 塔像의 조성을 위하여 채택된 것은 당연하기도 하였다. 그러나 이 같은 민족미술의 중대한 토착의 과업을 능히 감당하고 그 定型을 얻기에 성공한 시대와 나라는 또한 백제와 그 부여도읍기에서 찾아야 할 것이다. 이 같은 석탑 創案의 규범이요 그 造形을 위하여 성공한 우리 最古의 유구는 바로 이 정림사석탑[18]이라 할 것이다.

그러므로 오늘 '석탑의 나라'라고 일컫는 우리 나라에 있어서 이 부여탑의 건재를 고맙게 여기지 않을 수 없다.

그런데 부여탑과 같은 걸작품은 갑자기 출현하지는 않는다. 그보다 앞서서 이루어진 작품이 있어야만 하겠다. 부여탑의 祖型이 高樓多層의 中國木塔에 있고 또 이 땅에 선행하였던 목탑에 있었다 하더라도 이 정림사석탑에 앞서는 模作期의 작품이 있어야겠다. 그에 해당되는 유구를 우리는 다행히 전북 익산 미륵사 다층석탑에서 볼 수가 있다. 그것이 곧 현존 2기 중의 다른 하나인바, 연대 또한 정림사탑보다 약간 앞서는 것으로 추정되어야 할 것이다.

彌勒寺址는 오늘 부여 이남인 전북 익산 彌勒山下에 있다. 일찍이 外人 전문학자[19]는 이 곳을 찾아 그 규모의 거창함에 놀라서 동양 최대의 것이라는 탄성을 기록하고 있다. 이 같은 巨刹을 능히 이룩할 수 있었던 시대와 그 주인공은 누구일까. 다행히 『삼국유사』(권2, 무왕조)가 있어 미륵사에 관한 귀중한 문자를 전하여 주었다. 때는 부여기에서도 國力과 國富가 절정에 달하였던 무왕대이며 그 주인공이야말로 상기한 바와 같이 一代一次의 願刹을 이 곳에 세우고자 발원하였던

---

18) 高裕燮, 「朝鮮塔婆의 樣式變遷 - 扶餘定林寺址石塔, 益山彌勒寺址 多層石塔 - 」, 『東方學志』 2, 연희대 동방학연구소, 1955.

19) 藤島亥治郎, 『朝鮮建築史論』 其3 第2編 第2章 益山 彌勒寺條에 그 규모를 다음과 같이 말하고 있다. '그러므로 미륵사는 하나의 塔院이 이미 일본 法隆寺에 비할 만한 대가람으로서 그 중 塔院은 皇龍寺에도 비견될 대규모였다고 상상한다. 이와 같이 대규모의 것은 일본, 중국, 조선을 통하여 他에 결코 볼 수 없는 일이다.'

王者요 그 王妃다. 그들에 얽힌 薯童과 善花의 이름 또한 善化로써 彌勒의 下生化身인 현세의 彌勒仙花이다. 나라 제일의 미륵도량인 이 대사원의 창립에 있어서 將來佛인 미륵의 하생인 善花가 세속의 王者와 사랑을 맺어 이 곳에 같이 來臨하여 池中에서 湧出하는 미륵삼존을 致敬한 후 왕에게 간청하여 '須創大伽藍於此地 固所願也'라 함에 왕이 '許之'하였으니 참으로 아름다운 한 장면을 엿보이는 創寺緣起라 하겠다. 그 곳에 신라 진평왕의 셋째딸이 등장하고 무왕의 幼名 薯童이 '常掘薯蕷 賣爲活業 國人因以爲名'이라 한 것은 또한 설화다운 내용이기도 하다. 이것을 해석하여 본다면 미륵사와 같은 백제의 國刹이 무왕 말년에 이르러 수십 년의 役事 끝에 완공되기는 하였으나 다시 수십 년이 못 되어 國亡에 이르렀다. 이제 신라치하에 들어 이 大刹을 계속 유지하기 위해 이 사원이 전승국인 신라의 진평왕 공주와 백제 무왕의 발원에 따른 마치 羅濟合作으로 창립된 것처럼 꾸며진 것이다. 당시 무왕대의 건축미술의 수준에서 비로소 이 같은 대가람을 이룩할 수 있었으며 또 그것을 경영할 수 있었던 인물로는 백제사에 있어서 부여기 후반에서 무왕 같은 長期治政의 英傑을 기다려야 함은 다시 말할 것도 없다. 고대조형에 대한 고찰[20]은 먼저 造形 그 자체에 무엇보다 충실하여야만 그 자체가 지니는 진실을 잡을 수가 있다. 설화의 고찰만으로써 조형물의 판정을 내릴 수 없는 것이 고고미술의 定則임은 다시 말할 것도 없다. 가장 구체적이며 또 가장 정직한 것이 고대의 조형이기에 그것에 입각하여 그 자체에서 먼저 판정의 열쇠를 찾아야 할 것이다. 遺址에서 발굴된 一片의 古瓦가 때로는 문헌보다 더욱 유력함을 우리는 주장할 수가 있다. 고대의 古刹이 마치 王者의 의사만으로써 이루어지는 것은 아니며 그를 위하여서는 온갖 시대의 여건이

---

20) 익산 미륵사지 석탑의 연대를 李丙燾 박사가 「薯童說話의 新考察」(『歷史學報』 1, 1952)에서 백제 공주기의 東城王代로 추정한 데 대하여 찬성할 수가 없다. 백제의 불교미술의 역사에서 백제 최대가람의 건립을 동성왕대로 추정할 수 없는 것은 너무나 명백한 사실이기 때문이다.

성숙되어야 한다. 한국에서의 석탑의 발생과 그 定型에 이르는 변천은 반드시 그를 위하여 주어진 때가 있는 것이요 역사적 계기를 얻어야만 되는 것이다. 설화와 문자의 해석만으로써는 고대조형의 논의가 이루어지지 않음은 다시 말할 것도 없다. 그 같은 초보적인 논의는 차치한다 하더라도 이 미륵사의 大塔[21])이야말로 우리 나라에서의 석탑 발생 초기에 있어서 그 모범이 되었던 선행 목탑의 가장 충실한 直模品임을 누구나 곧 깨닫게 된다. 平面은 三間四面인데 단층의 기단 위에 세워졌으며, 初層은 중앙에서 十자로 교차되어서 출입이 가능한데 그 중앙에 方形의 刹柱가 세워진 것 또한 목탑에서와 같은 配案이라 할 것이다. 屋蓋가 平薄廣闊한 것 또한 목탑의 실제를 전하고 있거니와 塔身과 옥개 사이의 數段의 받침 또한 실제 목탑에서의 平枋이나 枓栱의 가장 直模的인 방식을 따른 것으로 해석된다. 일인들은 이 같은 層級形 받침을 가리켜 전탑에 있어서의 積出方式을 따른 것이며 따라서 한반도에 전탑계 탑―예컨대 경주 분황사석탑―이 세워진 이후로 이 탑의 연대를 추정하려 하며 따라서 創寺의 주인공으로서는 통일 직후 이 곳에서 稱王하던 고구려의 망명객 安勝에게 附會하려 하나 그것은 사실과 다르다. 하필이면 塼築의 지식을 구태여 삼국 말 선덕여왕대의 신라에서 구하여야 될 까닭도 전혀 없으며 백제 그 자신도 공주기의 塼築墳 이후에도 얼마든지 그것을 사용하고 있기 때문이다. 그들이 추정한 인물로서도 報德國王의 十年勢道로서는 부당한 일이다. 하물며 동성왕을 들어서 주인공을 삼으려 함에는 찬성할 수가 없다. 그의 시대만 하더라도 아직도 불교의 태동을 느낄 수가 없으며 '無道하여 暴

---

21) 미륵사지 석탑에 대해서는 전문학자 사이에 백제 말(무왕)과 통일 초(安勝)를 두고 의견의 대립이 있다. 그러나 해방 후 이십수건에 걸친 이 寺址 및 인근에서의 관계 자료의 증가가 미륵사지를 포함한 익산 전역의 百濟 遺構와 遺物의 성격을 보다 명확히 밝혀주었다. 앞으로 이에 대한 종합적 고찰이 마련되어야 할 것이다. 이 탑에 대한 논의는 다음과 같다. 高裕燮, 『朝鮮塔婆의 硏究』 3, 을유문화사 ; 關野貞, 『朝鮮の石塔婆』 ; 藤島亥治郎, 『朝鮮建築史論』.

虐百姓하므로 國人이 共除하였던’ 그 爲人에서 어찌 創寺의 福業을 기대할 수가 있을까. 공주 도성 안에도 아직 建寺의 싹이 움트지도 못하였을 때 國都에서 2백 리 遠隔한 땅에 무슨 여력이 있어 삼국 최대의 대찰을 세울 수 있었을까. 꿈에도 생각할 수 없다. 건축 조영의 연대 추정이 일개 설화의 고찰에서만으로 이루어질 수는 없다. 미륵사지에 대한 최근의 발굴에서 그리고 익산 전역을 대상으로 삼은 고고학적 조사에서 필자는 그 전역에 남아 있는 성곽·궁궐·왕릉·사찰 등이 거의 막 7세기에 들어서는 백제 말엽의 조영임을 더 이상 의심할 수 없다. 1970년 봄 우연히 입수된 새로운 문헌자료[22] 또한 이 같은 조사를 더욱 튼튼하게 뒷받침하여 주었다. 이상과 같은 백제 미륵사지 석탑은 그 자체를 중심으로 삼아서 가람 배치나 유물 등이 추구되어야 할 것이다. 일정기 일인학자에 의한 品字形說 또한 단순한 착상에 불과하다. 앞으로 寺域 발굴만이 기대되는바, 그것이 곧 이루어지지 못한다면 꾸준한 지표조사와 방증 수집이 진행되어야 할 것이다.

5

위에서 문헌에 보이는 백제사의 건축사료를 찾고자 하였으며 나아가 후반기에 들어서의 사원 건립의 유행이 그들의 주류를 이루었던 사실과 오늘 문헌이나 유물 또는 口碑 등에서 寺名과 소재지를 열거하였다. 끝으로 현존하는 백제의 조형인 2기의 석탑을 들어서 그 양식과 연대에 관한 논의를 하였다. 그리하여 황량한 국토에서 온갖 문물이 사라진 오늘에 있어서도 혹은 지하의 매장된 造形인 유물과 유구의 조사를 통하여 새로운 기대를 갖게 되었다. 금세기에 들어서의 고고학

---

22) 이 문헌은 1970년도 전국역사학대회 고고미술부회에서 「百濟帝釋寺址의 推定」이란 제목으로 발표하였다.

조사가 그 일면을 밝혀준 것도 사실이며 해방후 우리 손에 의하여 또한 적지 않은 신자료가 증가되어 왔다. 다만 그들은 유리된 遺品이거나 교란된 遺構일 경우가 많았다. 사실 백제의 역사와 그 미술의 연구는 이 같은 영세하고 학술적 가치를 잃은 자료를 상대로 하여 왔었다. 다만 백제미술의 연구 그 중에서도 本題와 같은 건축 부문에 있어서는 故土에서의 새로운 知見은 말할 것도 없거니와 그 당시에 있어 긴밀하게 관련되어 있던 신라 또는 일본에 있어서의 연구의 진행이 주목되어야 할 것이다. 예컨대 1956년부터 2년간 진행되었던 일본 飛鳥寺址의 발굴[23]이야말로 곧 그대로 그 내용 전부가 백제 건축의 遺影이라고 말할 수가 있기 때문이다. 이 때 일본의 요청을 받아서 일본으로 渡去한 僧侶와 寺工, 瓦工 등은 그 연대가 일본 사료[24]에 소상한 만큼 일본 최초의 이 본격적 사원은 瓦類에 이르기까지 모두 백제인의 손으로 이루어진 것이 사실일 것이며 발굴의 당사자 또한 이 사실을 인정하고 있다. 그러므로 同寺의 발굴에 따라서 지하에서 새로이 출현되어서 해석을 얻지 못하는 新事實이 있을 때마다 일정 말 부여에 거주하면서 百濟寺址 발굴에 종사하였던 학자[25]가 현장에 나아가 그것을 풀이하였다는 것도 저간의 소식을 말하고 있다. 이 飛鳥寺의 발굴보고는 이미 간행되었는바, 그 같은 조사는 비단 사지뿐 아니라 현존하는 木

---

23) 黃壽永, 「日本飛鳥寺址發掘調査槪要」, 『歷史學報』 10, 1958 ; 日本奈良國立 文化財硏究所, 『飛鳥寺發掘調査報告』, 1958/전집 제1권 수록.

24) 백제 위덕왕 25년 일본 崇峻天皇 6년(588)에 渡日한 백제의 승려와 造寺工人 은 다음과 같다. 僧侶 : 令照律師・弟子惠聰・領威法師・弟子惠勳・道嚴法 師・弟子令契(이하 6인). 造寺工 : 寺師로 太良末太・文賈古子, 霹盤師로 將 德白昧淳, 瓦博士로 麻奈父奴・陽貴文・昔麻帝彌, 畵工으로 白加(이하 8인). 성명은 『日本書紀』와 『元興寺緣起』 사이에 다소의 차이가 있다.

25) 藤澤一夫 씨는 일정 말 해방에 이르는 3년간 소위 扶餘神宮工事에 따르던 발 굴작업에서 5개의 백제사지를 발굴하였는데 그 보고서가 기대된다. 동씨는 1971년 봄에 내한하여 부여박물관에 보관된 이상 寺址에서의 발굴품을 정리한 바 있다.

造堂塔에도 미치고 있으니 주목을 게을리하여서는 아니 될 것이다. 세계에 이름 높은 法隆寺만 하더라도 당시의 일본에 있어서는 最大最重의 것은 결코 아니었다. 다행히 일천 수백 년의 세월을 견디어 왔기에 그 당탑가람이나 모든 장엄이 세계의 至寶로서 인구에 회자되고 있는 것이다. 그런데 法隆寺 같은 사원이 부여 등지에도 또한 여럿 존재하고 있었던 것이 사실이다. 우리는 오늘 그 같은 폐허를 더듬어 옛 영광의 자취를 얻고자 함이니 서로의 현실이 다른 것도 사실이다. 그러나 이 같은 백제 건축의 연구는 국내에 있어서는 삼국통일 후 신라에 의하여 종합된 우리 고대건축의 황금시대를 규명함에 불가결한 기초작업이며 또 외국에서도 그 근원을 밝히고 전래 경위를 더듬는 첩경이 될 것이다. 해방후 한국 고대미술의 해명을 위하여 백제 고토에 대해 꾸준히 주목해 온 까닭도 이 같은 곳에 있었다. 이 같은 기초적 노력이 또한 오늘에 부여된 과제를 감당하는 길이라면 그 성과는 후대에 바랄 수가 있을 것이다.

(『百濟研究』 2, 1971. 10)

三國遺事와 佛敎美術

1

　『三國遺事』(이하 遺事로 줄임)가 우리 고대미술의 주류를 이루는 불교미술 연구를 위하여 가장 오래고 중요한 문헌임은 다시 말할 것도 없다. 그 중에서도 큰 비중을 차지하는 권3의 塔像篇 기사는 더욱 그러하다. 그것은 이들 塔婆와 佛像이야말로 곧 불교의 양대 예배대상이어서 불교미술의 연구는 곧 이들에 대한 것이라고 말하여도 과언이 아니기 때문이다. 그리하여 고대사원의 건립은 이들 탑상을 그 중심에 봉안함을 가리키는 것이니 해방 직후 충남 부여에서 새로 발견된 백제의 大佐平 砂宅智積碑[1]에 '穿金以建珍堂 鑿玉以立寶塔'이라 한 것은 곧 堂에는 불상을, 塔에는 佛舍利를 봉안함으로써 당탑가람을 건립하였다는 것이며 遺事 권3, 元宗興法條에 '寺寺星張 塔塔雁行'이라고 기록된 까닭이다.

　이하 遺事 탑상편에서 오늘에 전래하는 고대 불교 조형품의 몇 예를 들어 간단하게 설명하여 보고자 한다.

2

---

1) 洪思俊, 「百濟砂宅智積碑에 대하여」, 『歷史學報』 6, 1954. 3.

의되어야 하겠으나 졸고「新羅南山三花嶺彌勒世尊」을 참고하여 주기
바란다. 다만 이 곳에서 강조하고자 함은 이 같은 소규모 人工瓦葺石
龕은 곧 약 1세기가 지나서 경주 토함산에서 건립되는 우리 석굴암 석
감의 시원양식으로 고찰될 수가 있다는 것이다. 주지하는 바와 같이
우리 토함산 석굴암은 인도나 중국에서 그 유례를 볼 수 없는 인공에
의한 석굴로서 상기 여러 나라에서의 석굴과 같이 자연의 石壁을 이용
하여 그 곳에 직접 穿鑿함으로써 내부공간을 얻은 것이 아니요, 대소
각종의 석재를 結構하여 바꾸어 말하면 '織造石龕'(「佛國寺事蹟」)하
여 인공으로 석감을 마련하였던 것이다. 일찍이 남산 삼화령 삼존이
봉안되었던 석실은 바로 이 같은 인공에 의한 小石龕으로서, 그 위에
는 瓦葺의 屋蓋가 架構됨으로써 佛龕으로서의 양식을 지니도록 하였
던 것이다. 이 같은 사실은 우리 석굴암 석감의 연구를 위하여서도 매
우 귀중하다. 그리고 이 삼존석감과 隣在하는 삼국기 고분과 이 石佛
龕과의 관계도 또한 추정될 수가 있었다. 그것은 이 석조불감이 바로
이들 고분과 더불어 설치될 수 있었던 가능성에 대한 논의에서 발설된
것인바 이에 대하여서는 遺事 권2, 竹旨郎條에 보이는 한 거사에 관한
다음과 같은 기사에서 같은 배치방식을 짐작할 수도 있을까 한다.

更發卒修葬於嶺上北峰　造石彌勒安於塚前

이 기사에서 고신라에 있어서 嶺上北峰에 마련된 고분 앞에 그 化
生을 기원하여서 石彌勒을 안치한 사실을 알 수가 있다고 하겠다. 이
곳 남산의 북봉에서 오늘에 전래하는 삼국시대의 無名古墳과 상대하
여 같은 시대에 건립된 같은 양식의 석실을 石彌勒三尊像을 안치하기
위하여 따로 마련된 石佛龕으로 고찰할 수가 있다고 생각한다. 그러므
로 이들 삼존은 아마도 피장자로 추정되는 '三花之徒'와 유관된 것은
아닌가 한다. 이는 지나친 천착에 흐른다고 지적할지도 모르나 필자에

게는 이 곳 현지에 친숙할수록 관계 문헌을 이같이 추정하기에 이르렀던 것이다. 遺事 권5, 融天師慧星歌條에는

第五居烈郎 第六寬處郎 第七寶同郎等 三花之徒

라 보이며 혜성가에도 '三花'라 하였고 또 권5, 貧女養母條에는 '孝宗郎遊 南山鮑石 惑云三花迷'이라 있어 모두 三花郎의 뜻으로 해석되었는데 三花嶺이 혹시 三花郎과 인연을 맺은 땅으로 해석할 수는 없을까.

3

다음에 塔婆에 있어서는 무엇보다도 삼국 제일의 大塔이었던 경주 皇龍寺 九層木塔에 대한 遺事의 기사를 들 수가 있다. 그 중에서도 권3, 塔像篇의 皇龍寺九層塔條에 보이는 利柱記 全文이 1964년 이 대탑의 중심에서 전래하는 心礎石 밑의 方形 舍利孔에서 수습된 금동사리함에서 판독할 수 있었던 것은 이 대탑 연구를 위하여 무엇보다 다행한 일이었다. 먼저 이 「利柱本記」[5]를 통하여 遺事에 보이는 상기한 '利柱記云鐵盤已上高四十二尺已下一百八十三尺'이란 기사가 그대로 「찰주본기」에서 '鐵盤已上高□(七)□(步)已下高卅步三尺'이라 한 것과 정확하게 일치하고 있는 사실을 알 수가 있다. 그것은 1步를 6尺으로 환산하였을 때 얻어지는 숫자와 일치하고 있다.

다음에 遺事 同條에 慈藏法師의 唐에 있어서의 神人과의 만남과 9층탑 건립의 기사 속에 雙註하여 '寺中記云於終南山圓香禪師處受建塔因由'라 하였는데 「찰주본기」에 있어서는

---

5) 黃壽永, 『韓國金石遺文』, 一志社, 1976/전집 제4권 수록.

(善德) 王之十二年癸卯歲　欲歸本國　頂辭南山圓香禪師　禪師謂曰
吾以觀心觀公之國　皇龍寺建九層窣堵波　海東諸國渾降汝國　慈藏
持語而還以聞乃　　命監君伊干龍樹大匠□(百)濟□(阿)非等率小匠
二百人造斯塔焉

라고 보인다. 이 곳의 圓香禪師가 遺事에 보이는 인물과 동일인임은
다시 말할 것도 없으며 伊干龍樹와 大匠(百)濟阿(非)云云은 곧 遺事
의 '以寶帛請於百濟　匠名阿非知　受命而來　經營木石　伊干龍春　一作
龍樹幹蠱率小匠二百人'이라 보이는 것과 동일하다. 이것만으로도 遺
事의 황룡사탑에 관한 기록의 정확함을 알 수 있다고 하겠다. 이에 부
언할 것은 「刹柱本記」에 따라서 이 탑은 삼국 말인 선덕왕대에 창건
된 이래 景文王代에 이르기까지 다시 重建된 일이 없었다는 것과 史
記・遺事에 보이는 경문왕대의 '改造' 또는 '重修'에 있어서 그 中心利
柱를 들고 국왕이 柱本舍利의 舍利莊嚴[6]을 親見한 史實을 알 수도
있었다. 그리고 이 같은 개조 또는 중수에 그친 사실, 바꾸어 말하면
삼국시대 初建 이래 신라 말 경문왕대의 개조에 이르기까지 220여 년
간에 한 번도 중건되지 않았던 사실은 현재 진행되고 있는 문화재관리
국에 의한 황룡사지의 발굴조사에서 증명되기도 하였다.

　이와 관련하여서 遺事 권3, 迦葉佛宴坐石條에 대한 연구[7]가 진행
되어서 그 宴坐石이란 바로 오늘 이 대탑지 중앙인 上記한 심초석 위
에 전래하고 있는 1매의 巨石으로 추정할 수도 있었다.[8] 그리하여 신

---

6) 黃壽永, 「新羅皇龍寺九層木塔　刹柱本記와 그 舍利具」, 『東洋學』 3, 단국대
　 동양학연구소, 1973/전집 제4권 수록.

7) 위의 글.

8) 『三國遺事』 권3, 迦葉佛宴坐石條에 다음과 같이 보인다. '新羅月城東龍宮南
　 有迦葉佛宴坐石　其地即前佛時伽藍之墟也　今皇龍寺之地即七伽藍之一也'. 이
　 같은 기사에 이어서 이 宴坐石을 '宴坐石在佛殿後面　嘗一謁焉　石之高可五六
　 尺來　圍僅三肘幢立而平頂眞興創寺已來再經災火　石有拆裂處　寺僧貼鐵爲護'
　 라고 묘사하였다. 필자는 이 같은 기사로 미루어 이 연좌석이 오늘 대탑지 중

도판 130. 황룡사 가섭불연좌석

라불교의 물증을 삼았던 七處伽藍 중 龍宮南皇龍寺의 그 宴坐石의 오늘의 變相을 볼 수가 있었다고 하겠는데 이 같은 오늘의 추정은 오직 遺事의 기록, 특히 그 形狀에 대한 묘사와 그 재질이 石임에서 오늘의 전래가 추정되었기 때문이다. 앞에서 든 生義寺 石彌勒 또한 石造이기에 그에 대한 추정을 이룰 수가 있었던 것으로 생각한다. 이와 같이 遺事에 기록된 탑상 등 조형작품 중 石字가 달린 것은 그들이 모두 예배대상이었기 때문에 오늘의 전래가 추정되기도 한다.

4

　이상에서 탑상을 각 일례를 들어 간단하게 설명함으로써 초두에서 지적한 바와 같이 한국 불교미술 연구를 위하여 遺事가 가장 오래고 가장 귀중한 문헌임을 말하였다. 그것은 특히 오늘에 전래하는 유물과

앙에서 전래하고 있다고 추정하였다.

유적과 같은 조형작품의 연구에 있어서도 그러하다.

끝으로 우리 고대문화 유산의 으뜸인 경주 불국사와 석굴암에 관하여서도 유일의 고문헌이 遺事에 들어 있으니, 같은 책 권5에 보이는 大城孝二世父母條임은 다시 말할 것도 없다. 이들 두 寺庵에 대하여서는 鄕傳을 적어 金大城의 二世에 걸친 출생과 아울러 그의 불교에의 歸依와 創寺에 이르는 설화를 기록하고 있다. 그의 가계로서 그가 今世에 '國宰金文亮家'에서 출생하였다고 한 것은 곧 그가 聖德王代에 5년(706~711)에 걸쳐서 中侍를 지낸 바 있었던 金文良의 집안에서 출생하였다는 사실을 전하여준 것으로 해석할 수 있다. 그리하여 그는 역사적 인물로서 그 후 경덕왕대에 이르러 같은 중시 벼슬을 지낸 바 있었던 金大正으로 비정될 수가 있었던 것이다. 金大正으로의 비정은 일찍이 李基白 교수가 발표한 논문[9]에서 밝혀준 매우 중대한 사실로서, 이 같은 새로운 해명은 불국사와 석굴암의 조영을 담당하였던 김대성의 出自와 그의 국왕과의 관계에서 나아가 大城(正)이 이 같은 양 寺庵의 건설공사를 監役하게 이르는 배경 등을 짐작케 하여 주었다. 동시에 鄕傳에 보이는 기록에는 불국사와 석불사(석굴암)의 창건 인연이 각기 다른 사실을 지적하여 '爲現生二親創佛國寺 爲前世爺孃創石佛寺'라 하였다. 필자는 이 같은 문자를 매우 귀중한 것으로 생각하여 이들 불국사와 석굴암의 연구에 큰 도움을 받기도 하였다. 그것은 특히 석굴암의 경우에 있어서 이같이 前世父母를 위한 창건이라고 전제할 때, 그 전세부모란 누구를 지칭하는 것이며 나아가 그 같은 경우에 이 석굴의 主尊佛로서 8세기 중엽인 그 당시의 신앙을 배경 삼아 어떠한 불상을 봉안하였을 것인가 하는 문제가 제기될 수가 있었다. 이 같은 점에 대한 해명의 노력은 동시에 인공으로 구축된 이 石窟 그 자체에 주어진 일정한 방향에도 주목케 하였으며 동시에 이 석굴의 방향이 곧 본존의 坐向과 일치되고 있는 사실에서 마침내 1967년 5월에 이르

---

9) 李基白,「新羅 執事部의 成立」,『震檀學報』 25・26・27合, 1964.

도판 131. 하늘에서 본 문무대왕릉

러 東海中에서 文武大王陵[10]에 착안케 되었던 것이다. 그리하여 필자
는 이 문무대왕의 海中陵을 포함하여서 이 일원(경북 경주시 陽北面
龍堂里)의 중요한 신라유적을 일괄하여서 '新羅東海口遺蹟'이라고 명
명하기에 이르렀다. 이 곳에는 신라의 國刹인 感恩寺가 자리잡았으며
해안에는 神文王이 대왕릉을 향하여 축성한 利見臺가 전하고 있기도
하다. 이와 같이 신라사람이 그같이 불렀던 東海口에는 신라의 가장
신성한 유적이 집중되고 있는 것이다. 뿐만 아니라 이 같은 조형작품
이외에 이 곳 동해구는 신라 김씨왕족의 '東海散骨'에 따르는 共同墓
域으로서 특히 신라통일 직후 대왕의 유언에 따르던 이 곳 藏骨, 곧
대왕의 陵寢 경영이 있은 후 이 곳이 그 산골처가 되었다고 생각되며
불국·석굴 兩寺를 발원한 경덕왕의 선왕인 孝成王 또한 바로 이 곳
에 '東海散骨'되었다고 추정되기 때문이다.

---

10) 黃壽永, 「文武大王陵에 이르는 길」, 『新東亞』1967년 7월호/전집 제2권 수록.

이와 같은 동해구 유적의 고찰에서 나아가 토함산 석굴암과의 깊은 관련에도 착안케 되었던 것이다. 그리하여 석굴암이 바로 遺事의 기록과 같이 전세부모를 위한 창건이라는 기록의 내실을 짐작하기에 이르렀다. 그리고 이 같은 관련은 나아가 상기와 같이 이 석굴 본존불의 名號에 대한 새로운 고찰11)을 가능케 해 주었다. 필자가 이 석굴 본존의 명호를 阿彌陀佛이라고 추정한 이유 중의 하나는 곧 東海에 藏骨 혹은 散骨된 김씨왕가의 역대 임금을 비롯한 많은 靈駕의 往生淨土를 기원하여 이 곳을 똑바로 俯瞰하는 토함산 정상 가까이 精舍를 마련하기에 이른 것으로 해석하였기 때문이다. 사실 불교신앙에서 선대 조상의 기복을 위하여서는 아미타불을 봉안하여 이 불상에 예배를 드린다. 그리하여 금세기 초 일인학자에 의하여 석굴암의 중수를 전후하여 새롭게 그들이 명명한 釋迦如來가 아니라 일인의 상륙에 앞서서 석굴암에서 傳稱되어 왔던 아미타불이 역시 신라 창건 이래로 예배되었던 이 석굴 主佛의 정당한 名號임을 알게 되었던 것이다. 이에 대하여서는 사찰에서 전래하던 현판 「吐含山石窟上棟文」이 있어서 그 초두에 이 석굴을 가리켜 '彌陀窟'이라고 기록한 까닭이기도 하다. 그리고 오늘 석굴암 寮舍에 걸려 있는 '壽光殿'이란 揭額 또한 無量壽 또는 無量光佛에서 이 곳 석굴 주존을 지칭한 것으로 보인다. 그리하여 오늘에 이르기까지 석굴 본존불을 가리켜 석가여래라고 호칭해 온 것은 상기와 같이 금세기 초 일인학자의 先唱을 따랐던 것이며 우리 석굴의 창건 인연을 따른 당초의 것이 아님을 새삼 알게 되었다고 할 수 있다. 이 같은 主尊佛 명호의 문제는 매우 중대하여서 신라 조각사의 과제에 관련될 뿐만 아니라 석굴 그 자체의 조형적·신앙적 내실을 파악함에 있어서도 중대하다.

그런데 이와 같이 우리의 至寶인 석굴 본존을 새로 추정함에 있어

---

11) 黃壽永, 「石窟庵本尊阿彌陀如來坐像小考」, 『考古美術』 136·137합(秦弘燮博士華甲論文集), 1978. 3.

도판 132. 부석사 무량수전 아미타불

서는 결코 상기한 바와 같은 文徵이나 동해구 유적과의 관계에서만 논
의된 것은 아니다. 그것은 도리어 신라조각 특히 현존하는 당대의 석
조여래좌상의 양식 계보에서 구명되어 온 것이라고 말할 수 있을 것이
다. 바꾸어 말하자면 석굴 본존좌상이 지니고 있는 그 자체의 양식, 예
를 든다면 法衣의 右肩偏袒과 右手의 降魔觸地印의 2대 양식으로 보
아 신라 여래상의 계보에서 석굴 본존 또한 아미타불로 추정될 수가
있다는 것이다. 그리하여 오늘에 전래하는 태백산 浮石寺 無量壽殿의
본존인 塑造阿彌陀佛坐像12)을 기점으로 삼았다고 하겠는데, 이 塑像

은 비록 고려시대의 보수가 있었다고 하나 그 규모와 양식은 그대로 신라 초창 이래의 것을 오늘에 지니고 왔다. 그리하여 이 아미타불의 양식은 그대로 7, 8세기 신라 아미타상의 규범을 이루고 당대의 많은 석상에서 전승되었던 것이다. 7세기 후반의 작품으로 추정된 신 발견의 軍威三尊石像[13]이 또한 이 계열의 아미타상이며 그보다 반세기가 다시 지나서 토함산 석굴 대불에 그대로 계승되어 왔던 것이다. 이 같은 석굴암 본존에 대하여서는 이미 小考를 발표한 바 있으며 또 앞으로 新稿를 마련하려 하므로 이 곳에서 더 이상의 설명은 보류하겠다.

위에서 국내에 전래한 삼국 이래의 탑상 중 중요한 작품 몇 예를 들어서 그 연구에 있어서 遺事의 기사를 인용하였다. 이같이 遺事는 본고 초두에서 이미 언급한 바와 같이 우리 고대 불교미술, 특히 그 塔像 연구에 불가결의 文籍으로서 오늘의 전래가 참으로 고맙다고 하겠다. 그 사이 필자가 고 李弘稙 선생과 함께 여러 차례 경북 軍威 麟角寺를 찾아서 倒壞散亂된 一然禪師의 塔材를 수습한 일이 이제 새롭게 회상되기도 한다. (1980년 4월)

(「三國遺事의 新硏究」,『신라문화제 학술발표회 논문집』, 1980. 8)

---

12) 黃壽永,「浮石寺塑造阿彌陀如來像」,『佛敎美術』3, 동국대박물관, 1977/전집 제1권 수록.

13) 黃壽永,「軍威三尊石窟」,『美術資料』6, 국립박물관, 1962. 12/전집 제1권 수록.

中原地區에 대한 새로운 注目

1

　오늘 이 곳에서 논의하는 中原地區란 오늘의 충북 忠州市와 그와 인접한 中原郡 일원만을 가리킨다. 그러므로 이 곳에서는 경북의 북부지방을 넣어서 '中原文化圈'[1]이라고 부르는 새로운 발설을 곧 따르지는 못하였다. 이 곳은 우리 나라 내륙에 있어서 국토의 남북중앙에 해당한다. 그러므로 이 곳 충주시 교외 한강변에 屹立하는 可金面 塔坪里寺址의 7층석탑을 예로부터 '中央塔'[2]이라 傳稱하여 온 까닭이기도 하다.

　水路로는 이 지구를 한강이 관통하고 있어 船便은 상류에서 깊숙이 강원도 寧越에 이르고 하류에서는 경기도와 서울로 통하고 있다. 한편 육로에 있어서는 영남북을 통하는 상고 이래의 양대 교통로로서 鳥嶺(聞慶)街道와 직통되고 다시 竹嶺街道(丹陽－淸風－堤川－原州)에 연결되고 있다. 그러므로 삼국에서 비롯하여 역대를 통하여 이 중원지구는 水利와 陸運의 요충에 위치하여 왔다고 할 수가 있겠다. 그것은 『大東地志』에서 이 곳 形勝을 말하여 '南北之衝 水陸之會'라고 기록한 까닭이다. 일찍이 백제의 영토가 되었고 이어서 고구려가 남하하여

---

1) 忠淸北道,『中原文化圈遺蹟分布圖』, 1981. 이 조사는 충북대박물관이 담당하였다.
2) 高裕燮 선생은 그의 『韓國石塔의 硏究』(1975) 總論에서 이 탑을 들고 있으나 各論에는 포함되어 있지 않다.

座談會 : 民族文化와 文化遺産

사회 : 姜泰旭
시일 : 1962년 3월 7일
장소 : 東京 帝國 호텔
참석자 : 李弘稙 · 黃壽永 · 趙淳昇 · 姜泰旭(사회)

우리 민족문화의 특성

사회 : 오늘은 현재 일본에 와 계시는 본국 대학의 저명한 세 선생님을 모시고 한국문화라고 할까, 우리 나라의 민족문화에 대한 올바른 이해와 인식을 돕기 위해서 좌담회를 열었습니다.

이제부터 선생님들을 모시고 좌담회를 가지려는 것은 현재 일본에서 공부하고 있는 우리 나라 학생뿐만 아니라 재일교포의 거의가 자기 나라의 역사라든가 민족문화에 대해서 모르는 것이 너무 많고, 또한 안다 해도 그것이 아주 왜곡된 지식에 불과한 경우가 많습니다. 그래서 이 문제에 대한 계몽을 촉구해야 하겠다고 생각합니다. 또 이러한 것은 일본 사람들에게도 우리가 스스로 알려야 하겠으며, 이른바 한일의 친선관계도 서로가 상대방의 모든 것을 진지하게 알고 이해하는 데서 비로소 이루어질 것으로 생각합니다. 이러한 의미에서 우리는 무엇보다도 우선 우리의 선조들이 남겨준 문화의 모든 것을 똑똑히 알아야 하겠습니다.

우리 한국의 문화유산을 볼 때 고구려·백제·신라·고려·조선 시대에 걸쳐 佛像·瓷器·繪畫·彫刻·工藝品·建築 등에 있어서 각 시대의 특색을 총화한, 세계에 자랑할 만한 것이 적지 않다고 생각합니다. 그래서 우리는 앞으로 우리 민족의 고유한 문화적 전통과 유산을 옳게 계승하여 이것을 더욱 발전시켜야 할 역사적 사명을 지니고 있습니다만, 우리의 것이라고 해서 모든 것이 좋고 자랑할 것만이 아닐 터이니 우리가 이것을 비판적으로 섭취한다는 점에서도 우리 민족 문화의 고유한 성격 파악과 정확한 평가가 긴요한 문제라고 생각됩니다. 이런 점에 대해서 이 선생부터 말씀해 주세요.

李 : 민족의 고유문화라는 개념은 아주 어려운 문제입니다. 무엇을 가지고서 그것을 객관적으로 파악하느냐 하는 것은 대단히 어렵습니다. 대부분 그 사람 그 사람의 주관적 관점에서 우리 나라 문화의 특색 같은 것을 얘기해 왔는데요, 나도 이런 문제는 오늘 밤이 처음이 아니라 여러 군데서 이런 요청을 받아 왔지요. 그럴 때마다 반성된 것은 내 자신이 민족의 고유문화에 대한 객관적 파악을 할 교육이라고 할까 교양을 받았느냐 하는 문제가 전제로 되지요.

아시다시피 일본시대엔 특히 나 같은 사람은 일본에서 오래 자라고 교육을 받았기에 자기 자신이 자각적으로 우리 나라 역사를 해 오기는 하였지마는 아직 우리 나라의 문화를 그릇되게 파악도 하고 있지 않나 하는 점도 있어요.

그런데 우리 나라에서 가장 선배인, 말하자면 이북에 가신 鄭寅普 선생이라든지 현재 남아 계시는 老大家 黃義敦 선생과 退耕 權相老 선생 같은 분이 몇 분 계시지요. 그런 분은 종종 뵙기도 하는데, 우리들보다는 확실히 조선의 전통과 정서가 살아 계시고 우리와는 다른 조선의 환경이 몸에 밴 분들인데, 그러면 그런 분들께서 반드시 객관적으로 맞는 얘기만 나오느냐 하면 그건 또 다르지요. 왜냐하면 역사란 것이 괴상한 것이라 역사 파악의 관점이란 언제나 현대적이어야 한다는 요소가 있기 때문이지요. 근대적인 역사학을 한 사람은 다 알겠지만, 역사에 있어서는 언제나 현대적 해석 없이는 그 시대의 가치가 없어져 버리지요. 그렇게 보면 우리 나라의 어느 시대를 두고 볼 때 민족주의의 것만을 국한해서 한다면 懷古主義가 되고 또는 현대감이 없어진 이상한 것이 되지요. 그래서 나는 그래서는 아니 된다는 것만을 알고 있지요. 문화를 생각함에 있어서는 장차 현실적인 것에 어떻게 플러스가 되느냐 하는 문제가 중요하겠지요. 회고적인 것, 지나간 것을 고정시켜서 생각하는 것은 낡은 것이며 잘못입니다. 고유문화를 어떻게 이해하느냐 하는 문제는 곧 어떠한 근거에 입각해서 평가하겠느냐, 즉 스탠드 포인트의 문제인데 이와 같은 가치 판단은 참으로 어려운 문제라 하겠습니다.

　그러나 그렇게 생각할지라도 우리 나라 문화의 특징을 역사적으로 진지하게 파악해야 하겠지요. 민족의 고유적인 것을 반드시 민족주의의 입장에서는 생각한다는 것은 문제입니다. 중국문화, 곧 대륙문화가 들어오기 전에 우리 나라와 일본 같은 데선 과연 고유한 문화가 있었느냐 하는 문제이지요. 이것은 프리미티브한 사회에서 근원된 데서 생각하는 것인데 그러면 막상 프리미티브한 것이 무엇이냐 하는 것도 어렵지요. 자연종교적인 것, 즉 샤머니즘 같은 것에 고유신앙이 있다 하는 것이 한때 민속학과 민족학 등의 영역에서 관찰도 하고 분석도 했는데, 여하튼 민족의 문화란 것은 항상 외부에서 고도한 것을 받아들여 가지고서 그것을 몇 백 년 몇 천 년에 걸쳐 자기 것으로 만들어 오늘날 자기 민족에게 밴 것으로 된 것이니, 化學에서 무슨 元素를 내듯이 고유문화를 찾으려는 것은 아주 어려운 문제입니다.

　그러나 우리 나라 문화란 것을 크게 볼 때 동북아시아에서 있었던 자연종교적 기반 위에선 중국 黃河文化를 夫餘를 중심으로 한 영역에서 받아들인 것이 대체로 기원전 3세기 무렵이고 다음엔 절대적으로 크게 작용한 것은 아무래도 佛敎文化라 하겠지요. 이러한 것을 믹스해 가지고 삼국시대를 거쳐 통일신라기에 이르는 것인데, 이 때는 동양의 세 나라에서도 동양의 지배적인 문화성격이란 것이 뚜렷해지는 시기로서 이른바 불교문화가 아주 융성하게 되지요. 중국의 唐나라, 일본의 나라(奈良) 시대, 우리 나라의 신라통일기, 이 삼국은 유교문화보다도 불교문화가 크게 작용한 것이나 또 서로가 비슷하면서도 다른 것을 가져왔다고 봅니다. 내가 고대사를 하기 때문에 관심이 많습니다만 신라 통일기와 일본의 아스카(飛鳥)·나라 시대에 걸친 불교 조형미술 같은 것도 역시 서로 다릅니다. 이 당시엔 확실히 우리 나라가 앞섰다고 말할 수 있지요. 이래서 불교문화를 고려시대까지 가져오다가 조선시대엔 朱子學이란 것을 근간으로 한 유교문화가 압도하여 근세에까지 내려왔지요.

이 유교문화가 근세에 들어와선 우리 나라와 일본과의 사이에 많이 달라졌는데, 그것은 우리 나라에선 형식주의적인 유교문화가 지배적이 되어서 형식적인 것에만 구애받아 도리어 근대적 사회발전에 지장이 많은 데 비해서, 일본에선 현실적인 적합한 것으로 자기들의 생활에 외래문화를 이용해 왔다는 것이겠지요.

조선시대에 있어서도 시인·문인 들은 일본 사람들보다는 앞섰고 에도(江戶) 시대에 일본에 간 우리 나라의 통신사들도 아주 우수하였으며, 이 통신사로부터 詩文을 받는 것이 대단히 인기를 끌었다는 것을 일본측의 학자들도 인정하고 있습니다. 그러나 이와 같은 일부 현상만 가지고 우리 나라 문화가 앞섰다고 하는 시대는 이미 지났지요. 결국 문제는 한 민족사회가 외래문화를 가지고 그 세기에 있어서 어떻게 실생활에 얼마나 플러스시켰느냐 하는 것이 중요하리라고 생각하지요. 이런 점에서 얘기가 안 되었습니다만, 몇 가지 문제를 늘어 놓았다고 하겠으니 앞으로 하나씩 정리하면서 그 무엇을 발견해 갑시다.

趙 : 저는 문화사가 전공은 아닙니다만, 자기 나라의 고유한 문화의 특징을 고식적인 의미에서 자랑한다는 것은 이미 때가 늦었다는 선생님의 말씀에 동감입니다.

최근 서양에선 중국이 황하문화를 뽐내지만 중국의 청동기문화는 자기네들의 모방에 지나지 않는다는 설이 나오고 있지요. 이런 점에서 요즘 제가 에브린 맥퀸이란 사람의 *The Arts of Korean Illustrated History*(『한국미술사』)란 책을 읽었는데 거기엔 이러한 재미있는 논문이 있지요. 즉 '한국이 중국의 문화를 일본에 그대로 이식시켰다면 한국의 문화사적 가치는 그다지 중요한 것은 아닐 것이다. 그러나 한국이 동양의 문화사에서 가지는 커다란 가치는 이 한국에서 비로소 중국의 문화와 스키타이 문화가 합해졌다'는 것이지요. 이것이 일본으로 넘어갔기 때문에 일본문화에서도 어떠한 스키타이적인 요소가 나타나기 시작했으며, 여기에 적지만 중국과 한국과 일본과의 사이에 버라이어티가 되어 다른 容貌가 나타났다고 하는 것입니다.

李 : 저도 문화사가 전공이 아니나 그런 것은 좋은 관점이 아닌가 합니다. 그러나 맥퀸의 것은 종래 일본학자의 설을 옮긴 것 같은데요.

趙 : 京都大學의 梅原 교수의 설 말이지요. 그러나 맥퀸은 일본학자가 아니라 영국학자의 설을 자기는 따른다고 썼던데요.

黃 : 맥퀸의 견해는 일본학자들의 일반적인 견해는 아닌 것 같습니다. 일본에 있어서도 학자들 간에 의견이 다르고 시대와 문화에 따라서 견해가 구구한데 초기에 우리 나라에 와서 말한 것과 최근 얘기한 것과는 그 동안 자료의 해석이라든지 학문의 발달이 있었기 때문에 여러 가지로 다르나 재미있는 문제라고 생각하지요. 여하튼 맥퀸의 견해는 흥미있는 것으로 느껴지는데, 다만 일본학자들의 견해에 있어서 도무지 귀에 거슬리는 것은 우리 나라가 중국과 일본과의 사이를 '패싱 스루' 하는 하나의 교량의 역할을 했기 때문에 '논스톱 패싱'한 것이 되어 버렸다는 것입니다. 여기서 맥퀸은 자기 아이디어인지 구미학자의

견해인지는 모르나, '스키타이 문화가 한국에 와서 沈澱해 가지고 또 다시 들어온 중국문화와 혼합되어 가지고 만들어진 것을 일본에다 준 것이다'라고 하는 것은 하나의 좋은 아이디어겠지요. 그런 것은 후에 와서 불교문화에도 있었다고 봅니다. 그 점은 아직 우리가 충분히 해명 못하고 있고, 또 해명할 만한 문헌적·조형적 자료가 충분치 못하기 때문에 말하듯이 한국문화는 중국문화의 재판에 지나지 않으며, 한국을 '패싱 스루'하여 일본에 와서 비로소 어떠한 구체적인 색채를 얻었다는 것이지요.

결론적인 것은 아닙니다만, 제가 알기엔 먼저 한국에서 받아들여 거기서 자기의 것으로 만든 다음에 일본에다 전한 것이지, 중국문화를 반드시 자기가 소화도 하지 않고 전달한 역할로만 본다는 것은 좀 다르지 않은가 합니다.

趙 : 글쎄요. 전공은 아닙니다만 읽으면서 제가 느끼는 것과는 관점의 차이가 일본사람보다도 확실히 발전되어 있지 않은가 하는 것이었지요. 그리고 최근 라이샤워 교수가 쓴 *The East Asia : the Great Tradition*이란 책에선 현재 일본에 있어서의 고분문화란 것의 공예품 중에는 한국의 신라통일기 전에 나타나는 공예품과 유사한 것이 많다고 하며, 통일신라기 이전에 있어서의 공예품엔 스키타이적·시베리아적 요소가 많은데 신라의 왕관 같은 것에는 중국적인 것보다는 무엇인가 샤마니스틱한 색채가 더 많이 나타난다는 것이지요. 그런 점에서 보더라도 일본학자들이 말하는 '논스톱 패싱 스루'한 것으로 규정짓기 어렵다고 생각해요.

李 : 京都大學에 있었던 고고학의 浜田 교수도 신라 왕관은 이란 지역으로부터 시베리아를 거쳐 나온 것으로 얘기한 바 있는데, 라이샤워 설은 하나의 우케우리(受賣)겠지요.

趙 : 또 하나 제가 느낀 것은 한국의 고대사를 읽었을 때 騎馬民族論이란 것을 보았는데, 미국의 어떤 학자는 일본의 현 왕조는 아마도

夫餘族 기마민족이 한반도를 석권한 다음 일본에 들어가서 성립한 것이 아닌가 하는 설을 냈는데, 문화의 원형에 있어서는 한국보다 일본이 수동적인 것이 되었다는 것을 강조하고 있는 것 같습니다. 이런 것은 사실은 어떤 것일까요. 東京大學의 駒井 교수 같은 분은 소위 기마민족설을 주장하는데, 1948년의 일본 역사학계에 있어서는 제가 알기엔 그다지 환영받지 못한 것 같아요.

李 : 일본학계에 있어서도 駒井의 기마민족설은 지배적인 것이 아니지요.

趙 : 그러나 미국에서는 이 문제에 대해서 관심이 큰 것 같은데 한국에서는 이 방면에 대한 연구 개척이 있는지요?

李 : 글쎄요. 나로선 고대사를 전공하기 때문에 그렇게 러프하게 말할 수는 없습니다. 현재 고대사는 한국에서나 일본에서나 한세기 한세기 정도로 시대를 구분하여 그 특성을 충분히 파악하고 있으며 기원전 3, 4세기 이후부터는 상당히 자세히 말할 수 있지요. 우리 나라 삼한사회에서 백제·신라 같은 그런 왕조의 고대국가가 언제부터 시작됐느냐 하는 것은 대략 정리되었지요. 또 일본의 야마토(大和) 정부, 규슈(九州)와 이즈모(出雲) 지방정권이 언제 성립하였는가는 상당히 분석되어 있지요. 이것을 여기선 얘기가 길어지나 고대사를 세분해서 파악하고 있기 때문에 이와 같은 가설은 간단히 그것만 가지고 전문가들이 찬성하지 않는 어려운 문제라고 생각합니다.

趙 : 저는 전문이 아니기 때문에 선생님들의 의견을 알고 싶은 것은, 이북의 학계에선 신라와 고려의 역사적 사회 성분을 희랍 사회에서와 같이 노예를 기반으로 한 귀족사회와 또 하나는 농노사회로 파악하려는 두 가지의 견해가 있는 것 같은데, 우리 한국에선 이 문제에 대해서 어떻게 보는가요?

李 : 이것은 어려운 문제로서 아직 정설을 낼 수 없는 단계인 듯합니다. 왜냐하면 중국에 있어서도 시대구분 문제가 역사학계에 있어서 중

요시되는데 유물사관에서도 고대적 노예냐, 농노냐 하는 것으로 고대
와 중세를 가리는데 郭沫若 등 중국학자들이 7, 8년 전에 일본에 와서
일본의 동양학자들과 논의한 것을 신문지상에서 본 적이 있는데요. 거
기에서도 그 사람들 사이에 여러 가지로 설이 다른데, 이것은 즉 말하
자면 견해의 차이인 것 같아요. 이 문제는 어렵지요. 우리 나라에 있어
서도 일제시대에 좌익학자들 가운데서도 金洸鎭 씨와 白南雲 씨 간에
견해가 달라 논쟁한 일이 있었지요. 하나는 사치노예냐 또는 고대적
노예냐 하는 것으로서, 더욱이 농노를 언제부터 무엇으로써 규정하느
냐 하는 문제입니다. 그래서 우리들도 그런 것을 안 살핀 것은 아니나
되도록 실증적으로 말하고 싶으니 너무 공식주의적인 것만을 했댔자
이렇게 말할 수도 있고 저렇게 말할 수도 있으니까, 아무튼 밑받침을
할 수 있는 것이 나와야 하겠습니다만, 이 문제는 당분간 숙제로 하기
로 합시다(웃음).

우리의 民族文化의 評價

　사회 : 이 선생께서 말씀하신 문화의 범주 규정이라든가 개념 파악
을 엄밀히 다루는 것은 사실로 어려운 문제인 줄 압니다. 민족의 고유
한 문화란 도대체 무엇이냐 하는 것을 우리 나라의 역사 안에서 정착
시켜 이것을 실증적으로 밝혀야 하겠습니다만, 여기선 문화 일반의 이
해를 통하여 일반적으로 알려진 바와 같이 일본과 우리 나라와의 문화
적 연관성을 분석함으로써 우리 문화의 특질이라든가 고유한 성격을
명확히 하며 정확한 평가를 얻고자 합니다. 그래서 좀더 구체적인 문
제에 들어갔으면 합니다.
　李 : 이 문제도 역시 방대하기 때문에 문제를 좀더 좁혀서 시대개념
을 얘기하면서 그런 문제에 언급해 가는 것이 좋을 듯한데, 아주 선사

시대 문제는 전문적인 것이라 어렵고 동양에 있어서 한 단계를 지을
수 있는 것이 7세기 이후의 한 백 년 내지 이백 년 동안으로, 동양사회
가 법제적으론 唐의 율령정치를 기반으로 한 중앙집권적인 고대국가
를 이루었고, 그 문화엔 불교문화가 크게 밑받침을 한 그런 시대라 규
정됩니다. 우리 나라에서 말하자면 신라통일기를 일본에서는 나라 왕
조에서 헤이안(平安) 왕조 전기까지를 그렇게 규정지을 수 있는데, 일
본과 우리 나라의 역사의 차이점은 아시다시피 일본에선 중앙집권적
인 관료 專權主義 체제 하에서 무사계급이 일어나 점차로 분권적 방
향으로 내려온 데 반하여, 우리 나라에서는 중국과 더불어 여러 외세
관계도 있고 해서 근세에 이르기까지 사회체제나 국가기구에 있어서
중앙집권적 관료전제의 역사를 가져왔고, 또한 일본에선 서양사회와
비슷한 전개가 있었던 것에서 달라진 것 같아요.

그런 점에서 볼 때 법제적으론 율령정치를 기반으로 하고 문화적으
로는 불교문화를 근간으로 하는 사회에 있어서 우리 나라가 상당한 특
성을 지니고 발전하여 내려 왔다고 자랑할 수 있겠는데요. 그런 상세
한 점에 있어서는 황 선생께서 좀더 말씀해 주십시오(웃음).

黃 : (웃으면서) 어려운 고비는 말씀 안 하시고 뒷처리를 나더러 하
라는 말씀이군요. 저도 공부하는 범위가 좁아서 전반적으로 퍼스펙티
브한 시대 관계라든지 역사관을 말하자면 시간도 걸리고 또 말할 시기
도 아니며 아직 거기까지 요약되어 있지도 않습니다.

일본에 와서 머물러 있는 동안에 나라를 너댓번 가봤지요. 가면 반
드시 法隆寺에 가고 그 주위를 돌아보곤 했지요. 일본은 그 당시는 우
리 나라로 치면은 삼국 중에도 백제하고 제일 관계가 깊었던 것이나
오늘 우리가 백제의 서울인 扶餘에 가 보면 무엇이 있습니까. 정말 적
막강산입니다. 지상에 있었던 것은 다 없어져 버리고 꼭 하나 남아 있
다는 것은 돌로 만든 오층탑 하나가 눈에 띌 뿐이지요. 나는 그것이 지
금 우리 나라 고대문화에 대한 연구에 있어서 우리 나라의 어떠한 진

상을 암시해 주는 것이 아닌가 생각해요.

일본은 法隆寺에 세계에서 제일 오래 된 목조건물도 있고, 옛날 모습을 그대로 전하고 있어서 참 일본뿐만 아니라 세계적인 하나의 귀중한 문화재로 되었습니다만, 거기 가서 생각할 때 이러한 法隆寺는 일본국 내에서도 결코 제일류의 사찰이 아니라 느낍니다. 格으로 봐도 法隆寺가 지금 떠드는 것처럼 그 당시에 있어서 일류의 것은 아니지요. 그런 것을 볼 때 과거 우리 나라에 있어서는 부여를 비롯해서 백제 영토 내에 法隆寺 같은 절이 또한 적지 않은 수효가 있었던 것이 생각나지요. 그러나 하나는 다 없어져 흔적도 없고 또 하나에는 그대로 남아 있는 것이지요. 건물뿐만 아니라 전해 내려오는 내부시설과 관계 문헌 같은 것도 남아 있습니다. 그것을 통해서 근세에 와서 조형적·문헌적인 유물이든지 고대유적 같은 것을 대상으로 하는 미술사학과 고고학이 일본에도 도입되어 그 역사가 벌써 백 년쯤 되었습니다.

그런데 우리 나라에 있어서는 보존능력이 부족했다 할까 외세에 의한 교란이 많았다고 할까, 아무튼 오늘날 부여에 가서 느끼는 것처럼 모두 적막강산인데, 그것은 문헌적인 면에 있어서도 역시 마찬가지고 조형적인 유물의 보존상태에 있어서도 마찬가지입니다. 또 나아가서는 그 방면을 연구하는 데 있어서도 결국 해방 후에 와서 겨우 착안이 되었다고 하는 정도지, 그 전에는 우리의 先學에 의한 연구의 집적이란 거의 없고 역시 20세기에 들어와서 일본사람의 손에 의해서 자료도 수집되고 그것에 대한 맨 첫번의 해석도 되었던 것입니다.

그래서 해방 후 다시 한 번 자기 손으로 수습하고 일본사람들이 해석한 것을 다시 한 번 검토한다고 할까 지금이 바로 그런 단계가 아닐까 생각합니다. 그러기 때문에 우리에게 놓여진 그 방면의 위치라든지 또 지금 우리에게 주어진 조건 안에서 할 수 있는 범위 내에서 일을 시작해야 하겠다고 생각합니다. 이것은 또 일반적인 문제이기 때문에 말이예요.

李 : 이것은 내가 항상 잘 써먹는 얘긴데, 일제시대에 申采浩 선생이 쓴 上古史에 항상 제 가슴을 아프게 한 대목이 있습니다. 그 분이 유랑생활을 하시는 중 通溝地方에 가서 將軍塚이라는 고구려 고분을 가 보시고 쓴 글이 있어요. 거기에 근자에 일인학자들은 자기들이 우리 나라를 빼앗고 官權을 휘둘러 가지고서 학문을 독점한 다음 朝鮮古蹟圖譜라고도 제대로 말하지도 않고 단지 古蹟圖本이라는 것을 만들어 호화로운 사진판까지 내고 實測도 했는데 선생은 短杖 하나를 가지고 목측을 해서 겨우 쟀다는 것입니다. 그런데 황 선생이 말씀하신 대로 우리가 일제시대엔 우리 나라의 문화를 제대로 연구할 계제가 안 되었다는 말이예요, 참 할 수 없는 일이었지요.

趙 : 선생님 말씀에 대해서 제가 생각난 게 하나 있는데요. 일전에 전 콜롬비아 대학의 사학부장이었던 휴 보튼이 일·미 교육 교류 때문에 왔는데 이런 말을 하더군요.

자기가 나라(奈良)에 가서 본 것 중에 구다라 관음(百濟觀音)이 있었다는 것인데 이것은 그 자체부터 백제의 것이 뻔한데도 불구하고 일본에 있었던 것, 일본의 것으로 해 놓고서 얘기하거든요. 세계적으로 유명한 학자가 그렇게 말할 때 저는 우리 나라의 문화가 얼마나 소개 안 되었는가를 느꼈어요. 이런 것을 볼 때 선생님들이 해야 할 일이 아주 크다고 생각합니다.

李 : 현재 서양사람들은 동양학 특히 한국과 일본의 역사라든가 미술 등의 대부분을 과거 일본의 학자들이 한 그대로 받아들이고 있으니까 서양학자에겐 그런 것이 많지요.

黃 : 그런 것까지는 한일회담의 문화재 문제 안에 들어 있지 않지요 (웃음).

우리 民族文化의 影響

사회 : 우리 나라에 있어서는 고유한 문화라면 큰 테두리 안에서 불교문화라고 말할 수 있는데, 이것은 백제에서 통일신라 시대를 걸쳐 발달하여 독창적인 것을 이루었다고 봅니다만, 이 문제를 일본의 것과 비교문화사적 관점에서 말씀해 주세요.

黃 : 일본학자들도 그렇게 말한 사람이 있지요. 일본엔 백제로부터 불교문화가 공식으로 들어오게 되어 연후 한 이백 년 동안은 우리 나라와의 관련이 중국보다 아주 깊어진 것입니다. 이것은 우리 나라의 불교문화권 안에 속하는 일본이 불교문화 예술이라고 봐도 좋다고 생각합니다.

일본 京都大學 건축학 교수인 福山 씨는 솔직하게 이것을 인정하여 일제시대에 소위 일본과 한국과의 관계를 한사코 중국과의 관계로 얘기하는데 불교란 신문화가 들어온 이백 년 동안은 중국이 아니라 한국이라는 것이예요. 이것은 자기의 전문적인 연구를 통해서 얻은 결론이라는 것이지요. 전후 일본에선 문헌에 대한 재검토와 고고학이 유난히 발달하여 지금도 고고학과 미술사학이 아주 붐을 일으키고 있지요. 이렇게 고고학과 미술사학이 매우 융성됨으로써 과거에 대한 실증적인 어프로치가 다채롭게 전개되고 있지요. 예를 들자면 法隆寺에 들어가 보면 마당 안에 탑과 법당이 있습니다. 이것은 우리 나라엔 남아 있지 않습니다. 우리 나라에 있어서는 남쪽에 탑이 있고 북쪽에 법당이 있어 南北配列로 되어 있는데 일본에선 이것이 東西配列로 되어 있어 일본의 독창적인 것으로 최근까지 논의되고 있습니다. 더욱이 일제 말기에 있어서 시국에 의해서 강조된 점을 제거한다 하더라도 지배적인 학설이란 것은 부인할 수 없지요.

1957년부터 3년에 걸쳐 아스카 사(飛鳥寺)를 팠는데 저도 이것에 대해서 대단히 관심이 컸습니다. 왜냐하면 아스카 사로 말할 것 같으면, 기왓장에 이르기까지 일체 백제사람들이 만들었기 때문입니다. 그러나 일본은 우리 나라와는 비교가 안 될 정도로 문헌이 많이 남아 있기 때문에 일본의 정사인『日本書紀』에도 백제에서는 기와 만든 공장의 이름까지 적혀 있습니다. 그 절을 만드는 데 어떤 나라에서도 그런 것이지만 외국에서 불상이 들어오고 經文을 가져왔다 해서 그것을 기다리게 해 놓고서 절을 새로이 만들지는 않습니다. 우선 재래식 건물에 봉안해 놓고 어느 정도 신앙도 전파되고 지배계급의 지지를 받아, 물질적인 도움을 얻은 후에 본격적인 사원을 짓게 됩니다.

일본에서도 불교가 공인되고 절을 지을 만한 관청의 衆論이 일치되었으나, 어디 기술자가 있어야지요. 그래서 백제에 뜻을 이야기해서 사람을 보내오도록 했지요. 그 때 백제사람들은 그에 관한 모든 것을 가져왔지요. 일본의 지배자들은 그것을 보고 동의하여 돈과 물질을 내주었던 것이며 다른 일반 사람들은 흙이나 돌을 나르게 되었다고 생각합니다. 그런 것이 전부 땅 속에 들어가 있었기 때문에 몰랐던 것이나, 3년에 걸쳐 일본에서 그것을 파는 경로에서 자기네들로선 도저히 알 수 없는 것이 나타났던 것입니다. 그래서 과거 일제시대에 우리 나라에서 그것을 연구 조사한 사람을 불러와서 그러한 것은 가령 한국의 평양 부근이나 부여에서 봤다는 것으로써 해결된 적이 있으며 나중에 아스카 사의 전모가 나타나게 되었던 것입니다.

여기 아스카 사에 있어서는 예상한 것과도 달리 法隆寺와 비슷하고 탑이 남쪽에 있고 법당에 있어선 남북배열인데 또 동서쪽에 東金堂, 西金堂이 각기 발견되었으니 이처럼 일본에서 처음 보는 伽藍 플랜이 나와 대단히 놀랐던 것입니다. 이래서 法隆寺와 연결되었습니다. 法隆寺는 서쪽에 탑이 있고 동쪽에 금당이 있는데, 아스카 사에선 東西 金堂이 다 있는 위에 中央金堂이 있는 오리지널한 플랜이 나왔기 때문에 거기에서 法隆寺의 가람이 충분히 나올 수 있다는 결론에서 하나의 계통적인 계보가 드러나 가지고 종래 일본에서 오랫동안 논쟁되었던 가람배치에 대한 윤곽이 차차 드러나고 있지요. 그런 면에서도 당시 우리 나라와의 관계가 지하에 매장되었던 것이 밝혀짐으로 해서 알려질 뿐만 아니라 초기 불상 문제에 대해서도 여러 가지 것이 남아 있다고 하겠습니다. 일본의 美術史家 중에도 불상연구 전문가들이 몇 사람 있고, 특히 아스카 시대에 밝은 학자 몇 분이 있지요.

李 : 초기의 불상 면모에 있어서는 민족적인 특색이란 것은 거의 같은 것 같은데 아마 우리 나라에선 신라통일기에 들어서면서부터, 일본에선 하쿠호(白鳳) 시대 이후로 차차 달라진 것 같습니다.

黃 : 일본은 하쿠호 시대만 하더라도 민족적인 소화능력이라고 할까, 확실히 일본적인 색채가 나타나는데, 우리는 우리의 불상 관계에 같은 점이 밝혀진다면…… 이러한 점은 참 재미있다고 봅니다.

사회 : 이 문제만 가지고 얘기해도 아주 흥미 깊은 것이며 심오한 연구가 필요할 것 같은데요…….

黃 : 이 불상 중에도 京都의 우즈마사(泰秦)에 있는 廣隆寺라는 데에 불상이 하나 있는데, 이것은 百濟觀音과 더불어 제일 아름다운 것으로 대표적인 것입니다. 이 불상에 대해서도 과거에 두 가지의 해석이 구구했는데 그것이 백제 계통의 기술자에 의해서 만들어졌다는 말도 있었으나 아무래도 일본에서 만들어졌다는 설이 유력했지요.

그런 것이 최근에 와서는 학설이 좀 달라졌어요. 왜냐하면 일본에선 여러 가지로 자세한 연구가 되기 때문에 불상에 관한 나무의 성질을 조사했더니 소나무란 것이 밝혀졌지요. 그런데 일본에선 그 밖엔 소나무로 만든 불상이란 도대체 없고 또 그 불상이 백제에서 왔다는 전설이 붙어다니는 것이라 최근에 와서는 그 불상이 전래했다는 것이 다시 유력해져서 2, 3인의 유력한 전문학자들도 그런 말을 쓰고 있는데, 재작년 東京에서 국보전람회를 하기 직전에 한 학생이 그만 불단에 뛰어올라가 불상에 키스를 해서 불상의 손가락이 부러졌다는 얘기가 있는 바로 그 유명한 불상입니다. 그런데 우리 나라에 그와 똑같은 불상이 하나 있습니다. 아주 똑같아요. 지금 구라파에서 하고 있는 우리 나라 전람회에 가 있는데 두 불상의 비교가 앞으로 바르게 된다면 퍽 재미

있을 걸요.

趙 : 같은 사람이 만들었을는지 모르지요.

黃 : 同人이 만들었다고 할 수밖에 없고, 한 같은 계파에 속하는 마스터가 만들었다고 볼 수밖에 없어요. 재료만 다를 뿐이지.

사회 : 다음엔 고려·조선에 내려와서 瓷器·繪畵·工藝品 등에 관해서 말씀해 주셨으면 합니다. 반드시 자랑 삼을 것만을 추려서 하는 것은 아닙니다만……

李 : 고려자기는 하여튼 전문이 아니기 때문에 잘 모르겠습니다만, 그 근원은 宋·遼부터 왔는데 그 빛깔이라든지 여러 가지 디자인 같은 것이 우리 나라의 독창적인 것으로서 훌륭하게 만들어진 것이지요. 이것이 차차 고려 말기에 이르러 물건 솜씨를 날리게 되었는데, 귀족정치의 폐단으로서 제대로 대우도 하지 않으면서 가혹하게 많은 수량을 요구한다든지 해서 나중엔 손을 날리게 되었다고 봅니다. 이런 것은 정치적인 면에도 관련된다고 볼 수 있을 것 같은데, 또 하나는 우리 나라에 있어서 전반적으로 말할 수 있는 근원적인 얘긴데, 외세에 의한 사회적 혼란과 결함이 오래 계속되어 어떤 것을 중단시키는 커다란 작용을 주었다는 것이 더욱 불리한 조건이라고 말할 수 있겠지요.

趙 : 저는요, 학생시절에 우리 나라 역사를 읽으면서 한국과 같이 자기 나라의 문화를 보존도 못하고 내버린 나라가 어디 있을까 하고 통탄한 적도 있었는데, 제가 1952년에 군인으로 임관되어 橫城을 가 보고 비로소 깨달은 바가 있었지요. 인구 5만의 도시였던 것이 건물이란 물 끓이는 집 한 채뿐 그 외엔 아무것도 없더군요. 그런 것은 불가항력적 힘인 것 같아요. 그런데 이러한 난리를 몇 번이나 겪었으니 우리에겐 무엇이 남겠는가 말이예요. 이렇게 보면 역시 우리의 잘못이라기보다도 우리가 반항할 수 없는 크나큰 도전, 이것이 오히려 더 큰 요인인 것 같습니다.

黃 : 고려시대 때 몽고침입의 참상과 근세에 와서 임진왜란의 그것

이 아주 혹독했지요.

趙 : 제가 토인비의 역사연구를 읽으면서 느낀 것은 그가 '챌린지와 리스폰스'란 문제를 내면서, "하나의 문화권을 형성함에 있어서는 충격과 반응의 강도가 균형을 잡아야만 하는 것이지, 충격이 너무나 강해서 반응을 하지 못하면 문화가 일어나지 않는다"라고 하였는데 우리나라가 바로 이런 지역이 되지 않은가 생각합니다.

李 : 그러나 그런 지역에서도 한편 우리가 자부를 느끼는 것은 환경의 어려움에도 불구하고 동양에서는 중국, 일본과 더불어 우리는 삼대 문화국의 하나로서 자처할 수 있으며, 또한 우리는 우리 민족이 문화에 대한 역량과 열성이 아주 강대함을 알고 있습니다. 이것이 있기 때문에 오늘날 개개인의 재능은 말할 것도 없고 이만큼 민족문화를 밝게 가져왔다고 생각합니다.

어쨌든 우리가 문화에 대한 강력한 역량을 간직하고 있다는 것만은 결론적으로 말할 수 있을 것 같아요. 지금도 우리는 그 안에선 여러 가지 유감도 있고 비판도 있으나 문화에 대해서 무엇이든 새로이 찾아보고 만들어 보려고 하고 있습니다. 현실적 비판이란 항상 비관적이라고 할까 회고주의적인 것이 가미되기 쉬우나 역시 이와 같은 견해는 인정되리라고 생각해요.

日帝의 韓國文化에 대한 政策

사회 : 여러 선생님께서 참으로 좋은 말씀을 하셨는데, 저도 역시 역사를 공부하는 한 사람으로서 역사의 지향성이라 할까, 우리 나라 역사의 비전에 있어서도 소위 '랑케'적인 것과 또는 '부르크하르트'적인 것의 두 역사관을 생각해 보지요. 그래서 앞으로 우리가 인류문화의 발전에 공헌해야 한다면 그 길이란 결국 이제까지 말씀한 우리 선조들

이 창조한 찬란한 문화의 고유한 전통과 유산을 비판적으로 섭취·계승하여 그것을 세계사적 시점에서 바르게 발전시킨다는 것 이외에 없다고 생각됩니다. 이렇게 본다면 우리에겐 반드시 비관만 존재하는 것이 아니며 오히려 낙관적인 전망이 허락되지 않을까 생각됩니다.

그러면 다음에는 이와 같은 우리 문화유산에 대해서 일제는 어떠한 정책을 써 왔으며 우리들은 또한 어떻게 그에 대했던 것인가, 거기에 무슨 레지스탕스 같은 것이 있었다면 그것을 좀더 구체적으로 말씀해 주셨으면 합니다.

李 : 러일전쟁 후 일본이 우리 나라에 들어와서 정치력을 휘둘러 가장 빨리 손을 댄 것이 우리 나라의 고고학과 그에 관련된 역사학의 연구였으며, 이것이 일제 사십 년 동안 官學으로서 전통을 짓게 되었지요. 明治 때부터 근대적 방법론을 가지고 한 것인데, 우리 나라의 것을 진지하게 알겠다는 것보다는 자기네의 고대문화에 대한 원류를 밝히는 데 관심이 더욱 컸기 때문에 우선 남한지대의 고분을 발굴함으로써 고대문화에 있어서의 일본과 한국과의 연관성을 알려고 한 것이 주목적이었던 것입니다. 이번 회담에서도 나오는 얘기지만 일본에서도 역대 왕릉 등은 감히 팔 수 없는데, 우리 나라에 와서는 신라왕릉을 마음대로 파서 그 유물을 밝혔다든지, 하여튼 산 인체 해부를 한 셈이지요.

그에 의해서 문헌적으로는 역사를 많이 밝힌 셈이나 그네들의 중심 과제는 아무래도 현실적인 것에 집약되었던 만치 근세와 들어와서는 민족문화에 대해서 자세히 알 수도 없고 민족감정 같은 것을 이해도 못할 뿐만 아니라, 그것을 너무 하면 도리어 민족문화를 강조한 것으로 되어서 근세보다는 중세 이전의 시대로 올라간 것이지요.

그래서 대체로 일제시대엔 고려시대 이전의 것, 즉 고대사 같은 것을 그 사람들의 방법에 의해서 주로 했다고 보는데, 이제 우리로선 민족적 입장에서 그 사람들이 한 것을 다시 한 번 연구해야겠다고 느껴지는군요. 물론 문헌비판, 사료비판, 자료분석을 기술적으로 많이 했기 때문에 그런 토대는 우리가 그대로 받아들일 수 있겠지만 우리가 그것을 피가 통하는 자기의 역사로서 파악하려면 거기엔 아직도 우리가 해야 할 많은 문제가 남아 있지요. 결국 그네들이 해 온 것은 일본의 조선학이지 한국의 조선학이 아니라는 것을 인식해야 할 것입니다.

黃 : 좀더 극단적으로 말하면 한국을 이해하려고 한 연구는 아닌 것이죠. 여하튼 초기엔 이기적인 점이 많이 나타납니다. 허나 말할 수 있는 것은 한국 연구를 빙자해서 우리 나라 고대유산이 매우 중대한 타격을 받았다는 것입니다. 학자가 와서 무덤을 하나 파면 그 근처에 있는 무덤이 다 없어집니다. 그것은 모든 것이 옛날부터 잘 보존되어 왔기 때문이며 우리 나라 사람은 선조의 분묘에 대해서 일체 손을 댄 적이 없습니다. 그래서 일본 학자들도 한국에서 자기네들이 고고학 연구를 할 수 있는 것은 한국 사람들이 옛날부터 선조숭배의 미풍이 있어서 소중히 보존해 왔고, 그간 역대왕조가 몇 번 바뀌더라도 선조의 분묘에 대해선 항상 보호정책을 쓰고 제사를 올렸기 때문이라는 등의 그러한 사실을 얘기하고 있습니다. 그래서 우리 나라에 있어서는 일본 사람이 들어오기 전까지는 고대분묘는 완전히 보존되었던 것이지요.

그런데 일제 사십 년 동안 우리 나라의 고대분묘는 거의 전부가 파괴되었습니다. 일본 사람들이 자기 나라의 上古史를 연구하기 위해서란 이기적 의미에서의 한국 연구를 한 것으로서 실험자료로서의 우리 나라 고대분묘에 대한 발굴과 학술적 조사인데, 여기에 수반해서 파괴된 문화의 막대한 손실은 그 사람들의 업적을 가지고서도 도저히 커버될 수 없지요. 여기에 우리가 말하는 문화재 반환 요구의 초점이 있는 것입니다.

趙 : 학자들이 연구한답시고 많이 가져와 버린 것이 아닐까요.

李 : 그렇지요. 또 골동수집가들이 이 기회를 타 가지고 많이 가져와 버렸지요.

사회 : 그것은 일제 통치 하에서 공공연하게 자행된 것인가요?

李 : 그 때의 세태가 그렇게 되어서 민간인에게 개인적으로 도굴도 시키고 저장도 하여 값싸게 사들이기도 해서 많이 없어졌지요.

黃 : 고려자기란 것은 오늘날 세계적으로 유명해졌습니다만 우리 할아버지들이 전래품이라 해서 단 몇 개라도 솜에 싸가지고 상자에 넣어 간직해 온 것은 없습니다. 일본 사람들이 고려의 서울인 開城과 江華島 일대를 불과 몇 년 동안 왕릉을 포함해서 총검 하에 파 가지고 수만 점을 가져가 버린 것입니다. 그래서 지금 고려자기는 우리 나라보다도 일본에 몇 배 더 많이 와 있습니다. 일본 전문가의 계산에 의하면 수만 점이 넘습니다. 한데 소위 明治 이전에 자기네들의 계산에 의하면 고려자기가 불과 열 개도 못 되는데 明治·大正·昭和를 걸쳐서 일본에 들어온 고려자기는 실로 수만 점이 넘지요. 그래서 우리 나라에 있어서의 고려자기 연구의 최대의 난점은 학술적인 발굴이 단 한 개도 없고 이에 관한 단 한 권의 보고서도 없다는 것입니다. 참으로 세계사상에 보기 드문 대약탈이라고 단언할 수 있지요.

趙 : 이 문제에 대해서 저도 어렸을 때의 기억이 납니다. 제 고향엔 22대 할아버지의 사각 기단으로 된 분묘가 있는데, 어렸을 때 일본 사람들이 이 무덤을 판다고 해서 동네 사람들이 화를 내어 죽창을 깎아 들고 야단들 한 것이 생각나지요. 이렇게 보니 우리 나라의 선조에 대한 감정은 아주 대단한 것이었던가 봐요.

黃 : 그런 말은 참으로 많습니다. 선조 할아버지의 무덤을 판다고 해서 괭이자루, 삽자루를 들고 일본 사람들의 총칼과 맞상대한 애기는 허다하지요.

사회 : 그러면 일제 40년 동안에 무어니 해도 민족문화재가 입은 피해가 가장 심했다고 말할 수 있겠군요.

黃 : 柳宗悅이 말한 바 있는데, 한국의 문화재가 왜 적어졌느냐 하는 문제에 대해선 모름지기 倭寇의 죄라 했습니다. 이것은 임란 때의 말을 한 것으로 여겨지는데요, 우리가 해방 후 절터라든지 고대문화재가

전해 온 대략 중요한 곳을 조사해 본 결과 임란에 화를 면한 곳이 정말 몇 군데밖에 안 되더군요. 일본에서도 고대문화재라면 불교 관계가 으뜸인데 우리 나라에서도 고대문화재가 전해 온 것이 주로 건축·사찰·조각·회화·공예품 등으로 마찬가지지요. 오늘날 우리가 가장 자랑하는 경주의 불국사만 보더라도 그것이 임란 때 안 탔으면 하는 안타까움을 느끼는데 그것은 어디 가서나 다 그렇습니다. 타지 않았다라면 하는 얘기죠(웃음). 일본 사람들이 말한 것과 같이 석굴암이 다행히 왜구의 난을 면했기 때문에 근세에까지 보존되었지요.

韓國政府의 民族文化保護策

사회 : 그러면 일제시대에 일본 사람들이 거의 약탈하다시피 가져간 귀중한 문화재가 그 후 어떻게 되었는가 하는 데에 못내 우리의 관심이 기울어집니다만 시간이 없는 것이 유감입니다.

그래서 다음엔 해방 후 오늘까지 우리 정부로선 이와 같이 황폐하고 약탈당한 민족문화의 보존과 발전을 위해서 어떠한 시책을 베풀어 왔는가, 또 학계나 민간연구단체로선 어떤 활동으로 진력해 왔는가 하는 점에 대해서 말씀해 주셨으면 좋겠습니다.

李 : 일제는 그 말기에 와서 다 파괴되고 허물어질 대로 무너져 버린 뒤나마 한국의 보물·고적·천연기념물 보존회라는 명칭으로 한국 것은 한국 것으로 따로 남겨 두는 시책을 실시했던 것입니다.

이것은 일제의 우리 나라에 대한 통치가 굳어져 적어도 앞으로 몇백 년 동안은 자기들의 한국 지배가 계속될 것을 전제하여 총독부에서 새로이 보존사업을 시작하게 된 것이지요. 고적과 사찰 등의 수리도 하고 관리도 시작하고……. 그래서 해방될 때까지 419점의 문화재가 보호물로 지정되었고 기타 고적과 천연기념물 등이 새로 지정되었던 것입니다. 해방 후엔 軍政時代에도 계속 그 법령을 준수하며 보존해 왔는데, 그 동안 여러 가지로 혼란도 많고 지장도 있었기 때문에 근자에 와서 정부로서도 여러 가지 것을 참작하여 새로운 보존령을 법제화하려 하고 있으며 겨우 이 문제가 익어 가고 있는 셈입니다.

그리고 문교부 안에서도 국보·고적·천연기념물 보존위원회라는 것이 마련되었고 그를 위해 전문위원회를 구성해서 더 많이 지정도 하고 수리도 해 나가는데 일제시대엔 한국 사람들이 이 방면에 대해서 전문적인 연구와 기술을 배울 수도 없었고 관여도 못하여 지금 역시 여러 가지로 지장과 애로가 많지요.

黃 : 지금 말씀하신 이 선생도 취직이 안 되어서 그런 점을 공부 못하신 한 분입니다(웃음).

이 선생의 지도교수였던 黑板 씨가 우리 나라의 고적사업에 관련이 있어서 직접 박물관에 취직이 되도록 여러 가지로 애를 썼는데도 불구하고 영 안 되었던 것입니다.

李 : 나중에 그 사람들이 그런 얘기를 하더군요. 그래서 東京에 남아 있던 학자들과 식민지에 나간 총독부 관리들과는 상당히 다른 점이 있는 것 같아요. 이번 한일회담의 문화 관계에 있어서도 순수한 학자들에겐 자기네들이 한국뿐만 아니라 외국에 가서 나쁜 일을 많이 했으니까 그런 것은 다 돌려보내야 한다고 속시원한 얘기를 한 분들도 있지만, 적어도 실제로 조선에 관여했다든지 관료적인 사람들은 아주 다르니 그런 사람들을 회담 책임자로 낸다면 국가적 입장이란 점에서 더욱 딱딱해지지요(웃음).

사회 : 근자에 와서는 정부로서도 문화재 보존 대책을 위해서 많이 노력중이란 말씀 같은데, 제반 시책에 있어서 가장 큰 애로와 난관은 무엇이며 또 그 해결책은 어떤 것일까요?

李 : 제일 큰 문제는 기술 부족입니다. 수리와 재건에 대한 기술 문제이지요. 우리 나라에도 국립의 공과대학이 있는데 거기에 古建築을

전공하는 교수도 없고 따라서 그 방면의 후계자나 학생을 양성할 수 없기 때문에 아주 한심한 상태이지요.

趙 : 한국에 고고학과를 가진 대학이 하나밖에 없고 그것도 이번에 처음 된 것이지요.

李 : 그래서 문화유산 보존에 대한 이의는 하나도 없고 다같이 중요성을 느껴 하려고들 애를 쓰고 있습니다만, 여태까지는 문교부 안에 있는 文化保存課란 것이 유일한 행정기관인데 그 안에서도 전문적인 지식과 기술을 가진 행정관이 없어 기용되지 못하고 있는 형편이지요. 그 동안에 사찰 자체도 황폐와 혼란이 심하여 이것을 수리하는 데도 정말 양심적으로 일을 잘 해 보려고 하는 것보다는 오히려 수리비나 어떻게 타서 해 먹자는 사람이 있어 폐단이 많았지요(웃음). 그러나 차차 나아져 가겠지요. 自覺이 생기니깐 말이에요.

韓日會談에 있어서의 文化財問題

사회 : 그러면 끝으로 선생님들은 바로 그것 때문에 여기에 와 계시는 것으로 생각됩니다만, 오랜 세월에 걸쳐 지루히 계속된 한일회담을 통하여 여러 가지로 고충도 많으실 것이며 감회도 적지 않을 것입니다.

그래서 여태까지의 회담에 있어서 특히 문화재위원회에서는 우리 측과 일본 측과의 태도와 주장에 어떠한 차이가 있으며, 그에 대한 우리 대표단으로서의 대책과 전망 같은 것을 허용된 범위 안에서 말씀해 주시면 감사하겠습니다.

李 : 우리 측의 주장은 아까도 말이 나왔습니다만 옛적 이야기는 한량 없는 것이고, 주로 1905년 이후 통감부 시대부터 자행되었던 불법적인 도굴과 약탈적으로 빼앗아 간 것은 세계사에서도 유례가 드문 만

행이니 여기에 불법적으로 반출해 간 문화재 일체를 반환하라는 대전제가 우리의 기본 주장이지요. 그래서 황 선생께서 다년간 치밀하게 조사하셔서 상대방에게 그 동안 많은 것을 새로이 인식시켜 왔습니다. 이런 문제에 대해선 일본 측에서 반대할 여지가 없도록 근거를 실증적으로 들어서 말해 오셨는데, 그네들을 국제법에 의거해서 법리적으로 하나 하나씩 따진다면 우리가 든 증거는 불충분할 뿐만 아니라 너무나 시일이 오래 되어서 형사문제로선 도저히 성립이 안 되기 때문에 결국 법적 문제로선 반환해야 한다는 근거는 박약하다는 것입니다. 그러나 양국이 장차 국교를 정상화하기 위해서 호의적으로 반환하겠노라고 하는 것이지요. 이것은 과거의 한일회담에 있어서 일관된 전체적 조류라고 말할 수 있는 것인데, 우리는 일본정부에게 과거 사십 년 동안의 정치적 지배에서 받은 문화적 약탈과 피해에 대한 배상적 성격을 가진 문제로서 요구하고 있는 것입니다만 아직까지는 모든 것이 평행선을 걷고 있지요.

趙 : 저는 하나의 정치학자로서 볼 때 일본측이 국제법에 의거해서 그와 같이 한다고 할 것 같으면 사실 한 나라가 다른 나라를 점령했다가 거기서 가져간 문화재를 후일 반환한 예를 들 수 있습니다. 1870년 비스마르크의 독일이 프랑스에 대해 반환한 것이 그렇고, 또한 나중에 프랑스가 독일에 대해서 그렇게 했고 근래에 폴란드와 소련 사이에도 그런 예가 있었으니, 이런 것은 도리어 국제법상에 있어서 하나의 예의라고 말할 수 있지요. 하물며 일본과 우리 나라의 사이에 있어서는 과거의 긴 역사적 인연으로 보나 다른 어떠한 점으로 봐서도 마땅히 우리에게 도의적 의무가 있다고 생각합니다.

사회 : 한일회담을 시작한 이래 제일선에 나서서 오늘까지 싸워 오신 황 선생의 소감은 어떤지요?

黃 : 저는 소위 실무자가 되어서 '펙트 파인딩(Fact Finding)'만이 자기 일로 삼고 있을 뿐입니다. 그래서 아직까지 지키고 있는 보초선을

다시 찾아서 지키는 것만으로 가득합니다. 그 외엔 문화재위원회의 수석 되신 이 선생이 모두 하시는 걸요(웃으면서).

李 : 결국 이 문제도 정치회담에 가서 정해질 수밖에 없는 것 같아요.

사회 : 그 동안 우리에겐 정권이 세 번이나 바뀌졌습니다만 한일회담에 있어서의 우리 측의 기본태도엔 역시 변함이 없는 것으로 생각되는데, 선생님들의 문화재위원회로선 어떻게 독창적으로 문제를 해결할 試案 같은 것이 없습니까?

李 : 우리 분과위원회는 다릅니다. 우리 측에선 전문가들이 버젓이 나와 있는데 일본 측은 전문가들을 내세우지 않고서 계획적으로 행정관을 앞세우고 전문가는 그 뒤에 있는 것이지요. 일본엔 현재 문화재 관계를 직접 관리하는 곳으로서 文部省 안에 문화재보호위원회란 방대한 기구를 가지고 있습니다. 그런데 전문가들을 권한을 가진 대표자로서 내세우지 않습니다. 일본 外務省에서는 文部省의 전문가들이 자기네의 말을 듣지 않아 일하기 대단히 곤란하다고 하고 있습니다만 이것은 외무성뿐만 아니라 다른 여러 면에서도 역시 교활한 정책을 쓰고 있는 것이지요. 예를 들면 자기네들은 국내에서 좌파가 한일회담을 반대하고 있으므로 대단히 곤란하나 참 억지로 하고 있다는 것이거든요(웃음).

趙 : 참 잘 보셨어요. 배상액만 보더라도 大藏省에선 약 1,500만 불을 보고 있으나 外務省에선 약 4,500만 불을 말하니 이것에도 약 3,000만 불의 차가 있지 않아요. 이것은 말하자면 하나의 정책적인 것에 지나지 않으며 언제나 제2선을 마련해 두자는 교활한 태도인 듯합니다.

李 : 나는 이 문제에 있어서 근자에 와서 그 동안 많이 논쟁도 하고 사실 인정도 시키고 해서 마침내 우리 측에서 7개 항목을 걸고서 목록까지 제출한 단계에 이르렀어요. 그래서 이것을 가지고서 전문가들끼리 문제점을 더욱 좁혀 가지고 좀 다듬어서 위에다 올렸으면 더 스무

스하게 잘 되지 않을까 합니다만 말단에 있어서 아직도 크게 대립된 채 있습니다. 그것은 외무성에서 전문가들을 내세우려고 노력하는데 도무지 안 나온다 하고 대립되어 있는 셈이지요.

黃 : 우리는 제1선에 나오고 저쪽은 제2선입니다. 허나 기진맥진하면 나오겠지요(웃음).

사회 : 알고 싶은 말씀은 대략 다 나온 것 같습니다. 그러면 끝으로 여기에서 한일회담을 떠나서 역사적으로 깊은 관계를 가진 우리 나라와 일본과의 양국 사이에 앞으로 우리들이 해야 할 일과 또한 일본에 바라는 것이 있다면 그것은 무엇이겠는가 하는 것을 말씀해 주셨으면 합니다.

李 : 한일회담이 타결되기 전부터 경제원조니 무엇이니 하는 괴상한 소리가 많이 나오고 있는데 이것은 학계에 있어서도 비슷한 애기가 있는 것 같아요. 우리는 회담에 있어서 문화재 문제 등을 통해서 일본의 학계에서 좀더 公明한 마음을 가지고 장차 종전 같은 생각을 버리고 새로운 세대를 구성한다는 성의가 표시된다면 양국의 학계에 있어서도 기분좋게 협조해 나갈 수 있는데, 일본 학계에 있어 지금도 종래와 같은 관료적인 태도가 없어지지 않는 것이 매우 유감스럽습니다. 일본 학계에 있어서도 근 백 년이란 역사를 가지고 있는데 우리 나라로선 이에 대한 어떤 입장과 대책이 없이는 양국 학계의 교류와 문화적 협조라는 것은 오히려 혼란을 일으킬 우려가 적지 않지요. 지금 일본학자들은 나오고 싶어서 무척 애를 쓰고 있거든요. 모든 것은 새로운 자료를 얻어야만 새로운 분야가 열리는데 경제면에서 재력과 기술을 가진 일본경제가 진출한 것과 같이 학계가 또 역시 그렇게 될 우려가 많지요. 그래서 우리가 정신을 차려서 우리 나라 학계에 있어서는 어디까지나 우리들이 주도권을 가지고 나가야 한다는 중대한 문제가 있습니다.

趙 : 제가 끝으로 느끼는 것은 우리 한국에서도 우리 나라의 역사와

문화에 대해서 공부하는 학생이 더욱 많아야 하겠다는 것이에요. 왜냐하면 외국의 대학엔 동양 하면 중국과 일본의 디파트먼트는 다 있어도 한국에 관한 것은 전혀 없고, 한국 역사에 대해서 세 시간 이상 짜여진 학교란 하나도 없습니다.

李 : 황 선생과도 항상 말합니다만 일본에서 공부하고 있는 우리 나라 학생들이 상당히 많은데 사실 역사, 특히 여기서 할 수 있는 우리 나라의 고고학·미술사 같은 것을 연구하는 분들이 많이 나타나야겠다는 말이지요. 사실 奈良·京都 등에서 飛鳥·奈良 시대의 역사와 문화를 충분히 해 가지고 장차 우리 나라에 왔으면 하는 생각입니다. 이것은 잘만 하면 밥 굶지는 않을 것이에요(웃음).

그 전엔 이런 것 하면 밥 굶는다고 했는데…… 우리 나라의 고대 문화를 연구한다 해도 어떤 문헌이든 자료든 여기가 참으로 유리한 조건이 많습니다.

黃 : 아까 말씀한 고려자기 연구도요, 우리 나라보다도 여기가 훨씬 유리하고 자료나 문헌이나 연구가도 더 많이 여기에 있으니깐요.

李 : 여기서 과거에 틀어박혀 있는 논문과 자료를 마이크로 필름으로 찍는다든지 또 여러 가지 관계 자료 등을 세세히 찾아야 하겠어요.

趙 : 저도 그런 것을 느낀 적이 있는데요. 일전에 旗田 선생을 만났더니 九州 지방의 城下町에 가면 프라이비트 라이브러리에 지금도 정리되지 않은 한국 관계의 자료와 문헌이 많으니 우리 나라 학생들이 거기 가서 공부하면 많은 연구성과를 얻을 수 있을 것이라는 말을 하더군요. 저도 동감입니다.

그래서 제 생각도 일본에 있는 한국 학생들이 자기 능력도 살릴 뿐만 아니라 나라와 민족을 위해서도 유익한 이런 공부를 하는 것이 지당한 일이지 괜히 정치를 한다느니 경제를 한다느니 하는 학생이 많은 것은 달갑지 않은 것 같아요.

저는 다시 공부한다면 정치학은 그만두고 그런 것을 해보겠어요.

黃 : 조 선생은 필드가 넓으시니깐……(웃음).

趙 : 왜 그러냐 하면 정치를 해봤자 잘 안 팔리고 밥 굶거든요(웃음).

사회 : 그럼 이만으로 그치겠습니다. 바쁘신데도 불구하시고 이처럼 유익한 말씀을 많이 해 주서서 대단히 감사합니다.

(『한양』 1962년 4월)

又玄 先生 追慕文

　　삼가 高 선생님 靈前에 말씀 아뢰겠나이다. 선생님! 선생님이 영원히 이 땅을 떠나가신 지도 어느덧 二週日이나 되었습니다.

　　선생님. 지금은 어느 곳에 계시며 그 곳서도 平安히 계신지요. 떠나신 후 선생님의 소식 알 길 없어 궁금히 지내고 있습니다. 이 곳은 그 후 사모님께서 평안하시고 秉淑이, 在賢이, 이하 여러 아이들이 다 건강하오며 또 선생님의 親友 여러분과 저희들도 다 無故하오며 博物館도 여전하오니 안심하십시오. 선생님께서 보시는 바와 같이 오늘 이 자리에는 선생님을 가장 가까이 모시고 지내오던 朴炳浩·禹哲亨 두 선생과, 선생님으로부터 지극한 사랑과 고마운 가르침을 받아오던 저희들 일동이 모여 선생님을 추모하는 모임을 열었습니다.

　　영원히, 영원히 이 땅을 떠나고 가신 선생님! 이제는 두 번 다시 선생님을 뵙지 못하게 되었사오니 이것이 一時의 꿈입니까? 또 이것이 속일 수 없는 사실입니까? 지금이라도 문을 열고 들어오셔서 반가워하실 듯만 같이 생각은 듭니다만, 그러나 다시는 이 세상에서 선생님을 뵐 수는 없겠다고 생각하오니 쓸쓸하고 허무한 생각만 자꾸 듭니다. 꿈과 같은 일생이라고 하는 말이 과연 그렇다고 생각이 들면 한숨만 쉬게 되고 눈물겨워집니다. 전과 같이 박물관에 올라와서 사무실 문을 열어도 반가워하시며 어서 올라오라고 말씀하시던 선생님을 뵐 수 없으니 이것이 어찌된 일인지요. 古人이 말한 바와 같이 山川은 依舊한데 人傑은 간 데 없습니다. 선생님이 그같이도 사랑하시던 박물관도

가 됩니다. 선생님은 고통을 혼자서 참고 가셨습니다. 제가 아무 것도 도움이 못 되고 선생님의 마음을 다소라도 즐겁게 해드리지 못하였습니다. 모든 것이 제 성의의 부족한 탓이지요. 선생님이 부탁하신 책도 선생님 살아계실 때 보여드리지 못하고 말았습니다. 선생님, 모든 것을 용서해 주십시오. 선생님은 병이 중하신 중에서도 제 취직을 몇 번이나 물어보시며 걱정해 주셨습니다. 그리고 여러 가지 고마운 말씀을 하셨습니다. 사람은 크게 살아야지 작게 살지 말라고 두 번이나 부탁하셨습니다. 또한, "君과는 父子와 같이, 형제와 같이 지내왔다"고 저에게는 너무나 분에 넘치는 말씀을 하셨습니다. 제가 20세가 넘은 학생시대에 선생님과 같은 훌륭한 분을 스승으로 섬길 수가 있었다는 것은 제게 있어서는 무엇보다도 큰 행복이었고 즐거움이었고 또 제일 가는 자랑입니다. 선생님으로부터 받은 고마운 가르침은 일생을 통하여서 저를 인도해 줄 것입니다. 제가 오늘 아름다운 것을 만일 조금이라도 가지고 있다면 그것은 다 선생님이 주신 것입니다. 짧은 일생에 있어 좋은 스승을 만나서 가르침을 받을 수 있다는 것보다도 더 큰 행복이 어디 있습니까.

선생님! 선생님은 어디에 계십니까. 제가 아뢰는 이 말씀을 들으십니까, 못 들으십니까? 선생님. 어찌 대답을 안 해주십니까.

선생님! 사람으로서 누가 죽음을 면하겠습니까. 죽음이 그다지도 무섭고 불행한 일일까요?

먼저 떠나신 그 곳서 저를 기다려주십시오. 살 수 있는 날까지 이 땅에서 살다가 이 세상을 떠나는 날에는 선생님을 또 뵐 수가 있겠지요. 그 때까지는 직접 선생님을 뵐 수는 없겠으나, 그 시간이라는 것도 순간이겠지요. 죽어서 다시 선생님을 뵐 수 있고 선생님으로부터 가르침을 받을 수가 있다면 그 곳에 즐거운 희망이 있을 것입니다. 산다고 해봐야 백년을 살겠습니까. 다만 선생님의 가르침을 지키고 깨끗하고 훌륭한 생활을 하도록 힘쓰겠습니다.

嗚呼! 지난 5월 14일 밤엔 선생님께서 저희들을 부르셔서 맛있는 음식과 술을 주셨는데, 그 후 불과 두 달이 못 되는 오늘밤엔 선생님을 추도하는 모임을 저희들이 하고 있으니, 이것이 어찌된 일입니까?

선생님, 먼저 떠나가신 선생님! 부디 평안히 계십시오. 선생님, 그리운 선생님! 부디 안녕히 계십시오. 삼가 몇 마디 말씀을 아뢰고 이것으로 그치겠습니다.

1944년 7월 9일

門下生 黃壽永 再拜

(又玄 高裕燮 선생 別世 직후 49齋 때

開城博物館 읽은 追悼文)

4부 蕉雨 論著目錄 및 年譜

蕉雨 論著目錄

蕉雨 黃壽永 博士 年譜

蕉雨 論著目錄

Ⅰ. 著書

1963. 8　『金石遺文』(考古美術資料集 2), 考古美術同人會.
1967. 4　『續金石遺文』(考古美術資料集 15).
1967　　『楡岾寺五十三佛』(考古美術資料集』16).
1972. 1　『金石遺文第3輯』(考古美術資料集 21).
1973.10　『韓國佛像의 研究』, 三和出版社.
1974. 5　『新羅の石佛』(日本語版), 朝日新聞社.
1974　　『韓國의 佛教美術』, 同和出版公社.
1974.12　『佛塔과 佛像』(교양국사총서 15), 세종대왕기념사업회.
1976　　『韓國金石遺文』, 一志社(第五版, 1994. 1).
1977　　『佛教와 美術』, 悅話堂.
1978. 2　『韓國佛像の研究』(日本語版), 同朋舍.
1978　　『韓國의 佛教美術』(現代佛教新書), 東國大.
1978　　『佛教와 美術(續)』, 悅話堂.
1979　　『불국사와 석굴암』(교양국사총서), 세종대왕기념사업회.
1982　　『韓國佛像三百選』(共著), 韓國精神文化研究院.
1983　　『韓國の石窟庵』(韓國美術シリース⑦), 近藤出版社.
1989. 3　『석굴암』, 悅話堂.
1989. 3　『石窟庵』, 藝耕産業社.
1989. 8　『韓國의 佛像』, 文藝出版社.
1990. 4　『慶州 南山塔谷의 四方佛巖』, 通度寺聖寶博物館.
1993.12　『東海口』, 悅話堂.
1994. 5　『新羅聖德大王神鍾』, 通度寺聖寶博物館.

1997.12   『佛國寺 三層石塔 舍利具와 文武大王海中陵』, 한국정신문화연구
           원(秦弘燮·鄭永鎬 共著)

II. 編著

1946   『松都의 古蹟』(高裕燮 原著), 悅話堂(1977년 재판).
1948. 2   『韓國塔婆의 硏究』(高裕燮 原著, 韓國文化叢書 3).
1958. 1   『餞別의 甁』(高裕燮 原著), 通文館.
1963. 7   『韓國美術文化史論叢』(高裕燮 原著), 通文館.
1965. 3   『佛國寺·華嚴寺』(考古美術資料 7), 考古美術同人會.
1966. 8   『韓國美術史及美學論攷』(高裕燮 原著), 通文館.
1967.12   『高裕燮著作目錄』(考古美術資料 17).
1973. 1   『日帝期文化財被害資料』(考古美術資料 22).
1975.11   『韓國塔婆의 硏究』(高裕燮 原著), 悅話堂.
1977.10   『우리의 美術과 工藝』(高裕燮 原著), 悅話堂.
1978. 1   『百濟文化と飛鳥文化』(田村圓登 共編), 吉川弘文館.
1978.   『The Images of Buddha』(共編), Serida Pub. UNESCO.
1978. 9   『韓國塔婆の研究』(高裕燮 原著), 吉川弘文館.
1979   『韓國의 佛敎彫刻(韓國佛敎美術 佛像篇 解說)』(韓國의 美10), 中
           央日報社.
1984.   『國寶 2 金銅佛·磨崖佛』, 藝耕産業社.
1984   『國寶 4 石佛』, 藝耕産業社.
1985   『半跏思惟像の研究』(田村圓澄 共編), 吉川弘文館.
1986   『文化財大觀』, 大學堂.
1987   『韓國佛敎美術史論』, 民族社.
1993. 6   『高裕燮全集』 全4冊, 通文館.
1997. 6   『文武大王海中陵』, 호영

Ⅲ. 論文

1. 彫刻

1959. 8　「瑞山磨崖三尊佛에 對하여」,『震檀學報』20, 震檀學會.

1960.10　「百濟半跏思惟石像小考」,『歷史學報』13, 歷史學會.

1960.11　「碑岩寺所藏의 新羅在銘石像」,『考古美術』1-4, 考古美術同人會.

1961. 2　「在日石獅坐像과 그 方形臺座」,『考古美術』2-2.

1961. 3　「公州石造佛像의 調査」,『東國史學』6, 東國大.

1961. 6　「서울市內의 石造光背二座」,『考古美術』2-6.

1962. 5　「石窟庵에서 搬出된 塔像」,『考古美術』3-5.

1962. 5　「燕岐蓮花寺의 石像」,『考古美術』3-5.

1962. 6　「忠南泰安의 磨崖三尊佛像」,『歷史學報』17·18合, 歷史學會.

1962. 6　「李朝初期의 文字刻白磁器와 三尊佛龕」,『考古美術』3-6.

1962. 7　「百濟石製小像斷片(其1)」,『考古美術』3-7.

1962. 7　「高麗石佛立像兩驅」,『考古美術 3-7.

1962. 8　「百濟石製小像斷片(其2)」,『考古美術』3-8.

1962. 9　「百濟石製小像斷片(3)」,『考古美術』3-9.

1962.10　「安東의 仁王石像」,『考古美術』3-10.

1962.11　「德美 金銅半跏思惟像의 左足과 蓮臺」,『考古美術』3-11.

1962.11　「新羅 四天王彫刻臺石」,『考古美術』3-11.

1962.12　「軍威三尊石窟」,『美術資料』6, 國立中央博物館.

1962.12　「忠南燕岐石像調査槪要」,『藝術院論』2, 藝術院.

1963. 1　「羅麗石佛五例」,『考古美術』4-1.

1963. 4　「百濟佛像樣式의 硏究」(業績報告會 61-62).

1963.11　「益山出土의 金小佛坐像」,『考古美術』4-11.

1963.11　「公州博物館藏佛像臺座石」,『考古美術』4-11.

1963.12　「扶餘窺岩里出土百濟佛菩薩像」,『美術資料』8, 國立中央博物館.

1964. 2　「保華閣의 石佛二驅」,『考古美術』5-2.

1964　「三國時代의 彫刻」,『藝總槪觀』, 藝術院.

1964　「高麗의 彫刻」,『藝總槪觀』, 藝術院.

1964. 8　「在日金銅佛像三驅」,『考古美術』5-8.

1964. 9 「李朝의 彫刻」, 『藝總槪觀』, 藝術院.

1964. 9 「高句麗金銅佛像의 新例二座」, 『李相栢博士回甲記念論叢』, 乙酉文化社.

1964.12 「慶州南山長倉谷에서 옮긴 三尊石像」, 『史學會誌』 7, 延大 史學會.

1964 「高句麗金銅如來立像 - 新國寶として指定する」, NEW Korea.

1965. 2 「全南 寶城邑出土의 塔像」, 『考古美術』 6-2.

1965. 3·4 「傳 서울近郊出土 金銅如來立像」, 『考古美術』 6-3·4.

1965. 7 「高麗靑銅如來坐像」, 『考古美術』 6-10·11.

1966.12 「奉化發見의 半跏思惟石像」, 『考古美術』 6-12.

1968 「新羅三花嶺彌勒世尊」, 『金載元博士回甲記念論叢』.

1968. 3·4 「우리나라 佛像의 時代的特性(三國時代)」, 『法輪』 3·4, 法輪社.

1968. 6 「서울出土 金銅觀音菩薩立像」, 『美術資料』 21, 國立中央博物館.

1968. 9 「忠南泰安의 磨崖三尊佛像補」, 『考古美術』 9-9.

1969. 5 「楡岾寺53佛」, 『佛敎學報』 6, 東國大 佛敎文化硏究所.

1969.10 「新羅半跏思惟石像」, 『李弘稙博士回甲記念韓國史學論叢』

1970. 2 「彫刻史」, 『韓國文化史大系』 IV, 高麗大 民族文化硏究所.

1970. 7 "Gilt-Bronze Images of Buddha in Korea", KJ 10-7, KNCU.

1970. 9 「百濟의 佛像彫刻 - 扶餘期를 中心으로」, 『百濟硏究』 創刊號.

1972 「韓國三國時代の彫刻」, 『佛敎藝術』 83.

1973 「金銅半跏思惟小像의 新例」, 『考古美術』 118.

1974. 6 「傳 淸州出土 石造半跏思惟像」, 『考古美術』 121·122合.

1974.12 「新羅聖住寺址의 塑佛資料(扶餘博物館 所藏品에서)」, 『美術資料』 17, 國立中央博物館.

1975.12 「百濟의 佛像彫刻」, 『百濟文化』 7·8合, 公州師大 百濟文化硏究所.

1976. 6 「新羅半跏思惟像의 新例」, 『考古美術』 132.

1977. 1 「石窟庵과 阿彌陀佛」, 『佛光』 1977년 1월호.

1977. 4 「百濟の佛像彫刻」, 『アジア公論』 5.

1977. 6 「韓國塔像의 硏究 - 半跏思惟菩薩像과 佛國寺 多寶塔」, 『考古美術』 134.

1977. 9 「浮石寺 塑造阿彌陀如來像」, 『佛敎美術』 3, 東國大博物館.

1978. 3   「石窟庵本尊阿彌陀如來坐像小考」,『考古美術』136·137合.

1979. 8   「韓國의 佛像彫刻」,『韓國의 美』.

1980   「全北金堤出土 百濟銅版佛像」,『佛敎美術』5, 東國大博物館.

1980. 5   「三國時代의 彌勒半跏思惟像」,『제1회 한국학국제학술회의 論文集』, 韓國精神文化硏究院.

1981. 6   「百濟의 佛像彫刻 - 解放後의 新資料를 中心으로」,『考古美術』150.

1982   「統一新羅時代의 鐵佛」,『考古美術』154·155合.

1982   「新羅의 佛像과 日本 新羅文化祭」,『學術發表會論文集』제3집 別冊.

1982   「15~16世紀의 佛像」,『東洋學』12.

1983   「百濟石像 新資料 2件(圖版)」,『百濟硏究』14, 忠南大.

1985.12   「初期佛像樣式の交流;佛敎美術からみた古代韓日關係史」,『アジア公論』15.

1986. 3   「彌勒과 半跏思惟像(반가사유상의 재조명)」,『日本學』東國大 日本學硏究所.

1987   「미륵신앙과 그 造像 - 三國을 中心으로」,『한국 미륵사상 연구』, 東國大 佛敎文化硏究院.

1987   「韓國古佛の流水(附 英文)」,『韓國古寺巡禮』, くもん出版社.

1994   「寧越出土의 金銅像 二例」,『金三龍古稀記念論叢』.

1994   「百濟의 彌勒半跏思惟像」,『百濟佛敎文化의 硏究』, 충남대백제연구소.

2. 建築

(가) 塔·石燈

1961. 4   「우리나라의 塔」,『思想界』, 思想界社.

1961. 5   「弘濟院 沙峴寺址五層石塔」,『鄕土서울』11, 서울市史編纂委員會.

1961. 8   「石窟庵에서 搬出된 塔像」,『考古美術』2-8.

1961.10   「日本大阪美術館의 李朝舍利塔」,『考古美術』2-10.

1962. 2·3 「高麗在銘舍利塔」,『考古美術』3-2·3.

1962. 5   「新羅圓形仰花二例」,『考古美術』3-5.

1979. 2 「新羅寫經의 발견, 白紙墨書華嚴經二軸」, 『轉法輪』 120.
1979. 7 「사경의 신앙과 역사」, 『佛光』 57.
1979. 9 「新羅景德王代의 白紙墨書華嚴經」, 『歷史學報』 83.
1980. 7 「寫經의 歷史 1」, 『佛光』 69.
1980. 8 「寫經의 歷史 2」, 『佛光』 70.
1987   「新羅 高麗 寫經의 一考察」, 『韓國佛敎美術史論』, 民族社.
1994   「寫經의 歷史」, 『새로운 정신문화의 창조와 불교』, 동국대 불교문화
        연구원.

4. 工藝

(가) 金屬工藝

1950. 3 「法隆寺塔 舍利藏置에 對하여」, 『民聲』 6-3, 高麗文化社.
1957.12 「奉恩寺所藏高麗香爐와 梵鍾의 調査」, 『東國史學』 5, 東國大.
1960. 1 「高麗銀入絲靑銅佛器의 新例」, 『考古美術』 1-1.
1960. 2 「高麗靑銅梵鍾의 新例(其1)」, 『考古美術』 1-2.
1960. 3 「法華寺藏 三角塔印에 對하여」, 『考古美術』 1-3.
1960. 8 「高麗銀入絲銅佛器의 新例」, 『美術資料』 1, 國立中央博物館.
1960.12 「新羅高麗在銘禁口考」, 『黃義敦博士記念論叢』.
1961. 1 「高麗梵鍾의 新例」, 『考古美術』 2-1.
1961. 3 「東萊出土의 李朝小鍾」, 『考古美術』 2-3.
1961. 7 「在日高麗靑銅銀入絲香垸의 新例(資料)」, 『考古美術』 2-7.
1961. 7 「慶州出土의 石塔」, 『考古美術』 2-7.
1961. 9 「善山出土의 金銅冠」, 『考古美術』 2-9.
1961.12 「貞元二十年在銘新羅銅鍾의 鐵索과 鐵壺」, 『考古美術』 2-12.
1962. 1 「高麗金銅舍利塔과 靑瓷壺」, 『考古美術』 3-1.
1962. 2 「高麗在銘靑銅 ‘飯子’의 新例」, 『美術資料』 2, 國立中央博物館.
1962. 7 「高麗大德九年銘 靑銅判子(慶州博物館藏)」, 『考古美術』 3-7.
1962. 7 「高麗古墳(益山) 出土品」, 『考古美術』 3-7.
1962.10 「銀製翼狀冠飾」, 『考古美術』 3-10.
1963. 1 「金銅履의 新例」, 『考古美術』 4-1.
1963. 2 「高麗梵鍾의 新例」, 『考古美術』 4-2.

1963. 2	「在日高麗梵鍾의 一例」,『考古美術』4-2.
1963. 6	「奉化西洞里 東三層石塔의 舍利具」,『美術資料』17, 國立中央博物館.
1963.10	「高麗靑銅銀入絲香垸의 硏究」,『佛敎學報』1, 東國大.
1963.12	「高麗靑銅梵鍾의 新例」,『考古美術』4-12.
1964. 1	「百濟純金裝身金具」,『考古美術』5-1.
1964. 8	「高麗正豊銘 金鼓」,『考古美術』5-8.
1964. 9	「高麗梵鍾의 新例(5)」,『考古美術』5-9.
1964.10	「正德銘甫州北岳寺 銀入絲香垸」,『考古美術』5-10.
1964.10	"Koryo Metalwork", KJ 4-10, KNCU.
1964.11	「貞祐四年銘高麗靑銅半子」,『考古美術』5-11.
1964.12	「正德銘甫州北岳寺 銀入絲香垸의 補」,『考古美術』5-12.
1965. 5	「龍門山 上元寺銅鍾 存疑」,『趙明基博士華甲記念佛敎史學論叢』.
1965.12	「新羅塔誌石과 舍利壺」,『美術資料』10, 國立中央博物館.
1966. 1	「益山王宮里 五層石塔內發見遺物」,『考古美術』7-1.
1966. 8	「高麗梵鍾의 新例(其6)」,『考古美術』7-8.
1966.10	「高麗梵鍾의 新例(其7)」,『考古美術』7-10.
1966.11	「高麗梵鍾의 新例(其8)」,『考古美術』7-11.
1967. 4	「新羅實相寺銅鍾調査略報」,『考古美術』8-4.
1967. 6	「新羅梵鍾의 新例」,『歷史學報』34, 歷史學會.
1967. 6	「高麗梵鍾의 新例(其9)」,『考古美術』8-6.
1967. 7	「高麗梵鍾의 新例(其10)」,『考古美術』8-7.
1967.11	「高麗梵鍾의 新例(其11)」,『考古美術』8-11.
1967.11	「高麗在銘香垸 新例 2座」,『考古美術』8-11.
1968. 9	「統和와 正德銘의 塔誌石」,『考古美術』9-8.
1969. 3	「高麗梵鍾의 新例(其12)」,『考古美術』101, 韓國美術史學會.
1969. 4	「在日 新羅無銘梵鍾二口」,『歷史敎育』11・12합.
1969. 9	「高麗梵鍾의 新例」,『藝術院論文集』8, 藝術院.
1972. 6	「傳龍門山 上院寺銅鍾存疑(2)」,『法施』57, 法施社.
	「新羅・高麗 梵鍾의 新例(13)」,『考古美術』13-6.
	「新羅 皇龍寺九層塔誌 - 刹柱本記에 對하여」,『考古美術』13-6.
1973	「三國統一을 發願 - 判讀된 皇龍寺大塔金銅塔誌」, 『アジア公

跋文

　全集 初卷 간행이래 2년이 지났다. 그 사이 각 권의 발간 작업은 순조로웠다. 매우 다행하고 고마운 일이다. 처음의 희망 계획은 年 2冊씩 3년으로 완결을 예정하였었다. 그런데 1997년 9월 初卷으로 제5권이 먼저 나온 이래 이번에 6冊이 完刊되었으니 대체로 일정을 맞춘 셈이다.

　刊行에 착수하기 앞서서 처음의 構想대로 간행위원회 등이 구성되었으나 이것은 뜻한 바대로 진행이 아니 되었다. 오직 申大鉉 군의 孤軍奮鬪로써 1997년 이후 지금까지 전6권 중 5권을 세상에 내놓을 수 있었다.

　나머지 一冊『印度日記』는 처음 전집을 구상할 때의 계획에는 들어 있지 않았다. 五冊으로 완결할 예정이었다. 그런데 전집 구상 종반에 이르러 나의 印度 日記가 나타나서 간행위원 가운데 그것을 포함시키자는 의견이 있었고, 나도 1962년 12월부터 다음해 5월까지 약 5개월 동안의 印度 旅行 중 全 印度를 돌면서 매일 꼼꼼히 그날 그날의 旅程을 정확하게 기록하였던 것이기에 그것을 포함시키는 일에 동의하기에 이르렀다. 처음 이 같은 追加를 주저한 것은 그 기록이 빈약하여 무슨 가치가 있겠는가 하는 것과, 그 日記라는 게 깨알같은 細字로 매일마다 기록한 것일 뿐 그 이상의 것이 못되며 특수한 인도의 풍토나 사정에 대한 아이디어가 없었기에 그 내용 공개를 망설였던 것이다. 그러나 나 자신 약 반년 동안 낯선 땅에서의 부단한 움직임에 따르던 기록이었기에 나름대로의 苦行의 모습도 나타나고 있어, 결국 주위의 권유를 물리치지 못하였다.

일기를 쓸 당시에는 後日 이같은 전집에 포함시키겠다는 생각은 물론 전혀 없었다. 큰 大陸에서의 힘든 單身旅行이기에 자신의 경험만이라도 메모해야겠다는 생각뿐이었다. 혹시 그 이상의 것을 企圖하였다면 좀 더 준비와 생각이 따랐어야 마땅하였을 것이다. 每日의 피로, 거친 풍토, 음식과 식수의 不適 등으로 인해 견디기 힘든 苦鬪를 스스로 이같은 일기를 씀으로써 견디어보자는 것이었다. 따라서 기록후 다시 읽거나 손질하는 일도 없었던 것으로 기억한다.

평생 一次의 大旅行은 매일의 旅程에 따라서 진행되었으며, 그에 맞는 성공을 기대하였기에 이 같은 紀行文은 매일 心身의 피로를 무릅쓰고 기록되었다. 인도 대륙의 佛蹟 순례는 나의 학문적 領域에서의 학문적 체험과 思考에 있어 분명히 행운이었으며, 과분한 일이기도 하였다. 그러나 5개월 동안 매일같이 쉬지 않고 낯선 땅에서 애써 움직이며 그 旅程表나마 記錄化 하겠다는 생각이었으며, 그 이상은 아니었던 것이다.

전집 제6권에는 이 같은 「印度日記」에 이어서, 1972년 5월에서 6월까지 비록 짧은 기간이나마 訪美하여 博物館을 순례하였던 내용인 「美國紀行」을 넣었다. 인도 순례가 石窟을 중심으로 한 印度 全土의 조사였다면, 미국 기행은 旅程을 미국 내의 주요 박물관에 한정시킴으로써 心身의 過勞를 피하였다. 이 박물관 기행은 印度 佛蹟 探訪에 비하여 印度와 미국이라는 差別相은 있으나 그런 대로 주어진 스케줄을 무사히 끝낼 수 있었던 것은 다행이었다고 말하지 않을 수 없다. 그것은 첫째 睡眠을 최대한 취하였다는 것, 둘째는 필요 없는 일에 체력소모를 최대한 막았다는 것, 이 두 가지가 모두 효과를 얻었던 때문인 듯하다.

單身의 여행이 一長一短은 있겠으나, 이상과 같이 인도와 미국 兩

大陸에서 주어진 旅程을 완수한 것은 생각만 하여도 다행이었다.

　변변치 못한 나의 研學의 途上에서 마련된 것이 그 사이 근 半世紀를 두고 全集 6책으로 이루어진 것은 결코 작은 것이 아니다. 다만 내용에 있어서 과연 만족할 수 있을 것인지는 스스로 반문도 하여 본다. 그러나 오랜 세월에 걸쳐서 마련된 것이기에 나에게는 그 나름대로의 뜻이 있을 것이다. 다만 스스로 만족하지 못함은 모두가 나의 研學의 부족에 그 원인이 있을 것이다. 그러나 다 지나간 뒤에 새삼스레 후회한들 이제 와서 무슨 效果가 있을 것인가. 모두 내가 부족한 탓이다.

　이제 全集 6권이 완간되었다. 전집 각 권이 모두 500페이지가 넘었다. 결코 작은 분량이라고는 말할 수 없을 것이다. 最終卷의 校正을 끝내면서 간단하게 跋文을 달아 安堵와 함께, 그 동안 始終一貫 고마운 힘을 모아준 門下 申大鉉 군의 헌신에 감사한다. 아울러 어려운 출판 여건을 무릅쓰고 全集을 完刊한 혜안출판사의 吳一柱 사장과 편집진 여러분에게도 충심으로 고맙다는 말씀을 드린다. 그리고 鄭永鎬·鄭明鎬·張忠植·金東賢 교수, 李基善 학우 등의 편집위원을 비롯하여 지금까지 도와준 많은 사람들의 고마운 厚意를 되새길 따름이다.

1999년 5월 9일 公州에서
黃壽永

索 引

황수영전집 간행위원회

鄭永鎬 鄭明鎬 張忠植

金東賢 李基善 申大鉉

黃壽永全集 6

인도 일기

초판인쇄 · 1999년 5월 20일
초판발행 · 1999년 5월 28일
저   자 · 황 수 영
발 행 처 · 도서출판 혜안
발 행 인 · 오 일 주
등록번호 · 제22-471호
등록일자 · 1993년 7월 30일
주   소 · (121-210) 서울 마포구 서교동 326-26
전   화 · 02) 3141-3711, 3712
팩시밀리 · 02) 3141-3710

값 35,000원

ISBN 89-85905-51-1 93600
ISBN 89-85905-45-7 (전6권)